南开故事丛书·第二辑

南开学人自述

（第一卷）

陈洪　主编

南開大學出版社

图书在版编目(CIP)数据

南开学人自述. 第一卷 / 陈洪主编. —天津：南
开大学出版社，2016.11
　　ISBN 978-7-310-05113-7

　Ⅰ. ①南… Ⅱ. ①陈… Ⅲ. ①南开大学－教育工作
者－先进事迹 Ⅳ. ①K825.46

中国版本图书馆 CIP 数据核字(2016)第 103736 号

南开大学出版社出版发行
出版人：刘立松
地址：天津市南开区卫津路 94 号　　邮政编码：300071
营销部电话：(022)23508339　23500755
营销部传真：(022)23508542　　邮购部电话：(022)23502200

*

天津市蓟县宏图印务有限公司印刷
全国各地新华书店经销

*

2016 年 11 月第 1 版　　2016 年 11 月第 1 次印刷
230×155 毫米　16 开本　26.625 印张　2 插页　355 千字
定价：58.00 元

如遇图书印装质量问题,请与本社营销部联系调换.电话：(022)23507125

出版说明

巍巍学府，百年南开。

南开大学是一所有着深厚的历史积淀的大学，也是一所有着丰厚的文化底蕴的大学，更是一所有着动人故事的大学。

从诞生伊始，南开大学经历了"五四"肇兴、筚路蓝缕、弦诵西南、浴火重生、创新发展等艰辛而辉煌的历程。一百年来，南开大学始终将教育与国家的命运、教育与民族的前途、教育与社会的发展紧密相联。为了实现中华民族的伟大复兴，一代又一代的南开人秉承"允公允能，日新月异"的校训，发扬"爱国、敬业、创新、乐群"的光荣传统，团结努力，不懈奋斗。在一百年的沧桑历程中，南开大学涌现出许许多多杰出的人物、动人的事迹和耐人寻味的故事，这些故事被一代代南开人书写、传承和弘扬，在过去发生，在未来继续，永远不会终结。

为了迎接南开大学百年校庆，我们在积累下来的出版资源的基础上，决定编辑出版"南开故事丛书"，其目的在于保存历史文献，传承南开精神，为南开校友和广大读者奉献一部鲜活的南开记录。

教师是教育成功的关键，也是教育过程的主导力量。南开建校至今的成就记载着南开学人的执着追求和献身精神，镌刻着他们为国家、为人民、为教育、为南开做出的杰出贡献。《南开学人自述》汇集了南开大学部分学者回顾学术经历的自述，以发自内心的感受总结长期以来的治学经验和教学心得，展现了南开学人至诚的育人态度、鲜明的学术个性和不断精进的治学品格。

该书原收入"百年南开暨南开大学建校八十五周年纪念丛书"，由陈洪教授主编，梁吉生及王昊策划、征稿及汇编，南开大学校史研究室负责编辑工作，由我社于2004年10月出版。此次编入"南开故事丛书"第二辑。

南开大学出版社

2016年4月

序

陈　洪

上溯百年，风雨板荡，巍巍南开，独立苍茫。

南开大学最早是由严范孙和张伯苓两位先贤创办的一所现代意义的大学，创立之初，即以"知中国，服务中国"为理念，培养了一大批优秀人才，获得了良好的社会声誉。无论是在抗战的烽火连天中，在改革开放的征途上，还是在向世界一流高水平大学冲刺的进程中，南开都以初创之精神，披荆斩棘，愈挫愈奋，薪火相继，弦歌不辍，锐意进取，开拓前行，展现着旺盛的生命活力。

百年以来，通过一代代南开人的奋发努力，南开大学形成了鲜明的特色和优良的传统。在她的讲坛上执教传道授业的学者之多、之盛，足可为荣耀，形成了具有南开风格的教育理念和学术流派；在她的培育下走出校门、服务社会的人才，也打上了深深的南开烙印。

孟子云："所谓故国者，非谓有乔木之谓也，有世臣之谓也。"从根本上讲，南开大学的特色更多地表现、保持在教授、学人们中间，体现在他们的学术追求和育人风范之中。在一百年的办学过程中，曾经并正在活跃着一大批无私奉献、忠诚教育的专家学者，涌现出为数不少的学术大师，他们富有个性的学术精神及在各自学科领域表现的治学成就，在海内外树立了良好的形象，已经成为南开大学的宝贵财富。

为了展现南开学者的学术风范，总结宝贵的教学经验，传承赓续，继往开来，南开大学出版社在原有出版资源的基础上，组织编辑

《南开学人自述》，以多卷形式出版。这是一项极有意义的工作，此举对于总结南开的办学经验，对于传承南开的学术基因，对于弘扬南开的精神气度，必将发挥重要的作用，也必将产生深远的影响。

作为一名南开人，作为这部多卷本《南开学人自述》的主编，我在阅读南开学人文稿的过程中，时时被众多矢志教育、献身学术的前辈和同人所感动。我愿将这部大书与大家分享，同时也寄希望于莘莘学子，将南开的传统发扬光大，做一名顶天立地的南开人。

是为序。

2016 年 5 月 10 日，南开园

目　录

杨石先　　　　　　　　　# 我的自传

　　我于公元1897年1月8日（清光绪二十三年腊月初六）出生于一个中等官僚家庭。6岁以前母亲带我和弟弟随祖父母住在杭州。祖父在浙江做官多年，历任嘉兴府知府、宁绍台道等职。外祖父家也在杭州。

　　6岁时父亲接家眷至济南，他在山东初为候补知府，后因为办理黄河防汛有功，保升候补道。我在杭州时已上家塾，开始识字，到济南后父亲又延请教师来家教读。学四书、五经（缺易经）、史记、文选而外，又兼习数学和地理。故早年教育虽带有浓厚的封建色彩，亦略具维新的成分，因父亲已认识到科学技术的重要性。11岁时父亲被直隶总督调来天津供职，家亦由济迁津。我兄弟二人开始学校生活。我们考入民立第二小学高小部，我插入高二，弟弟入高一。1910年我从高小毕业，考入清华留美预备学校，次年弟弟毕业，考入青岛德国高等专门学校预科。这完全符合父亲的愿望，因他曾一再表示希望我学农科，弟弟学工科，而美国和德国又是他认为这两方面最理想的国家。他确实体会到工农业是国民经济的根本。

辛亥革命（1911年）以后国民党掌握了新政权，和以袁世凯为首的北洋派进行政治斗争，暗潮剧烈。父亲过去政治关系是属于北洋派，而感情上又倾向于维新，有严重抵触情绪，故不愿在北方政府任职。有友人推荐他到原籍安徽省政府做事，尝试两年又告失败，使他认识到自己脾气不好，思想不合时宜，没有在新时代做官的本事，不如坚决退出宦途，另觅谋生之道。适母亲身染重病，长期需人照料，而妹妹又小，父亲自己无法管教，遂将她们送至外叔祖家在上海暂住，自己则只身赴北京，寄居会馆，以卖文、鬻字为生。这一家庭变化在我们兄弟两人的思想上都留下了深刻的烙印。我们在学校都享有公费，每年家中原只须补贴二三十元作为零用和服装之费，改由自己工作弥补，困难不大。但一个美好完整的家庭忽然烟消云散，连假期都无家可归，对十多岁的青年人来说是痛苦的，而且认识到以后的一切，只有依靠自己的努力了。父亲有见解，亦有办事能力，但是没有专门学问而又性情戆直褊急，说话经常得罪人，在变乱的时代是很难不遭受打击的。

家庭的情况如此，国内国外形势又如何呢？国内军阀专横，内战不息，民生凋敝，外侮日亟。国际则德、英争霸，欧陆风云紧急，日本野心勃勃想乘机吞并东亚。所以我在青年求学时代始终以最严肃的态度对待学业和锻炼身体，其余一概置之不问，以期自己学成之后负起重建家庭和复兴祖国的责任。当时以为中国最根本的问题是国内广大人民未受教育，不能发挥政治作用，而掌握政权的人又都是无良心的政客和无头脑的军人，互相勾结利用，既无政治经济常识，又不懂得科学技术的重要性，以致一切落后，无法抵抗外敌，听人宰割。特别是科学，它为新时代教育的重要组分，为技术的源泉。如果中国不能掌握和发展，则永远不能脱离落后的地位。这亦就是教育和科学救国论者的看法，自己对之深信不疑，绝未想到在帝国主义操纵下这可能是一条走不通的途径！

我在清华学堂前后读了七年，中等科三年，高等科四年。学业上的竞争是激烈的。入校时同班同学为一百七八十人，都是各省按规定名额招考送来的，每年淘汰一部分，又由学校自己招插班新生若干人。最后毕业时只余五十多人，其中原来的略逾半数。七年中我饱受资产阶级思想的浸润，无形中养成了崇美的观念，由于认真学习，一般成绩优良，名列前茅。但仍有一点不尽为美国教师所满意的，就是拒绝接受耶稣教义。这是由于早年父亲时常对我们说起清末各省教案的始末，使我对帝国主义以宗教为侵略工具有了初步认识的缘故。何况真正从事科学的人对宗教总是有抵触的，不过许多人由于多年习惯不能自拔，只在形式上奉行尔。幸而清华还是中国官方的学校，不能因此而把我排斥。

1918年夏赴美被分配至纽约州康奈尔大学。该校工科农科俱享盛名，规模甚大，全校有学生三四千人，中国留学生亦达四五十人。因我填的志愿是农科，所以被分往该校。不料当时第一次世界大战尚未结束，美国在后期亦正式参战，加入协约国方面，全国及龄男性青年有高中毕业水准的均被征入军官后备大队训练，唯工科和医药、化学等方面可以部分免征。因而文科、农科等全部变为女生。化学则因军事需要（毒气战争在第一次世界大战展开）而大大地加强了。自己原来对化学兴趣很高，遂呈请留学生监督转入应用化学学科。

当时中国学生在美国的处境是相当痛苦的。因为辛亥革命后，中国政治依然腐败，内战不息。当日本提出了"二十一条"时又被袁世凯政府接受，毫不抵抗，遂被当作劣等民族对待，经常受到侮辱。只有在学校内还能得到尊重，因有学业成绩作标准。这种情况更加刺激自己学好专业，更加坚定早日归国办好教育和发展科学的志愿。我曾大胆地告诉美国同学们："不到五十年中国一定可以屹立起来，你们等着瞧吧！"对于美国制度上的许多缺点亦不可能看不到，过去把美国当作理想国家的幻想很快地被打破。

1922 年春在应用化学科卒业，赢得多数教师的深厚友谊，他们希望我留校做研究生。当即告以愿往有机化学工厂，尤其是染料或者制药厂，工作两年取得生产经验，然后再来进行研究。系主任和教授都为我进行推荐，不料大的厂家对于黄种人十分歧视，特别在染料和制药方面有不少业务秘密，深恐泄漏，坚决不同意，个人原订计划不能实现。不得已入康奈尔大学研究院，准备博士论文，估计约需两年半至三年。自己清华公费尚有一年半，成绩好还可延长一年，导师又告我可以申请本校研究生奖学金或研究专款，故完成学位应无经济困难。工作一年，进行极为顺利，初步全面考试和德、法文都已及格，实验结果亦完成计划的一半。忽然接到母亲来信催促回国。因外叔祖去世，大家庭分家。二舅舅经济情况不好，母亲和妹妹不便继续寄居，父亲收入照顾自己都有困难，何况还须接济祖母（祖父已去世）。弟弟虽已在三年前考取安徽省留德公费，但还要一年才能毕业，故目前只能要求我即日归国。因此我不得不与导师商量将研究完成部分写作硕士论文进行答辩，于 1923 年夏束装归国。由于这是临时决定，未能早一年向国内接洽工作，只能在抵沪以后四处托人介绍。有德商征聘我做银行的染料和药物的化学技师，有旧日同学推荐我到银行做业务技术员，同船归国的两位留美学生代浙江大学和南开大学邀请我教书。我终于选择了最后者，来到南开任教。因自己仍然忠于教育和科学救国的信念，并拟终身致力于这两个事业。

1923 年至 1929 年在南开大学服务六年，教学上有成绩，故于 1929 年夏，争取到出国进修两年的机会。再度赴美入康涅狄格州耶鲁大学研究院进行杂环有机化合物的研究。工作两年成绩甚佳，于 1931 年 5 月获得博士学位。当时德国著名化学家、慕尼黑大学诺贝尔奖金获得人维兰德教授来耶鲁大学讲学，参加我的论文答辩，承他美意约我到他的实验室作为客籍研究员一年。因函南开商量，拟于1932年秋返校，未得同意，遂往英国和欧洲大陆做两个月的考察旅行，并至维兰德教授处道歉。承他同意，两三年内随时再去，然后取道苏联，经过西伯利亚归国。

1931年秋到校后忙于开设新的课程，并布置新的实验和规划新的装备。翌年正式开展研究工作，首先在合成药物方面。两年后发表一部分结果，得到好评。此后继续深入，一方面扩大研究的面，另一方面和医学机构联系协作。这时日军已由东北入侵冀东，并于1937年夏初酿成卢沟桥事变与我国京郊守军展开战斗。同年7月底天津日军开始行动，炮击并进占南开校园。除事变前三四日抢救出一部分图书仪器外，其余均被掠夺和摧毁。十余年心血毁于一旦，悲愤之余立下誓将复校的决心。遂即日南下参加抗战。同年10月北大、清华、南开三校在长沙成立临时大学，安置三校部分师生。我被任命为化学系主任。次年春又迁昆明，改为西南联合大学。

1938年至1945年参加西南联大教学和行政工作，前后六年有余。除在理学院化学系任主任而外，嗣又兼师范学院理化系主任，最后又兼教务长。西南联大学生虽然不少（2000～3000人），而教师则因三个学校合并起来显得多了一些，每系均有十来位教授，还有若干讲师和助教。而图书仪器又甚缺乏，使研究工作几乎无法进行（生物、地学、考古等除外）。

1945年夏，第三次去美国为南开物色教师，采购图书仪器，并在印第安纳州立大学任访问教授，兼研究员两年。当时美国有数十万青年退伍，分批免费入学，高等学校入学人数激增，达到正常的两三倍，而师资奇缺，故外国学者和研究生都受到热烈欢迎。自己亦利用这一机会补齐自己八年来的缺课，了解化学及其相近领域内的新发展和新趋势。又看到了若干为美军占领时掠夺而来的德国化学工业研究的秘密资料。这些文件经过有关专家审查后，分别影印交给政府机关、有关工厂研究室以及大学研究所或作为内部资料，或作为一般参考。我曾写信给伪教育部、伪工商业部、伪中央研究院，希望他们组织力量进行收购和托人摘要抄录以备国内参考。但是他们或者认为无关紧要置之不理，或者复信说现在无力办理，以后再说。

1947 年我准备归国。印第安纳州立大学化学系同人一再敦劝我再做二三年之留，因国共战事正在东北进行，华北即将卷入，归国后恐无法工作，不如候局面稍为稳定再做归计。同时对他们亦大有帮助。我认为国内局面甚难估计，二三年未必即能稳定，又因南开同人来函敦促，终于年终乘轮归来。

1948 年 2 月抵津，归国一年后，先是天津，继之北平先后获得解放。

天津解放前夕曾有人约我离津南下，伪教育部亦有指令随时乘机退出。我对国民党和蒋介石自抗日战争以后完全丧失信心，不愿追随他们。而对中国共产党又毫无认识，曾为之彷徨多日，举棋不定。后来经过一番分析，觉得前面一条是毫无希望的道路，后面一条虽属不可知，但可能有好的成分，应当留下来看看。

天津解放以后首先看到解放军纪律是严明的，为任何军队所不及，士兵们对市民亲切和蔼，带来了一个极好印象。后来刘少奇同志来津召集各界人士谈话，提出对知识分子的要求和希望，心中为之稍安。经过一段紧张学习，对于新政权有了初步了解，很多问题得到了答案。但仍未能充分体会它们的重要意义。

我没有估计到党会令我以教育工作者代表的身份出席第一届全国政协会议，说明她注意到我多年在教育工作岗位上的努力。这给我以巨大的鼓舞。特别是在 10 月 1 日走上天安门城楼之后，由周恩来总理的介绍，和毛泽东主席握了手，他的慈祥的微笑永远刻印在我的脑子里。我此后必须严格遵照《共同纲领》的要求，不辜负党对我的关怀。

抗美援朝给我以巨大的震动和难忘的教育。自己认为在列强中过去对中国态度较好的是美国，它帮助蒋介石，诚然不幸。但蒋介石是扶不起的阿斗，美国的态度终究会改变的。现在抗美援朝就消除了这个可能，同时对能否援朝亦深深地怀疑。当消息公布后，黄敬市长问我的意见，我说能够自保就不错了，提出援朝是否调子过高？自己主张陈兵鸭绿江边暂不南下。用意是什么？惧怕美国，不信自己军队能与之对抗。若美军入侵东北则苏联必须出兵，因中苏有共同防御的协定。现在南下则只能是中美之战。朝鲜没有实力，苏联没有义务，我们的牺牲可能巨大。自己虽然不懂军事策略，亦不掌握全面形势，俱从常识判断，认为不智。结果如何呢？完全证明毛主席看法的正确，美帝只是一只纸老虎，敌人被驱回三八线，不得不签停战协定。东北稳固了，朝鲜民主主义人民共和国保全了，而我们的伤亡并不太大，并且这个战役的影响是非常巨大而深远的，它使全国人民有了无比的信心。党的威信更加巩固，新中国的地位大大提高了。由于美帝采用了细菌武器和苏联全力协助，使我在两大阵营方面获得了正确的感情关系。

知识分子思想改造和"三反""五反"，虽在初期给自己带来了一些痛苦和不安，因不习惯于轰轰烈烈的群众运动，总怕发生重大偏差。其实这是完全不必要的顾虑，有党的正确领导，遇有偏差，随时会加以纠正。结果使自己认识到个人的真实面貌，抛弃了不少思想包袱，效果是宏伟的。

多年的资产阶级教育和旧社会的影响所养成的顽强而根深蒂固的思想体系，虽然不断地受到震动和批判，但要彻底清除确是艰巨的工作，需要长期的努力。

我过去不喜问政治思想，只是关门进行学术工作。后来在学习和运动之外，参加政治生活和多种社会活动。我虽然了解党的美意，但总有抵触情绪，体会不到学术不能脱离政治，工作（包括学术工作）必须走群众路线的真理，这一症结在自己心中长期不得解开。最初甚至有"党不了解科学研究工作的重要性和用人非其所长"的错误想法，以为叫我搞民主党派的工作、教育工会的工作，所取得的效果远不如叫我搞科学研究为大。科学工作是中国多年来最落后的一环，而训练有基础的科学家人数不多。社会工作当然亦重要，可以让许多学社会科学的人去搞。但看到中国科学院在新中国成立后即行建立，不少新的研究所逐年增加，1955 年又有学部的成立和学部委员的选举，1956 年又进行国家科学技术远景规划，说党不重视科学是站不住脚的。那么一定是自己的思想上和认识上有问题，应当深入细致地去挖掘。终于在访苏、"整风""反右"和"交心"的过程中获得了解决，找出了答案。

1957 年冬访问苏联对我个人是具有极端重要意义的事件。以郭沫若为首的中国访苏科学技术代表团赴苏的目的是和苏联广大科学家们商讨中国的科学技术规划，征求他们的意见。又代表中国国务院、中国科学院和中国高教部分别签订双方合作协定。这使我有机会座谈、参观和深入了解苏联科学发展的情况和工作的方法，收获是甚大的。

上面已经提到自己多年来是以教学和科学研究为终身努力的目标。但是几十年来只能先从教学开始，因为科学研究的条件还不具备，尤其是抗日战争爆发前后消耗了自己将近十年的时间和精力，新中国成立时我已年逾半百，估计还可工作十年至十五年。如不抓紧时间，要在科学上做出较大的贡献是不可能的。故对行政工作、社会活动，甚至文娱都不愿参加，自己相信这是从祖国科学的长远利益出发的。现在看，这些认识是有片面性的。

很久以来，我钦佩党、爱护党、信任党。许多同志的入党给我以很大的鼓励和刺激，但总觉得还有小的隔阂未完全消除，不好启齿。

现在隔阂消除了，使我在精神上无比的愉快，毛主席又向我们提出了红与专的要求，我坚决在红的方面做更大的努力。我真诚地信仰马克思列宁主义，愿意用它武装自己。我热爱中国共产党和毛主席，愿意在他的旗帜下献出自己的一切，包括生命在内，为人民事业奋勇前进。

（1959 年 9 月 6 日）

吴大任　　　　　　　　　　# 我的自述

从小学到中学

　　我是广东肇庆人，1908 年生于天津。祖父和父亲都是前清科举出身，祖父早故。辛亥革命后，父亲经营过工商业，而更多的是从事文教事业，当过天津旅津广东学校校长，主编过高要县县志。

　　在天津，我上过一年小学。和我一同上学的有比我大一岁的哥哥大业和二叔的儿子大猷，大猷比大业小半个月。1915 年因我母亲病重，我家搬到广州，不久母亲去世，又搬到肇庆。那时我有三个姐姐，是前母所生，同母的有大业和三个妹妹。和我住在一起的还有祖母和一个早寡的姑母，姑母是高要女子师范学校校长。1918 年，我父亲娶了继母，她有一个儿子和三个女儿长大成人，所以我们共有三兄弟九姐妹。

在肇庆，我和大业上高要县立模范小学，1919 年毕业。我印象较深的小学教师中有一位是陈禹范，他是校长，教过我们《论语》、英语，还教会我们四声和反切，这点启蒙的音韵常识对我后来欣赏文学作品和写作很有好处。他还能讲纯正的国语，在广东人中，当时是很难得的。

在假期，父亲总要我们两弟兄念古文，并背给他听，后来又背了《孟子》。小学毕业后，父亲让我们上了半年私塾，接着又让我们到广州上私塾。和小学相比，我对私塾反感很大，但父亲是很严厉的，只能服从。在广州，我们念《左传》，阅读《通鉴纲目》，也念些散文和唐诗。每天写大字，每六天做一篇文章。我们一共上了两年私塾，消磨了锐气，只是语文有所长进。

家里有一箱旧小说，我差不多都看了。广州的私塾老师不许看《三国演义》以外的小说，但我们向同学借来偷偷地看。有些小说是不健康的，但看小说能够增长常识和词汇，提高表达能力。

1921 年，我父亲再次到天津谋生，带了大业、大猷、我和大立。大立是四叔的儿子，比我小四个月。我们都考上南开中学，四个人住一间宿舍，年龄、个子都差不多，很引人注目。

在一年级，我最感吃力的课是英文，课本是《五十逸事》。我的英文基础很差，无法跟上。幸而一位在大学上三年级的表哥定期来宿舍帮我，一两个月后我才逐渐跟上了，考试也勉强及格。没想到学年末送给家长的成绩单上，却盖上一个戳子，上面写着"该生本学年品学均有可称，请贵家长鉴察"。大猷成绩单上也盖了这个戳子。

一年过后，父亲感到他的收入无法供四个学生上学。这时祖母因大猷幼年丧父，就负担起他的费用，大立因他母亲患喉癌回了广东，父亲的一个朋友负责我的费用。这样，父亲就只管大业一个人。从这时起到 1926 年高中毕业的四年间，我用的就是父亲这个朋友的钱。

他使我能继续学习，我对他是感谢的。除每学期的学宿费 45 元外，他每月还给我 10 元。这对我本来是够用的，但他的钱有时给得不及时，我又不敢向父亲要，所以经常负债，给我造成很大的困难和思想压力。

1922 年，南开中学改"三三制"，我上初中三年级，英文虽然还不好，及格已经不再是勉强的了。上高中一年级时，我遇到一次挫折：第二学期的一次小考中，化学和西洋史都不及格。主观原因是我那一年比较贪玩，对这两门课学习又不努力。客观原因也是有的，开学日，我钱不够，化学课用的是英文原版书，比较贵，我没有买，因而没学好；西洋史用的是中文教材，这本书很怪，完全用表格方式来表述每个历史事件，如原因、经过、结果等，此外不带任何说明，本来我对历史还是有兴趣的，但我不愿意死记硬背。小考两门不及格，对我敲起警钟，以后这种失误就没再出现了。可是令我深感遗憾的是，我对西洋史的印象至今仍是模糊的。

除此以外，在高中时，我的学习成绩是稳步上升的。特别是上高二以后，我的学习变得主动多了。原因是多方面的，其中之一，也许是因为英语基础已逐步巩固，我对它的兴趣也高了，而英文又是当时的重要学习工具，对学习别的课是很有帮助的。

我喜欢课外阅读，经常到图书馆翻书看。那里书不多，却有两套大百科全书，一套是《大英百科全书》，另一套是美国的。我只是无目的地乱看。此外，我印象较深的是吴稚晖写的《上下古今谈》，是用问答形式写的，其中关于天文部分使我大开眼界，我第一次了解到宇宙间有那么多新奇事物。

课外体育活动，我喜欢打网球，但没有师承，不会发球。我也打乒乓球，用宿舍里的书桌当球台，上面放几本小英文书当球网，虽然打得好，却不能上大球台。

那时反对帝国主义的学生爱国运动是较多的，除了"五七"国耻游行外，又遇到"五卅"和"五三"运动，我们上街宣传、募捐、抵制日货。

1926 年，我中学毕业，是保送免试上南开大学的三个毕业生之一，我们还得到免学宿费四年的待遇。学费每学期 30 元，宿费 15 元，所以一年共节省 90 元。

在南开中学的五年学习，为我日后的成长奠定了较好的基础。德、智、体诸方面都有收获。

这里可补充一点，1925 年大猷考上南开大学矿科一年级，大业考上南开大学预科，一年后升本科。所以那一年我们弟兄三人中，只有我还留在中学。

在南开大学

我上大学之前，父亲那个供我上学的朋友去世了。幸而四年的学宿费都免了，而且我在大学又两次获得理学院的奖学金，那本来也是免交学宿费，但因我已经得到中学毕业时的免费，所以那两年每学期就发给我现金 45 元。此外，有两个暑假我到中学暑期学校任教，每次有大约 50 元薪金，还免饭费。我还为姜立夫先生抄写数学名词，干了半年多，每月有 10 元报酬。这样，在大学期间我的生活费有三分之二可以自给，解除了经济问题在我思想上的压力。

当时南开大学奖学金制度是这样规定的：达到一定条件的才能获得奖学金，但每个学院每学年至多授予一个。奖学金是根据前一学年的成绩评定的，而授予的形式是免下一年的学宿费。1926 年因矿科停办，大猷转入物理系，他得到 1926 年至 1927 年和 1928 年至 1929 年两个学年度的理学院奖学金，我得到 1927 年至 1928 年和 1929 年至 1930 年的奖学金。

上大学时，我认定我宜于学物理，就入了物理系。南开大学有个不成文的规定：除体育外，每人可选五门课，成绩好的可以选六门。所以一年级上学期我就选了体育、中文、英文、微积分、物理和定性分析。下学期又加了地学通论。那年姜立夫到厦门去了，教微积分的是专长中国数学史的钱宝琮，教物理的是饶毓泰，而最引起我兴趣的是邱宗岳的定性分析和竺可桢的地学通论。邱先生是物理化学专家，讲定性分析非常细致深入；竺先生的地学通论讲了不少的天文，而我对天文早就有浓厚的兴趣，所以在1931年暑假，我就到图书馆大量借阅无机化学和天文的书。

在二年级，我选了饶先生的理论力学和现代物理，饶先生对基本概念的阐述比较深入。在理论力学班上，学生有陈省身和吴大猷，饶先生对这班学生的成绩很赞赏。现代物理全面介绍了当时实验物理的新成就，使我大开眼界。一次，饶先生让我看他老师密立根所做的测定电子质量和电荷的实验报告，并且让我在班上介绍，他听了很满意。课外，我常到理科阅览室看美国的物理杂志《物理评论》（*Physical Review*），我看到密立根关于他发现宇宙线的报道和他对宇宙线来源的最早分析。那时宇宙线还没有定名，我写了一篇短文《大宇中的高频辐射》，在我负责编辑的《理科学报》上发表（《理科学报》是理科学会的小报，而理科学会是理科学生的群众组织）。饶先生拿了这份学报在班上连连说好，显然有点激动（这是他第二次这样赞赏，第一次是学报上发表了我的一篇《光之追越》）。

尽管我对物理兴趣很高，但在上三年级时我还是转到了数学系。原因有三个：第一，饶先生身体不好，不能再开许多课。第二，二年级时我还选修了交流电和无线电两门课，它们本质上都是工科课程，其中理论不难，但我对实验操作兴趣不高。我认识到，我对物理的兴趣主要在理论方面（对化学也有类似情况，我对定性分析兴趣很高，学定量分析，因为理论简单，兴趣就大减）。第三，姜立夫先生回来了，我选他的微积分和立体解析几何都是学年课。可是到了下学期姜先生让申又枨接他教立体解析几何，他自己另开学期课投影几何。在选课时，理学院院长饶先生不让我继续选立体解析几何，要我选投影几何（我不能都选，都选就是七门课了）。我知道这是姜先生的授意，就选了投影几何。姜先生讲这门课也确实精彩。这样，数学系对我的吸引力就超过了物理系。不过，我对理论物理的兴趣依然很高，我是怀着对物理的惜别心情和对饶先生的深深歉意转系的。在三年级，我仍然选学了饶先生开设的电磁学理论。

三年级我选修了姜先生的高等代数和复变函数论，它们不是几何，但是作为几何专家的姜先生讲这两门课总是密切联系着几何背景和几何应用，因而讲得活。四年级，我选修了姜先生的微分几何、n维空间几何和非欧几何，这些都是姜先生的专长。学了那么多几何课，我的兴趣自然就集中于几何，至于姜先生教学质量之高，教学方法之灵活多样，我已写得不少，这里不重复。可以一提的是，我的微分几何听课笔记，姜先生后来打印发给以后的同学作为讲义了。

最后两年，我还学了两年德文，一年法文。这两种文字的数学书我都能阅读了，这对我后来的学习生活起了很大作用。在英国时，我需要看意大利数学文献，有了英、德、法文的基础，我又自学了意大利文，很快就达到能阅读的水平。

课外时间，我继续看小说，也看了孙中山著作。我仍然打网球，不打乒乓球了，却喜欢"弹棋子"，那是用手弹的克朗棋，我弹得很好。

1930年我大学毕业，那年毕业生中有三个列为最优等，除我以外，还有陈省身和张志基。张志基和我中学同班毕业，同时被保送入大学，他学化学。大业同年在商科毕业，也列为优等。

中山、清华和南开

大学毕业后的前三年，我的生活是不安定的，一年换一个地方。1930年春，一个偶然事故使我父亲失业，他回到肇庆。那年清华开始招收研究生，我想报考，但我父亲要我就业，担负赡养大家庭的义务，这是我不能违抗的。不过我仍然报了名，怀着抑郁心情参加了考试。我和陈省身都被录取了，还有每年 320 元奖学金，那是完全够用的。但我只好向清华申请保留学籍，到广州中山大学任教。

中山大学有两项工作供我选择：一个是农学院讲师，一个是数学天文系助教。讲师比助教薪金多 60%，而我选了助教。我以为那对进修较为有利，而且他们还告诉我，将来有到法国学习的机会。

对那里的助教生活我不满意，进修条件很差，实行坐班制，时间难以利用，出国希望更是渺茫，因此过了两三个月，预科兼高中部一位教师因病请假，找我去兼一门课，我就接受了。那时我已清楚地看到，与其在中山大学工作下去不如积累一点钱留给家里，以便脱身到清华。寒假后，预科兼高中部找我去做专任教师，我就辞掉助教职务去教课，那里的报酬比助教几乎多一倍。我还兼了一个月的化学课，又短期在一个补习学校教物理。最后，我还向我大姐借了 1000 元，用暑假期间翻译了一本书，准备将来用稿费还债，我留给家里的钱，估计足够家里三年的费用，这样我可以到清华研究院念三年书。

1931 年秋季我到清华复学，又和陈省身同班。在清华这一年也不理想，我选了四门课，可是那年"九一八"事变后学习不安定，更重要的是，我的导师给我的第一个研究课题是明显没有科学意义的。所以，当 1932 年姜先生叫我回南开做助教，我马上接受了，中断了研究生的学习。

在南开，我除了批改两门课的作业外，还把姜先生的投影几何课上我记的笔记整理成讲义发给学生。

这一年我还得到科研的初步训练。德国汉堡大学的中年教师斯佩尔纳（E. Sperner）在北大讲课，姜先生知道他让北大的青年人看一篇文章，就让我也看。不久，斯佩尔纳来南开大学访问，姜先生把我介绍给他。他告诉我，那篇文章应当改进，让我试试。我根据他的思路做出了初步成果，他很满意，约我 1933 年秋季到北大任教，我也同意了。

1933 年 6、7 月间，报上消息说，中英庚款董事会招考第一届留英公费生。在我还没有决定报考时，姜先生认为我该报名。他说："你的机会很好，他们叫我出数学考题，我没有同意。"我完全领会他这句话的含义，就报考了。考得不好，但居然录取了。第一届中英庚款公费生有 20 个名额，这次一共只录取了 9 名学生，其中数学 1 名。9 月间，我们 9 人坐船到法国马赛，再转到伦敦登陆。

在国外

我们到伦敦时，英国各大学都已开学。一个英国人负责为我们联系学校，我希望到剑桥大学，他却忙于解决容易联系的学校。别人都要上学了，他还没有替我联系，我很着急。一个从法国来的中国学生陈传璋正在伦敦大学大学学院进修，他主动替我联系该学院，我就在大学学院注册为博士研究生。

入学以后我才了解，大学学院有两位几何学家。我除了听课外，他们都指定我看参考。中英庚款董事会规定，公费三年，第三年可以转到别的国家。我希望两年得到博士学位，第三年到德国。可是在大学学院一年快过去了，导师们都还没有给我提出研究课题。这样，我就没有把握第三年到德国去。我想，宁可放弃博士学位，也要到德国去。那时陈省身已经到了德国的汉堡，我写信和他商量。他告诉我，汉堡大学有三位高水平的教授，可以指导当时的任何数学研究课题，于是我就在大学学院申请改为硕士研究生。

1934 年秋季，两个导师分别给了我硕士论文题目。按规定，一篇论文就可以了，做两篇是为了保险。过了半年，两篇论文都已基本完成。数学系经常有科学报告会，在会上，我对这两篇论文分别做了报告，颇得好评。其中一篇，我没有用稿子或者提纲，还解答了会上提出的各式各样的问题。报告后，系主任说："在习明纳尔上不用讲稿，是惊人的成就。"他不知道这已经成为我的习惯。我的一位导师还表扬我在黑板上保持整洁。会后有不少人向我表示祝贺。

论文答辩时，除导师外，还有剑桥大学来的两位专家，他们提出的问题，我都分别做了回答。答辩后，一位导师告诉我答辩通过，可以得到带有表示成绩优异的星号的硕士学位。

我在英国的两年是有收获的，但远不是理想的。我的经历使我形成两点看法：1．学习一定要尽可能到师资强的地方去；2．到一个单位学习之前，最好对它有充分的了解。

1934年陈鹝在南开大学数学系毕业后于3月到了英国，我们结了婚。她也被大学学院接受为研究生。因为时间不够，不能读学位，就选修了几门课。她到伦敦的旅费是借的。在国外的费用，两人和一人差不多。

1935年7月我们到了德国汉堡。德国大学只授予博士学位，已经取得硕士学位的人，至少还要过一年半才能取得他们的博士学位。因为我只有一年的学习计划，我们就都作为访问学者在汉堡大学听课。我们可以利用数学系的图书馆，参加系里的各种活动。我同时跟勃拉舒克教授研究积分几何，这门学科是新创立的。勃拉舒克和他的学生已经发表了一系列论文。勃拉舒克每周要带领他的追随者绕市里一个大湖散步，散步时可以交谈，也可以做学术交流，我参加了。勃拉舒克给我看了他刚出版的关于积分几何的小册子。我读了以后，他先后给了我两个小题目去做。我把做的结果向他汇报，他都表示满意。

1936年春季，我了解到像我这样的人可以向中华教育文化基金会申请研究补助。我申请了，得到了补助，可以继续留德一年。暑假后，勃拉舒克给了我一个较有分量的研究课题，我做出以后，他满意地说："你进行得这么好，我很高兴。"接着他问我为什么不拿学位，我说："我只有半年时间，来不及了。"因为开始办理拿学位的手续，至少还需要一年半。勃拉舒克又给我另外一个课题，这个课题比前一个意义重大，别人做过，但没有做出来。过了两三个月我做出了圆满的结果。他听了我的汇报，看了我的草稿说："你几乎把一切都做完了。"他再次问我:"你论文都有了,为什么不弄个学位?中国人不是很重视学位的吗?"原来,论文是取得学位的主要依据。我告诉他:"我在德国只有两三个月了,没有时间了。"

在汉堡的两年里,我听了三位数学大师的课,参加了一些学术活动,会见了欧洲各国的一些数学家,是很有收获的。但也有很大的遗憾,那就是,我没有注意收集资料。回国后,又遇到抗日战争和解放战争,看不到国外书刊,这就造成我和数学前沿工作的极大差距。

1937 年我接受了武汉大学聘约。我们原订了意大利船票,6 月下旬动身回国。因该船被意政府征用,而其他国家船票都贵得多,就改乘下一班意大利船。我们利用这一个月时间在意大利休息、旅游。在此期间,我和陈鸎合作翻译一本德文数学书,后来用这书的稿费归还了陈鸎上大学时的借款。在船上听广播,才知道国内发生了卢沟桥事变,而且平津已经沦陷。原来在意大利时我们没有看报,不知道。到香港和广州这天,正是 8 月 13 日,上海抗日战争爆发。

抗日战争期间

我们到武汉不到半年,武汉大学就决定西迁四川。一个夜晚在珞珈山上,我们看到敌机飞过,去轰炸汉阳兵工厂,又看着它们飞回。学校停课后,我们先到宜昌,在那里又遇到敌机轰炸。是年阴历年后到了重庆。后来武汉大学决定迁乐山,我们就到乐山,在乐山待到1942 年,在那里遇到两次敌机滥炸,炸得很惨。

抗战期间国外期刊来不了,很难进行前沿研究,我主要就是讲课。我讲课的面很广,学过的教,没学过的也教,边学边教,借教课来拓宽和加深我的基础。当时,我自学能力还较强,这样做还没有遇到困难。但由于用力不专,个人收获不很大。

科研方面,我也写了一点东西,水平不高。我和陈鸎把在意大利开始翻译的德文书译完,又译了另外一本。前一本是用白话文译的,

18

后来出版了。据说是第一本白话文数学书。后一本用的是文言文，没有功夫整理，没有出版。直到 20 世纪 80 年代，我根据这书改写补充后的新版，改用白话文重新翻译，现在已经被出版社接受，尚未出版。

当时的中英庚款董事会董事长、教育部长朱家骅曾经两次来信要我到同济大学。第一次要我当数学系主任，第二次要我当理学院院长，我都没有接受。西南联大的江泽涵也两次来信要我去，我也没去。第一次是因为陈鹫怀孕在身，第二次是因为孩子出生不久。那时交通不便，我们安于现状，怕坐长途公共汽车。

我既怕耽误业务，又怕卷入人事纠纷，只是埋头于教学和科研，不参与学校事务。1942 年，我的房东逼我搬家，我们到处找房子，都是功败垂成。那时四川大学在乐山西 40 公里的峨眉山。正在我们走投无路时，四川大学理学院许多骨干教师因派别斗争离校，许多课开不出来。暑假开始，川大理学院院长周厚复来乐山请武大教师假期中去讲课。为了图短时的头脑清静，我去教了两门课。与此同时，陈鹫在乐山继续奔走，仍然徒劳无功。周厚复了解到我们房子出了问题，就要我们两人到川大任教，并且答应专为我们盖宿舍。我想：武大我待不长；太平洋战争已经爆发，抗战可能较早结束。又羡慕峨眉风光，能朝夕与它相对，也是快事。我就同意去，既解决了房子问题，又可以畅游峨眉。

我结束川大的课回到乐山，武大一些领导人知道我要到川大，就挽留我。理学院院长桂质庭还怕我把武大的人拉到川大去。我向他保证：绝不拉走武大的人。许多学生也来挽留，但我去意已定，不便更改。当我们一切准备好将要动身时，教务长朱光潜也来挽留，并且同意教授宿舍盖好后留一幢给我们。我们不愿意让人们认为我们走是要挟要房子，因此再三讲明要走的理由，朱光潜只好同意放我，并和我谈妥，让我在武大告假一年。

川大数学系原有三位教授，其中一位是兼系主任的柯召，都已离校。我到川大，首先是重整教师队伍。我为系里添聘了一位教授，把柯召请回，又增聘了一位川大刚毕业的学生为助教。在柯召到校前，我只好代理系主任。

刚刚安排就绪，川大校长换了黄季陆。他是国民党四川省省党部主委，省党部设在成都，他要把学校搬回成都。我们只好告别峨眉搬到成都去。不久柯召返校，仍任系主任。

1942年夏，武大朱光潜来成都招生，约好我同船回乐山。我把行李都收拾好了，只等上船。没想到我到图书馆还书时，被学生发现报告了黄季陆。他和我在成都的姑母、姑夫是熟朋友，他立即拉了我姑母来我家，硬把我们请到饭馆吃饭。那时，我姑母正闹家庭纠纷，需我调停，在他们两人再三劝说下，我勉强同意留下，未能回武大。

武大回路已断，我只得安心在川大。过了几个月，柯召任教务长，黄季陆让我接任系主任，我不接受。他让我当理学院院长，我更不同意。我愿意专心搞业务，所以历来拒绝出任行政工作，代理一个学期系主任，完全是不得已。在旧社会，人事纠纷复杂，更使我视行政工作为畏途。没想到1943年发聘书时（当时聘书每年一发，不发聘书即停聘），我的一位得力助教（武大毕业生，比我早一年到川大）没有得聘书。我找到了黄季陆，指出她是全系最强的助教，停聘她不合理。黄说，现在精简人员，首先是精简非川大毕业生。我据理力争，黄也自知理由不充分，就做了让步，同意把她聘为师范学院助教。我知道再争无益，只得同意。这事进一步使我感到，川大比起武大更不是我可以久留之地。

在川大，我授课情况和武大相似，但较集中。当时好几个教会学校都搬到成都，和华西大学联合办学，我在那里兼过职。1944年11月，中国科学社在成都开年会，我在会上宣读了三篇论文。那以后，成都数学界部分人组织了不定期的科学讨论会，在会上我做了两次报告。

1945年抗战结束，我是一则以喜，一则以忧。喜的是抗战胜利；

忧的是国内政治斗争尖锐，前途未卜。果然，川大校内出现特务学生伪造进步教授的大字报，贴出来后还拍了照，目的显然是要迫害他们。这引起教师们的气愤，大家联名给黄季陆写信，要求开除两个特务学生，我和陈鹨也都签了名。黄季陆虽然被迫开除了他们，但马上又把他们送到庐山受训，这表明川大的政治环境已非常险恶。部分教授酝酿组织教授会，酝酿方式是到茶馆喝茶，我也在被邀之列。教授会成立，我被选为理事。

1946 年春，上海交大教师罢教，抗议薪金菲薄，生活无保障。川大教授会开会响应。黄季陆到会发表讲话，使罢教议案被否决。教授会认为这不代表多数教授意见，决定用联名签字方式发动罢课。由我起草了简短的罢课声明，其中有这样的两句话："对远地的同道表同情，向黑暗的现实提抗议。"结果教授会成员签字的远远超过了半数，实现了罢课。

过了些时候，许多大学纷纷复课，有几个学校约我去任教，其中一个是燕京大学。我对教会学校有点成见，但喜欢北京，也就同意了。接着南开大学也来信约我，我当然愿意回母校，就辞去燕京聘约，同意回南开。

我在武大五年，川大四年，都没有能培养出和我研究方向一致的学生。主要原因是我本人研究工作开展不够，方向不专，教课庞杂，不系统。另一个原因是时间都不够长，当我亲自培育的学生即将成熟时，我就离去。这样，我就未能培养出能够和我合作的助手，也影响我日后业务的成长。

在武大，我不参与学校事务；在川大，我代理半年系主任，是参与学校事务的开始。后来，因为我的教研活动受到干扰，感到有必要保护自身的利益，参加了教授会的活动，这对我来说是一个转变。

回到南开

复原后的南开大学，除个别系有从西南联大拨过来的少数学生外，都是新招的一年级生。我主要是教微积分，工作量很轻。

南开是我的"老家"，但这个"家"也变了，它已从私立改成国立，而且也不再能够置身于政治之外了。我仍然抱着一贯的态度，不卷入学校事务和政治活动，但我参加了教授会活动，并被选为理事。1947年，在"反饥饿、反内战"的学生运动中，不少大学的教授会发布宣言响应。南开大学教授会也开了会，会上推举我和李广田起草宣言。会后，我执笔起草，经李广田同意就照发了。

交通大学毕业生胡国定和他爱人周淑华在上海从事学生运动，受到当地政府注意。陈省身把胡介绍给清华，清华不接受，就通过我介绍给南开。我向数学系推荐，胡国定就到了南开，帮我批改作业。接着，周淑华也来到天津。我看出来，他们可能是在做地下工作。

当时的教务长陈序经频繁找我谈学校事务，并再三再四要我接替他做教务长，我都谢绝了。1948年春，他要到广州筹备恢复岭南大学，要我在他离校的三个月间代理他的教务长职务，我只好同意。没想到这三个月是校内多事之秋，政治斗争不断反映到校内。

我刚就任一两天，因教育部给学生的助学金没有按时拨到，学生食堂不给开饭。学生找不到秘书长和训导长，就找到我。我了解到食堂有存粮，可以借给学生，而且院子里已经聚集了几百个学生等消息，我就让食堂借粮，以免学生断炊。没想到这引起学校多数负责人以及部分教授的强烈不满。接着发生几起特务殴打学生的事件。当时，我对学生斗争的政治背景不甚了解，我的意见常常和学校其他领导不一致，思想有矛盾。在这三个月里，我只做了一件较有意义的工作，即把原有的学则修改得比较完善。陈序经回校，我立即停止到办公室。因为陈即将就任岭南大学校长，张伯苓校长要我正式接他做教务长，我当然坚决推辞，结果是杨石先接任教务长。

这一年秋天，张伯苓就任考试院院长，他的南开大学校长职务被免去了，何廉被任命为代理校长。何到校不久，不少大学罢教，要求改善待遇，南开教授会和讲助会也在酝酿，何廉找我，希望不要出现罢教的事。我和讲助会的负责人商议，认为如果两会分别召开，很可能一个通过罢教，一个不通过，那样就会造成混乱。结果，两个会都同意召开联席会，联席会由我主持。经过激烈辩论，以一票多数通过了罢教决议。会后，我起草了罢教宣言，次日见报。

当年夏天，国民党特刑庭成立后，进步学生有的被捕，有的到了解放区，有的隐蔽下来。我的学生朱竹英两次送女同学到我家过夜，我家保姆睡下后，陈鸎把她们送到客厅，反锁了门，天亮把她们放走。

11月底，教育部让学校迁广州。12月初，原南开学生张法文从解放区来，到我家向我介绍了解放区的情况和共产党的政策，特别是对知识分子和发展教育的政策，他希望我留在天津，帮助维护学校安全，这是我首次直接获得的关于共产党的第一手情况，学校开会讨论是否搬迁问题，我是反对搬的，搬迁之议被否决。

11月中旬，解放军对天津的包围已经形成。因为学校所在的八里台在市区边缘，很不安全，学校决定搬到市中心甘肃路南开大学东院（当时政经学院所在地），并组织了安全委员会负责学校的搬迁和保卫工作。萧采瑜是委员会主席，我是秘书，我们合作得很默契。委员会成立后第二天一早，我就开始办公。安全委员会的学生代表杨用尧来告诉我，学生已经组织起来，可以立即开始图书设备的装箱工作。三天内，除了大件设备外，全校设备都集中到了东院，教职工和家属以及学生也集中到那里，我第一次领略到在地下党领导下的群众力量。12月中旬，我家里有些东西还来不及搬走，国民党军队就开进了八里台校舍。

在东院，安全委员会一方面组织师生的生活，另一方面拒绝国民党军队入校。学生们还组织了几次晚会。

解放军围城期间，天津市工商界一些头面人物约请各高等学校的一些人开过几次会，讨论保护天津市人民生命财产问题，我也应邀参加。他们还派人和解放军联系，希望促进天津和平解放，还以参加开会的人员名义发过一次声明，但都没有产生效果。

1949 年元旦，从解放区来的闻一多的侄子黎智访问我们，我们表示希望天津市能够和平解放，但我们的设想未能取得完全一致。

1 月 14 日，解放军发动总攻，晚上我们从二楼搬到一楼，用我们当时仅有的财产——16 袋面粉堆在窗台上替代沙包。一夜枪炮声不断。次日黎明从"沙包"上方看到对面二楼阳台上已经有解放军站岗。东院附近的枪声直到下午才完全静下来。事后知道，全校只有一个轻伤号。

安全问题已经解决，顾名思义，安全委员会已经没有存在的必要。我们召开了最后一次全体会，自动宣布解散。

天津解放初期

对我来说，天津解放后首要的问题是学习。我们有十多位教授组织了学习会。在会上，我发现许多人都比我懂得多，我只好认真学习毛主席的几本小册子。

4 月间，市委文教部长黄松龄找我，要我做南开大学教务长。这是完全出乎我意料的，因为我一贯不愿搞行政工作。可是我看到在共产党领导下，政治开明，社会安定，政策合理，干群关系好，教育前途光明，我还感到人际关系和过去是不一样了，黄松龄同志的态度也是坦率诚恳的；另一方面，从事教育十几年，我对教育还是有一些看法，感到也许可以做点事情。我就答应试一试，以一年为期。5 月间，学校校务委员会成立，我开始走上行政工作岗位。

我没有想到的是，在共产党领导下，职务上实行的是终身制，不像过去那样每年一聘，聘任期没有满也可以脱身。因此，一年后我无法提出辞职的要求。另一方面，这时的行政工作和以前大不相同，兼搞业务是非常困难的，我把全部时间投入行政工作还觉得不够。此外，新中国刚成立不久，除旧布新，而且具体做法不断修订，所以特别忙。有相当长一段时期，中央教育领导部门经常召开小型会议，时间半天或一天。我频繁往返于津京路上，在火车上写讲义是常有的事。

与此同时，社会活动也多起来了。我实在忙不过来，就要求添一个副教务长，第一个人选是潘正涛。他到任半年，就到华北大学学习去了。我又提第二个人选陈舜礼。潘正涛回校，陈舜礼又去了。幸而办公室里配备了党员，而且在校务委员会上我同多数教师代表和学生代表合作得比较好，在贯彻上级领导意图上进行得比较顺利。

学校开展"三反"运动，我是办公室主任，潘、陈是副主任。回想起来，搞运动我是非常幼稚可笑的。开始时市里领导学校"三反"运动的是黄松龄，但他因病住院了，这个运动受到"左"的思想的干扰，结果打出了不少假"老虎"，伤害了很多人。

接着就是知识分子思想改造运动。1951年冬，我和杨石先到北京怀仁堂听周恩来总理做《一个知识分子的改造》的报告。他阐明知识分子改造的一般规律而且现身说法。接着思想改造运动就展开了，虽然也出现了一些问题，基本上还是健康的。我的第一次思想检查是胡国定同志帮助我准备的。原来运动的目的主要是划清敌我界限，但我决心把我的真实思想通过个人的历史经历无保留地亮出来，我主动做了第二次检查。这样做有好处，例如我检查出曾经帮助别人入学考试作弊，后来我就能做到在招生中自己不作弊。

院系调整是在思想改造运动基础上进行的。这项工作触及许多人的利益和团体的利益，不经过思想改造运动是很难顺利完成的。至于院系调整的缺点，那是另一个问题。

为了学习苏联，学校组织教师学习俄文。因为教师有英文的基础，学习俄文只用了 18 天。我因为行政工作重，学习俄文只能听讲，不能复习和做练习，收获不如别人，但借助于字典还是能勉强阅读俄文教材，我还参与了一本苏联课本的翻译工作。南开大学的院系调整还算顺利，但也有一些问题没有解决好。

从院系调整到"反右"

这个时期是全面学习苏联的阶段，要写个人经历，这段最难写，因为我主要是按照教育部的统一部署，在学校党组织以及党员副校长的领导下做具体工作，而且工作主要又是教务处同志集体进行的（那时教务长直接领导教务处，不另设处长）。为了谈得带有某些个人特色，我想结合个人的经历来谈。

学习苏联进行教学改革，对提高我国教育质量是起了作用的，这方面就不谈了，主要问题是结合中国实际不够。

1952 年暑假，教育部在青岛召开了理科教学座谈会，我参加了。会上提出了正确的方针：学习苏联先进经验，结合中国实际。由于国内大学水平差别大，数学、物理、化学、生物都拟定了两个或三个教学计划，供各校选择，并以第一个计划为奋斗目标。会上也有一些缺点，对于所谓的资产阶级学派，例如生物方面的摩尔根遗传学，采取彻底否定态度，对资本主义国家教材贬得过低，对苏联教材捧得过高。

可惜的是，会后在教育部的苏联专家认为，一个专业全国只能有一个统一的教学计划，而且他们的态度十分坚决。第二年，即 1953 年夏，重新召开会议，每个专业提出了统一的教学计划，要求都是较高的。我到会晚了一天，发现木已成舟，没有讨论余地，感到不愉快，不等会议结束，就回天津了。这套教学计划，在当年秋季举行的综合大学会议上正式通过下达。执行这套教学计划的结果，首先是普遍出现学生学习负担过重的现象。

黄松龄同志接任教育部副部长，负责领导教学。他找我谈这个问题。我说，中、苏两国教师和学生条件都相差很远，我们把苏联五年的教学计划压缩成四年，还采用苏联教材，学生的学习负担过重是不可避免的。他同意我的看法，但已经不能做根本性的改变。他提出的办法是，压缩寒、暑假，取消春假，这个办法一直延续到"文化大革命"。后来许多学校先后把学制延长到五年。但是所有这些措施都没有从根本上解决学习负担过重的问题。

学习苏联进行院系调整的另一个不良后果是，有些学校的特色抹掉了。以南开大学为例，本来化学系和经济系在国内都是属于领先地位的，院系调整以后，化工系出去了，部门经济出去了，这样就割裂了理论和实际的联系，化学系和经济系也都削弱了。若干年后，综合大学纷纷设应用性专业，工科学校纷纷设立基础科学专业，这可以说是否定的否定，但效果很可怀疑。再加上统一的教学计划、教学大纲和教材，各学校的特点更不易显示了。

学习苏联的一个收获是开展科学研究。20世纪50年代中期，我们接受了苏联专家的建议，注意开展科学研究。当然，这也是因为我们的科学水平有所提高，为科研创造了客观条件。50年代，我们创办了理科学报，我的设想是要把它最终办成在国内以及在世界上第一流的刊物。那时学报的文章都是经过比较严格审查的，质量较有保证。可惜由于各种原因，我的设想没法实现。

在那一个时期，教务处对教学工作抓得是比较紧的，每学期都要分别让各系领导汇报教学工作，有问题当场解决。例如每学期开学不久，总要出现学生负担问题和有些课程质量不能保证的问题，特别是所谓"外系课"问题，这些都是迫切需要解决的问题。在校务委员会领导下，根据校委会决议，教务处还组织了一些经验交流会，如教学经验交流会、师资培养经验交流会等。

下面谈两个具体问题，一个是入党，一个是访苏。

1952年思想改造运动中，我便流露了参加中国共产党的愿望。

对我来说，这是思想上一个根本性变化。新中国成立前，我可以说是一个自由主义分子，我同意孔子"君子群而不党"的说法，加入一个政治组织是难以想象的。之所以转变，是由于我接受了党的全部理论，而且实践上我已全心全意投入党的事业中去了。但是我感到我的政治觉悟还差得很远，而且土改中我父亲又被划为地主（"文化大革命"后已改正），使我背上思想包袱。我向学校党总支书记王金鼎同志汇报了这种思想。他说，有些人虽已具备了入党条件，但现在留在党外反而更有利。天津市民进组建时，金鼎同志征求我的意见，愿不愿意参加民进。天津市民进的组织者也动员我参加，我因社会活动已经很多，怕参加民进会成为天津市民进组织的一个领导人。我说，我也愿意参加一个组织，以便有更多的学习机会，但若要参加民主党派，我宁可参加民盟作为一般成员。

1955 年，清华的刘仙洲入党，在高级知识分子中引起强烈反响。1956 年 1 月，周恩来总理发表《关于知识分子问题的报告》，对我又是极大的鼓舞。接着，在天津市政协会议上，我代表知识界发言，着重分析了新中国成立后知识分子成长的道路。发言稿曾经过王金鼎同志审阅，他提了点意见，同时对我鼓励有加。紧跟着，我列席了政协全国委员会会议。会上知识分子纷纷发言，积极性大为高涨，我发言中提到了要按党员标准要求自己。回津后，金鼎同志和我谈话，我随即交了入党申请书，得到了批准。多年来，蕴藏在我心里的愿望终于实现。我的预备期比一般人多了将近一年，估计有两个原因：一是我父亲被划为地主，需要调查了解；二是由于雷海宗事件，需要对我加强考查（"反右"开始前，雷海宗在一次座谈会上提到马列主义历史科学从某年后停止发展。《人民日报·编者按》却说：雷海宗认为马列主义从那一年起停止发展。我曾给该报写信，指出编者按语和雷的发言不一致）。

1956 年冬，我参加了教育部组织的高等教育赴苏访问团，并任综合大学组组长。我突出的感受是，苏联科学水平比我们高一大块，他们勤俭办科学的精神值得我们学习。他们重视应用科学，也重视基础科学。那时，苏共"二十大"已开过，发生了波匈事件，苏联大学生的思想十分混乱。我感到我们的思想政治教育比他们深入细致。当时，中国科学院刚成立不久，与高等学校矛盾尖锐，访问团成员不少是自然科学工作者。我们发现类似矛盾在苏联也存在。访问团决定写一个关于科学研究的专题报告，中心思想是强调高等院校在科研中的地位。第一稿写出来，大家认为有些话过于尖锐，怕影响关系，指定我重新起草。我写的稿得到一致通过。回国后，我还起草了综合大学组的报告。这两个报告都作为访问团的文件，交给教育部。

从"反右"到"文化大革命"

"反右"以后，学校实行党委领导下的校务委员会负责制，书记是高仰云。在学校党代会上，我被推为党委委员，有时列席常委会。有关教学和科研的事往往由高仰云同志直接指示我去办。

1958年"教育革命"开始，党委提出"大搞科研，大办工厂"口号。我是一个新入党的党员，党的决定我认为都是正确的，但不是完全理解的，在行动上就表现为对有些事积极，对另外一些事就不那么积极。对搞尖端科学，我是积极的。例如物理系先设计制成了一台直线电子加速器，又设计安装了一台小型反应堆。我始终跟踪他们的工作。加速器是成功的。反应堆还没有完成，报上就报道了南开大学制成反应堆的消息。这显然是浮夸，因为反应堆至少还缺少核心部件。对于这个报道，国外也指出这是假的。科学院派专家来审查，也认为反应堆不能认为是"制成"了。我多次向高仰云建议要追查新闻发布的经过，都没有下文。其他浮夸现象还有。

1959年周恩来总理来校视察。上午他和学校领导座谈后向全校师生讲话，讲话中有一点给大家留下深刻印象。他提到中国有六亿人口，每人节约一元钱就是六亿，而我们的积累给六亿人一分就不多了。他形象地把这种算法叫作一乘一除。这话是有针对性的，当时"大跃进"已经开始，并已出现比例失调现象。接着，他就谈到南开大学最大规模也不宜定得过高。那时，康生提出要普及高等教育。天津市已归河北省领导，当年的招生名额已经从前一年的800人增加到1000人。但周总理的话并没有产生应有的效果。第二年就招收1600人，造成后来工作非常被动的局面。上午周总理讲完话就离校到天津大学去了。下午他又到南开大学来，先到职工食堂。饭后，我陪他走遍学校的研究所、实验室、图书馆和学生宿舍。他问问题很具体，对人异常亲切而平易。我感受很深。

在上级领导的鼓励和帮助下，我们还创办了许多新的专业，如放射化学、生物物理、力学、哲学。我们把原子核物理和放射化学合为第二物理系，筹建了地质地理系。这些工作都是我直接领导的；筹建力学专业和哲学系，我也亲自过问了。遗憾的是，后来这些专业除哲学外，都下马的下马、调整的调整了。地质地理系办了两年，奉命停办。力学专业奉命停止招生两年，无形中解散了。生物物理专业是我们主动停办的。再过两三年，教育部命令把原子核物理和放射化学两个专业调整到兰州大学，人员、图书设备都拨过去了。更令人痛心的是，许多设备到兰州后都报废了，教师没有发挥应有作用，许多骨干分子陆续离开了兰州。后来有人批评我，不应当执行教育部这个命令。从后果来看，如不执行，对学校、对国家都是有利的。这件事使我至今感到内疚。当然，在三年困难时期后，一些专业调整是不得已的，但由于头脑发热，建立又调整，造成极大的浪费。两个专业调整到兰州大学，看来于国家无补，而且伤了南开的元气。

我还参加了一系列全国性和地区性的重要会议，参与了制定科研规划和一些尖端项目。

1961年我被任命为副校长，工作任务基本不变，增加的任务是把图书馆交我领导。经过三年困难时期，教学秩序打乱，教学质量下降。党委认为要全面整顿，首先是加强基础课，严格学籍管理。为此，教务处拟定了新学则。正在此时，教育部认为各学校 1960 年招生过多，质量下降，要求把这个"大肚子班"彻底整顿。1962 年学年考试后，经过反复核减，有大约 30 个学生被"淘汰"。从学生质量看，这个数不大，但较之前几年是多了。为此，在"文化大革命"中我受到严厉批判。这种性质的批判恐怕有普遍性，不限于南开，它带来一个副作用，那就是各学校对淘汰学生都有顾虑，甚至对学生不敢严格要求。我以为当前学校纪律废弛与此不无关系。

经过三年的经济困难时期，我患了一系列慢性病。1963 年冬，遵照医生嘱咐，全休三个月，我的课也中断了。1965 年暑假后，我到故城参加农村"四清"。现在看来，"四清"收获不是很大。有一个现象我感到有问题，那就是阶级成分划得不准确。例如有一个反动军官没有土地，划为地主；一个富农家庭出身的青年，一直从事手工业，本人成分被划为富农。我向县工作团领导反映，这位领导也认为不妥，但始终没有改正。

1966 年学校"文化大革命"开始，校内出现了很多针对我的大字报，我回到学校。

回首"17 年"

不少同志希望我谈一谈新中国成立后的前 17 年工作经验。我很惭愧，拉杂地写下几点，有的谈不上经验，有的是反面经验。

入党前后，我都自以为是跟着党走的，但又常常感到跟不上。每次运动过后，我做自我批评时，总是检查自己的右倾保守思想，别人也是这样看我的。等到事过境迁，党的政策改了，回想我的自我批评又觉得过头了，这表明政治上我还很不成熟，这种状态持续到"文化大革命"中。

对行政工作我是把全部力量投进去的，属于我职权以内的事，今天的问题，我努力做到今天解决；今天没解决的事，明后天解决；需要和别人一起研究的事，我尽快找有关的人一起解决。我和广大教师的联系是较多的，有的教师反映，说我"好找"。这有一定道理，无论在办公室或在家里都可以谈工作，吃饭时也不例外。陈䳸常说我们是"门虽设而常开"。这样，家里大大小小的事，包括父亲的生养死葬等都由陈䳸负担，这是她以实际行动支持我的工作。

在工作中，我认为我还是有一定原则性的。每次招生我都要接到许多条子，也有口头上向我提出要求的，我都没有为他们做什么事。这不免要得罪一些人。1957年教育部长杨秀峰寄来聘函，要我参加高考的审题工作，我回信谢绝了，理由是我大儿子当年要报考。杨部长派专人把数学试题送来，我不能再推托，对试题和答案提了不少修改意见。很巧，那年正题有泄漏嫌疑，用了未经我审查的副题。这件事前前后后我儿子都不知道。过了若干年，我儿子的同学听说我参加过审题，就问他："你入学考试数学成绩那么高，是你父亲把题目告诉你了吧！"我儿子问我，我才向他说明上述过程。从那年以后，教育部每年组织招生命题委员会，都找我参加。到1962年，我再三告诉他们，我二儿子明年要参加高考，我明年不参加审题；1963年他们果然没有找我。后来教育部的同志告诉我，从那以后，每年总有一些同志回避命题或审题工作。

教务行政科科长王枢同志是个得力的好干部，他和我合作得很好，工作主动，原则问题就请示。大约在1964年，他向我反映一位领导同志的女儿念完高中二年，不等毕业就到我们学校中文系旁听。我们两人分析，她是想不通过高考取得学籍。我们商定，决不能做违反原则的事。过了半年，这个女生就离校了。

我认为领导教学的人原则上应当有教学实践，所以除有特殊原因外，我始终坚持授课。如果说我讲课有特点，那就是上课基本不看讲稿或讲义。这不是我的创造，我的老师姜立夫历来就是这样的。有人觉得不容易办到，其实其中并没有什么奥妙。数学是个逻辑体系，教师讲课可以不靠记忆而靠逻辑，从一定的假设出发，经过逻辑推理，就得到一定的结论。我还认为，讲课是真理发现过程的再现，前人已经得到的，我们也能得到，何况途径已经现成，不需要我们探索（但可以改进）了。当然，这里有个熟练程度的问题，真正熟练的东西，在头脑里已经生了根，成为自己知识和能力的一部分，是不容易忘记的。所以，关键在于备课时吃透讲课的内容。这种讲课方式，最大好处是能使学生和教师同步思维，以取得较好效果。

我出版过讲义，得到好评。出版社同志曾经希望我谈一下写讲义的经验。我想，好的讲义来自好的讲授，它是讲课的经验总结。此外，不少同行认为我的文字是较好的。写讲义的时候，我基本上能够摆脱外文对数学语言的影响，尽可能用规范化的汉语，用令人易懂的方式来叙述。

领导科研的人，自己也应该搞科研，在这方面我是失败的。在我国制定科学长远规划之后，我对自己的科研更具迫切感，但由于不接触数学的前沿工作已经二三十年，要弥补这个差距是很困难的。我也试图补习一点带基础性的新知识，可是我看书的时间少，常常是急于求成，而求快就不能深，不深就掌握不牢。看一个单元书，停两三星期再看，一曝十寒，收获甚微。所以我虽然也写过一些东西，那不过是整理过去已经开始的工作。我搞科研不够积极，还有一个原因，即数学理论和实际的联系往往是十分间接的，那时强调理论联系实际，而且往往理解得比较狭隘，使我搞数学理论也有点顾虑。尽管有这些客观原因，如果我安排得当，兼顾行政和科研还是有可能的。这方面有些人也有成功的经验。

在"文化大革命"中

1966 年 6 月，在故城得知校内已有不少关于我的大字报后，我立刻写信给党委表态：承认我执行了"修正主义教育路线"，愿意在运动中检查自己的问题；我不适于搞行政工作，希望免去我的行政职务。接着，我还写了几封信，做自我检查，当然都毫无反应。回校后我继续写检查，并且希望党委领导给我指示出路。一位领导拒绝见我，另一位领导则叫我揭发某人，我既然没有可揭发的，自然就没有出路。我认为，为了个人利益而诬陷别人是最不道德的，可惜"文化大革命"中这种现象太多了。

我承认执行"修正主义教育路线"是没有困难的，因为我过去已多次检查自己的右倾保守思想，重业务、轻政治，等等。我的基本态度是，以毛主席为代表的党中央是正确的，而我是资产阶级思想严重的人。我做书面检查时，上纲很高，但却是真诚的。这些书面检查中的不少论点，甚至文字，很多成为后来大会批判我的论点和文字。至于事实，我是诚实的，对自己、对别人都是如此。对于某些帽子，如"反党黑帮急先锋"，我思想上是不接受的。当有的学生问我，你是不是"反动学术权威"时，我一贯回答："我政治上不反动，学术上不权威。"这也是老实话。

随着运动的开展，大中小型批判会、戴高帽游街、打、砸、抢、抄、抓，我都频繁地经历了。开始震动是很大的，渐渐地习以为常，也就变得麻木了。既然定为敌我矛盾，什么名誉地位、生命财产，都已置之度外。我当时的基本估计是，许多过火现象是下面搞出来的，不是中央的意图；我个人是没有出路了，但总有一天运动要结束，党和国家的前途是光明的。当然，也有些事我无法理解，也无从思索，所以脑子里保留的问题还是不少。

第一次叫我去劳动时，我是很高兴的。因为一方面可以暂时离开恐怖而孤独的环境；另一方面，我认为劳动是改造我思想的最好途径，所以在劳动中我始终是认真努力的。

在运动中，特别是在隔离中，只有《毛泽东选集》和《毛主席语录》是能看的。《毛泽东选集》我通读了无数遍，重要文章看得更多，"老三篇"都能背下来。《毛主席语录》，包括各次的"最新指示"，我背得很认真。可笑的是，当我从集体隔离转为单独隔离时，我还以为要对我单独帮助，以便从宽处理。过了半个多月，我才明白是要审查我的历史问题。但是，我的历史问题在思想改造和忠诚老实运动中都已彻底交代，没有可以补充的了。又过了十来天，一个晚上，"工宣队"和"军宣队"几个头头到我隔离室来，对我说："你要彻底交代罪行，并且揭发同伙，否则就坚决镇压。"我大为震惊。他们走后，在屋里监视我的一个"工宣队"队员看我想不通，就说："有些事也许你做了，自己还不知道。"这句话大为减轻了我的思想压力，既然不知道，怎么交代呢？要交代，又交代不出，我对"工宣队"说这好像是"捉迷藏"。后来，他们多次向我暗示，我是国民党特务。我应付的办法是不接口，不能为自己制造嫌疑。"九大"开会后，解除了我的隔离。"工宣队"最后对我说："你是特务，是历史的，也是现行的。"这对我造成不小的思想压力。但我还是坦然的，反正没有可交代的，也就不去思索了。

解除隔离后，我归数学系管，有个"吴大任专案组"找我谈了多次话，让我写了些历史材料，后来这个专案组受到表扬。又过了些时候，恢复了我的工资，补发了以前扣发的工资，发还存款。"文化大革命"后期宣布了对我的结论："未发现重大历史问题。"显然结论有尾巴，而且不短，这尾巴是"文化大革命"后又过了两三年才割掉的。当然，对每个人都具有根本意义的结论是《关于建国以来党的若干历史问题的决议》。

解除隔离后，数学系曾组织一些教师到工厂边参加劳动边编写讲义。那时已招收了一些工农兵学员。我先是参加编写小学程度的数学讲义，后是编写中学程度的力学讲义。我原以为，虽然力学已荒疏了半个世纪，我对它还是熟悉的。但在编写讲义过程中，我竟然弄清了一些过去学习中未弄清的问题。这说明，编讲义和讲课，通过全面考虑，往往能领会到比学习更深入细致的东西。

数学系还联系到一些与生产有关的实际问题，我也初步解决了一系列小问题。我遇到一个大问题，是关于齿轮的问题。先是机械研究所的张亚雄和齐麟两同志找我，问一些微分几何方面的问题。原来，从一个侧面看，齿轮传动中一个关键问题要动用微分几何，于是我开始帮助他们解决齿轮问题，数学系成立了一个"齿轮啮合研究组"，我任组长，严志达、骆家舜相继加入。工作进行期间，系里调我去为69届、70届毕业生补课。此时严志达对我们的课题做出了理论上的突破，在此基础上，工作进展得很快。我们参加了齿轮界的一些会，我们的成果引起了重视。这个项目在科学大会上受到表扬，在天津市获得科技成果一等奖。我为工农兵学员写过讲义，讲过两次课。在我的研究题目中，有一个是张亚雄和齐麟向我提出的，我在参考日本人的一篇文章的基础上，从数学理论上系统地加以解决。据此，张、齐二人研制出一种性能良好的新型蜗轮蜗杆副，他们的研究得到国家和天津市资助，其产品在国内外销售。

我那份讲义，在骆家舜协作下，经过增订，以我们俩人名义由科学出版社出版。5年前，张、齐到欧洲介绍他们产品，也提到了我们的理论。对此理论，国外除少数日本人外，尚不了解，剑桥大学一位老教授希望看到这理论的英文资料。为了对外交流，我把我们的书用英文改写。这位老教授看了，向一家出版社推荐，并认为这方面还没有高水平的书。现在该英文版已为国外一家出版社接受，并已出版。这次经验表明，理论工作者和应用技术工作者密切合作，就能产生对生产和对应用理论研究有意义的成果。

"文化大革命"后期，"工宣队"尚在领导学校时，我被任命为"革命委员会"副主任兼教务处长。我当然不愿意重新从事行政工作，但我的结论尚带尾巴，这项任命对我未来的政治生命可能起些好作用，我勉强上任了。上任以后，才发现客观环境还不容我有所作为，具体事务难以插手，会议上发言权也极有限。

值得一谈的是，我曾两度到市委党校学习。那时的学习，自然是要结合"四人帮"的政治的，但我却借此机会读了不少经典著作。《马克思恩格斯选集》中许多重要文章我通读了，《列宁选集》中的文章我看得更多。和"文化大革命"中的通行理论和观点相对比，我判断是非能力大为增强。这是个意外收获。

"拨乱反正"以后

"文化大革命"结束一段时间后，王金鼎同志率领的市委工作组进校，澄清了一些是非，调整了人事部署。杨石先重新被任命为校长，我仍任副校长，任副校长的还有滕维藻和胡国定。这四人又被任命为党委常委。在学校前途重现光明之际，我是乐于接受的。张再旺任党委书记后，实行"党委领导下的常委分工负责制"，把学校工作分为四个口。负责教学口的就是杨、滕、胡、吴，而以杨为领导人，实际工作由滕、胡、吴分担。由于杨老不担负具体事务，我把这种方式叫作"三驾马车"。好在我们三人分工合作默契，有些事一人决定不了，就随时商量解决，学校工作渐上轨道。问题是，设立新机构和任命新干部的议题占据常委会过多时间，统筹规划教学科研的重大问题，很难提上议事日程。

使我高兴的是，随着国际形势的变化和中央改革开放政策的实施，南开大学的国际合作也逐步发展。"文化大革命"后，最早和我校建立学术交流关系的是日本和美国的几所大学。我参与了这项活动，特别是主持拟订了和美国几所大学的合作协议。我还参加了天津市对日本神户市的教育访问团和对美国十来所大学的访问。

接待居留美国的几位校友回国并回校工作是令我快慰的一件事。陈省身创办国家教委领导的南开数学研究所，桑恒康和杨叔进创办我校领导的交通经济研究所和国际经济研究所，都是成功的范例。其中南开数学研究所在促进国内外的数学交流、培养数学人才和提高国内数学水平等方面，已经做出最卓越的成就。有人想了解我对促成此事所起的作用。实际上，起根本作用的是陈省身为祖国做无私奉献的真诚（这也是桑、杨两位所持的态度），我至多只是"顺水推舟"。的确，20 世纪 50 年代我和陈省身通信中，曾表示希望他回国工作，他对国内的数学事业也极为关切，但当时回国时机尚未成熟。1972 年尼克松初次访华，陈省身紧接着就频繁回来讲学并组织学术活动。这期间，他主动透露为祖国数学发展尽力的意愿，我自然极为赞赏，并积极参与一些为他在国内开展工作创造条件的活动。南开数学研究所的办所方针是"立足南开，面向全国，放眼世界"，这是在我为学校起草给国家教委的报告中提出的，并为陈所采纳的。至于数学所成立前后，除陈本人的亲自规划和组织外，用力最多的是胡国定。

我行政任务减轻，社会活动逐渐减少，但年事渐高，体力渐衰，加之重听，已不可能像"文化大革命"前那样事必躬亲，并下基层解决问题。我不愿"尸位素餐"，于是萌发了辞去行政工作的强烈愿望。但杨石先比我大好几岁，身体还不如我，我辞退的理由难以提出。等到杨老退职之议已定，我即表示要辞去副校长职务，未得党委同意。我直接去信教育部，部领导表示，只要校党委同意，他们没问题。这样，直到 1983 年我才被正式免去副校长职务。

"文化大革命"以后，特别是十一届三中全会后，思想经历了一次较认真的解放，较能独立思考。我不再有机会参加教育方面的全国性会议，我对教育工作的意见就多半用书面形式表露，给一些领导人写信，给参加会议的人写材料，在报刊上发表文章，同时在天津市的一些会议上也做过发言。我的这些意见和建议按其实现情况可以分为三类。各类举例如下：

第一类是后来已成为事实的（成为事实不一定与我建议有关），例如：

1. 把"文化大革命"中过分缩短了的学制适当延长，以保证培养人才的质量，减轻学生负担，利于国际交流。

2. 设立全国教育委员会，以统一筹划中央各部和地方所领导的教育事业。

第二类是虽然这些意见已经为多数人所同意，但在实践上还没贯彻好的。最重要的例子是增加教育投资，改善知识分子待遇，特别要重视中年知识分子的健康。这一类中，针对高等教育的还有：

1. 拓宽专业，加强基础，减轻负担，提高质量。

2. 认真实行学分制，减少必修课，增加选修课，以利于贯彻因材施教原则。

3. 执行统一招生计划时，加大灵活性。

4. 大力争取在海外的华人学者前来讲学或工作，"请进来"比"派出去"节约外汇。

针对中小学教育的有：

1. 教育领导部门不再把所属学校按升学率排队。

2. 让教师从题海战术中解放出来，使教师有时间进修，学生有更多自由支配时间，用于课外阅读或文体活动，小学低年级生不留家庭作业。

3. 认真改变灌输式教学方法。

第三类是虽有人赞同却至今未能实现或基本未能实现的，如：

1. 把同一地区的高等院校组织成联合大学，既有统一规划，又保留各校特点和相对独立性，以便加强协作，互通有无，为交叉学科的形成和发展创造条件。

2. 大力创造条件，吸引滞留在国外的优秀出国人才回国。

3. 高等学校的基础学科专业必须保证质量，鼓励优秀青年学习这类专业，但学生数量不求多。这些年来，报考这类专业学生的水平大幅度下降，是我国科学文化前途的一大隐忧。

4. 中学减少并头课，以便切实提高学生语文、数学以及外语等重点课的水平。

5. 举行中小学学生语文竞赛，重点放在看谁写得更为畅达；举行写字竞赛（不是书法竞赛），重点放在看谁写得更快、更整齐、更合乎规范。

许多年来，我校学生学习纪律废弛（如考试作弊、不按时上下课等），甚至滋长了赌风，使我震惊，极感忧虑。

"文化大革命"以后，我有较多时间搞数学。除了上面提到的把微分几何应用于齿轮的工作外，我还帮助中山大学的两位教师整理姜立夫先生的研究课题"圆（球）素几何学"，并有所发展；为《中国大百科全书数学卷》写稿审稿；作为"全国自然科学名词审定委员会"委员，我对数学名词的审议工作提过许多意见。

教材编写出版方面，我修订了我的《微分几何讲义》，出了第四版，参加编写了《空间解析几何引论》。这两本书都得国家教委一等奖，后来解析几何又经过修订出了第二版。

我更多时间是用于翻译外文数学书。在"文化大革命"中单独隔离期间，有"红卫兵"问我将来准备做什么，我的回答就是翻译外文数学书。我说的是心里话。我以为，无论主观上或客观上我都不可能再搞行政工作了，科研搞不动，但我的中外文还有一定基础，对数学有一定理解能力，又有过翻译的经验。所以"文化大革命"后，我有时间就翻译。我译完了四本书，一本书出版了，一本即将出版，一本在排印中（已出版三本——1994年注）。我这方面的工作是普及性的，不是对一般群众的普及而是对有一定的数学基础、愿意深造的人的普及。在我国，自然科学的翻译出版很不景气，愿意译的人少，许多出版社对译作也不欢迎。但我认为，应当大量介绍外国高水平的教材和专著，供国人参考。

目前我和陈鸧又应出版社的再三要求，正在合作翻译一本德文书。这是我们第三次合作翻译，三次都是译德文书。这次合作是以"各尽所能"的方式进行的，第一步，我口说，陈鸧手写，同时核对原文，当中有讨论或辩论；第二步，由我对照原文，对初稿加工，她誊清时再与原文核对；第三步，由我加工定稿。这样与原文核对前后不下四五次。由于我手颤，陈鸧担负了主要动笔任务。由于我只有左耳还有些听力，我们把两桌相连，她在左，我在右，便于讨论。

近几年来，总感到事情做不完，时间不够用，真正懂得时间的宝贵了。回想过去，时间浪费过多，即使在搞行政工作那几年，百忙中也还是有浪费的。"文化大革命"中时间的浪费就更使人痛心了。

（1991 年撰写）

自传

郑天挺

　　我原名郑庆甡，字毅生，福建长乐人，1899年8月9日（农历七月初四）生于北京。

　　父亲郑叔忱是清末科举时代的一个知识分子。他字宸丹，是光绪十六年（1890）的进士，后在翰林院任职。光绪二十年（1894）做过顺天乡试的同考官，庚子（1900）以后又到奉天（沈阳）做过一年多的学政。后以丁忧回到北京，在京师大学堂（即北京大学前身）做过很短时期的教务提调（教务长），于1905年病逝，那时他才42岁，我只有6岁。父亲没有给我留下什么直接印象，我只在亲戚谈话中和他遗留下来的藏书中，知道他是一个留心新政和爱好文史的封建教育官吏。①

母亲叫陆嘉坤，字荇洲，是广西临桂人，1896 年和我父亲结婚。她亦通经史，热心于教书。父亲死后未留下什么产业，由于家庭生活，她应傅增湘之聘，到天津担任北洋高等女学堂总教习。那时女子还没有到社会上工作的风气，许多亲友不赞成她去。她没有接受这种保守意见，孤儿寡母毅然相携来津。不到一年，她也因患白喉病死了，那时她 37 岁，我只有 7 岁。接着，比我大两岁的姐姐和一个弟弟又先后病死，家中只剩下我和一个比我小五岁的弟弟——郑庆珏（字少丹）。由于我们兄弟年龄太小，于是在亲友的帮助下，寄养在姨母家中。

我的姨父母也早死，家中有两位表兄：张耀曾和张辉曾。是时耀曾正在日本留学，所以我寄居张家时，由张辉曾教我读书。他是搞程朱理学的，律己责人都很严，我思想上受他的影响很大。

1907 年，我年 8 岁，在北京入闽学堂上学。这是福建同乡在北京设立的。那时候各省旅京同乡大都设有学堂，学堂不是仅培养本省子弟，外省人也可入学。我入的是初小，仅一年，因班上只有五个人，于是将这一班停办，介绍我到江苏学堂去读书。那时的学堂是春季始业。1908 年，我在这个学校也读了一年。

1909 年，闽学堂成立高小，我又回到该校读书，读了两年。到 1909 年冬，同乡会因经费不足停办了这个学堂，于是又离开。

清朝末年设立的学堂，还是以读经为主，不过读的方式与私塾不同了。我在小学的几年，主要读物还是《书经》《诗经》等，另加上修身、作文、算术、史地，都很浅。在这时期的同学中，与我较熟的有杨健（壮飞）、庄绍祖、周一鹤等人。杨是广东香山人。② 当时由

---

① 他临死前，因见福建省派往留日学生仅五十人，全省学堂亦仅二十区，较他省相差悬殊，曾建议由省铜元局筹银二十万两，以为扩充学校及添派出洋学生之用。

② 杨壮飞后入天津南开，与周恩来同学。周恩来到日本前曾去北京，我曾陪杨一起到打磨厂天达店看望过周恩来。

43

于葡萄牙侵占澳门，许多香山人都印了不少图片，反对这一侵略行径。杨也把这些图片拿来给我们看。庄是福建惠安人，他的亲友有许多华侨，传来了不少反满的言论。这两件事在我幼小的心灵中，印象很深，虽然那时还不了解什么是革命。

1911 年，我 12 岁，考入顺天高等学堂的中学一年级。同班人很多，都比我年长，同年的只有几位。当时梁漱溟、张申府、汤用彤、李继侗等人均在该校上学，除李与我同班外，其他人均较我班次高。在该校所学课程很深。记得修身一课读的是节本《明儒学案》，完全不懂。英文、数学程度亦高。当时自己又不用功，喜踢球，所以跟不上班。到了秋天，武昌起义，学校停办，就不读了。这一年中，使我印象深的就是练兵操。因为当时列强瓜分中国的话很盛，所以高班同学发动课外军事练习，称为兵操。我参加了操练，但背不动枪（不是教育枪），只是随队走走。

武昌起义和推翻清朝这一巨大变化，对我家没有什么影响而是令人欢欣鼓舞的。因为家中这时没有在清朝做官的人，我寄居的张家也是如此。张耀曾这时在日本参加了同盟会，编辑《云南杂志》，接受了反满思想。他经常往家中寄回一些刊物，多是号召推翻清朝的革命书籍。所以我当时年纪虽小，但却非常兴奋。今天还能记得当时剪掉发辫的快活。当清帝退位，南北统一，我也曾高兴得手舞足蹈。

1912 年夏，我和弟弟单独租屋过活。那年夏天，我考入北京高等师范学校附属中学（即师大附中前身），直至 1916 年离开。这四年中，学校督促不严，家中也没人管教，自己又喜玩球不读书，学习成绩不好，1915 年曾留级一年。经过这一教训，我才折节读书，但所读又不全依学校规定，而是喜欢读父亲遗留在家中的文史书籍。

1916 年暑假前，杨健从南开中学回京，劝我一同到北京大学补习，准备投考北大预科。考后，他录取，我仍须在补习班，很不乐意。当时第一次世界大战正在进行，金价低落，我同周一鹤曾幻想到德国留学（当时中国尚未对德宣战）。但是我们哪有这个力量，因此念了两个月的德文就算了。

在这四年中学生活中，以 1915 年日本向袁世凯提出"二十一条"事件对我刺激最大，印象最深。这时全国掀起反日高潮，抵制日货，到处将岳飞写的"还我河山"以及从岳飞所写《出师表》中集出来的"勿忘四年五月七日之事"（日本提出最后通牒那一天）的传单印刷分送。我家的墙上也贴了好几张，同时也不再购买日货。那年我有一次和张耀曾到玉泉山去玩，他在塔上题诗，也是骂袁的。

在中学的同学，熟悉的有王鸿翙（翼如）、姚鋆、何秉坤（后名墨，字秋江）。这几个人都非常喜欢中国书画、刻印和古董，我受他们的影响，也喜爱起来。

1916 年夏，我 17 岁。既没考上大学，也没有念中学，只在家自学了一年。这一年可以说是闭门专读中国史籍，不论经史杂书，每天开始一卷卷地读。开始读时没有什么系统，也没有师承，仅是把家中父亲所藏的书胡乱瞎看。后来自己逐步摸索出一条捷径，给我后来学习文史创造了条件，养成了读书的习惯，也奠定了后来学习的趋向。

这一年我受同学的影响，有了新的转变，开始喜欢谈论时事了。因为杨健有一个朋友叫陈复光，是清华的学生，这年和我熟起来。他喜欢谈论欧战的情况和一些当时风云一时的人物，当然也蕴藏着崇拜英雄的思想。我受他的影响，引起看报的兴趣。和杨、陈每次见面，都要就国内外的大事胡乱谈起来，有时直至夜深。

1917 年夏，我因为理科太差，投考北大预科没有被录取。这年我考上了中国公学大学部（即中国大学），也实在不想上。恰值这时北大第二次招生，我就用"郑天挺"的名字报考大学本科国文门。当时招考还不限年龄、资格，也不要证书。尤其这次考试不考理科功课，所以被录取了。事后追想，这是一个错误，因为自己许多基础知识学得不够，在后来学习上造成一些困难，而且也局限了自己的成就。

北大录取后，很快就入学。同班 32 人，年龄参差不齐，有的三十多岁。和我同样年龄的约占一半，最小的只有 17 岁（罗庸）。这些同学各有所长，大多有"不可一世"之慨。我自知根底差，只有加倍努力，迎头赶上去。所以这时我除学习本系课程外，还要旁听其他方面知识，并须每天熟读史书。每天除上课外，天天跑图书馆，真是"两耳不闻窗外事"，连报纸都很少看了。即或偶尔一看，也是把它成历史故事看。

1918 年，我 19 岁。这时北大的同学很活跃，有三种不同方面的刊物出版：《新潮》《国民》《国故》，但我们班的同学却仍然各自埋头读书，很少参加活动。记得有一人给《国故》送了一篇稿子，受到同学的揶揄，大家都自命清高，认为投稿是自己炫耀才识，颇不以为然。我很受这种思想影响，后来不敢、也不愿以自己文章就正于人，因而亦就很少写文章。班上的其他同学，也多如此。

在北大同学中，这时较熟的有郑奠、罗庸、张煦、罗常培（长我一班）等人，他们都是异常用功的，给我鼓励很大。此外还有邓康（中夏）、许宝驹、杨亮功、萧禀原、王友鸮、许本裕（惇士）、彭仲铎等。

这年开始，我又在贵州老学者姚华先生家听他讲文章，讲金石文字。同听讲的有俞士镇、王翼如、罗承侨（惠伯）、汪谦（受益）、周一鹤等十几人，每周末晚间一次。后来我曾为老先生的《莲华庵书画集》写过序。

这年冬天，我的监护人梁济（巨川）先生死。我外祖母姓梁，梁济是我的表舅。我母亲临终前曾委托他照顾我们。他有两个儿子，即梁凯铭及梁漱溟，都是我的表兄。

1919 年，我 20 岁，仍在北大学习。这年 5 月爆发了轰轰烈烈的五四运动。在这次运动中，我也走出了书斋，参加了学生会的工作。我曾代表北大到天津南开中学联系了一次，并走向街头，做了一些宣传活动。到了 11 月，日本帝国主义在福州残杀中国人民，并派海军陆战队登陆威胁。当时福州的学生曾愤怒地举行示威游行，北京的福建学生也起而响应，组织旅京福建学生联合会，抗议日本的暴行。我当时也积极参加了这一运动，到街头讲演，宣传不买日货，并为学生联合会募捐筹款，举办游艺会等。当时还出版了《闽潮周刊》，我曾用"攫日"笔名写文章，宣传打倒日本帝国主义。当时限于认识水平不够，学生联合会还曾向北洋政府外交部多次请过愿。

五四运动及福建学生运动（即"闽案"）时，和我常在一起的有郭梦良（弼藩）、徐其湘（六几）、朱谦之、郑振铎、黄英（庐隐）、许地山、龚启鋆（礼贤）、张忠稼（哲农）、刘庆平、高兴伟等人。大家都是福建人，其中郑振铎还是我的本家侄子，以后过从亦多。

1920年春天，福建学生运动仍在进行。这时有十几个福建学生在北京组织了一个 S. R. 学会（Social Reformation，意即社会改革），除了朱谦之、许地山外，前面说的那些人都参加了，另外还有女高师几个人。记得北大有郭梦良、徐其湘和我；高师（师大）有张哲农、龚礼贤、刘庆平；女高师有黄庐隐、王世瑛、高奇如、何彤；清华有王世圻；师大附中有高仕圻；铁路学校有郑振铎；汇文中学有林昶；共十四人。这个学会并没有公开。大家原想共同学习些社会改革的新思潮和新东西，但因为很快即到暑假，大多数人都毕业四散了，无形中就瓦解了。这个学会没有组织形式，没有负责人，仅是各人按姓名笔画用英文字母排列个次序。朱谦之也是北大的福建同学，颇有才气，看书也多，他当时是无政府主义者，连毕业考试都不参加，不谈社会改革问题，所以没有加入。郭梦良后来与黄庐隐结婚，在上海政治大学任过教务长，1925年即病故。[1]

这年暑假大学临毕业前，同班邓康（中夏）曾来信，鼓励我研究社会主义，我曾复信表示同意。但当时研究社会主义的人五花八门，我认识也很模糊。在复信中我批评一些假社会主义者，如罗家伦等

---

[1] 郭与黄于1924年1月13日在上海结婚。月初他曾来信告我。我也曾撰联向他俩祝贺。联曰："积三载同心宿愿始偿，趁吉日良辰一罄衷素；结百年好合旧盟重沥，正新梅艳雪交映园庭"。盖他们两人三年前以文字订交，久欲婚而未果，此联则全悉纪实。

人。我说："罗还动手打拉洋车夫耳光，这算什么社会主义！"我当时只看到了贫富的悬殊，同情贫者，但并没有研究社会主义，走上革命的路。

1920年夏，我从北大毕业。我父亲一个老朋友张元奇在北洋政府经济调查局任职，叫我去当编辑科科员。不到一个月，这个局就解散了。后来我的表姐夫柴春霖在北京办了一个《中国民报》，拉我去帮忙，我去了几个星期。这时陈嘉庚托邓萃英筹备厦门大学，龚启鉴将我介绍给邓去教书。因为学校年后才能开学，我在京准备功课。这年秋，我在北京右安门外买了坟地葬了父母。我父母死了已十几年，始终未下葬。按照当时传统，人死要归葬原籍。我这时才自己决定葬在北京，当然还是有人很不赞成。

1921年阴历正月，我离北京南下到厦门。这是我第一次到南方，第一次看到长江，又第一次航海，一切给我以新印象，思想上也有些变化。我在集美的住地面临大海，到处是来往的帆船，汽船都很少。记得当时只陈嘉庚坐的是汽船。

这时厦大还在集美，尚未招生。我到校后就帮助招生和其他筹备工作，并设置图书室，整理图书。4月初，学校开学。记得是在演武亭举行的厦大奠基典礼。演武亭是当年郑成功操练水军阅兵的地方，颇具盛名。当时在这里还搭了一个牌楼，是我写的横书和对联。横书是："南国启运"四字，对联已记不起来了。上课后，我教国文课，还在图书馆兼管一下。这时在厦大的同事有何公敢、郑贞文、朱章宝、周予同、刘树杞等人，常在一起的是周和刘。刘在20世纪30年代任北大理学院院长，旋即病故。这时厦大的同学，我仅记得有刘思职等。刘后来学生物化学，后在北京医学院任教授。

是年6月，厦大更换校长。暑假时，一部分教师表示辞职离校，我也表示下学期不再来。但是别人事前已联系好工作，大多去商务印书馆了，而我没有。这件事对我教训很深刻，说明自己太幼稚了。

回京后，我曾到《京话日报》帮作编辑。这个报是通俗性小报，为彭翼仲所办。彭是梁凯铭的岳父，是年去世，由梁续办。他找我帮忙参加，同时参加的还有邓康。我去了一个月。

这年秋天，北大研究所国学门（后改文科研究所）成立，我和张煦、罗庸都入所做研究生。我的研究题目是中国文字音义起源考，由钱玄同先生指导。当时研究所很自由，不必常来，也可以在外工作，在校也只是看书而已。每隔一段时间，研究生和导师集会一次，大家见见面，谈谈学问。当时陈垣先生也是导师之一。一次在龙树院（一座古刹，在宣外南下洼，介于窑台和陶然亭之间）集会上，陈先生说，现在中外学者谈汉学，不是说巴黎如何，就是说日本如何，没有提中国的。我们应当把汉学中心夺回中国、夺回北京。这几句话当时对我影响最深。陈老大我19岁，以后过从很多。我每称他先生时，他总是逊谢，表示了一位受人尊敬而又谦虚的学者风度。

我在做研究生期间，在研究所加入了"清代内阁大库档案整理会"，参加了明清档案的整理工作，这无论对国家、对我个人都是一件大事情，从而奠定了我以后从事明清史研究的基础。

明清档案原存故宫内阁大库，清末因大库失修渗漏，屡经迁移。民国初年，教育部设立历史博物馆于国子监，将大库迁出而未送还的档案交其保藏。1916年历史博物馆移至午门，此项档案也移于该处。1921年，教育部与历史博物馆因经费困难，将这批档案之完整者保存一部，其余约八十麻袋全部卖给西单大街同懋增纸店，代价4000元。纸店打算将这些档案送到定兴县纸坊重造粗纸。此事为罗振玉所知，于1922年2月，用12000元将它买回。与此同时，北京大学研究所国学门知道历史博物馆还保留有一部分，因此于是年5月呈请当时的政府，命历史博物馆将这些没有卖掉的档案拨给北京大学，交研究所国学门同史学系组织委员会代为整理。五月下旬得到允许，几经交涉，7月这批档案才由历史博物馆陆续移运到校，共计62箱又1502麻袋。我于是年7月下旬参加了这一有意义的工作，感到收获特别大。但为时不太长，就为别的事情所代替。

我于 1921 年秋天和周佩（稚眉）结婚，添了家庭负担，这时的生活更加困难，因而必须找到兼职工作，以补家用之不足。正好这时张耀曾做法权讨论委员会会长，于是在 1922 年 9 月让我去当他的秘书。

法权讨论委员会是当时政府筹备收回帝国主义在中国的领事裁判权的机构，该委员会曾保存了大批中外文献及一些外交档案。当时主要工作是翻译中国法典为英法文。当时真正干事的都是年轻的秘书，有张志让、戴修瓒等人，后来陈复光也来了。他们外文都好。我外文不行，只好编写汉文资料。我从阅读这些文献中，增加了许多知识，扩大了视野。我特别注意到领事裁判权的问题。于是乃以该委员会名义撰写了《列国在华领事裁判权志要》一书，于 1923 年 8 月正式出版。这部书是我编撰的第一部学术著作，是在张耀曾指导、鼓励下完成的。书中开首，先就帝国主义在我国设立领事裁判权的侵略行径加以揭露，认为外国人对此问题的著述，大多为在中国设立领事裁判权进行辩解，没有涉及实质问题。事实上，这个问题除表明系"强者（帝国主义）蔑视弱者（殖民地国家）"一语而外，殆更无重大之根据也"。此外，该书又就帝国主义在华领事裁判权之沿革、内容及中国撤废领事裁判权之经过，做了相应的论述。书中指出，领事裁判权明确确定而立于条约中，系道光二十三年（1843）中英五口通商条约第十三款，但语意尚较为含混。随后与英、法、意等国订约，则领事裁判制度已于此时明确确立，这时"我国已全失其治理外人之权"。书中第五章还列举种种事实，揭露领事裁判权侵害中国主权、紊乱中国治安秩序、轻视中国人民权利、妨害经济及一切文明事业之发达，如此等等，主张领事裁判权必须撤废。该书出版后，曾获得当时一些法学家的好评，刘师舜曾撰文，称道过此书。当然，事实上该书亦有不足处。我在该委员会时，张耀曾还让我编写《中国司法小史》，初稿已成，后因我南下工作，该委员会亦取消，遂作罢。

当时法权讨论委员会的薪水很少，不足以养家，只好到各校兼课。1922年，经郑奠介绍我到北京女子高等师范学校（简称女高师）教书，当时还在北京法政大学、市立一中、春明公学、私立华北大学、励群学院兼课。当时课兼得很杂，主要是因为生活负担加重，只好如此。到1924年夏，我到北大做讲师，有了固定收入，这种到处兼课的情况才减少了。

1922年10月，福建发生政变，驱逐了北洋军阀的督军，由广东军政府的北伐军进入福建。当时张哲农任福州第一中学校长，找几位北京的福建人去帮忙。11月底，我和郭梦良、朱谦之一起回福建。这是我第一次回到家乡，见到了伯母、婶母和堂兄等人。我们住在第一中学（旧凤池书院），但没有上课。不久北伐军退回广东讨伐陈炯明，政变失败，我也就离闽回京。一共在闽仅待了一个月。

时间到了1926年春。那时北洋政府财政异常混乱，特别是教育经费更加困难，经常欠薪，每月经费不过发一成余。高等学校经常罢课，表示抗议。这时北洋政府有人提议是否把教育经费独立核算，另做计划。于是当时的教育部曾一度成立一专门机构，名教育特税公署，进行管理，由马叙伦先生主持。马先生是我在北大时的老师，当时任教育部次长。他找到了我班同学许宝驹，许又把我介绍给他，成了他的部下。但这个机构，仅是北洋军阀政府的一个骗局，只存在了一个月，昙花一现就完了。我和许曾拟订了几个计划书，完全成了一堆废纸。我受知于马先生，实始于此。

这年3月，北洋政府教育总长章士钊非法解散北京女师大，全校师生大愤，进行抵制。当时鲁迅先生和许寿裳等人曾觅定另一校址为学生上课。我这时仍在女师大上课，曾参加了他们的行动，并抗议解聘。这年3月18日，执政府卫队一手制造了对广大学生的血腥屠杀，即"三一八"惨案。当时北大学生死三人，其中两个是我的学生，女师大死二人，也是我的学生。女师大刘和珍同学，家极贫穷，上有母，下有弟，一衰一幼，颇值同情。3月25日上午，我参加了全校师生为死难学生召开的追悼会。会上师生均异常愤慨，对执政府制造流血事件表示抗议。会后，我曾给郑介石（奠）写信，发动一些教师对死难家属募捐。当时许多人都表示支持此议。记得当时郑介石、张怡荪（煦）、李仲侃等均各助十元，我也捐了二十元。

1927年上半年，我仍在北大教书，并在法权讨论委员会工作。当时北洋政府欠薪更为严重，有时仅能拿到月薪的十之一二，家中生活也异常困难。是年5月，马叙伦先生任浙江民政厅长，许宝驹来电约我去杭州。6月底，学校课程结束后，我即由海道经大连南下。7月初到杭州，和罗常培、章廷谦（川岛）同住一起。马先生初推荐我为科长，因我晚到，且没有实际行政经验，到厅之后改任秘书。8月，马先生辞职，令我代拆代行，负责移交。我替他到处奔走、周旋，是月底我也辞职。许多朋友劝我不辞，留在杭，但9月我仍从海道回到北京。这时北洋军阀合并了北京的几所大学，北大旧人多数离校，我也没有再回去教书。法权讨论委员会也于此时改组，机构撤销，我失业了。

1928年2月，表兄梁漱溟在广州政治分会建设委员会任职，邀我去广州协助他工作。我也感到在北方甚烦闷，想去南方工作。这时罗庸约我再赴杭州，那边几位老同学也敦促前往。我们遂于3月中南下，下旬到达杭州。这时蒋梦麟任浙江大学校长，他让我暑假后到浙大任秘书。在假期前的几个月，又把我推荐到浙江禁烟局当秘书，作为过渡。蒋梦麟原是我北大时的老师。此前并无深知。主要还是通过马裕藻先生及北大几位老同学的介绍。但是在杭州并无适当的工作好做，于是于是年5月到了广州。是时梁漱溟任建设委员会主席，我任秘书。

建设委员会的工作本极无聊，事情亦不多，每天或起草文件，或任会议记录员，开起会来大多议而不决，全系空谈。加之当时官场各种关系异常复杂，而我亦不精于此道，所以决心早日离去，幸而当时罗常培、丁山等均任教于中山大学，得以每日谈论学问，由于他们的鼓励，我才开始写作。不久，朱谦之亦来广州，有时一起辩论问题几至通宵达旦。记得有一次我和他就中国史料的问题展开讨论。他认为：中国史料无一可信。我则认为：在未发现新史料之前，只能勉强用之。他又认为，旧史以本纪为纲，视皇帝过重。我说，这是古人无法编排年代之故。他还认为，甲骨文字可为史料。我则认为，其材料虽然丰富，但时代尚难断定。当时两人观点相持不下，争得面红耳赤。及今思之，还是满有趣的，但也表现出某种幼稚。是时朱的夫人杨没累刚刚病逝于杭州肺病疗养院。杨是学音乐的，遗作有《没累文存》。在广州，我们还经常去看望黄节先生。他是我在北大时的老师，当时任广东教育厅长。

我在广州先后三个多月。梁漱溟所以从政的意思在于推行乡村自治。但因当时派系复杂，梁的计划未获通过。就在这时，蒋梦麟屡电给我，约去浙江大学，我遂于8月中乘船转道上海复至杭州。

我到浙大时，蒋梦麟已到南京做教育部长，浙大校务由秘书长刘大白负责。这时我做浙大秘书，同时还在该校文理学院任讲师，并在浙江省立高中及浙江自治专修学校兼课。省立高中校长是林晓，专修学校负责人是马夷，他们与我都很熟。那时在杭州还举办过西湖博览会。我也参加一些会务工作。1930年2月，蒋梦麟和刘大白（当时任教育部次长）因为要在是年3月召开全国教育会议，要我去帮忙，我就到那里任秘书，主管审核公文。

这几年我在南方工作，家眷仍居北京，只春节回家探望一次，感到很不方便。是年夏，我决定回北京工作，已接受了北大的聘书，但走不脱。这时，山东大学校长杨振声也约我去历史系教书，我也无法去。直到11月，蒋梦麟到北大做校长，我遂于12月也回到北大。

我到北大仍然不能摆脱行政事务，蒋让我在校长室当秘书。同时，我还在预科担任国文课，一直延续了几年。

北大当时除校长及三院（文、理、法）院长外，还设有秘书长（总务）及课业长（教务）。1933年暑假，秘书长王烈（地质系教授兼）辞职，由蒋梦麟暂兼。到了是年10月，由于不应有的过失，学校浴室倒塌，不幸压死同学一人，重伤二人，引起了学潮。蒋梦麟大惧，急忙物色专职秘书长，以便应付。开始时他属意法学院院长周炳琳，周不就，反推荐由我继任。蒋又征求了刘树杞、胡适、马裕藻、刘半农等人的意见，就这样决定了。当时我明知困难很多：例如一上任首先碰到的是为同学开追悼会的问题，颇感棘手。其次还有许多人事上的困难：因为论资历，自己不是留学生；论关系还有许多人与蒋的关系更密切；何况还有一些校方负责人愿意担任此职。后来经过反复协商，再加上许多人的鼓励，我就同意了。从此我就担任北大的秘书长，一直到1950年5月。

1937年抗日战争全面爆发前，我一直在中文系任教。当时行政事务冗杂，占去了每天的大部分时间，我只好利用晚上从事备课和进行科研工作。我这时为同学开设了古地理学及校勘学等课程。曾编辑古地理学的讲义，由北大出版社印刷。为了配合校助学的课程实习，我只能利用晚上的零碎时间，每天校勘《世说新语》数页，假日亦不间断。与此同时，我还利用校勘的方法，写出了《杭世骏"三国志补注"与赵一清"三国志注补"》《张穆"月斋集"稿本》等论文。"杭文"系通过杭、赵有关《三国志》的两书进行校勘比证，证明"赵书"所征引的文献，多于"杭书"七八倍，而雷同者则少，从而证明赵一清是清中叶一位"捃摭益富，考订綦详"的学者，而不是"攘美窃名之流"的文抄公。"张文"则利用稿本中的三类文字，加以校勘比较，证明稿本中有何秋涛、何绍基二人的批注，后之刻本与此稿本多有不同，有依"二何"之意见改正者，亦有"付刻时亦未肯巨尽从"者。

1936年，因为历史系蒙文通教授离校，我又到历史系兼课，讲授魏晋南北朝史。但我的志向和兴趣还在清史。我出生于清末，人在北京长大，从一些亲友中耳闻目睹了许多清人掌故，一直到我工作后，许多北洋政府的官职称呼还受清代的影响。例如我初到法权讨论委员会时，我的名义不叫助理秘书，而叫"秘书上办事"。因此我对清史有浓厚的兴趣，非常想研究清朝历史。恰在这时，范文澜主持北平女子文理学院，他和李季谷约我去该校讲授中国近三百年史。于是我又开始对清史进行研究。我觉得清初摄政王多尔衮是一个值得研究的人物，他是满洲入关后的实际统治者，也是清朝统一中国的奠基人。于是我先后写出了《多尔衮称皇父之臆测》等几篇论文，从此为我致力于清史研究，奠定了基础。

我在这一期间还有一事可提，就是参加了1933年春天北平市各界市民为李大钊同志的安葬仪式。李大钊同志也是我在北大的老师，蒋梦麟等人也都和他同事。送殡的那天，一起去了不少人。我们都看到了地下党以北平市民革命各团体名义送给李大钊同志的那块碑，碑的正上方还刻有斧头镰刀。当时大家感到，如果不把这块碑妥善处理，必然会遭受国民党当局的干预，反而会给安葬仪式造成麻烦，于是决定把这块碑埋在地下了。

1937年春节，别人都愉快地过节，而我家却出现了不幸。我的妻子周俶因难产病逝于北京德国医院。她是江苏泰州人，我6岁时父母已给我们订了婚，但相隔太远，从未见面。1920年我大学毕业后，她家多次催促结婚，于是在1921年9月我们在北京结了婚。婚后她对我关怀备至，我们两人一直感情极好，从未吵过嘴。我自幼丧失父母，缺少天伦之乐；成家后，添人进口，经济虽时有拮据，但却感到了家庭的欢乐。她长我两岁，逝世时也不及四十岁。家中遗下了五个儿女，长女不过十三岁，幼子年仅三岁，因此她的去世，给我精神上极大的打击。我痛苦万分，但又无处倾诉。有一个时期，我甚至经常念经以悼死者，借以消除心中的烦闷。在此之后，有人也曾多次劝我续娶，但我见到一些友人重建家庭后带来的矛盾和不安，我私自下定决心，一定要以学业为重，决不以家事干扰自己的事业。从此以后，我就一直未再产生结婚的念头。

1937年夏，我任中文系教授，是年7月7日卢沟桥事变。这时校长蒋梦麟、文学院院长胡适等人全不在北平。此后不久，学校其他负责人亦纷纷南下，于是北大的事情全由我来负责。那时北京各大学负责人每天都在北大开会，研究如何应付新的情况；北大几位老教授如孟森、马裕藻等人，天天来一起商议对策。当时北平在日寇包围下，情势危急，而留校的学生都是经济极困难的。一位姓刘的同学和我商议，在校学生款内每人发给二十元使之离校。所以到 7 月 28 日北平沦陷时，北大校内已无学生。但是蒋梦麟等人离北平后久无来信，对学校如何处理，大家都不知道，只得临时应付。当时许多人为我的安全忧虑。是年 8 月 9 日为我的 38 岁生日，姑父董季友先生来家看我。我正在学校各处奔忙。他在我的案头写上"鸿冥"二字，促我远走。未过几天，表姐夫力舒东大夫听说日本人要逮捕我，急忙雇辆汽车强拉我到他的尚志医院（在西长安街）三楼病房躲避。我住了一夜，第二天清晨又背着他回到家中。结果因为一夜未返，倒使另外许多人为我担惊。8 月某日，日本宪兵搜查北大办公室，发现了抗日宣传品。他们问是谁的办公室？我说是我的。他们似乎不大信，因为当时各处的负责人早已逃散一空。这月月底，华北汉奸维持会派人接收北大，从此我就不再到校，而有事同人还来家找我。当时国民党政府对北大的善后如何安排，没有正式通知。在私人信中和从清华得来的消息，才知道学校决定迁往长沙，改为临时大学。于是大家想走，又无路费，同时我还需要把一些遗留的事全部妥善处理完毕。这时胡适忽然从九江来信给我和罗常培、魏建功等人（信附后），劝我们留在北京读书，大家有些犹豫。但是我感到这么大的学校，同人的生活实在无从设法维持。10 月，学校派教务长樊际昌北上接各教授南下。而他停在天津不敢到北平，又未带经费，同人十分怀疑，当时谣言很多，怕我也溜走，置同人经济困窘情形于不顾。我于是托心理系教授陈雪屏到天津和樊（二人同在一系）见面，催长沙迅速汇款。10 月底款到，分送同人，陆续南下。11 月 17 日，我离别了五个幼儿，只身和罗常培、魏建功、罗庸等同车赴津，次日又有几人走，就是北大的最后一批了。临走前，我两次到协和医院看望了史学系孟心史

（森）先生，他当时已患胃癌，生命垂危，但他见到我，尚以病榻日记相示。日记中无时不以国事为念，并以诗讽刺郑孝胥。临别时尚执手殷殷，潸然泪下。我往日所作清史论文，颇得先生奖饰，已感不安。今见先生如此，我亦深受感动，为之动容。两月后，孟先生即遽归道山。我还到辅仁大学向陈垣先生辞行，他在办公室见到我，并亲自将我送出至校门口，长揖惜别。此外，还向余嘉锡先生处辞行。

我到天津住六国饭店，这里是南下的交通站。当天下午钱稻孙从北京赶来，劝我不要走，说一走北大就要垮，要为北大着想。我正词拒绝，并辩论了很久。钱是北大日文系教授，与日本关系密切，后来当了伪北大校长。

过了几天，我们搭"湖北"轮南下，同行的有罗常培、罗庸、魏建功、邱椿、陈雪屏、赵迺抟、周作人、王烈等教授。经过青岛，我们本想由胶济线转陇海线到平汉路，及至下船访问山东大学，方知胶济线已断，只好乘船一直到香港上岸。到香港，因粤汉路遭敌机轰炸，于是又坐船到梧州，取道贵县、柳州转桂林，由公路入湘。12月14日，好容易经衡阳到了长沙，才知道南京陷落，学校又准备迁移。不久我弟弟郑少丹也由南京逃难经芜湖来长沙。他的衣物行李在途中已付之一炬，狼狈不堪。次日他来辞行，两人唏嘘而别，未想到竟成永诀。

长沙临时大学系北大、清华、南开三校组成，借湖南圣经学院上课，位于长沙韭菜园。圣经学院校舍宽大，每逢饭后可在庭园中散步五圈，每圈五百步。

我在长沙时，已改任历史系教授，讲授隋唐五代史。当时长沙已遭轰炸，学校乃决定迁往昆明。在长沙时，我行政事务不多，得以安心读书授课。但蒋梦麟仍然不时促我兼管行政，我都尽力设法避开。2月中，学校师生决定迁滇，我乃与周炳琳、赵迺抟、章廷谦、张佛泉、周作人、劳干等人，于15日乘车出发，经衡阳、桂林、龙州，出镇南关（今友谊关）到越南谅山、河内，然后乘滇越路公车于3月

1日到达昆明。其他一部分人以及由黄子坚、闻一多等人组成的师生步行团，亦先后陆续而至。师生步行团的精神最值称赞。他们一行，经贵州凡行3500余里，历时六十多天始胜利到达昆明。这是西南联大师生团结的开端，同时也是一次很好的锻炼。

到昆明后，学校改称西南联合大学。因昆明校舍尚未建造，由北大、清华、南开三校各派一人到蒙自筹设分校，清华派了王明之，南开派了杨石先，北大派了我。筹备完备，我就留在蒙自，专在史学系教课。同时在蒙自还有北大办事处，也由我负责。当时联大文法学院已决定暂设在蒙自，理工学院设在昆明。

蒙自是滇南一个重要县城。自滇越路经碧色寨而不经蒙自后，遂日渐衰落。原法国在这里设立之领事馆及歌胪士洋行亦已迁出。我们大队师生来到蒙自，轰动了整个县城，该地商人遂乘机提价。原来在长沙时，学生包饭每月仅五元五角，且午餐、晚餐可三荤两素。及至蒙自，商人却将学生包伙提至每月九元，教师包伙每月十二元。而是时云南本地各局之三等办事员，月薪不过十二元（滇币一百二十元），是教职员十月之伙食费已与该职员一月所入相等。这不仅增加师生负担，也觉得愧对当地父老，于是协议未洽。至于以后，则是另外一种情况了。

我在蒙自分校半年，除了讲授隋唐五代史外，还注意到对西南边疆史地的研究。我曾注意南诏史，曾拟草南诏疆域方面的论文，未能实现。后来又注意西藏的问题，先后写出《发羌之地望与对音》《〈隋书·西域传〉附国之地望与对音》《〈隋书·西域传〉薄缘夷之地望与对音》《历史上的入滇通道》等一组文章。其中"发羌"一文，系我在读《新唐书·吐蕃传》中，发现发羌很可能就是西藏土名 Bod 之对音，于是用唐代有关史籍，以地理证发羌之地望，以古音证"发"字与 Bod 可相对，从而得到发羌即 Bod 对音之结论。我写完此文后，曾向陈寅恪、罗常培、魏建功、邵循正诸人请教。他们除对我鼓励外，陈先生曾为之订正梵文对音及佛经名称；罗曾就音韵学方面提供了有关证明；邵又据伊兰语为之补充译文，他们的帮助，使我非常高兴。当时蒙自虽地处西南一隅，比较偏僻，但有这些师友聚集一堂，每日数见，大家一起对学术问题时有磋商，这对远离家乡的我来说，真是一种极大的安慰和鼓励。

在蒙自时，史学系师生还召开过几次会议，纪念孟森教授。我曾写《孟心史先生晚年著述述略》一文，发表在北大史学系主办的《台史杂志》第二期中，以表对已故著名明清史学家孟老的缅怀。

在蒙自我在报上看到表兄张耀曾病逝的消息。他那些年一直在上海当律师，身体很好。这次突患伤寒，为庸医所误。临终前尚关心汉口情况，询问战情。后来我收到电报，曾到上海吊唁及处理丧事。有十二月余而未能回家省视。

是年9月，蒙自分校的师生又迁回昆明。这时西南联大已正式成立。学校没有校长，由三校校长蒋梦麟、张伯苓、梅贻琦任常委，采取常委共同负责制。但张伯苓一直留在重庆；蒋梦麟亦不常在校，对一些事也不大管；学校一般事情多由梅贻琦处理，是没有名义的常务校长。

1939年5月底，北大决定恢复文科研究所，由傅斯年主持。傅原系北大国文系1919年毕业生，与罗常培同班，留德回国后曾在中山大学任文学院院长、中央研究院史语所所长。这时史语所亦在昆明，所以与北大形同一家。第二年史语所迁往四川李庄，傅也离昆至渝。傅事情很多，难以全面兼顾。他拉我做副所长，协助工作。我觉得自己无论从学识、年龄及资历上都差之甚远，没有同意。后来许多同事也来敦促并加以鼓励，我才勉为其难。6月中，北大正式通过设立文科研究所。所中分设宋史工作及明清史工作室，分别由姚从吾及我负责。是年暑假正式招生，以后又陆续招过几届。

北大文科研究所设在昆明北郊龙泉镇（俗称龙头村）外宝台山响应寺，距城二十余里。考选全国各大学毕业生入学，由所按月发给助学金，在所寄宿用膳，可以节省日常生活自己照顾之劳。所中借用历史语言研究所和清华图书馆图书，益以各导师自藏，公开陈列架上，可以任意取读。研究科目分哲学、史学、文学、语言四部分，可以各就意之所近，深入探研，无所限制。

研究生各有专师，可以互相启沃。王明、任继愈、魏明经从汤用彤教授，阎文儒从向达教授，王永兴、汪篯从陈寅恪教授（我亦在其中），李埏、杨志玖、程溯洛从姚从吾教授，王玉哲、王达津、殷焕先从唐兰教授，王利器、王叔岷、李孝定从傅斯年教授，阴法鲁、逯钦立、董庶从罗庸教授，马学良、刘念和、周法高、高华年从罗常培教授。其后，史语所迁四川李庄，也有几位（任继愈、马学良、刘念和、李孝定）相随，就学于李方桂、丁声树、董作宾诸教授。

宝台山外各村镇，有不少联大教授寄寓，研究生还可以随时请益。清华文科研究所在司家营，北平研究院历史研究所在落索坡，都相距不远，切磋有人。附近还有金殿、黑龙潭诸名胜，可以游赏。每当敌机盘旋，轰炸频仍，山中的读书作业，从未间断。这里确实是个安静治学的好地方。英国学者李约瑟、休士到昆明，都曾在本所下榻。

在抗日战争期间，一个爱国分子，不能身赴前线参加革命，只有积极从事科学研究，坚持谨严创造的精神，自学不倦，以期有所贡献于祖国。宝台山的研究生（或称宝台山士）就是这样的。

傅斯年除主持文科研究所外，还对研究明史有兴趣。我当时正为同学讲授明清史，涉及明史有关问题亦多。是年夏，在一次闲谈中，傅说要纂辑《明编年》及《明通典》，我说想别撰《明会要》，而毛子水教授劝我编辑《续资治通鉴》续集。过了几天，傅又来找我，劝我一起搞个东西，不叫《明通典》和《明会要》，而叫《明书》。遂共同拟二十四目。后来傅斯年又将二十四目增为三十目，即历法志、皇统志、祖训志、地理志、京邑志、土司边塞志、氏族志、礼乐民风志、学校选举志、职官志、刑法志、兵卫志、财赋志、河渠志、商工志、儒学志、文苑志、典籍志、书画志、器用志、宦官志、党社志、释道志、朝鲜安南志（琉球附）、鞑靼西域志、乌斯藏志（喇嘛教附）、倭寇志、南洋西洋志、远西志、建州志。他并留信给我："前所谈明书三十志，兹更拟其目，便中拟与兄商榷其进行之序。果此书成，益以编年，《明史》可不必重修矣。弟有心无力，公其勉之。"次日我们就拟订分工。其一历法志，此中有二纲：1. 明人如何承用元人历法（尤其是回回历）？2. 崇祯新历。其二是皇统志，此中应论历世之继承，而以宗室表附上。至于祖训志，此中应载太祖宝训而申述其义，实关系有明一代之开国规模。在京邑志中，以南京、旧北京、中京、京师为叙述内容，包括宫闱、衙市。氏族志中应仿宰相世表，但此志较难作，因明代不尚门第。在职官志中，则尤应注重其实质之变迁，《明史》原式不可用。商工志则难作，且无人作，只能暂阙。典籍志情况亦同。党社志重点放于晚明、南明，应加详叙述。释道志拟由汤用彤担纲，南洋西洋志则由陈受颐主之。其他各志则由两人分任。我当时很在意书名与傅维鳞所著《明书》相同而提议改为《明志》为好，但傅斯年以为并不相碍。此书原拟五年完成，后来因为战争紧迫，事务冗杂，傅又迁往重庆，计划因之搁浅。

是年 8 月，我整 40 周岁。深感三十年来百无一成，徒赖师友奖掖致僭清位，遂作诗一首以为留念。诗曰：

读书学剑两无成，浪得浮生才士名；

四十已来应不惑，好从中道觅中行。

1940 年初，西南联大总务长沈履去川大离校，清华梅贻琦、沈履诸人推荐由我继任，让汤用彤来探询我意。我表示行政事务绝不就，还是专心教书，致力研究明清史，汤亦以为然。罗常培也劝我不就，并说："君欲为事务专家乎？为明清史专家乎？"更坚定了我的决心。但联大常委会议已通过，聘书已送来。梅多次找我，我尽力躲避。校方领导黄子坚、查良钊、冯友兰、杨振声诸人也来劝驾，且有"斯人不出，如苍生何"之句。我虽多次上书，说明不就任的原因，"并非谦让，亦非规避，更非鸣高，诚以学殖日荒，思自补益"，希望以后专事学问。事情虽经往返周旋多次，仍然无效，北大领导又以照顾三校关系为言，于是在是年 2 月，遂应允就职。

1940 年暑假后，因中日战争紧张，联大曾在四川叙永设立分校，由杨振声前往负责。次年 5 月，梅贻琦约我和罗常培到叙永视察，并决定分校取消。我们三人曾在四川待了两个多月，先后到了重庆、泸州、叙永、李庄、嘉定、峨眉、成都等处，饱尝了战时"蜀道难"的滋味。后来罗常培专门写了《蜀道难》一书，就是叙述这次到四川参观的情形。此行参观了武汉大学、四川大学及华西、齐鲁、金陵大学，会到了许多同行。

我 1939 年后即在联大讲授明清史及清史研究、中国目录学史等课程。当时年轻的学生激于爱国热情，都要更多地了解中国的近世史，尤其瞩目于明清时期，故每次选修该课的多达一百数十人，情况前所未见。清代的满洲发祥于我国的东北，而这时东北早已沦陷，且建立伪满洲国。为了针对日本帝国主义侵占我国东三省而制造的"满洲独立论"等谬说，我在这一时期先后写出了《清代皇室之氏族与血系》(1943)、《满洲入关前后几种礼俗的变迁》(1942) 等论文，用许多历史事实，证明清代皇室包含了满、蒙、汉三族的血统，早在入关前就和关内人民在政治、经济、文化等方面有着密不可分的关系，是中华民族大家庭中的一员。我在"血系"一文中一开始即写道："近世强以满洲为地名，以统关外三省，更以之国名，于史无据，最为谬妄。满洲出于建州左卫，为女真支裔，即唐之鞨鞴，周之肃慎，乃中华历史上宗族之一，清朝入关后散居中原，更不可以一省一地限之也。"至于入关后满、汉两族的文化互相调融，相互影响，更使两族人民间的关系日益密切，这绝非政令强制所能造成的。此后我又写出一些清史方面的论文，合为一集，名《清史探微》，于 1946 年初在重庆出版。

抗战中期后的昆明，日机时常轰炸，几乎天天要"跑警报"。加之物价飞涨，民不聊生，教授中大多入不敷出，更不必说职员和学生了。那时闻一多和我们这些人，曾联名出示告白以卖字、刻印取酬，以补助生活费之不足。1943年夏，我的长女郑雯由北平远道来昆明念大学，走到洛阳被困。我于是向独立出版社卢逮曾借了一些钱，寄她以佐路费。《清史探微》一书的出版，也是为了偿还这笔欠债。我在书中的叙目中，谈到了抗日期间在昆明的情况。其中道："右近年读清史所作杂文十二篇，次为一集以求正于当世。天挺早失怙恃，未传家学，粗涉载籍，远惭博贯。比岁僻居无书，蓄疑难证，更不敢以言述作。独念南来以还，日罕暇逸，其研思有间恒在警报迭作、晨昏野立之顷，其文无足存，而其时或足士己也。通雅君子原其'率尔操觚'之妄，有以匡其违误，斯厚幸矣。"这是我在昆明八年的真实情况，别的人也和我差不多。遗憾的是，此书出版不久，即1946年7月12日，我的长女在上完西南联大外文系三年后，于北上复校中途飞机失事死于济南，时年23岁。

1945年8月15日抗日战争胜利，这给西南联大的师生带来了希望，昆明街头的市民到处游行欢呼，鞭炮齐鸣。像我这样远离家庭八年只身来昆明的人，其内心之喜悦，更不待言。正在这时，北大人事上发生了一些变化。

原来北大校长蒋梦麟在这年4—5月份曾到美国考察教育，北大教授们曾希望他能到美国有所洽商，物色新教授，以为胜利复员中的北大建设有所裨益。不料他这时却被国民党行政院长宋子文找去做行政院秘书长，并于6月就职。此事他事前并未能与同人商量，事后又不来信与教授们解释，而且自美回国经过昆明也未下机而径飞重庆，因而引起北大一些人的不满。法学院长周炳琳对此事尤为愤慨，感情异常激动，溢于言表。当时一些教授主张，既然做官就不能兼任大学校长，而应由在美国的胡适继任北大校长。但胡适一时也不可能回国，因此必须有一个代理校长。9月初，当时的教育部宣布胡适为北大校长，傅斯年为代理校长。就在这时，学校派我北上去筹备复员。教育部还组织了一个平津区教育复员辅导委员会，由沈兼士领导，约我也参加。原来这个委员会都是各校的代表，每校一人，后来又加入一些我不认识的人。当时清华参加的是邓以蛰，北大是我。那时交通工具异常紧张，我9月初到重庆，等候飞机就待了一个月，只好先到南京。10月份又在南京候机，到处托人，终于在11月3日到达北平，这距我离开昆明已整整两个月了。

回到北平，才知道我弟弟郑少丹已于是年春天病逝，我感到万分悲痛。他和我自幼一起寄居在亲戚家中。抗战中他为了照顾我的儿女，虽年已四十有余，却始终未结婚。及至儿女均已长成，胜利在望，没想到他却先我而去。

我到北平后了解到，情况与我们在昆明的想象不同。这时北京各大学正在上课，不能接收。而教育部又派陈雪屏为北平临时大学补习班主任，故学校先由补习班接管，原校中人员亦大多未动。

敌伪时期亦成立个北京大学及北京师范大学。北大校长是钱稻荪，文学院院长是周作人，下分文、理、法、农、工、医六院。其中医学院设备最好，教授阵容整齐。于是补习班即以这个学校的理、文、法、农、工、医为第一至第六分班，第七分班是师大，第八分班是艺专。陈自兼第一分班主任，第二分班是邱椿，由我先代理。第三分班是张佛泉，第六分班是马文昭，第八分班是邓以蛰。这时补习班的总务长赵迺搏尚未北上，也暂由我兼。

1946年1月后，北大积极筹备复校，又加派曾昭抡、杨振声、郑华炽、俞大绂来平工作。不久赵迺搏、邱椿均先后来，我乃专在北大办事处，负责复校。

这年春，当时在平的一些文教界知名人士，曾上书国民党政府，为文化汉奸周作人缓颊。有人也让我签名，我未同意。我在北大上学时，周是我的老师，以后周又任北大日文系教授，与我亦时有联系。在周任敌伪北大文学院院长时，也确实为该校图书馆弄来不少善本珍籍。但我觉得，一个教授应当有起码的民族气节，周曾任伪教育总署督办，这是不能原谅的。事后闻知，陈垣老亦未签名。

这年夏天，昆明的北大师生陆续北上，胡适也回到北京就校长职。未几天，我拿着一本《清史探微》求他指正，并说："我仍希望搞学问。"向他辞职。他未接书，而说"书我已看过"，意即不准我辞，于是我仍然兼学校秘书长。这年冬天，史学系主任姚从吾到开封去做河南大学校长，我又代理史学系主任。名义上的系主任陈受颐，一直在美国未回。

这些年，我行政事务冗杂。当时国民党政权濒于垮台，经济崩溃，物价一日数变，每天找我签名向金城银行、大陆银行借款的人络绎不绝，我的研究工作几乎完全停顿。但课还是要教的，我仍授明清史、清史研究、清代史料、历史研究法等课。

1948年12月中旬，我人民解放军已包围平津，国民党军队困于城内一隅。12月14日中午，胡适给我电话，有事让我去。到了东厂胡同，知他要走。他的汽车去接陈寅恪。我们看到他异常匆忙在收拾行装。大家一齐送他到中南海（当时傅作义司令部设此）。不料因飞机未洽好，天色已晚，未能成行。胡适异常焦躁地说："今天走不成，我就不走了。"第二天，他还是走了。

胡适临行前在案头放着两个条子。一是学校校务由汤用彤代理，汤未同意。另一条子，是托汤用彤、周炳琳和我维持北大校务。汤当时也说："还是人多一些好。"接着国民党派飞机接北平教育界、文化界的人南下，名单是傅斯年开的，理工医的较多，文科极少。均由傅斯年出面写信和电报催促，并托清华校长梅贻琦、北师大校长袁敦礼和我代为接洽。梅、袁两人天天来北大，并在我的办公室放一个本，愿走者自由签名。前后来过两次飞机，走的人极少，只有梅贻琦、袁同礼、毛掌、钱思亮、刘崇鋐等人和一些眷属。

这时，傅作义经常派人在御河桥召集各高校代表开会，北大多由周炳琳和我参加。

12月17日是北大五十周年校庆，学校仍举行了纪念会。过了几天，学生自治会以全体学生名义送给我一面锦旗，题了"北大舵手"

四个字，我非常高兴，受到鼓舞。这时华北城工部发给各机关人员文告，让大家好好保护人民财产，北大在全校师生保护下，也未受到损失。同时，石家庄的北大同学也给我写信，鼓励我看好北大的家。

1949 年 1 月，邓宝珊托《大公报》徐盈约北大教授座谈北平局势，汤用彤、周炳琳、杨振声和我四人均参加。大家都说必须保全北平，以民意为依归（意即和平解放），邓亦表示了相同的意见。过了几天，傅作义又约了更多的人在中南海座谈，大家表示都差不多。这年 1 月底，北平和平解放。当天下午，傅作义召集各大学及其他机关负责人宣布此事，并说第二天早晨有飞机飞往南京，愿走的仍可以走。我当然不走。

2 月，解放军入城，军管会召集各校代表开会，北大由汤用彤和我参加。5 月，文管会接管北大，成立校委会，任命我为委员兼秘书长，并指定为常务委员会书记。仍兼史学系主任。

1949 年，我整整五十周岁。这年 10 月 1 日新中国成立，我参加了开国大典，内心非常喜悦。回顾我这五十年，东奔西跑，忙于生活，没有认真读书。现在对我来说，要学的、应当学的太多了。我有了如今天这样安定潜研的读书环境，这远远不是当年所能想象比拟的。因此我要充分利用这一大好时机，认真学习，为新中国历史科学的发展，做出一定的贡献。

新中国成立以后，我一直讲授元明清史及中国近代史。当时已成立教研组，我是中国史教研组负责人。中国通史由先秦到 1840 年鸦片战争共分四段：张政烺教第一段，即先秦；余逊教第二段，即秦汉、魏晋南北朝；邓广铭教第三段，即隋唐五代、宋辽金；我教第四段。我教中国近代史，听课的人很多，当时刚成立的中国近代史研究所一些中青年都来旁听。是时清华的邵循正也在北大兼课，他曾提出两人合作教这门课，我讲内政，他讲外交。这个倡议极好，可惜由于我很快即到天津，未能实现。

1950 年 5 月，我辞去秘书长工作。当时学校常委会曾表彰我做十八年行政工作的成绩，我也表示今后要为母校的教学和科研工作继续贡献力量。那时我除任史学系主任外，还在北大文科研究所明清史料整理室负责。北大存有明清档案甚多，历年都在陆续整理。当时所长罗常培对工作要求很严格，鼓励整理后公开出版。由于这时我们正好举办了一个明末农民起义史料的小型展览，由孙钺、于石生、张怀礼、蓝文卿主持。通过这次展览，外界反映很好，使我们对整理档案有了信心。我们工作集中在下列几项：

一、已清缮的明题行稿，分类整理印行，未抄齐的补抄。

二、整理题本的摘由，凡不明确、不详细的加以补充，并尽可能地指出每件内容的特点。

三、过去整理题本，全按内容分类，有许多混淆不清，现在改按机关的职掌重新分类。

四、系统地整理、研究本所所藏黄册——报销册及其他档案。

当时研究所内还设有民国史料整理室，由金毓黻负责。我们分头辑录了许多史料，有十种之多，但后来公开印行的仅有《明末农民起义史料》《宋景诗起义史料》《太平天国史料》等数种。

1951年，我先后两次参加土改运动。一次是这年2月，教育部门组织的中南区土改参观团，由我任团长，清华政治系主任曾炳钧任副团长，团员有杨人楩、张维、柴德赓、胡庶华等人。这次我们仅到了长沙、衡山等地，历时一月余。由于大家都有教学工作，即匆匆而返。另一次是这年10月底，我率领史学系三年级和四年级同学一起到江西泰和县参加土改，历时三个月，我就因"三反""五反"运动被召回。我自幼生长城市，未接触过农村。这两次活动，尽管时间并不长，而且未深入基层，但思想上收获还是很大的。

1952年，全国高等院校进行院系调整，我奉调来南开大学，任历史系教授、中国史教研组主任、系主任。这一决定在我思想上颇有波动。第一，我五十多年基本在北京生活，热爱北京。第二，我中年丧偶，一直和子女一起生活，而他们也都在北京，到天津后我必然又如在昆明一样，过孤单的生活。第三，我多年从事清史的研究和教学，北大及北京其他各单位的清史资料浩如烟海，绝非其他地方所及。但是经过郑重考虑后，我决定不考虑个人的生活及其他方面的变化，愉快地只身来津任教。我知道如果当时我提出任何要求，会引起许多不同反映的。

来南开后正值教学改革高潮。当时一切均无经验，一切需从头搞起。甚至教研室内教师讲课，都要先试讲，然后互提意见，往返多次；而教研组主任则凡逢教师上课，都必须亲自听课，不时指导。因此，这一时期我除了忙于行政性的开会、谈话外，精力大多用于教学方面。我在南开为同学讲过隋唐史、明清史、明史专题、清史专题、史料学等课程。我在教学过程中，尽量向同学进行爱国主义教育。1953年，我根据古代史籍中有关石油的记载，认为说中国没有石油是无根据的，为我国发展石油工业提出一些肤浅的历史根据。其他涉及与邻国的争端，我也结合史实加以讲述。

1961年3月初，我和杨生茂参加了教育部的文科教材工作。关于教材问题，1953年9月的综合大学会议、1954年7月的文史教学研究座谈会、1956年6月的教材会议都有过不少讨论，这些会我都参加了。现在教育部下决心，决定要大搞。当时历史组组长系北大历史系翦伯赞，副组长是尹达、周一良和我，秘书是田珏。会议决定由翦和我主编《中国通史参考资料》，由我主编《史学名著选读》，并告我要在北京集中。于是我从1961年夏常住在京，直到1963年夏，工作基本完成。在这段时间，《中国通史参考资料》印行六册，《史学名著选读》印行五册，其他亦接近完成。

我在北京编选教材期间，与其他院校史学家一起，共同工作，关系极为融洽；经常促膝谈心，交换看法，其中探研学术的往返信札很多。这部分信札，大部分都在"文化大革命"中散失了。与此同时，我还不断到北京各高校历史系讲课或做报告，其中以去北大最多。当时历史系学生看书很少，尤其对原始史料接触更少。因此我到处强调要认真读书。要做到"博、精、深"三字，即"博览勤闻"，"多闻阙疑"。同时我还强调要精读一本书。我觉得："精读要一字不遗，即一个字，一个名词，一个人名、地名，一件事的原委都清楚；精读是细读，从头到尾地读，反复地读，要详细作札记；精读一书不是只读一书，是同一时间只精读一本，精了一书再精一书；精读可以先读一书的某一部分；精读的书可以一人一种。""精读与必读还有不同，精读的书不一定人人必读，如有人可以专读《山海经》，但《山海经》不一定人人必读；必读的书可以精读而不一定人人精读，如《通鉴》。"1962年，我还到中央党校讲授过清史。因为该校学员与大学要求不同，我只能简明扼要地介绍清朝入关后到鸦片战争前这一时期的政治、经济、文化的情况。后来我根据记录稿加以整理，以《清史简述》为名，于1980年由中华书局出版。

1963年3月，我担任南开大学副校长。这年9月，我又到中华书局参加《明史》标点工作。由于事实上我一直未在学校，所以我就在1964年夏天辞去历史系主任。校中的工作我也未过问。这种情况，一直到1966年6月我回校均如此。

1978年，我虽已年近八十，但心情舒畅，身体健康，尚能从事教学及科研工作。这年夏天，我又开始招收明清史研究生。回忆起40年前在昆明，我虽主持北大文科研究所，但却未招过明清史研究生。来南开后，虽也招过几次研究生，但并不经常。这次公开招生，通过全面测验，考生质量也有所提高。而我也非常高兴，决定在我有生之年，再为国家培养出更多的有用人才。这年以后，我连续三年招了研究生，并为他们开设"清史概论""清代制度""明清史研究"等课程。这些课，有的每周一次，每次两小时，也有时多增加一次。

1979年9月，我接受教育部的委托，在南开主办明清史进修班，主编《明清史资料》作为教材。这个进修班人数不多，来自全国高校。他们除了听各种课程外，还组织到沈阳、承德、西陵等地参观。西陵过去我没去过，这次和他们一起去，感到很高兴。

这一年，我还应中华书局之约，把我多年的一些论文，汇为一集出版，名曰《探微集》。该书是以《清史探微》为基础，加上其他有关清史著述，合计 43 篇。其中仅《清入关前满族的社会性质续探》一篇是那一年夏天所写，这是继 1962 年所写《清入关前满洲族的社会性质》一文，在理论上及史实上的补充。当我看到书的篇目后，深感自己学识之不足。我在书的后记说："50 岁全国解放，才能安心学习，但要重新学起的东西太多。今天的成果，只这样一点，真是惭愧之至"。该书于 1980 年出版。

这一年我还担任了《中国历史大辞典》的总编工作，这项工作我是极有兴趣的。本来我在新中国成立前就有意编纂一部中国历史辞典，但当时条件不足，难以实现。1958 年，我在南开历史系又提出过建议，并得到了热烈响应。但随着情况的变化，工作搞了一部分就搁置了。去年，中国社科院历史所的领导又倡议此事，我遂积极支持。这年 11 月，召开了第一次编辑工作会议，与会人都兴致勃勃，认为只要史学界同人团结一致，通力合作，这项巨大的工作是可以如期完成的。后来在太原（1980 年 8 月）及上海（1981 年 5 月）的编辑会议，我也都参加了。我深知自己年迈体衰，力不从心，但还愿意为这项工作出把力。

1980 年 3 月，中国史学会恢复活动，并在北京召开代表大会，选举领导机构。我被选为常务理事、主席团成员。次年 5 月，接任主席团执行主席。

这年夏天，学校委托我主办明清史国际讨论会。应邀参加会议的有美国、日本、澳大利亚、瑞士、联邦德国、民主德国、中国香港等八个国家、地区及国内的代表共一百多人，提交大会的论文七十余篇。会议一共开了四天。我在会上以"清代的幕府"为题，做了扼要的发言。内容就幕府的来源、地位、政治作用及发展状况，都做了说明。这个题目是我多年感兴趣的问题之一。记得 1930 年时，我和刘大白同在浙江大学及教育部任职。刘是浙江绍兴人，是出"师爷"的地方。他经常说起清末幕府的情况，说得津津有味。不久我回北平，他也很快病逝。这次会议开后，我让年轻同志将论文汇为一集，交由天津人民出版社出版。

这年 10 月，我以八十一岁高龄加入了中国共产党。入党是我的夙愿，我引为光荣。

1981 年夏天，我参加了国务院学位委员会会议，我是历史组的主持人。在会上评议出全国第一批招收博士研究生的学者，希望他们尽快招生。

我在 1979 年 10 月，又被重新任命为南开大学副校长。当时我年已八十，深感力不从心，因此多次请求辞退这一职务。1981 年 10 月，教育部同意我的请求，免去副校长职务，改任顾问。这时，南开大学曾为杨石先校长和我举办了执教业绩庆祝大会，并请教育部领导及西南联大、南开校友参加。我深深为这次大会对我的鼓励所感动，决心"身处第二线，心怀第一线"，把南开的教学和科研工作搞得更好。当时校中正酝酿设立明清史研究中心，我和年轻人一起起草计划，力促这一工作早日实现。

回顾我八十年来所走的道路，真是感慨备至。我一生热爱教育事业，希望为祖国的富强做出些贡献。今天我虽为祖国的教育尽了自己一点微薄的力量，而国家和人民却给我热情的赞誉，我实在受之有愧。今后我只有以我的有生之年，和大家一起，为祖国的教育事业和四化建设贡献出力量。

附：1937 年胡适给我的信原文如下：

毅生先生：

久不通问，时切遐思，此虽套语，今日用之，最切当也。

弟前夜与孟（指蒋梦麟）、枚（指周炳琳）诸公分别，携大儿子西行，明日可到汉口，想把儿子留在武汉，待第二次入学招考，否则在武汉做旁听生。

弟与端（指钱端升）、缨（指张忠绂）两弟拟自汉南行，到港搭船，往国外经营商业，明知时势不利，姑尽人事而已。此行大概须在海外勾留三四个月。

　　台君（指台静农）见访，知兄与知老（指周作人）、莘（指罗常培）、建（指魏建功）诸公，皆决心居留，此是最可佩服之事。鄙意以为诸兄定能在此时期埋头著述，完成年来未能完成的著作。人生最不易得的是闲暇，更不易得的是患难，——今诸兄兼有此两难，此真千载一时。不可不充分利用。扩及学术上的埋头闭户著作。

　　弟常与诸兄说及羡慕陈仲子匍匐食残李时多暇可以著述；及其脱离苦厄，反不能安心著作，深以为不如前者苦中之乐也。

　　弟自愧不能有诸兄的清福；故半途出家，暂做买卖人，谋蝇头之利，定为诸兄所夹。然寒门人口众多，皆沦于困苦，亦实不忍坐视其冻馁，故不能不变节为一家谋糊口之计也。

　　弟唯一希望是望诸兄能忍痛维持松公府内的故纸堆，维持一点研究工作。将来居者之成绩必远过于行者，可断言也。

　　弟与孟兄已托兴业兄（指浙江兴业银行）为诸兄留一方之地，以后当可继续如此办理。

　　船中无事，早起草此问讯诸兄安好，并告行。不尽所欲言，伏惟鉴察。

弟臧晖敬上

廿六，九，九　长江舟中

傅筑夫

傅筑夫自述

　　1902年，我出生于河北省永年县一个职员的家庭。永年县是原广平府府治所在，在直隶省"南三府"中是一个文风很盛的地方，仅明清以来，就出过不少著名的学者，科甲之盛，尤为附近州县之冠。我的家庭虽不富有，但在邻里中却是一个读书人家，在我还没有认识文字以前的幼儿时代，就由祖母口授背诵了《唐诗三百首》。我的启蒙教育不是进小学，而是入私塾，在一位桐城派古文名家的教导下，先读完了"四书"、《诗经》之后，开始读唐宋八大家古文。所以我在童年就受了古典文学的训练，并初步养成了喜读古书的习惯，这对我后来研究中国经济史，并能从浩如烟海的古籍中搜集经济史资料，实起着一定的作用。

在中学时代，我对学习理科也是兴趣很大的，特别是对于化学有浓厚的兴趣，那时我曾决心将来学化学。1921 年，我考入北京师范大学。报名时本来可以报两个志愿，以备万一，第一志愿不合格时，可录取第二志愿，但是我只报了一个志愿，就是化学系。被录取后，确曾抱着坚定不移的信心入化学系完成学业，但是不到一个学期，我原来的信心就动摇了，于入学后的第二学期，转入国文系（现称中文系）。改变专业的原因，是由于在 20 世纪 20 年代初，北京的学术空气非常浓厚，也非常活跃，许多著名的国学大师都在北京讲学，其中有不少在师大国文系兼课，如梁启超、鲁迅等都还讲授较多的课，其他如章太炎学派的黄侃、钱玄同、马裕藻等和王先谦学派的杨树达等都是师大的专任教授。在这些名师的启迪下，激发了我童年时代曾经有过的对中国古典文学和古汉语的求知欲。除了名家的讲授已应接不暇外，又看到了过去渴望阅读而得不到的古书，结果，我这个化学系的学生却以大部分时间在国文系的阅览室中读书，从而更激发了我对国学的兴趣。那时学校实行选课制，系的界限并不严格，所以我提出转系申请后，很快就被批准。转学后，从几位名师学习了文字学、音韵学、训诂学等，同时也选读了古典文学、文艺理论和外国文学名著选读等。由于我的涉猎范围很广，因而兴趣也在不断变化和不断扩大。随着对先秦诸子学说的研究和对文艺理论的钻研，我的兴趣又转向哲学。当时由著名哲学家陈大齐、傅铜等所授的几种哲学课我都选修了，也受了他们很大的影响，对唯心主义的一些哲学名著我读了不少，尤爱读法国柏格森和德国叔本华的著作。这种典型的玄学形而上学曾一度把我引向歧途，产生了一个不切实际的幻想，打算进行一项对我来说那时（1923 年至 1924 年）还不具备条件的研究工作，即研究艺术和宗教的问题。在一个法国哲学家和艺术家的启示下，我认为艺术与宗教产生于同一根源，艺术的欣赏与宗教的虔诚，系属于同一精神境界，正是这一精神境界，使艺术与宗教产生了相同的作用。根据这一认识，我打算对艺术理论和宗教哲学进行一番研究之后，写一本兼论艺术与宗教的书。在这个决心的鼓舞下，我夜以继日地阅读三方面的书：哲学、艺术理论、宗教哲学。我之所以反复阅读柏格森的《创造的进化》（*Creative Evolution*）和叔本华的《意念和理想就是世界》（*The World as Will and Ideal*），就是要寻找我所需要的理论依据。从这里起步，我进而阅读了基督教的《新旧约全书》，接着我钻进了佛经。佛教经典本来是很难读的，我借助于丁福保的《佛学大辞典》，阅读了各宗的重要佛书。对于我所设想的研究项目，确也提供了一些理论依据，但并不能使我感到愉快，反而证明原来的设想，不过是青年时代的一种幻想而已，那样的年龄和那样的基础，是不可能写成一本探索艺术与宗教根源的哲学著作的。但是这一段的纵横驰骋，并没有把力量白费，通过大量哲学书籍的阅读，使我养成用宏观方法综合观察问题的习惯，而经济史正需要这样的一种研究方法。至于后来我终于放弃这个企图，还不完全是由于我缺乏条件，而是由于我的兴趣和攻读方向又发生了变化。

当我正在以大力攻读哲学书籍和宗教经典特别是佛典时，我还进行了另一项科研工作，那就是在鲁迅先生的指导下，从事中国古代神话研究和资料搜集工作，这是由鲁迅先生建议并直接在他的指导下进行的。当鲁迅先生在师大任教时，他正在写《中国小说史略》，他知道古籍中有关神话的记载很多。这些记载不仅是小说史的重要资料，也是民俗学的重要资料，而从事此项资料搜集的人却很少，这个空白是值得把它填补起来的。在这样的启示下我焕发了兴趣，决定从事这项工作。为此，我阅读了几本讲希腊神话的专著，然后去翻阅大量古书，果然搜集到并选录出大量的神话故事和有趣的传说，尽管剔除掉秦汉时方士们的附会和含有迷信性质的神仙故事，内容仍十分丰富。通过这一工作，使我初步掌握了从古书中搜集资料和整理资料的方法，为我后来大规模地搜集经济史资料奠定基础。但是后来这个工作也没有达到完成阶段就中止了，同样是由于攻读方向和兴趣发生了变化。

我在大学读书期间，正处于大革命的前夕，马克思主义已传入中国，尽管反动的北洋军阀政府对马克思主义的传播悬为厉禁，但是这些书籍却不胫而走，在广大知识青年中广泛流传。在这样的滚滚洪流中，我不可能不受到冲击，不能不走出象牙之塔，把目光从中外故纸堆中转向现实社会。于是我不再苦读佛经，不再搜集神话，开始把攻读方向转到社会科学，特别是经济科学。因为在初步接触了马克思主义以后，知道经济是社会结构的基础，是一切社会现象的最后决定因素，要弄清楚当前中国的各种社会问题，首先要弄清楚中国社会经济结构的产生根源及其发展演变的自然历史过程，必须找出起支配作用的客观经济规律。我选修了一些经济学课程，当然都是正统学派的说教，那时在我国书店里是买不到具有马克思主义观点的经济学书籍的。我为了读河上肇的《经济学大纲》去学习日文，用邮购的办法从日本丸善株式会社买了一套三卷本的《资本论》英文译本。英译本阅读起来困难是有的，但我尽力克服，在不太长的时间内就把三卷读完。我对此产生了越来越大的兴趣。在第二遍重读时，就带着问题有目的地重点精读了。在初步粗浅地掌握了这样一点理论以后，便着手研究中国现实的社会经济问题，开始搜集有关的资料，试用马克思的经济理论来进行分析和说明。1926 年我从大学毕业后，仍继续这项研究工作，大约用了两年的时间，写成《中国社会问题的理论与实际》一书，三十余万字，1928 年由天津百城书局出版。由于书中引用了不少《资本论》原文，竟被列为禁书，结果该书出版后只能在租界内销售，不能发行到租界以外，也不能由邮局寄出，但后来也通过各种渠道流传到外地，当然是为数不多的。

当我的学习兴趣转向经济科学时，我的哲学学习也从唯心论转向唯物论。随着《资本论》的学习，我不得不连带学习黑格尔的辩证法，并产生了极大兴趣。我曾根据当时的一点粗浅理解，写过《〈易经〉中的朴素辩证法》一文，这是试用马克思主义观点写成的唯一的一篇哲学论文，没有发表，后来就不知何时失落了。

从 1929 年起我开始了大学教书生活，这一年河北大学聘我为教授，担任"经济学概论"和"农业经济学"两门课，1930 年至 1932年，我改任安徽大学经济系教授，担任不同年级的"经济学原理"和"经济学概论"等课。两年后，该大学因经费困难陷于停顿，我于1932 年离开安大，改任中央大学经济系教授，主要是讲授中国经济史。从这时起，我正式转入中国经济史的教学和研究工作，也主要是在这个时期（20 世纪 30 年代初至 40 年代中），我先后在各种刊物上发表了若干篇有关中国经济史的论文（详见文后主要著述目录）。

1936 年我到英国伦敦大学政治经济学院进修。先在罗宾斯（L. Robins）教授指导下研究经济理论，又在陶尼（R. H. Tawney）教授指导下研究经济史。翌年国内抗日战争全面爆发，不久，欧洲的国际形势也日益紧张，维持到 1939 年，即第二次世界大战爆发前夕遂离英回国到达重庆，随即接受迁至四川的国立编译馆之聘任编纂。初到馆时担任翻译工作，继又主持编辑经济科学各科名著。从 1940 年开始，在我的建议下，大规模地展开中国古代经济史资料的搜集和整理工作。我做这项工作是基于两点理由：

（1）中国经济史本是一门重要的基础学科，其所以长期以来一直是一个空白点，是因为研究的人非常少，缺乏资料，而资料又不易搜集。中国的古代文献虽浩如烟海，却很少有专门论述经济制度或经济问题的书，但在古书中却又蕴藏着大量的经济资料，只是散见在几乎所有的古书中，并且多数又是隐藏在字里行间，所以这种工作实无异沙里淘金。在进行选择时，首先要判断什么是经济资料，什么不是，而这种判断是根据国学基础、外国经济史、经济理论三方面的知识而做出的。这三方面缺一不可，否则就会被似是而非之文所混淆，又会使似非而是之文滑过，结果可能是去其精华，取其糟粕，使珠玉与瓦砾并陈，则整个工作将成为无效劳动。因此，我认为要做到以下两点：第一，搜集的范围要尽量广泛，这需要翻阅几乎所有的古书，即使是一首诗歌或一篇碑文墓志也不能轻易放过；第二，阅读时必须聚精会神，有时对一条记载需反复思考，用经济理论去分析，用外国经济史和中国经济史上下左右加以比较才能决定去取，绝不可以因图快而粗枝大叶，一目十行。如心不在焉，涉猎而过，则多么重要的资料亦会熟视无睹，只有全神贯注，仔细阅读，才能把有用的资料从字里行间挖掘出来。于此可见，这个工作既十分费时——须长年累月，又十分费事——须翻阅大量古书。下这样大的功夫，虽显得很拙笨，但是不下这样的笨功夫，资料就搜集不到；没有资料，这门学科就永远是一个空白。

（2）从当时的国立编译馆的性质来看，开展此项工作是适宜的。它虽然也是一个学术机关，但与研究院又有明显分工，除了翻译世界名著外，主要是为科学研究提供基础条件，如名词、辞书、资料等。我的建议是，不仅要为自己的科研工作进行基本建设，同时也希望为全国学术界提供方便，所以，自始就没有打算把所得资料据为私有，而是要公布于众，希望有更多的人来向这一门学科进军。

我的建议得到馆方领导的同意和大力支持，为我选派了四个辅助人员和十几个抄写员。我约请著名的农学史专家、经济史教授王毓瑚先生参加这项工作。我们利用了疏散在后方的几个大图书馆的藏书，以全部时间进行阅读和搜集工作。资料选定后交抄写人员抄录，然后由辅助人员进行技术加工，如校对和标点，形成一个连续作业，故进度很快。我和王毓瑚先生经常为一条材料如何理解、应否收录而反复讨论，所以在搜集资料的过程中，已经提出了许多重要问题，形成了自己的看法。换言之，在搜集资料时已经为正式撰写经济史描绘出一个大体轮廓。又由于我们两人都是研究经济理论的，又都专攻过欧洲经济史，既喜做理论分析，又能做比较研究，这对搜集资料工作也是一个有利条件。到1945年抗战胜利时，第一轮的搜集工作暂时告一段落，用薄纸做卡片，抄出的资料可装几大箱，分纲列目，分类条编，每章前写了一个简短的说明与分析。所以，这些东西形式上虽还都是资料，但是实际上已经是雏形的中国经济史了。

1945 年下半年抗战已告胜利，我离开编译馆又回到中央大学教书。1946 年，重庆大学筹办法学院，罗志如教授任院长，我任经济系主任。不久，我接受了东北大学的聘约，任法商学院院长兼教务长，于 1947 年初离开四川去沈阳。当时沈阳秩序混乱，教学与科研工作难以开展，遂于该年暑假接受南开大学之聘，即由沈阳来天津。到南开后，除了担任南开经济研究所研究生的课程外，又担任大学本科的"中国经济史"和"外国经济史"两门课。新中国成立后除担任研究生的指导工作和"《资本论》研究"课外，在大学本科仍一直讲授中外经济史两课。

1956 年，中国人民大学约我到该校担任研究生的专业课讲授和指导论文工作。人大于两年前招收了十六名中国近代经济史研究生（都是各大学在职教学人员），三年毕业，前两年都是基础课，到第三年应开专业课时，由于没有合适的人，遂请我来担任。我到人大后，一面赶写讲义，一面讲课，同时还要指导研究生写论文和评阅他们的论文，工作十分繁重。等到授课结束时，我的讲义也写完了。于是，我在原有讲义的基础上又参考了大量中外书籍，补充了大量资料，重新写成一部《中国近代经济史》，约 80 万字，把书稿交给该教研室，准备出版。后因某种原因迄今未能出版。

1957 年以后我进行了第二轮的资料搜集工作，把过去没有找到的书或没有来得及看的书进行了补录工作，使搜集的范围更广泛，内容更完备和更充实，一直进行到十年动乱的前夕。这样，资料工作前后共用了三十多年的时间。这个预备阶段实在是太长了，投下的劳动也太多了，当然收获也是很大的，例如，我撰写的《中国封建社会经济史》（七卷本）、《中国古代经济史概论》和《中国经济史论丛》之所以能较为迅速顺手，就是因为漫长的准备工作已经先行了。

在十年浩劫期间，我积存的资料被焚毁了一部分（主要是明清部分的资料），明清以前的资料也散失了不少，幸好大部分资料还存在，现在写书时所依据的资料，主要就是这些劫后余存。

几十年的资料、文稿毁于一旦，使我心灰意冷，一度曾决意放弃研究。直到 1977 年党中央提出四个现代化和向科学进军的号召之后，我受到鼓舞和激励，觉得自己有生之年，应当向前看，应当振奋精神，把自己的学识和资料贡献出来，为中华民族的科学教育事业增砖添瓦。从 1977 年到 1978 年，我用了 11 个月的时间写成了 14 篇论文，约 58 万字，后来我把这些论文辑成《中国经济论丛》一书，于 1980 年由人民出版社出版。写书所用的 11 个月时间，实际上只是写字时间，三十多年的准备时间是没有计算在内的。在这部书内，我试图以宏观的研究方法，在广泛占有材料的基础上，以马克思、恩格斯学说为指导，对照欧洲国家古代及中世纪的经济状况，论述中国古代经济发展变化历史的主要问题和主要特点。根据目前我研究的成果，我认为殷代是处于发展不充分的奴隶制下，当时的土地属于氏族公有，农业停滞在游农阶段。西周是中国的典型封建社会，因为奴隶与农奴的区别最根本的一点是看他有没有自己的经济，而西周的直接生产者正是农奴而不是奴隶，农奴制的剥削在西欧是由庄园型的土地制度来实现，在中国则是由西周的井田制来实现。东周以后社会经济的性质发生了根本变化，所有制形式、剥削方式、劳动者的身份都变了，传统的封建关系已不复存在，代之以典型地主制经济为代表的封建制度即变态的封建制度，它一直延续到鸦片战争。在这段漫长的时期，旧的破坏了，而新的资本主义社会又没有能够建立起来。在以地主制经济为基础的整个时期，社会经济是停滞的，它不是没有发展，而是忽上忽下，一盛一衰，成为一种波浪起伏的状态。经济上的每一次这样的巨大波动，表现在政治上大都是朝代的兴亡。这种巨大波动的原因，表面上主要是灾荒、兵祸等经济外原因，实际上这是由于农民的极端贫困落后以及小农经济必然具有的弱点。中国封建经济结构的另一重大特点是城市始终为封建统治体系中的一个基本环节，是实施封建统治的神经中枢，它不是像欧洲那样的脱离封建统治体系的自由城市。中国工商业者很早就有了所谓"行"，但这种"行"不是欧洲中世纪基尔特型的行会制度。中国的手工业者实行技术保密，虽能在产品上表现出惊人的技巧，却无助于社会生产力的发展。而欧洲的手工业者如果有资本有能力，就可以尽量发展，不会遇到干涉和阻挠，所以很早就有了规模较大的作坊和工场。中国的商品货币经济发展得特别早，但它却未能建立一个新的生产方式，只能在新的剥削方式上建立一个变态的封建社会。我的这些论点，有的在20世纪三四十年代已曾酝酿，形成雏形，从那时我的文章中已可窥见一二。现在，比较详细地写出来供参考，并请学术界同志指正。

1978年6月，我应中国社会科学院及北京经济学院之约借调来北京，承担全国社会科学八年规划中所议定的《中国经济通史》的编著任务，北京经济学院为我设立了一个研究室，调集了图书，配备了十多名助理人员，使工作得以顺利开展。在到北京以后不足三年内，我写成了七卷本《中国封建社会经济史》的第一、第二两卷，约80万字，将由人民出版社出版。现正撰写第三卷，希望在本年内完成。另外，我去年应中国社会科学出版社之约写了一本《中国古代经济史概论》，23万字，将由该社出版。这本书可以说是《中国封建社会经济史》的缩写本和摘要，它主要供青年人、大学生及一般读者阅读。前述我和王毓瑚教授主编的《中国经济史资料》第一册秦汉三国编（约40万字）已由社会科学出版社排印，即将出版，其余各册亦将陆续出版。我将继续努力，勤勤恳恳，争分夺秒，争取按时完成我所承担的任务，为祖国的科学文化教育事业贡献自己微薄之力。

1981年5月于北京

附录：主要著述目录

（一）论文

1.《评聂国青著〈中国土地问题之史的发展〉》，《图书评论》第

1 卷第 1 期。

2.《评马哲民编著的〈社会经济概论〉》,《图书评论》第 1 卷第 3 期。

3.《评陶希圣著〈中国封建社会史〉》,《图书评论》第 1 卷第 10 期。

4.《由经济史考察中国封建制度生成与毁灭的时代问题》,中央大学《社会科学丛刊》第 1 卷第 1 期。

5.《中国经济结构之历史的检讨》,中央大学《社会科学丛刊》第 1 卷第 2 期。

6.《中国历代的银币及银问题》,中央大学《社会科学丛刊》第 1 卷第 3 期。

7.《中国经济衰落之历史的原因》,《东方杂志》第 30 卷第 14 号。

8.《研究中国经济史的意义及方法》,《中国经济》第 2 卷第 9 期。

9.《自汉代的经济变动说明两汉的兴亡》,《文史杂志》第 4 卷第 5、6 期。

10.《关于殷人"不常宁"、"不常厥邑"的一个经济解释》,《文史杂志》第 4 卷第 5、6 期。

11.《社会经济史的分段及其缺点》,《文史杂志》第 5 卷第 5、6 期。

12.《经济的国家主义与经济的世界主义》,国际联盟同志会编《世界政治》第 1 期。

13.《中国古代城市在国民经济史中的地位与作用》,《南开大学学报》1978 年。

14.《周代的官私手工业》,《南开大学学报》1980 年。

15.《有关中国经济史的若干特殊问题》,《经济研究》1978 年第 7 期。

16.《封建生产方式和农奴制剥削产生在周初的原因》,《经济问题探索》1980 年第 1、2 期。

17.《决定重大历史变革的地理因素和经济因素》,《中国社会科学院经济研究所集刊》1981 年第 2 期。

（二）专著

1.《中国社会问题的理论与实际》,天津百城书局,1928 年。

2.《中国封建社会内资本主义因素的萌芽》,上海人民出版社,1956 年。

3.《中国原始资本积累问题》,天津人民出版社,1957 年。

4.《葡萄牙侵占澳门史料》,上海人民出版社,1961 年。

5.《中国经济史论丛》,人民出版社,1980 年。

6.《中国封建社会经济史（七卷本)》,第一、第二卷,人民出版社。

7.《中国古代经济史概论——试论由周初至鸦片战争时期中国社会经济发展迟滞的原因》,中国社会科学出版社。

8.《中国经济史资料》,（与王毓瑚合编）第一卷,秦汉三国编,中国社会科学出版社。

季陶达

季陶达自述

　　我是汉人，1904 年 4 月 22 日出生于浙江省义乌县西门外离城三四公里的一个小村子——碧楼村里，奶名叫青弟，从小就身体不好。据说，满周岁时，不但还不能独立迈步，连脑袋都常左右歪，不能正常站立！

　　因为身体不好，爱哭，不能离开妈妈。可是我母亲是个文盲，又不会讲故事。在她有空闲时，就教我数数目，从一数起，逐渐数到一百。然后再教加、减法（她不知道一加一等于二是加法，也不知道三减二等于一是减法）。这些学会以后，她又教我斤求两，比方说，一斤等于几两？十六两；以及两求斤，例如三十两等于几斤？一斤十四两；如此等等。当然我母亲不知道这就是乘法和除法。此外，她还教我子鼠丑牛寅虎……十二生肖和天干地支。

那时候我们义乌县小学分两级：初等小学和高等小学。我们村里及附近没有小学，只有私塾。我七岁时上私塾，学念"人之初，性本善"。上学没有多久，我病在床上起不来，因为发高烧，据说是害伤寒症，在床上躺了半年多。这可苦了我的母亲了，她生的儿女不少，但养活的只有我哥哥（他是1892年生的）和我两个，所以很怕我死去。

第二年，当我八岁时，仍上私塾。这时候换了一个年轻的老师。他不教我们"人之初，性本善"，而教我们"人、手、足、刀、尺……"。

我在私塾念了七八年书，换了好几位老师。教我时间最长，对我影响最大，使我印象最深的是牛老师。

牛老师是尚未中秀才的童生，但他看不起秀才们，认为自己的学问并不比他们差。牛老师教我们"四书""五经"，最初教《大学》和《中庸》。这时他要求我们背诵和默写，他也讲解，但不管我们懂不懂。教《论语》也如此。后来教《孟子》时就不同了，不但他自己讲解，还要求我们复述，并且从中出题要我们作文。

除"四书""五经"外，牛老师还教我们念《古文观止》《唐诗三百首》。他没有教我们历史，但要我们学习"历论"，读吕祖谦著的《东莱博议》。那几年在牛老师的教导下，学的东西真不少。有许多当年都会背诵的，可后来全忘记掉了。一直到今天尚能记得的不过这几句话："人一能之，己百之；人十能之，己千之；果能此道矣，虽愚必明，虽柔必强。"所以能记得，是因为我不仅身体弱，而且很笨。我认为这几句话，是治笨的良药，并且实行起来，对我自己来说，也颇见效。

牛老师不仅教我们国文（包括背诵、默写、讲解、作文等），还教我们数学。除"四则"外，还教开方（开平方和开立方），求最大公约数和最小公倍数等。可以说，算术的基本内容我们都学了。

此外，他还教我们唱歌。说实在的，他唱歌的音调实在不高明，不过为了不致使他伤心，我们还是认真地学，热情地唱。那时我会吹笛子，有时就以笛音应和，这使他很高兴。

我在私塾学习期间，除了上老师处听讲、背书以及执行老师吩咐的事情，必须离座以外，一天上、下午始终端坐那里默默地学习。

我在私塾念书用的是族名——家谱上的名字："季流泉"。

牛老师还很关心我们的学业。他拟了好几个名字让他的朋友王星余老师（江湾镇完全小学校长）预先向县教育局报名。这样，1920年我们几个同学分别应名去江湾小学读一年就可毕业考中学。

我去高小念书"分配"到的名字叫季外方。这就是我的学名了。在江湾小学时，我当然是学生，但同时又是先生。因为有一位在初小任课的老师是城里人，常回家，星期一赶不回来授课，因此找我替他授课，同时给我一本儿童心理学以备代课。

1920年暑假，我考上四年制中学。考上中学可苦了我父亲和哥哥了。当时我们一家七口人：父、母、兄、嫂、自己和两个侄女。父兄都是务农的，可是一家七口人还不到一亩田（约合八分田），全靠租种地主的地为生，供应我上中学困难很大，但把我留在家里对他们又没有什么帮助，因为我没有多少劳动力。跟家里人商议后，父亲咬紧牙关，硬是将仅有的四斗粮典出去，借到五十元供我上学。

我看到家里的困难情况，真是于心不忍！所以进中学后，我暗暗下决心，一定要学好，以便将来成就大事业，也许到那时能帮助父兄解决困难。

入学不久，严重的问题就产生了。中学里最主要的三门课：国文、算术和英文，其中算术和国文我全会了。因此就自然产生这样一个问题：休学回家呢，还是继续待下去？休学回家真有点舍不得；而且回去我能做什么，难道要一辈子靠父兄养活吗？但继续待下去能学到什么呢？当时真是苦恼极了。后来忽然回忆起母亲教我数数的情况，遂下决心继续待下去。在上算术课时我不再听老师讲解，自己学习代数。这种情况当然瞒不过老师的眼睛。他就来个突然袭击，叫我去在黑板上演算。每次我都能正确演算出来。后来老师到我的课桌旁来，拿起我正在注意看的《代数》。他把书还给我，叫我下课时跟他去。去教员休息室之后，老师问我为什么不好好听课。我把上学的困难以及想多学习的心情全盘告诉他。他停了一会儿对我说："像你这种情况已可以不上算术课了。但不上课又为学校纪律所不许，可是像你现在这样，坐在你左、右以及后边的同学都明白你在干什么，这会影响他们听课的注意力的。以后这样吧：你坐到最后一排去。这样既可不影响同学听课，你自己也可比较安心地自学。"

代数就这样自学了，没有发生什么困难。几何、三角也这样学习，也未发生重大困难。学习立体几何时，困难发生了。因我曾害过两三次严重的眼病，视力很差，立体几何制图很不容易准确，这就影响证题了。后来，我于熄灯后躺在床上闭目凝神制图作证，说也奇怪，这个办法居然管事，难题获得证明了。

国文课也照此办理。即上课不听讲，在课堂里自学。

在中学我听课最认真的是：物理、化学、动物、植物和矿物学，而学习时间花得最多的却是英文。英文老师姓陆费名执字叔辰。他是留美的，不但教英文，还编中学用的英文教科书。他的大哥叫陆费逵，字伯鸿，系当时上海中华书局总经理。叔辰编英文课本时，常把每课生字列出一表叫我替他查字典，标上重音和注明中文解释。因此比较熟悉。

我上中学，一切费用虽然尽量节省，但除英文、数学书（有中文的有英文的）外，只领学校发的讲义，其他教科书，一概无钱购买，除了在课堂认真听讲、勤记笔记之外，只在同学不用的时候借来自学。即使如此，对父兄的负担还是太沉重了。因此又发生一个难题：怎样才能把中学读毕业呢？苦恼一些时候，在1924年上半年，有一次到叔辰老师家，把这困难情况向他诉说，并请求他设法介绍工作，于课余去做，借以得到一点收入，以供学习时所需费用。他慷慨地答应了。这时候陆费老师不仅是我们的英文教员，而且又是中学部主任。快放暑假了，有一天，他把我叫去并告诉我：到外面去兼事不方便，也不好找，我们中学部有一间图书室，供师生参考用，需要一个图书出纳和管理员，每天下午三时开至六时，工作三个小时，月薪八元。下学年你来校就找我，最后确定兼这项工作吧。这样你就可以安心读到毕业了。

当然，当时我感激的心情是无论用什么语言都形容不了的。

学校本来是定于9月1日开学的。我于1924年8月下旬就提前到校了。一拿到钥匙，进图书室一看，真是像刘姥姥初进大观园一样，略看各种书名就有目不暇接之感。从此，我学习的内容和程序也大有改变：数学和英文还是照常学习，其他课程则尽一切力量在上课时解决问题，而把大部分的课余时间用在阅读图书室的藏书上。

真是大开眼界啊！以往我只知道孟子的性善说，可是我阅读了荀子的著作后，便知还有一个与之相对立的性恶说。我还朗读（当然在没有同学来借书还书时）老子的《道德经》。这一年课外读的书比过去三年读的多得多。而印象最深的，则是看到林文忠公的奏议中的"师夷之长以制夷"这句名言。这时候，我已了解到我国国弱民贫，其根源之一在于科学落后。因此必须先师夷，然后才能制夷。一句话，自觉或不自觉，我已有了科学救国的思想。因此对数学和物理我学得更努力更自觉了。至于化学对我是无缘的。有一次做化学实验，我已把硝酸制好了，要倒进另一小瓶里去，可是奇怪只剩一半，还有一半哪儿去了？一看原来倒在自己手上了，这时候才觉得烧得发痛。这是因为我两眼害过几次大病。

其次，梁启超、胡适之和陈独秀的文章也读了不少。

梁任公的"三不主义"给我印象很深，他说什么一个人如果读诸葛孔明的《出师表》而不落泪者不忠，读李密的《陈情表》而不落泪者不孝，读林黛玉的《葬花词》而不落泪者无情！照他的说法，恐怕世界上既不忠又不孝而无情的人一定是不少的。

在胡适和陈独秀文集中我最感兴趣的是关于讨论"德先生"和

"赛先生"的文章。上面曾说，我不仅身体不好而且很笨。这绝不是我的自谦语。请看，现在这个笨劲暴露出来了。这个赛先生究竟是何许人？我一股劲地查工具书，翻字典辞书，什么也查不出来。直至我偶然念英文，读到"科学"一词的时候，才恍然大悟，原来所谓赛先生是指科学而言的呀！我还不敢自信，乃去请教陆费老师，经他一点头，才算解决了这个问题。

1925年暑假前毕业时，问题又发生了：怎么办？如果父兄能供我上大学，我很有志去专攻数学或物理，以期学成去实现我科学救国的心愿。但这是幻想，绝不可能做到的。回老家？回去干什么呀？什么也干不了，因体弱，如务农绝对养活不了自己！想在外边找点事情做，又谈何容易！在我万分困难之际，又是陆费叔辰救了我。他把我介绍到上海中华书局编辑处数学部门去当助手，编写该书局出版的中学用的《数学》《代数》《几何》《三角》等书的习题详解。这项工作同我想深造数学的志愿相吻合，很合我的心意。每月工资十六元，不仅够我一个人的生活费，我还可以节约一点去补助父兄呢。因此，他们也高兴，总算没有白白培养我上中学了。

中华书局有这么一个好处：每天只上班工作六小时。上午从九时至十二时；中午连吃饭带休息两小时，下午二时上班至五时下班。所以我是还有不少时间可以自学的。

但是好景不长，国事日非，我自己的思想也随着世事沧桑而发生变化，即从科学救国而变为实际参加革命活动。在中华书局只待了一年多，于1926年10月辞职离沪赴杭，转去浙江省衢州府北伐前线参加第一次大革命去了。

到衢州后不久，参加了中国共产党，从此就在党的领导下，在北伐前线做宣传工作。这时候我学到一首北伐歌，歌词很简单，只有这样几句："打倒列强！打倒列强！诛军阀！诛军阀！国民革命成功！国民革命成功！"但很雄壮，沿途居民也容易听懂。

北伐军占领杭州以后，党就派我离开北伐军在杭州总工会工作。

总工会设在同善社内，有不少米粮积存着，我们吃饭是没有问题的。

在总工会我担任秘书工作。具体领导我的先是蒋仁栋和唐竞雄夫妇，他俩也住在总工会内。后来他俩调走，改由陈之一来领导。陈不住在总工会内。陈之一很能干，给我的印象很深，我很钦佩他。

1927年4月12日蒋介石叛变了。这天清晨早起时，我看见有几个穿黑制服的警察守着总工会的大门口，随后凡是住在这里的六七个工作人员全被捕了。我们被押解到一个警察机关。

自从我于1920年上高小起，一直到这时候，都用季外方这个学名，知道这个名字的人比较多。当时必须改名才有脱险的希望，乃乘机悄悄告诉大家（同被捕的人），让他们叫我季流泉这个族名。过堂很简单，法官只问我姓什么？又问叫什么名字？干什么的？我说姓季，叫季流泉，做抄写工作的。

我们被捕的六七个人被关在一个警察局拘留所一间小房子里。吃、拉、尿、睡都在这里。除我外，都有人来看望。住了不多久，就有人被保释。同时被捕的有我高小同学王琏璋，我暗中托他转托来看望他的人下次来保释他时把我也连带保出去。就这样我就和王琏璋被他的熟人保释了。出拘留所以后，我马上去找陈之一同志，他安排我在一位工人同志家里住下，让我仍在杭州做地下工运工作。

大概4月底或5月初，党派我和另一位同志，也是义乌人，叫骆正玉，经上海去汉口作为杭州工人的代表出席全国劳动大会。船至九江后，突然宣布不去汉口了。在我们面前又发生一个难题：怎么办？这时我的笨劲又来了，我们俩人既不调查实况，也没有跟同船的别的旅客商议，就猛然决定：船既不开，我们都有两条腿——步行去汉口。我们渡江去安徽，沿长江北岸西上，经过长途跋涉，终于到达了汉口。当我们看到同船来开会的上海代表早已坐船到达时，才明白自己太无能，太笨了！

更严重的笨事还在后头。劳动大会一时未必召开，上面又派我和代表浙江工人的另一位同志，即原来在杭州江干区负责工运的一位姓袁的同志（可惜记不住他的名字了）会同上海的一些代表，于5月中旬去长沙做宣传工作。我们两人由长沙负责同志指定住在当时雪花世界（由一个教会机关改名的），在这里开了好几次大会，我们轮流上台去宣传，主要是指斥蒋介石叛变并声言国民革命一定要继续而且也一定成功。1927年5月21日凌晨，忽然枪声大作，我们只好睡在楼板上以防意外。21日早晨，同去长沙的人全不知去向，只留我们两人四目相望，不知所措。袁同志问怎么办？我说又遇到叛变了，有什么办法，我们应当设法回汉口去。他说火车不通，怎样去法？我呆想一会儿，才对他说：光靠我们两个人是毫无办法的，唯一的办法只有在这里做难民，讨吃度日，但也不会安全的。我们是代表浙江工人兄弟来汉口参加劳动大会的，大会尚未开，我们肩负的任务并未完成，我们应当找工人同志去请他们设法帮助回汉口去。他又进一步问：去找谁？此间的工人正在遭受镇压！这时候，我的笨劲又出来了：反动派现在注意的是武长交通，我们往南经株洲到安源去，请安源工人同志帮助，启程往东经南昌转九江，然后回武汉。这个办法真是笨得无以复加了。袁同志也想不出更好的办法。我们就于当天（5月21日）去株洲，转安源。到安源后把我们的遭遇和想法向工人们诉说一番。同志们听完后，叫我们先在安源住一晚，至于怎样回汉口，由他们研究一下再确定。第二天他们告诉我们二人：往东去南昌转九江去汉口，这条路多是山间小道，极难走，而且很不安全，劝我们回长沙同铁路工人取得联系。许克祥叛变后，长沙与武汉之间铁路运输是暂时中断了，但铁路局在二地之间常有内部交通来往。你们乘这种车去武汉比较安全，也不至耽误参加劳动大会。我们二人往西经株洲回长沙，在小客栈里过了一夜，第二天同铁路工人同志取得联系，就坐内部交通车回武昌。当我渡江到达汉口，看见同去长沙的人全回来了。他们看见我们回到汉口都很高兴，因为他们正担心我们在长沙出了意外，回不去了。

　　五六月间第六次全国劳动代表大会开幕了。这次大会对我来说，印象较深的有这样两件事：一、关于流氓无产阶级的作用问题。一篇有关都市职工运动的报告中指出，在大城市，比如说上海，流氓无产阶级分子多为资本家所收买——他们起着破坏工人运动的工贼的作用。在农村就不同了，乡村里的流氓无产阶级，当一般贫苦农民还没有发动起来时，他们敢于起来同恶霸地主斗争，起着农村里革命先锋作用。二、大会还宣布了蒋经国从苏联打回来痛斥他老子蒋介石叛变革命罪行的电报。蒋经国从国共第一次合作时去苏联学习，已学习好几年了。从他痛斥其老子的电报看来，他在苏联是有成绩的。可是，看看蒋经国后来的表现，看看他的现状，想想他的过去，不禁使人不能不思考这样一个问题：绝不能轻信一个人的漂亮的言辞，更重要的是要看他的行动。

开完大会后，我又从武汉回到了上海，在上海浦东还做了几个月地下工运工作。10 月下旬党派我去苏联学习。浦东区去学习的共有二人，除我外还有一人同去。我们按上面所指定的时间、地点上到指定的轮船。说是第二天凌晨就开船，但是第二天天亮了，仍无动静，不像要开船的样子。心想这里边一定有原因。乃与同伴商量好，请他在船上等候，我去浦东问个究竟。于是我就上岸走了，走了离船不过十来丈远的时候，看到前面来了一队宪兵到船口去检查了。如果我晚五分钟离开，即在船上与这队宪兵相遇，后果是不堪设想的。我的同伴就不同了，他是上海人，说得一口标准上海话，怎么也能应付过去。回浦东机关后，由领导向上级反映，上级说我把时间搞错了，提前了一天，船于今夜开，叫我今晚再去。当我回到船上去时，同伴幸无恙，这是意料中的，但我留在船上手提箱中的毛毯却不翼而飞了。据同伴说还被宪兵带去了几个人。

在海参崴停留几天，即乘西伯利亚铁路去莫斯科。当我到莫斯科时，已是漫天皆白了。经过询问登记之后，我被派去东方大学学习，还分配我一个俄文名字，叫"Heumen"。

在东方大学学习的不但有中国人，还有日本人、波斯人、印度人等。这些不同国籍的人有一个共同点，即都是共产党员。

我被中途编入一个班，这个班已开始两个多月了。学习的课程有：俄文、世界经济地理、苏维埃建设、国际工人运动史、政治经济学，其中俄文最重要。

教俄文的是一位年轻的女教师。她既不给我补课，也不教我发音。只叫我随班听课。但是，我不懂意义也不懂字音。像我这样的学法，是违背学习外语的规律的。不管学哪国语言，必须从头——从发音学起。不管怎样努力，俄文始终没有学好。后来班长（姓秦名龙）帮助我，班上俄文比较好的同学给我辅导，这样经过一段时间才慢慢跟上了。

学习其他课程都不困难。虽然都用俄语教学，我听不懂，但都有中国同志翻译，天天记笔记。其中我感兴趣的是"政治经济学"这门课。我深感这门课的进度太慢，太不满足我的求知欲了。乃商请翻译先生，请他借我一本中文的《政治经济学》自学。不久，他借给一本考茨基著的《马克思经济学说》，但这本书的局限性很大。因考茨基只根据《资本论》第一卷内容写的。他写此书时，《资本论》第二、三卷还没有出版呢。

1928 年暑假后，凡在东方大学学习的中国同志都并入中山大学。和东大相比，中大有两个特点：其一，全是中国人；其二，不一定都是党员，有党员，也有团员，甚至还有非党员非团员的人。进中大后又分配我另外一个俄文名字，叫作"Dopodhevu"。在中大是按俄文程度分班的，我因俄文学不好，被分到第八班学习。"文化大革命"以前的高教部副部长刘子载和上海复旦大学副校长李铁民与我同班。不过我从东大转去，他们早已在中大了。现在刘子载不知死活，李铁民同志已被整死了。这真是不能不令人长叹啊！

1929 年上学期，我买到拉、奥二氏合著的《政治经济学》第四版自学。这时候我已可以借助字典看俄文书了。这部书比考茨基的完善，因为此书包括《资本论》全三卷的内容。

大概还是在这一年，有一天我在校内书摊上看到一本鲁平著的《经济思想史》。一翻目录，大开眼界，因为从此才知除马克思经济理论之外，还有其他各种派别，乃买了一本自学。在中山大学没有开设"经济思想史"或"经济学说史"之类课程。我把看到的内容跟同学们谈了时，他们都觉得新鲜。其中有一位名叫刘文平的同学就鼓励我把它译成中文，给同学们看看，以增长见识。在他们鼓励下，我真的于课余动手翻译了。在阅读时还马马虎虎可以应付一下，但一着手翻译，就感到非常吃力，真可说是困难重重。但同学中即使俄文程度比我好的，也都没有这方面的知识，而讲政治经济学的老师，一下课就离校，故无从请教。实在没有办法，我只好求助看管图书的俄国老太婆了。我每次去请教，她都很耐心地告诉，使我得益不浅。可惜我把她的名字忘记了。这本书在中大未能译完，只完成一小半。1930年暑假，我把原书和译文寄回了国内。

　　我们在中大学习只到1930年初止。这年春季，学习全部结束，绝大多数同学被分别分派到各工厂学习生产技术，我和其他十几个人去印刷厂工作，只有极少数人转到西方大学去继续学习。可是，大家依然住在中大原宿舍里。

　　这年暑假，学校组织我们二三十人去南方高加索、亚美尼亚各地参观，连带做点宣传工作——因为这时候，在中国东北爆发了"中东路事件"。我们曾到斯大林的故乡、苏联石油基地之一的巴库，到黑海要港巴统以及第比利斯等地，参观一个多月，回校后静待回国。10月，我与章友江、王明仙、毛宗平等二十来人离校沿西伯利亚铁路东行，到海参崴以后，就暂住附近小山村中静候回国。

　　有一天，有一位苏联同志来给我和一位在第一次大革命时作战很勇敢的下级军官、牺牲了一只手臂的同志拍照。随后，就给我俩每人各一张假护照。我们就利用这份护照离海参崴，过国界，从绥芬河上东去哈尔滨。然后从这里换车南下，去大连，再从海路去上海报到。

　　至此，不能不说一下我一生所犯的一个极大而无可挽回的错误。

在中学念书时有一个同班同学叫孙锡洪。他有个姐姐叫孙亦民，1924年6月间我在杭州患眼病，经济很困难。她当时在新昌原籍当小学教员，以孙锡洪的名义寄给我七元钱，以济急用。那时我们从未见面。大概听她弟弟说我因家贫有些教科书都无钱买，但还是学得不错，所以很奇怪。1925年暑假时，他们姐弟去北平投考大学，路过杭州时，我曾见过一面。后来我在中华书局工作和孙锡洪通信，由于她代孙锡洪写信，因此我就和她通信了，在信中曾相约共同生活终生。后来参加第一次大革命就把此事逐渐淡忘了。在苏联学习时又想起此事，曾不止一次地在信中告诉她：我是一个"此身非我有"的人，将来回国以后做什么，如何生活，都不是自己所能决定的。请她另找对象，不必等我了。每次她都回信说：一定等我回去。在哈尔滨车站里想到这件事，因此想从沈阳转车到北平去看看他们姐弟，稍住几天再南下去上海报到。并征求同伴的意见。他考虑了一下之后，告诉我：可以，将来到上海时去找他好了。并把在上海将要居住的一个地址告诉我，当然我也把孙亦民在北平的住址告诉他。

车到沈阳时我就向他告别，然后转车去北平看爱人去了。到北平找到了孙亦民以后，第一件事是写信告诉回国的同伴。大约过了一个多星期，迄无回信。我又再次去一信，结果不但没有回信，连我自己写的信也给退回来了。到此时我才认识到这次错误的严重性，党的关系因此中断了！

当时摆在面前的一个重大问题是：怎么办？以后去做什么？我的口袋里全部经费是苏联人交给我的仅剩的十元美钞。我把这十元美钞交给孙锡洪，并说："我的财产全在此，都交给你吧。既然已失去党的关系，着急也于事无补，我就在此继续翻译《经济思想史》，以后的工作也请你们考虑安排吧！"

就这样，请孙亦民把我过去寄给她的俄文原著和部分译稿找出来。经过两三个月的努力，终于把鲁平的《经济思想史》译完并誊清了。第一个问题是译者如何署名？从1920年进高小上学一直到此刻我都叫季外方，可是我不想以此署名。这时忽然想起陶潜其人，在私塾向牛老师学习时，就曾熟读他的著作，尤其是《桃花源记》和《五柳先生传》等文。我一向很同情他的处境，也极佩服他的文学才能，只不赞同他的这句话："好读书，不求甚解。"想着这一切，就拟以"陶达"二字署名，孙锡洪他们都以为"可"。

署名问题解决了，第二个问题是怎样出版？孙亦民有位在大学教体育的姓谢的同乡，在上海开明书店有熟人。谢先生自告奋勇，把译稿寄往开明书店。结果还好，稿子没有遗失，给退回来了。在两三年以后，由中山大学同学章友江同志介绍给北平大学法学院陈启修教授。陈教授自己凑钱在北平宣武门里开了个好望书店，他亲自为译稿作了序言，在好望出版了。但是，稿费是没有的，只约定抽百分之十五的版税。仿佛记得，好像我先后一共领过六十来元版税呢。

在这期间我还写了一篇评论世界经济危机的文章，主要针对美国的情况写的，大约一万字。文章是写出来了，但是谁要呢？我那篇文章当然不合当时报章杂志流行的口味，因此，谁也不要。结果还是孙亦民的一位朋友（在私立大学兼钟点的）拿去给一家小报发表了。稿费还真不少，给我五六元。

这两件事说明：在那种情况下，不管你写作也罢，翻译也罢，总之要想以卖文为生，是行不通的。

真像旧小说上常看到的："天无绝人之路。"孙锡洪在北大的一位专攻中文同学，系吉林省长春市人。长春有一家私立自强中学要他物色一位国文兼历史的教员，他就把我介绍去了。1931 年 2 月下旬，他告诉我去长春当教员。我当然欣然接受了。我爱人孙亦民是在北平女子师范大学教育系学习的。她告诉我，当教员应当学点教育学和心理学方面的知识，并把自己学过的这两方面书籍找出交给我，让我自学，做准备工作。这样，我于 2 月底离北平，3 月底到达长春，在那里当高中部国文和历史教员了。

在中学上学时，对国文老师那种摇头晃脑，唾沫纷飞的讲法，我并不欣赏，好在他所选的课文我早已学过了，因此他讲他的，我看我的。说实话，中学国文老师讲课还不如私塾里的牛老师。我当然不能以中学国文老师为榜样去教，我的教法是区别对待。如果是文言文或古文，我不但逐段逐句讲，有时甚至逐字讲，连带讲点关于"六书"的知识。有时根据《马氏文通》讲点文法，以活跃学生们的思想。此外，选了一本课外读物——茅盾的名著《子夜》。这是接受崔丞言先生的建议而实行的。至于历史课，因系中国史，讲授起来并不费劲。这样，一个学期平安过去了。顺便说说，月薪还不差，我每月除必需的生活费以外，全部给孙锡洪。这样他们姐弟也可以安心学习了。7月底放假回北平，并约好于9月下旬回长春继续任教。

回北平后，就准备同孙亦民结婚。她说：要请客，在中山公园来请大家吃一顿西餐。我同意，但对她说：牛老师曾说我是个很有特色的人，因为我从小性情很孤僻，不善于也不喜欢交际，并且在这里我没有多少熟人，所以请谁，由你自己和锡洪相商决定，请客由你独自张罗，我的任务只是陪着大家一起吃。我不会喝酒，当然也不会敬酒的。她都答应了。所以在请客时，完全由她唱独角戏。

然而好景不长，意外的事情不久便发生了。本来我预定9月19日晚上乘火车回长春继续任教。这天下午去车站买火车票时，街上报童大喊："号外！日本帝国主义者侵略我国东北的大炮打响了！""九·一八"事变发生了。去长春的火车既然不通，当然我不能贸然前往了。崔丞言曾问我：还去不？我告诉他不能去了，并请他转告私立自强中学当局，说明我不能去的原因，并代为道歉。他倒是同情地答应了。

但是今后怎么办呢？孙亦民已大学毕业，在北平师范大学教育系当研究生，每月有三十元补助费。孙锡洪在北大还得再学习一年。主要是我自己怎么办？正在极端困难之际，莫斯科中山大学同学章友江同志救了我。

章友江同志原系清华毕业生，曾去美国留学，他是从美国直接去苏联的。1930年10月他同我们一起离开莫斯科回国。他是同其他一些人直接从海参崴去上海的。这时他早已来北平，业已担任北平民国大学高中部主任。当他知道我的困难时，安慰我：勿急，他给想办法。隔一二天他介绍我去看望民国大学的实际负责人张西曼先生，然后就聘我在该校高中部教地理。又隔几天，他介绍我去看望华北大学高中部负责人卢爱知，这样我又在那里教地理。

要我教地理课，真是天才晓得怎么教是好。教地理，就得画图。学校里既没有现存地图可资运用，我自己当然没有这种工具。上课就不得不在黑板上现画地图，要我怎样画呀！歪歪斜斜连我自己也极不满意！我简直不是在上课，而是在吃苦头。三九严寒之日，我在讲堂上总是冷汗满身。我有时想，这哪里是在上课，简直是在讨苦吃！

这样差不多吃了一年的苦。到1932年暑假后，我们三个人各自纷飞了：孙亦民研究生毕业，回浙江去杭州附近湘湖师范学校任教；孙锡洪也毕业了，去上海浦东中学教书；我也由友人介绍去汉中陕西省立第五中学任教。我教的是国文、历史和数学。

我教代数和几何的教法也同普通的教法不一样。我请学生上课时先不要看课本，注意看黑板，每讲一个定理时，先把这个定理所给予的条件加以说明，其次再指出要达到的目的，然后着重分析，如何从已知的条件达到所要求的目的。这一切讲清楚了，最后才让同学去看课本。初上课时，同学都觉得新奇。可是上了几次以后，他们觉得这样讲法，能学到分析、解决问题的方法，应用起来比较灵活。

在第五中学教书是没有问题的，我自己也当作一项教育事业，努力把书教好。可是天下并不太平，短短两年时间换了三个"朝代"。聘我去的校长是易厚安先生，听说在陕南他是一个进步人士。不知怎么搞的，快放寒假时，当时的汉中王赵寿山将军派军队包围学校，把易厚安抓去投入监狱了！省教育厅委派另一位白镐如先生当校长。

从长春私立自强中学起，中经北平民国大学和华北大学高中部，我用的都是族名"季流泉"，并假造履历：北京大学毕业生（这是崔丞言先生建议我采用的）。白镐如是真正北大毕业的，大概他照顾先后同学的关系吧，上任后续聘我继续任教。1933 年末，学潮突起，他被学生赶走了。第三朝的校长是林仙客，系北平中国大学的毕业生，上任后仍续聘我。

1934 年，孙锡洪姐弟两人先后回北平工作。这年暑假，我向林仙客校长请假回北平看望他们姐弟，原来约好暑假后回去继续任教的。

回北平后，去看望章友江同志。闲谈间听说我暑假后打算返汉中任教时，他向我建议："在北平各大学兼钟点好了，不要回去了。"我说："我自己连大学门都没有进去过，怎么能在大学教课呢？"他说："在大学任课也没有什么了不起的。不少教师懂一门外国文，买一本外文的教科书，前一天学了，第二天就在讲堂上讲。现学现卖也都过来了。你已译了鲁平的《经济思想史》，又有拉、奥二氏合著《政治经济学》最新版——第七版。你边译边教就把这两本书作为各门课的教材，难道不比现学现卖还略胜一筹？"我被他说动了心，便说："纵使我有此心，也不得其门而入。"他安慰我："这不用担心，我来替你介绍。"果然，几天后，他介绍我去拜访黄松龄同志，当时他正担任着中国大学经济系主任。这个暑假后他介绍我在中国大学、朝阳学院和东北大学任课。第二年即 1935 年又介绍我认识北平大学女子文理学院经济系主任董洗凡先生，因而又在该学院兼课。下一年北平大学女子文理学院聘我为副教授。因此我把中国大学和东北大学的兼职都辞掉，仅朝阳学院的还兼着。朝阳在东城海运仓，女院在朝内北小街九爷府，二校很近。这期间我先后译出的拉、奥二氏《政治经济学》第七版和第八版，由孙锡洪设法筹集一二百元自行印行，为此，还拟寒微社作为出版机关，仍以陶达署名，所以北平许多学生都叫我陶先生。

课是这样教过来了。但我自己却很不满意。比方说教"经济思想史"这门课，以鲁平著作为教本觉得还可以。第二年再讲，这对我自己来说是"炒冷饭"吃，没有味道了。鲁平的书只是一家之言，别人怎么说的，我也应当知道，因此买了关于经济思想史或经济学说史的不少书进行自我充实。看了这些书之后，眼界开阔了，知道的东西更多了，这样理应满足了吧？不！既然研究他们的经济思想或经济学说，首要的任务就是先要看看他们说些什么。亚当·斯密是这门课程必讲的第一个重要对象，就先从他的著作开始吧。因此找来严复先生译的《原富》。这位严先生真有意思，他并不老老实实地译，一方面略而不译的很不少，另一方面不是斯密的著作而是他严先生自己所发挥的宏论却不少。这都没有什么。最可惜的是，严先生不但不用白话而且不用较通俗的文言文（像梁启超那样的文体），而是用古文翻译的，一般青年教师恐怕其中有些字都认不得，更不用说大学生了。这样，凡是这门功课所讲到和在国内能找到的原著、译本，我都拿来自学。

除这两门课以外，我在女子文理学院还担任"货币与银行"这门比较省力的课，我以苏联关于货币流通与信用书籍为基础，再参考中文有关货币银行之类的书籍进行教学。

1937年5月至6月间，我左眼患角膜炎，住崇文门里同仁医院一个多月。当然朝阳学院的兼课全吹了，幸好在女子文理学院是专任，薪水照发。

7月7日卢沟桥日本侵略者枪声一响，不久北平沦陷。在这种情况下，不得不同孙亦民一起携带诸儿女辗转回浙江义乌碧楼原籍暂住，医治眼病。

当时我们那个小村庄是很闭塞的，外边的情况除日寇侵略时有传闻外，关于北平各大学的情况一点也不知道。大小六口人，总不能再让年迈的老父和负担已不轻的哥哥来养活吧！但几年来节余下的一点钱是用不了多久的。在这困难的情况下，又是章友江同志伸出援助的手，10月初，他从西安来信告诉我们，北平大学已迁西安同北平师大和天津交大合并为西安临时大学，已快开学了，嘱我快去任课。我遂率妻子儿女离家西去。经南昌、九江至汉口北上，然后到了郑州换车去西安。

1938年上半年，西安临大迁陕西城固，改名为西北联合大学。本来全校师生长途跋涉，奔波于秦岭山脉的群山丛中，到城固又忙着找校舍，师生员工们已够受苦的了。不料平地起风波，当时重庆教育部部长陈立夫指示：命令西北联大强行解聘沈志远、章友江、曹联亚（靖华）和韩幽桐（张友渔的爱人）等优秀教员。许季茀老先生也被撤销法商学院院长职务，由部另委C. C. 系小头目张北海来接任。

暑假后开学快上课时，我收到学校发下的一纸课程表。一看，呀！怎么我原来担任的"经济学"和"货币银行"这两门课被剥夺了！只剩"经济思想史"仍让担任，另外加上一门"经济政策"课。是谁决定的呢？我不知道。去找谁询问呢？也不知道，因为院长和系主任谁也没有同我谈过。在这毫无办法之际，我只有把真相对同学说明。所以第一次上"经济政策"这门课时，我一开头就说："同学们大概以为我是来授课的吧？不！我是来向大家说明我为什么不授这门课的原因的。我是学校聘请的一名教授，在这个学校及其前身已工作了近四年，从现在起是第五年。既然是学校聘请的，当然不能是谁的奴隶，可以被随便支使。照惯例，一系的课程由系主任决定，院长如有什么高见也必须通过系主任来执行。可是我原来担任了几年的两门课被取消了。谁取消的？我不知道，因为给我的授课表上未曾说明！给我添上现在的这门课，谁添上的？我也不知道，还是因为课程表上没有说明！教授自有教授的人格。如果我无原则地随人支使，只知服从，那么我就不配当教授，不是一个独立而有自己思想的人，而变成了一只摇尾乞怜的哈巴狗。如果这样的话，我不但侮辱我自己，而且侮辱教授的人格！请你们替我想想，我能这样无原则地服从吗？不能！因此我不能不来向大家说明我为什么不担任此课的原因。"说完就下课了，以后也没有发生什么事。我在各大学讲学几十年，就是这一年只担任一门课。

1939 年暑假，西北联大又改名为西北大学。校名虽改，但是仍不平静。

恢复了被取消的两门课，因此我依然讲授原来的三门课。事故不断发生，与我有关的仅举二例。其一，大概在 1941 年在赖琏这个 C. C. 系小头目当校长时期。赖琏的手法比较狡猾，自己不大亲自为恶，却利用当时的汉中王祝绍周这个小军阀署名寄给我以及文学院的两位教授徐褐夫和杨慧修警告信，硬说我们在课堂上不务正业，好谈课外事。真是天晓得，他在汉中称王，我们在城固讲课，两地相隔十几公里，他既没有来听课，怎样得知我们讲课的内容的？我们回信只说，上课时所讲的全是课程内容，可以查学生的课堂笔记以资证明。

1945 年下半年，我在西北大学做了第一个学术报告，是评论布里敦森（今译"布雷顿森林"）会议的，题目为"货币战争"。因为这在当时西大是一个创举，所以听的人不少。讲了两个小时，从资本主义发展，货币作为各资本主义国家之间斗争工具及资本主义发展不平衡的必然性，最后归结为：只要资本主义还存在，以后货币战争还会不断发生的。后来有人对我说，我太悲观了。我只是笑笑，未置可否。

其二，更严重的事发生在 1946 年春天。当时在重庆爆发一股反苏的狂风巨浪。妖风吹至陕南，在城固这个小县城也在当时校长 C. C. 系小头目刘季洪指示下掀起反苏浪潮，因而引起学潮。我、李毓珍（山西人）、徐褐夫（江西人）等六人署名在《西安工商报》上发表了一篇意见书，说了几句公道话，并表明我们的意见和态度。因此我自己被解聘了，连我的爱人孙亦民也被解职了。在当时的情况下，想另外找工作是很难的。

在此困难的情况下，山西大学校长徐云生先生挽救了我们——他聘我去山西大学任教。

1946 年 8 月，我到达太原。

徐校长不仅请我任教，还请兼任系主任。我因为自己不是做系主任的材料，曾经诚恳地请辞，但未成功。

既然兼着系主任，当然应当关心一下系里应开的课程。我主动向助教问起这件事，他说课程表已经排好了。我向他要来一看，只给我排上"经济学说史"一门课，"经济学"和"货币银行"都由原来的教师继续担任。这样我的教学任务大为减轻了。可是，"统计学"和"会计学"这两门没有人担任。我问助教，为什么不排上这两门课，他说请不到教师。我就主动向徐校长建议：会计和统计这两门课，是任何大学的经济系都必须开的，既然一时请不到人，就由我兼着吧。他同意了。说实在的，我担任这两门课，得到助教梁晋都先生很大的帮助。凡出题、改练习作业、判卷子等工作全由他办理了，我只是在堂上讲课。这样给我省下很多时间，可以比较充分地准备这两门对我来说的新课。同时还有一些时间可以读一些书，以充实自己。

我在大学任教三十多年（从1934年9月至1966年5月），前后统共只有两个学生为分数事来找我。第一个是北平中国大学经济系一个男学生（姓名已忘）来找，说是毕业后要自费去外国留学，他求我把分数判高一点，以便把中大的成绩单拿出去，使外国人印象好一点。我头脑里是很不赞成他的要求的，但未出口，也未置可否，只问他出去后，准备专攻什么，然后勉励他出去好好学习，以便学成后回国做一些于国于民有益的事。第二个是在山西大学的一个女生，叫李仪萍。1948年暑假前她同一位男青年来看我，她向我介绍，说那位男青年是她的爱人，然后提出要求给她分数。原来考统计学时，她交了白卷，因而得了零分。老实话，了解了她的情况和要求之后，我心里很不平静，但不能对一个女生发脾气，尤其不能当她爱人的面发泄。静默了几分钟，我慢慢对她说：她所提出的问题只有两种办法可以解决：其一，努力自学，要求于一定期限内个别补考；其二，下学年重修。最后指出，给白卷60分，这是对山西大学和山西人脸上抹黑，我不能做这种对不起山西大学、对不起山西人的事。

1947年，徐云生校长有一次告诉我：山西大学要出学报，让我写一篇论文。这时我主要讲经济学说史，从古代一直讲到英国19世纪末至 20 世纪初的一位大经济学家马歇尔，因而写了一篇评论马歇尔经济理论的论文，在山西大学学报上发表。

1948 年暑假，山西大学迁北平上课，我因得以重回北平，看见一些老朋友，如章友江、吴晗、千家驹、沈志远，等等。在熟人们偶然谈到当时蒋管区的货币情况时，有人说快走到崩溃的边缘了。我不同意，便说不是快到崩溃的边缘，而是已经在逐渐开始崩溃了。当即有人要我写一篇关于这方面的论文，我遵命写了一篇评论金圆券的论文，由当时在北平出版的《中建》（后来改名为《新建设》）发表。

1949 年 8 月间南开大学聘我来天津任教。我同孙亦民率领七个儿女于 8 月下旬来南开工作，一直到今天。

来南开后又是别有一番天地，不过具体情况虽与以往完全不同，但路途仍不平坦，也够使人费精神的了。当时南开分南、北、东三院。南院是校本部理工科，北院为文学院，东院在甘肃路，有财经、经济、企管等七个系。我在经济系。全院教师中除刘君煌曾在西北大学共事过一段时间之外，全是新友。院长袁贤能和会计系主任丁洪范都是浙江人。蒙他们的好意，约我去吃饭，同时还请来十多位东院知名人士作陪，在谈到各派经济理论的情况时，丁洪范突然问我：效用递减规律是不是客观事实？这时我意识到，这顿饭不好吃呀，原来是一出"鸿门宴"！剑既已出鞘，我不能不招架啰。随即说：对！三岁幼儿如果他或她的饭量吃一个馒头就饱了，是不会再吃了。不但是人，连狗和猫也如此。如果捧着效用递减不放，最好去研究狗啃骨头学！至于经济学，它不研究这个，而是要研究人与人的经济关系、生产关系和剥削关系的。

有一次，朝鲜访华代表团来天津，凌晨到车站，市里打电话要我赶去迎接，我不能不去。回来时得到的"报酬"真不少。我本来身体并不好，凌晨出门被冷空气一刺激，两只耳朵全聋了！有两三天除用纸笔外，是无法与人交换意见的。

又有一次，不知怎么搞的，东院经济系原来有系主任，后来换人，一换再换换到我的头上来了。还是我当年在山西大学时向徐云生校长说过的那句话："我不是当系主任的材料！"可是不管我怎样恳辞，还是摆脱不了。

还有，自从因我自己过错失去与党的联系以后，我曾下决心不再过问政治。来南开后，这个来劝，那个来动员，要我加入民主党派。于是不得不于1950年加入中国民主同盟。在校内既要参加各级会议，又要听汇报和向上级汇报，还得参加工会和民盟的各种活动。在校外也要参加各种会议和运动。因此从事本专业的工作时间越来越少了。

刚来南开时，我只担任两门课，还有业余时间可以翻译（从俄文译成中文，先为出版总署，后为中国人民大学货币流通与信用教研室）。由于外务不断增加，从事学术和写作的时间越来越少了。整个20世纪50年代，我只写了一篇关于哈尔岑和阿加列夫经济思想的文章，在《新建设》上发表，写过一本《资本主义再生产与经济危机》的小册子，由天津人民出版社出版。连批判南开教授雷海宗先生关于自1895年恩格斯去世后马克思主义就没有发展的文章，也还是受人之托，挤时间写的，这篇文章先登在《人民日报》上，后在《新华月报》转载。在60年代以后，写作也极可怜，只写了《英国古典政治经济学》和《重农主义》两本小书，外加主编一本《资产阶级庸俗政治经济学选辑》。第一本在三联书店出版，粉碎"四人帮"后在人民出版社重印。后两本都在商务出版。

即使只从教学方面来说，道路也并不平静，我在南开经历了这样一件在古今中外教育史上很难遇见的怪事。

1960年春天，我们系的实际领导告诉我：组织一些尚未学过"经济学说史"课程的同学和几位教师，检查一下我同两位同事合编的讲义，并问我怎么样？我说好吧。讲义已编完，审查时，我们三人当然出席，听听同学们的高见。花了好几个月的时间，边审查边讨论。结果是：尽量删！删！删！最后删得只剩马、恩、列、斯四个人的，其他一切非无产阶级的东西全不要。我当然不同意。但上面有领导，下面又有群众的"统一"意见，我不同意也得服从。

这件事所以奇怪，就奇怪在：一是尚未学过这门课程的学生居然可以审查这门课程的讲义。请大家去查考一下古今中外的教育史，看看有没有这样的先例。二是居然可以不顾科学本身的完整性，而任意斩头截尾，弄得非牛非马。

课程都快（或已经）结束了，要放暑假了。有一天，我们系的领导告诉我，首都文科学部委员开扩大会议，我们系陶副系主任去参加了。老陶已回校了，带回一项任务两条建议：任务是由我系编选一本《资产阶级庸俗政治经济学选辑》；两条建议是，首先，"经济学说史"这门课程，在我们自己的课本尚未搞成以前，先借用卢森贝的《政治经济学史》一卷本当教本，其次是要"补课"。我说："好吧！编选任务我负责好了。但光我自己一个人不成，请你组织懂英、德、法、俄文的人一起搞吧。卢森贝的一卷本是三卷本的缩编，'七七'事变前我就以这部著作为主要教材了，以他的一卷本为教本当然可以。刚才你说补课，补什么课呀？"他说补马恩列斯以外被删掉的那些，并要我去补。就这样，在三伏天我给这班同学补课。同学们每个人都只有两只手：一只手记笔记，另一只手按着笔记本，缺乏一只摇扇的手！只是在拿笔记本的手中握着手帕，擦擦汗而已。看到这些我真怪自己，没有坚持自己的意见，结果害得同学们吃苦头。

1966年5月间，姚文元的《评新编历史剧〈海瑞罢官〉》和之后不久的《这是为什么？》这两股妖风先后一放，从此天下大乱。像我这样的旧知识分子，只有被批斗审讯之日，更无学习钻研之时。连我爱人孙亦民也因系南开居民委员会主任，又系天津市政协常委，又系反动学术权威的老婆而被批斗虐待，于1970年11月11日含冤去世！剩下我自己一个孤老头，生活不能自理了，曾请求退休，未获批准。乃于1972年10月11日离校去北京幼女季梅处休养。但仍提心吊胆，生怕学校又找我回去批斗。

粉碎"四人帮"，真是大快人心、大快我心之事。这时候，我才完全放心，知道不会再被批斗了。遂考虑回校做些力所能及的事。乃向学校提出申请，同时并说明，我因年老又体弱多病，请学校设法把我大女儿季云从甘肃水利部门调来天津工作，以便照顾我的生活。

感谢校系领导经过种种努力，花了几年时间，终于在 1979 年十一二月间，把我大女儿季云一家从兰州调来天津，我自己也于这年最后一天即 12 月 31 日从北京回校。

回校后必然产生做什么工作的问题。党总支、系和教研室的诸位领导都有让我带研究生之意。我自己也想带。搞我们这个学科，需要研究的问题是很多的，光从《资本论》第一卷第二版跋文来说，就有一些尚待研究的问题。

比如说：小穆勒的著作一出版，就标志着古典政治经济学的完结，这究竟表现在哪里？

又如马克思在此跋文中，明明白白提到两位俄国学者季别尔和车尔尼雪夫斯基，他们究竟同马克思的理论有什么关系？

又如现在有人在大谈人力资本（Human Capital）理论，可是"人力资本"这个概念本身却是从根本上否定马克思经济学说的理论武器，虽然从实践上看似有可供参考之处。

1949 年 8 月间我初来南开，有一位教授名叫丁洪范，他曾发表二马（马歇尔和马克思）结婚的谬论。已过去三十多年了。目下，据说有人在拉凯恩斯和马克思之间的关系。真是世界之大，无奇不有！

但是我不能带研究生，原因很简单，培养出来无处去就业！既然不能带研究生，那么我做点什么工作呢？反复思考之后，我决定以十年时间写两本书。几十年来教"经济学说史"这门课程，有一点极不成熟的初步体会。马克思写《资本论》为什么多根据英国的资料？其中一个主要原因是资本主义生产方式的产生和发展，以英国最为典型。我的初步体会是经济学说的发展也有它自己发展的规律和典型。我认为这个典型还是在英国。请看：在英国，经济学说的发展分为五个阶段，而亚当·斯密、大卫·李嘉图、小穆勒、马歇尔和凯恩斯依次为每一阶段的代表人物。关于第一、二、四人我已分别写了一点东西公开发表了，只有第三和第五两位我还没有动笔，因此想写《小穆勒》和《凯恩斯及其学说》两本书，计划先后分别于1985年和1990年完成。

总之，我在这七十多年所走过的道路是极不平坦的，全是崎岖的山间羊肠小道。我所以能走过来，除掉母亲的教诲，父兄的辛苦培养之外，有三位师友是永志不忘的，这就是私塾的牛老师、中学的陆费老师和对我帮助最大的章友江同志。当然我感谢的还是伟大的中国共产党——指出一点便可以明白了，要不是党解放了除台湾省外的全国人民同时也解放了我，那就在几十年以前，我早离开人世了！

当然写书面临的也不全是坦途，那是另一种艰难的旅程。

（1981年6月3日完稿）

李何林

李何林自述

　　我生于 1904 年 1 月 31 日，安徽霍邱县
人。曾用名李延寿、李振发、李昨非、李竹
年。城市贫民出身。因家贫，10 岁方入私
塾，两年后转入小学。16 岁考入不收学费
和膳宿费的安徽省立第三师范学校（在阜
阳）。当时的中学不但收膳费，而且收宿费
和学费，穷孩子入不起。

　　在师范学校的四年，正值五四运动刚
过，反帝反封建斗争和新文化新思想运动继
续发展的时期，出身穷苦的青年比较容易接
受进步思想的影响。当时的《新青年》和
《新潮》杂志、《晨报》的《晨报副镌》、《民
国日报》的《觉悟》副刊、《时事新报》的
《学灯》副刊、《小说月报》杂志、《少年中
国》等，我们都喜欢看。语文课本用的是商

务印书馆出版的四册带注解的《国文读本评注》，全是古典的散文和诗赋。我们一面听讲，一面偷看这些报刊和新书，接受了当时的科学、民主、唯物史观、阶级斗争、社会主义、剩余价值、无政府主义等粗浅的影响。

师范结业后，家境稍微好转，又得到亲戚的帮助，考入了南京国立东南大学农学院的生物系。勉强读了两年，经济方面很吃力，遂投笔从戎，于1926年秋到武汉参加了北伐军。先被分配到武昌南湖学兵团编《学兵日报》，1927年春调十一军二十五师政治部做宣传工作。这个军听说是从广州北伐时的第四军（铁军）到武汉后扩编的，因屡立战功的叶挺独立团而著名。政治部主任李陶（硕勋）是我党培养革命干部的上海大学毕业生，四川人，沉着冷静，我至今怀念他（1980年《星火燎原》选集二辑，有我的《回忆八一南昌起义前后》提及他，这里只略述）。

到二十五师后不久，就随军二次北伐，开到河南打奉军。我师很快解决了上蔡县富双英的一个旅（相当于师）。二次北伐，以武汉各路军和冯玉祥军会师于郑州而告终。我师立即凯旋武汉。不久又东下讨蒋，驻军南浔路上，师司令部和政治部设在黄老门车站。就在这个地方，组织批准我光荣地加入了中国共产党，时在1927年7月初。不久我师奉命南下参加八一南昌起义。起义后约四五日，大军即向江西东南部进军，经过抚州、宜黄、广昌、宁都、瑞金、会昌，又折回，东去汀州、上杭，打到广东。失败后，我回到家乡霍邱，找到了党组织，公开职业是城内高等小学校长。1928年夏，参加了回击反动派白色恐怖的暴动；暴动后逃到北平，已知被安徽反动政府通缉，遂改名李竹年，避居鲁迅先生组织领导的未名社，失去与党的联系。我和鲁迅先生既不认识，也未通过信，但和该社成员李霁野、韦丛芜是第三师范同学，且又是霍邱同乡，思想相通。他们当时被捕释放不久，冒危险接受我和王青士（烈士，系王冶秋之兄）二人在社里避难，维持我们的生活，我们就替他们做一些校对、发行和门市部出售书刊的工作，直至 1929 年夏我去天津女子师范学院教书为止，约一年。在未名社一年期间，正值革命文学论争，创造社、太阳社围攻鲁迅时期。这个门市部和上海进步书刊出版社建立了互售书刊的关系，我得以阅读有关革命文学论争的各方面的文章，就在 1929 年编了一本《中国文艺论战》，不久又编了一本《鲁迅论》，开始用"李何林"笔名。1930 年这两本书在上海北新书局先后出版了。一直到 1937 年"七七"事变为止，我陆续在焦作工学院、太原国民师范、太原师范、太原女师、济南高中、北平中法大学等校教语文。抗战爆发后我逃出北平，回家乡，继至武汉、重庆，在各地教书的同时，沿途搜集有关"五四"以来文艺思想论争的书刊。1939 年春，我在四川江津县的白沙镇住下来，用了约一年时间编完了《近二十年中国文艺思潮论》(1917—1937)。此书于 1940 年由上海生活书店出版，但在西南大后方终于被反动派禁止（张静庐编《中国现代出版史料（丙编）》第206 页《国民党反动派查禁书刊目录》中列有这本书）。

从 1940 年秋到 1942 年夏，承老舍先生介绍，我到云南大理喜洲，在华中大学（抗战爆发后从武昌迁来的）中文系教书。1942 年夏到 1946 年夏，大约因《思潮论》被禁的原因，没有学校请我教书，我只得改行在友人经办的昆明利滇化工厂做秘书工作，业余从事文艺活动。我参加了中华全国文艺界抗敌协会昆明分会的工作，加入了中国民主同盟云南省组织，任文艺工作委员会主任委员，编过《云南日报》的文艺周刊和《云南晚报》的杂文副刊。在闻一多、李公朴二同志于 1946 年 7 月中旬先后被暗杀后，我和一些同志不得不离开昆明，辗转上海、南京和家乡，找不到工作。至 1946 年冬才由李霁野介绍到以鲁迅老友许寿裳为馆长的台湾省编译馆世界名著翻译组工作，用英译本翻译俄国 19 世纪作家阿卡沙可夫的小说《我的学校生活》。1947 年后不久，编译馆被撤销。许寿裳因友人关系任台湾大学中文系主任，介绍李霁野和我分别到外文系和中文系任教。许老在鲁迅逝世后发表过多篇歌颂鲁迅的文章，尤其赞扬鲁迅在上海十年的战斗，因此国民党反动派恨之入骨，遂在 1948 年 2 月 18 日夜把他砍死在床上。继闻、李被暗杀后不到两年，我又亲眼看见一个须发皆白的老人卧在血泊中。我于 4 月中旬只身逃出台湾，5 月 13 日由北平、天津进入华北解放区，这日子我是永远记得的。从这以后我就用"李何林"这个名字，不再用"李竹年"（从《竹书纪年》来）了。

我到华北解放区时，适逢晋冀鲁豫和晋察冀两个解放区合并为华北解放区。两个区的北方大学和华北联合大学合并为华北大学，组织上任我为国文系主任。1948 年 7 月我作为国统区代表参加了在石家庄召开的华北人民代表会议。北平和平解放后，我于 1949 年 3 月随校迁到北平。7 月，参加全国文艺界第一次代表大会，被选为全国文协的候补理事。9 月被调任为中央教育部的秘书处长兼行政处长。一年后改调到北京师范大学中文系任教，兼校内解放区中学语文教师进修班主任。新中国成立初期曾和蔡仪、王瑶等同志共同草拟了《中国现代文学教学大纲》，供教学参考。

1952 年秋全国院系大调整，又把我调整到天津，在南开大学任中文系主任。1957 年 3 月在南开大学重新入党。在天津 24 年（1952 年至 1976 年）期间，出版过《关于中国现代文学》（上海新文艺出版社）、《鲁迅的生平和杂文》和《鲁迅〈野草〉注解》（均陕西人民出版社）。曾任天津市作协副主席、文学研究所副所长、民盟天津市委副主席和民盟中央委员、天津市人大代表、四届全国人大代表等职。"文化大革命"一开始，即被打成"牛鬼蛇神"，1969 年 4 月获解放。

1975 年 10 月底，周海婴上书毛主席，建议加强鲁迅著作和手稿的编辑、整理、出版和研究工作，毛主席批示"赞同"，"立即实行"。国家文物局呈准中央在所属北京鲁迅博物馆内成立鲁迅研究室。1976 年 2 月调我来京负责这个馆和室的工作。四年多来，继续当选为五届全国人大代表、全国文联委员、全国作协理事、鲁迅研究学会理事等，后三者都不需要我做什么具体工作。

再过 4 个月，我就满 77 周岁了。从 1948 年 5 月进入解放区算起，我在新社会生活了 32 年，在旧社会生活了 45 年。我从 1926 年开始工作起，已经工作了 54 年，绝大部分时间是在大、中学教书。在旧社会，所谓国立大学是不请我去教书的，我只能在省立、私立大学任教。无论大学或中学师范，我只能教一年、一年半，至多两年，由于思想原因就不续聘了，时时有失业和被捕的危险。在旧社会，像有我这样的遭遇的知识分子又何止千万！我常常换学校、换地方，东奔西跑，四海为家：除家乡外，北京、天津、焦作、太原、济南、阜阳、武汉、重庆、隆昌、白沙、大理、昆明、台北等大小城市我都住过，什么地方有工作（饭碗），就到什么地方，哪能像新中国成立后的大学毕业生，不少人还挑工作挑地点呢！既然在每一处教书还超不过两年，怎么可能叫我做系主任呢？而在新中国成立前后，我虽然不是党员，也担任了多年的系主任和其他社会、政治、学术方面的领导职务。我在新旧社会的职务和职称虽然都不算高，但一对比，仍有很大的变化，有这样变化的知识分子又何止千万！在建设"四化"的方针指导下，知识分子的社会、政治、学术的职能将会日益发挥更大的作用；过去的一切遭遇将不会再来了，知识分子正以堂堂的脑力劳动者为祖国为人民贡献自己的力量！

（1980 年 9 月于北京鲁迅研究室）

温公颐

温公颐自述

一、简历

我名温公颐，原名寿链，笔名梦华，1904 年 11 月 4 日（农历九月二十七日）生于福建省龙岩县好坑村。

祖父辈务农，无文化，家境清寒，岁入不足。我依本村宗祠补贴才念了小学和中学，后又得县政府补贴才上了北京大学。

1909 年至 1911 年在本村"一经"小学念书。

1912 年至 1918 年在溪口、万安小学上完初小和高小。

1918 年至 1922 年在龙岩县福建省立第九中学上了四年中学。

1922 年至 1928 年在北京大学学习。1922 年夏考入北大预科，1924 年夏预科毕业后，直接升入文科哲学系。1928 年夏毕业于北大哲学系。

1928 年北大毕业后，于该年 8 月至 12 月在浙江吴兴南浔中学任教。1929 年 1 月至 5 月在湖北襄阳省立第五中学任教。

1929 年 8 月起回北京大学任校长室秘书兼预科讲师，以后历任本科讲师、教授等职。

1929 年 8 月在北京私立中国大学哲教系任讲师。而后，在该校任专任讲师、教授等职，并得该校连续任教十五年以上教师的奖状和奖金，直至 1947 年冬离校。

1930 年 8 月在北京师范大学教育系任讲师，以后在该校任讲师、教授等职，直至 1949 年夏才离校。

除在以上各大学任教外，还在北京私立朝阳大学、华北大学及民国大学等校任教授。

1947 年 1 月到天津河北省立女子师范学院任教授。1948 年 8 月起，在该院中文系任系主任，直至 1957 年调往北京，在河北北京师范学院中文系任教授兼系主任为止。

1959 年 10 月由河北北京师范学院调到南开大学政经系任教授兼副主任。南开大学 1960 年夏重设哲学专业，同年秋恢复哲学系，我任哲学系教授兼系主任，直至现在。

二、政党活动

1924 年我在北京大学加入中国共产主义青年团。1927 年大革命，由当时北京地下党组织介绍到武汉、南昌参加革命活动。在南昌，任人民通讯社主任。"八一"南昌起义后，于 8 月 3 日离南昌，住都昌县刘轶同学家月余，后回北大，继续上学，直至 1928 年夏北大毕业。离南昌后，我脱离了共青团的组织关系。而后，不参加政治活动，转入文化教育界，以教书和著作为生，直至新中国成立。

1950 年 10 月在天津河北师范学院，我参加了中国民主同盟，直至现在。

新中国成立后，我参加天津市政协，直至现在。1957 年冬，在北京工作后，又参加北京市政协和河北省政协。

三、学术团体活动

1. 1934 年，我参加中国哲学会。该学会为当时北大、清华、燕京大学、师范大学及中国大学等校哲学教授所组成，会长为胡适，实际主持者为贺麟教授，我做具体工作，每月举行一次讨论会，宣读论文，并举行年会，参加者也有南方各大学的哲学教授。

2. 1957 年 1 月，我参加在北京大学举行的中国哲学史讨论会。会后出版了《中国哲学史问题讨论专辑》，由科学出版社出版。

3. 1959 年 5 月，我参加了在中国人民大学举行的为纪念五四运动四十周年的逻辑讨论会。会后出版了《逻辑问题讨论集》，由上海人民出版社出版。

4. 1960 年 4 月 22 日，我参加了在北京举行的为纪念列宁九十周年诞辰的京津地区逻辑讨论会。

5. 1978 年 5 月，我参加在北京举行的全国逻辑讨论会。会后出版了《逻辑学文集》，由吉林人民出版社出版。

6. 1979 年 4 月，我参加了在济南举行的全国哲学规划会议。会议把《中国逻辑史》的编著列为全国重点项目之一，我参加了该书的编著。此外，还有中山大学教授杨苪荪、华南师院教授李匡武参加了编写工作。

7. 1979 年 8 月，我参加了在北京举行的第二次全国逻辑讨论会，在讨论会上成立了全国的逻辑学会，我被选为常委兼副理事长。会后出版了《逻辑学文集》第 2 辑。

8. 1979 年，天津逻辑学会、哲学学会成立，我被选为该学会的理事长。

9. 1980 年，中国现代外国哲学研究会、逻辑语言研究会、中国逻辑史研究会、天津中国哲学史研究会成立，我被聘为以上各研究会的顾问。

四、著　述

（一）专著、教材及讲义

1.《哲学概论》（大学丛书），1937 年由上海商务印书馆出版。该书是我于 1931 年，在北京师范大学任教时所编的教材，系采用美国康宁汉教授的《哲学问题》一书为蓝本，兼参考鲍尔生、耶路撒冷、付立顿等的哲学概论编著而成。康宁汉是以研究黑格尔哲学著称，所以该书具有黑格尔派的思想。只因康宁汉原著深入浅出，通俗易懂，因此该书为美国各大学所采用。我书出版后，也普遍为全国各大学用作课本。因这是一部宣传黑格尔的唯心主义的书，所以新中国成立后已停止印行。

2.《道德学》（大学丛书），1937 年由上海商务印书馆出版。该书是 1933 年我在北师大讲授《伦理学》时所编的教材。我以英国马肯榮的《道德学教本》为蓝本，并参考穆尔海德的《道德学要义》、庄士敦的《道德学概论》诸书编著而成的。马氏本人虽承认其观点为康德、黑格尔系，然于他派理论也能取长补短，融会贯通，因而该书出版后，风行一时，再版至十余次之多，我国各大学也普遍采用。但它却宣扬了唯心主义的道德观点，所以新中国成立后已停止印行。

3.《逻辑学》，1950 年由高等教育出版社出版。此书是我于新中国成立后在天津河北师范学院担任"逻辑学"课程时所编的讲义。新中国成立前，我曾以美国康奈尔大学教授枯立顿的《逻辑概论》为教材。这本唯心主义的逻辑学，新中国成立后，不能用了。我重新学俄语，参考苏联的斯特罗果维契、德高尔斯基、塔瓦涅斯、康达可夫、维诺哥拉道夫、古齐明等人的逻辑著作，结合祖国社会主义革命与建设的生动事例，力图著出一本唯物主义的逻辑教材。著成后，曾交高等教育部与全国兄弟院校交流，征求修改意见，最后，于1958年9月交由高等教育出版社出版。该书出版后，全国很多兄弟院校采为教材，因此，再版至七次之多。1959年，《读书》杂志第6期登载家国的《评去年出版的形式逻辑教材和一般读物》一文中说："温公颐著的《逻辑学》一书，无论从体系上，或是从理论阐述方面，都是比较完整、稳妥的。"（按：1958年曾出版了石村《形式逻辑初步》、郭扬《逻辑学讲义》、杜岫石《逻辑学讲话》、中国人民大学逻辑教研室编《形式逻辑》、温公颐《逻辑学》、群力《学点逻辑》、一兵《逻辑学基础知识》诸书。）这是广大读者对我的鼓励。

4.《类比推理在实践中的运用》，1959年由河北人民出版社出版。这是一本通俗读物，全书以许多生动的事例，总结出类比推理的运用，使逻辑知识和生产实践相结合，说明逻辑学对祖国建设所起的作用。

以上为已出版的专著，此外，还有三种已印成讲义而未出版的：

1.《中国哲学史》，约四十万字。曾在北京大学铅印成讲义，并于20世纪40年代末送上海出版，但书未排印，上海已解放，书稿在新中国成立初由出版总署送还了我。

2.《科学概论》，约二十万字。这是1930年我在北京师大担任"科学概论"一课的讲授时所编的讲义，曾在师大铅印，分发给同学。

3.《中国古代哲学史》，约二十万字。这是1960年在南开任教"中国哲学史"时所编的讲义。我力图用阶级分析的方法撰述古代哲学的发展，改变1949年前我的唯心的哲学史观。该书已打印成讲义，分发给同学。

（二）新中国成立后，在杂志发表的主要文章

1.《形式逻辑和唯物辩证法》，1956年8月，天津《河北师范学

院学报》创刊号。

2.《关于哲学史研究的一些意见》，载 1957 年科学出版社出版的《中国哲学史讨论专辑》。

3.《论真实性和正确性》，1959 年 5 月，北京《河北北京师范学院学报》第 1 期。

4.《从毛主席的思想中看形式逻辑改造的途径》，1960 年 4 月 22 日为纪念列宁九十周年诞辰，在北京举行逻辑讨论会，我为讨论会写下了这篇论文，全文约二万字，曾摘登于哲学研究所内部刊物。

5.《研究思维形式能够完全撇开思维内容吗?》载 1962 年上海人民出版社的《逻辑问题讨论文集》。

6.《墨子的逻辑思想》，载《南开大学学报》1964 年第 5 卷第 1 期。

7.《关于墨辩逻辑思想的阶级性》，载《南开大学学报》1964 年第 5 卷第 2 期。

8.《关于判断》，见 1978 年吉林人民出版社出版的《逻辑学文集》，此文是我《毛主席逻辑思想初探》中的第二部分。《初探》全文约五万字，曾打印分发给参加 1978 年 5 月全国逻辑讨论会的同志。《逻辑学文集》摘选了其中的第二部分，约一万字。

9.《惠施、公孙龙的逻辑思想》，载 1979 年天津社联编选的《国庆三十周年论文选》。

10.《墨辩逻辑的唯物主义基础》，载 1981 年《哲学研究》第 2 期，这是我《墨辩逻辑》的一部分。《墨辩逻辑》全文六万余字，1980 年 2 月曾打印分发给参加广州中国逻辑史讨论会的同志。

11.《墨辩逻辑的概念论》，载《南开大学学报》1981 年第 3 期。

（三）新中国成立后，发表在报纸、广播电台的主要文章

1.《梁漱溟的唯心主义思想的反动实质》，载 1955 年 8 月《天津日报》第 1384 期，此文主要评梁著《东西文化及其哲学》一书。

2.《形式逻辑所讨论的各派意见和我的看法》，载 1961 年 7 月

12 日《天津日报》以及《学术》第 26 期。

3.《从逻辑史看归纳逻辑的实质》，载 1961 年 12 月 11 日《河北日报》。

4.《老子的哲学思想》，载 1961 年 12 月 1 日《天津日报》。

5.《关于宗教的起源和消亡》，1963 年 11 月 9 日在天津广播电台广播，主要内容有宗教迷信的起源、宗教迷信的危害、宗教迷信的消亡。

五、编辑刊物

1925 年孙中山逝世，北京数十万群众在故宫三殿广场举行追悼大会，出版追悼大会专刊。我著了一篇文章，名为"论国民革命与世界革命"，登载在专刊上。这是一篇谈革命理论的文章。我当时认为要使国民革命成功，必须和世界革命联系起来，在世界革命总的战略指导下，才有可能。当时北大同学们看了这篇文章后，说我已戴上"红帽子"。这一点不假，这篇文章也是我生平第一次发表的较长的理论文章。

"打倒军阀""打倒帝国主义"是大革命时代的革命口号。20 世纪 20 年代的福建省被北洋军阀周荫人、王永泉等人所统治，因此，福建旅京学生联合会创办了宣传革命的小报《闽灯》，我主持该刊的编辑工作。

1926 年左右，北京《京报》每周发刊《妇女周刊》，当时北大和女师大的少数学生组织了蔷薇社，我参加了该副刊的编辑并著稿。该刊宣传妇女解放，并登载一些文艺作品。

1927 年在南昌参加革命时，我主持人民通讯社的编辑工作，除登载政治、军事等消息外，有时也登一些短评。

六、一些对我发生影响的师友和哲学派别

先谈对我有影响的师友。

1. 单不庵　这是一位德高望重的老先生。我在预科二年级时，他主讲"中国学术论著集要"一课（相当于中国哲学名著选读）。当他讲到张载的"为天地立心，为生民立命，为往圣继绝学，为万世开太平"时，我很受感动。

2. 张颐　张师从事辛亥革命，胜利后，出国留学。先到美国密歇根大学，得哲学博士后，又到英国牛津大学，得博士学位，最后到德国，一共在国外12年。回国后在北大哲学系任教，主讲西洋哲学史。张师在国内对国学已有一定造诣，出国后专攻康德、黑格尔哲学。他两次博士论文都以黑格尔哲学为题，博士论文英文本都送了我。张师虽口才不好，但到他家座谈，却可学到不少东西。他任教严谨，规定学生每月要著论文一篇，缺者扣分，作为平时分数，然后和期考分数平均，作为学期成绩。当时北大上课点名较松，有的同学很少上课。张师考试时，有位平时不听讲的同学，也来参加考试，张师立即把该同学的试卷收回，并令其退出考场。张师记分甚严，我虽几乎每次得百分，但有的同学不及格。他说：你们成绩不错，已达到外国大学二三年级水平，明年我教你们康德哲学。二年级时他教康德的《纯粹理性批判》，三年级他教康德的《实践理性批判》。时值北洋军阀忙于内战，教育经费无着，北大教授每月只领三四十元工资，无法维持生活。因此，北大各教授如鲁迅等都前往厦门大学，张师亦前往厦大任文学院院长。这样，黑格尔哲学终未教成，殊为憾事！

3. 熊十力　熊师主讲"新唯识论"，他创造力强、有新见。熊师所著都赠送了我。他80岁时已南迁沪上。我曾函请他论孔子。熊师复信说，应从孔学著作中抽绎其精义，暂不要摘取只言片语，把他划到奴隶社会或封建社会。这些话是有见地的。因他"带病延年"（他

的话），所以同学大多到他家请教。

4. 陈大齐　陈师先留学日本，后赴德国，我在本科哲学系时，他任系主任并主讲认识论。他宗新康德派，讲课时多引玛特、文德尔班和李凯尔特等人的著作。陈师学贯中西，擅长讲授，深入浅出，博得同学欢迎。所著《哲学概论》一书，成为蜚声哲坛的一部好教材。

5. 胡适　胡师主讲中国哲学史，后任北大文学院院长。他擅长讲授，条理清楚，在教学方法上，对我的影响较深。他宗实用主义哲学，并书庞居士语"但愿空诸所有，慎勿实诸所无"赠我。我把它刻在墨盒上，作为座右铭。他藏书甚多。最近听说，这些书他并未带走，新中国成立后仍留在北京，现为某单位所有。

6. 汪奠基　汪师留学法国，回国后任中国大学教授，在北大兼课。他学问渊博，著述甚丰，尤长于数理逻辑及中国逻辑史。《中国逻辑史》一书在他逝世后出版，他遗嘱赠我一册。同志们对他的《中国逻辑史》虽有种种评论，但作为第一部中国逻辑史巨著是有成绩的。他任中国大学哲学系主任多年，我又在中大教课，时相过从，受益匪浅。我的《道德学》一书出版时，他曾著序言，帮助不少。汪师还攻绘画、书法以及治印等技术，是一位多才多艺的名教授。

7. 邱椿　邱教授早年留学美国，专攻教育学，回国后任北京师大教育系教授兼系主任，后又转任北大教育系主任。他除精通欧美教育学说外，晚年致力于中国教育思想史的研究，积累材料甚丰，惜未成书即已去世。邱家和我岳家是多年世交，从辈分说是兄弟辈，原来两家时相往来，我在师大兼课后，过从更密，朝夕研磨，得益甚多。他学识渊博，又长于讲授，所以博得师大、北大学生的欢迎。他不愧为一位众望所归的名教授。

8. 贺麟　贺教授早年留学美国，后又到德国，专攻康德、黑格尔哲学。如果说张颐是康德、黑格尔哲学的老前辈，他就是后起之秀。他于抗战头几年回国，任北大教授，我也任教北大，时相过从。我的《哲学概论》一书，经他校阅，并为作序，对我帮助不少。我在北大时曾涉猎各派学说，但康德、黑格尔体系对我影响较深。因此，我和贺麟教授在学术主张上是意气相投的。

以上大略介绍了对我有影响的几位师长。以下再略谈对我有影响的哲学流派。

从我学习哲学动机上说，我受庄子的影响是深刻的。我在北大预科一年级时学"中国学术论著集要"这门课。开课首先讲《庄子·天下篇》。当我读到"寂漠无形，变化无常，死与？生与？天地并与？神明往与？芒乎何之？忽乎何适？万物毕罗，莫足以归"，顿觉死生事大，宇宙无穷。这里有世界观问题，有人生观问题。世界从何处来？往何处去？宇宙的变化，究竟是一往无前，抑或复归原处？生命从何产生，死后又将焉往？天地与神明并在，抑或先后相继？这些问题萦回在我19岁的青年脑际而无法解答。因此，我产生研究哲学的念头，为我后来进入哲学系打下思想基础。到预科二年级我能阅读英文原著后，海克尔著的《宇宙之谜》一书的英译本对我也有同样的吸引力。

原先我父亲要我念法律系，但我拒绝了。法律系毕业，可以升官发财，光宗耀祖，以报祖先培育之恩。但我觉得这是小事，彻底解决世界观和人生观的问题，才是大事。因此，1924年夏预科毕业后，我选择了哲学系。

庄子吸引我研究哲学，但对我后来的影响却不若孔、孟的儒家学说，这是和旧中国的半封建、半殖民地的社会环境有关。五四运动以后，青年还是苦闷的，他们爱国热情甚高，但还辨不清方向，中国共产党正在创建期，确也吸引了广大的革命青年。1924年我决然加入共产主义青年团，就是证明。但我同时也想读点书。当时北大校长蔡元培又号召"读书不忘救国，救国不忘读书"，这对我很有启发。从1924年到1927年我边参加革命，边抓紧读点书。孔、孟的哲学和康德、黑格尔的哲学就成为我钻研的对象。旧中国的封建思想和德国资产阶级的唯心哲学竟凑合在一起，这反映在我的《哲学概论》和《道德学》两本著作中。大革命失败后，我躲进了儒家和德国的唯心主义"象牙之塔"中，直至新中国成立而不能自拔。

七、今后的研究

1979年4月在济南举行的全国哲学规划会上，确定《中国逻辑史》的编著为全国重点项目之一，我参加了这一专著的撰写。从那时起，我集中精力研著书稿。此书初步分为四卷。第一卷：《先秦逻辑史》；第二卷：《汉到唐的逻辑史》；第三卷：《宋到清的逻辑史》；第四卷：《近代逻辑史》。1979年冬，上海人民出版社约稿，拟分卷出版，他们要求我第一卷于1980年底交稿，但我因会议多，第一卷约二十万字，1980年底只完成十八万字左右，只能延至今年底交稿。现已把著好的十八余万字交付打印，尚余韩非的逻辑一章，拟于今年7月底完成，准备今年10月在天津召开的中国逻辑史讨论会上征求同行们的意见，加以修改，年底交到出版社。全书约四十万字以上，预定1985年完成。

我著此书，是边研究边著的，重点放在研究上。我现虽年近八十，但体力尚好，自信可以把晚年投入到这一艰巨的工作中。顾亭林说："尝谓今人纂辑之书，正如今人之铸钱。古人采铜于山，今人则买旧钱，名之曰废铜，以充铸而已。所铸之钱既已粗恶，而又将古人传世之宝舂锉碎散，不存于后，岂不两失之乎？承问《日知录》又成几卷，盖期之以废铜，而某自别来一载，早夜诵读，反复寻究，仅得十余条，然庶几采山之铜也。"（《亭林文集》卷四《与人书·十》）亭林"采山之铜"一语，值得我们重视，我认为一定要将某个哲学家的全部著作深入研究体会，否则不易著出什么有价值的东西。我之所以著得慢，这是一个原因。

为集中老、中、青力量，搞一著作班子，除现有一位中年教师外，拟今年招一名博士研究生，一二名硕士研究生，这样加强我的研究和著作力量，以期 1985 年完成全部《中国逻辑史》的著述。

八、治学经验略谈

根据我过去的肤浅经验，我认为以下几点是该注意的：

1. 基本功的锻炼。主要需在文字基础上下功夫。研究中国学问，除普通现代汉语外，必须掌握文字学、训诂学和古汉语的语法知识。要熟练掌握一种外语，以期从国际学术交流中提高自己的学识。

工具书的熟练使用。如字典、辞书之类尽可能备置一二。自学就需依靠辞书的帮助，师友的指点当然必要，但辞书是你最亲近的师友。古人说："少买几亩田，多买几部好字典。"这话是有道理的。

熟练查字典之外，进一步需知道查类书。如《太平御览》《太平广记》《艺文类聚》《通典》《通志》《通考》之类。

2. 读书方法。古人说："读书破万卷，下笔如有神。"不论研究哪种学问都要多读书。不但要多读，还更要读好。对最主要的书，就得熟读精思，从字里行间，深究其意义。古人说："读书要有问。"即从书中发现问题，找出矛盾，然后才能深入堂奥，得其要义。我的《哲学概论》的《附录》中，载有《读哲学书的方法》亦可供参考。

作好札记，是读好书的一个重要方法。读书思考有得，必须记录下来，久之自能有得。清朝姜宸英有《湛园札记》，朱亦栋有《群书札记》，德国哲学家康德的《纯粹理性批判》一书，也是经 11 年的思考记录的硕果。

3. 研究的体会。首先要学好马克思主义理论，掌握理论的武器。比如我现在撰写《中国逻辑史》就以马克思主义理论为武器进行分析。其次，需具备历史知识。一切事情的发生都有其历史，了解其历史，就可帮我们解决问题。第三，要有现实知识，那就是要结合实际进行，避免陷于空谈。

要掌握第一手资料，做好卡片分类。如我前几年研究毛主席的逻辑思想，著成《毛主席逻辑思想初探》，即把毛泽东主席的所有著作都读一遍，做了几盒卡片，并依逻辑项目进行分类，从中概括总结而成。

要从原始资料中细心体会，抽绎其本义，切忌"戴帽子"、从主观成见出发。

谢国桢

谢国桢自述

　　承同志们友好们的关怀，要叫我写一篇自传，这是同志们的盛意。可是，我自己审量自己：我从小就愚钝，又且少不努力，以至于皓首无成，真是没有什么可以写的。无已，我只有不隐讳自己，说几句老实的话吧。

　　我出身于没落官僚地主家庭，家庭中的长辈们都是以做官为荣，要当个书呆子在家庭里是根本没有地位的，故家庭中人叫我"大傻子"。我出生于1901年4月，在我的家庭中是长孙，祖母朱太夫人喜得看见孙儿了，我就为她老人家所溺爱，起个小名，叫作"大保"（"宝宝"的意思），百般爱护抚养，不叫我出去乱跑，因之到6岁的时候，我还不良于行。我的祖母喜欢每天晚上在灯下给我讲故事，教我念《诗经》和《唐诗三百首》，白居易的《长恨歌》《琵琶行》的诗句，我皆能上口。我所以爱读文史，或者导源于此吧。不久，我的父亲为我请了一个家庭塾师，教得很不起劲，懵懵懂懂地读"四书诗经"。真是"读《中庸》屁股打得鲜红！"当时正值清末民初的时候，梁启超所办的《新民丛报》风行一时。我很佩服梁的为人，就问过这位老师："我学梁启超好吗？"老师回答说："你怎么配学梁启超呢？认得几个字，文字通顺，能写'八行书'（指为人做幕客写信）就够了。"我的父亲是以游宦为生，挥霍成性，不久有了外室，把我的母亲和我们兄弟二人（胞弟国栋）置之于不闻不问之列。但我的母亲是他的正室，因之"追赔公款，缇骑到门"，只有向我的胞叔们作"将伯之助"，代为赔款了事。到了我 18 岁时候，1919 年春天，我们兄弟二人，从我的家乡河南安阳来到北京上学。因为过去只学了些"学而时习之"的东西，英文、算术一窍不通，虽然上了北京汇文的大学预科，但想上北京大学的文科，连次投考，时历三年，都考不取。前途茫茫，没有希望，从事学问一道，真是"他生未卜此生休"了。只有望红楼以兴叹，见沙滩而增悲。幸承桐城吴北江（闿生）先生的教督，学习古诗文辞，并介绍我做家庭教师，生活有着，得以半教半读，在 1925 年夏天终于考取清华学校国学研究院，而且侥幸名列榜首，承梁启超、王国维、陈寅恪诸位先生的教诲和指导，从事历史研究；尤其是明清史和目录学，得以稍有门径。从这时起直到今天，这是我五十多年来一直遵循着的道路。

我以教学和科研为生，约可以分为如下四个时期。

（1）1926 年我在清华结业之后，随梁任公师到天津他家"饮冰室"，教他的子女梁思达、梁思懿等人。次年，梁先生介绍我到南开中学任中文教师，他的子女也到南开中学肄业。梁先生逝世之后，我也因梁先生的关系，到北京图书馆担任编纂兼金石部收掌之事。在梁先生家中，承他亲授研究明末清初的学术思想和搜集明清之际的资料，以及建筑园林的史迹，皆于此时写成。其间曾南到江浙，北上大连、沈阳，东渡日本，访求遗书，写成了《晚明史籍考》一书。1923年承胡适、傅斯年介绍，到南京担任中央大学专任讲师。次年该校介绍到河南大学担任教授，我没有去，仍让我协助他们编《河南通志》。因之仍返回北平图书馆供职。在南京期间，于梅庵之旁教习房中著有《明清之际党社运动考》一书，1934年由上海商务印书馆发表问世，谬承鲁迅和柳亚子先生所策励和奖掖，实在是始料不及。这些工作多是1936年以前在北海琼岛之滨、太液池旁做的。

（2）1937年到1945年。"七七"卢沟桥事变爆发以后，日本帝国主义侵占我国华北领土，北平沦陷。是年秋，我曾到长沙临时大学图书馆供职。1938年春，中华文化基金会孙洪芬先生叫我返回北平典守北平图书馆的金石图书，因之又回北平任职。在这以前我本来为中日庚款基金会所办的东方图书馆编写《续修四库全书提要》一书，因为某种关系，周作人就延聘我到伪北京大学史学系担任功课，我还误认为站在红楼上，"楼犹此楼也，土犹此土也"，大讲其祖国的历史和"华夷之辨"的事迹，实在是失去了民族气节。因之，北平图书馆袁同礼馆长勒令我辞职，我只有承傅增湘先生的好意，经他介绍我到川帮私营大中银行聊司笔札，并协助傅沅老编纂《绥远通志》一书，这也不过是混些事儿和遮耳盗铃而已。这些事情我不说，人们也会知道，我不如坦白地交代出来，作为一篇反面教材，供同志们毫不留情地批判而已。

（3）1945年秋抗战胜利，日本无条件投降。我仍在北平临时大学任教。1946年春，我的父亲在河南安阳病危。时军调处业已成立，承周扬同志盛意介绍，得以通过解放区到安阳去省亲。在邯郸道上遇到旧识范文澜同志，又得认识杨秀峰同志，真是"白首如新，倾盖如故"！他们托我到上海时为华北大学购买图书，想不到萍水相逢，授以重任，并为我医治好了病，不觉热泪盈眶，感戴不已，旧的"士为知己者死"的思想，无形中流露出来。当我回到安阳，我的父亲业已故去，我就由郑州迁道上海，把为华北大学购买的图书，包装妥善之后，由马思南路的周公馆运到解放区。我仍在上海大中银行供职，并在开明书店编写稿子。承叶揆初（景葵）世交借给我他所藏的严修能批校、杨凤苞校注的全祖望《鲒埼亭集·内外编》的稿本，我就在上海河南路一角楼上，开始校辑《鲒埼亭集校注》一书。那时人民解放军东北战役已经展开，我就为开明书店编著《清初流人开发东北史》一书，须知我这些不成熟的作品，不是写于象牙之塔，而是写于十里洋场的十字街头！到1948年秋，承钱穆先生介绍我到昆明云南大学和五华书院去讲学。1949年2月北平和平解放，我就由昆明回到上海，从镇江潜渡长江回到北平。见到范老，范老叫我到华北大学政治研究所去学习。这年9月，还没有结业，就因为工作需要，被推荐到天津南开大学历史系任教。

（4）从1949年10月到现在。我在南开大学教授明清史、目录学、历史文选等项课程，曾担任过中国史教研室主任。不久郑天挺先生来到南开，同教明清史这一门课程，于教改期间，得到他不少帮助，使我思想上有了条理，教学和写作上也有所进步。1957年底，我由南开调到历史研究所工作，一开始就参加运动和改造思想，虽然每周有六分之五的时间可以从事于科研工作，可是由于我懒惰成性，没有抓紧时间从事明清史的研究。1966年7月，"文化大革命"一开始就把我隔离在一间屋子里停职反省。我想到改造我的思想，莫如读《毛泽东选集》和《鲁迅全集》，并可以借此来学习我的业务，补足我的缺陷。于是我就想研究汉代史迹，读"两汉书"、《东观汉记》以及《三国志》等书。又于读鲁迅先生杂文中在研究史学上得出两点体会：一是鲁迅先生指出读正史不如读野史笔记等书有益，因为作者不是史官，不摆史官架子，多少反映了当时社会的现实；二是从汉代刻画像中，可以看出汉代社会的生活面貌。从此我就沿着这个轨迹，把这个作为我后半生研究学问的方向。近十年来，晨抄夕纂，编成了《明代社会经济史料选编》以及《两汉社会生活概述》等书，还是粗制滥造，不够标准，有赖于读者指正。

下面我要简略谈谈我的思想和人生观。我一生浑浑噩噩，缺少圭角，有些傻气。又由于受到腐朽家庭的种种压抑，为了挣扎、要强、争面子，养成极端个人主义思想，做了些争名逐利的事情，甚至犯了很大的错误。又由于我吸取了一些教训，加之禀性怯懦，事事不敢出风头，露头角，也不喜欢凑热闹，随声附和，在个人名利上更是避嫌，而是一心一意、呆里呆气埋头于读书做学问，因之新中国成立后在大的运动中我没有出问题，当然在学术上也没有取得十分显著的成就。但是日子长了，到了老来，有些同志还说我头脑思路颇清楚，见闻颇博洽，还能写几篇文章，写几个不高明的字，认为是做了有益的工作，这是群众对我的策励。我深深体会到：要相信群众，相信党；要摈弃个人主义；离开了群众和党，个人什么事情都是做不成的。

复次，略谈我的治学方法。我一生在良师益友教督之下，少年时代就喜欢研究明末清初的学术思想和明末清初的历史。我试图研究满洲人关前的史迹，因而上溯到渤海、辽、金、蒙古以及秦汉时代我国东北的历史。又因为在图书馆做事，就想学习版本学，尤其想学习为研究学问指明道路和提供资料的目录学。但是因为我懒惰成性，又撄于人事，奔走南北谋求衣食之故，这些事情都没有做成。从"三十而立"之年起，到现在，这六十年来，碌碌得很，只写了一些粗糙的不成熟的作品。至于我研究学问的体会，我认为历史是一门科学，它与政治既有联系又有区别，而总的来说是与政治分不开的。因此，研究历史必须掌握马列主义、毛泽东思想，对具体事实做具体分析。又因为历史是一门科学，那就要有一套研究的程序和方法，"论从史出"，掌握了足够而可靠的资料和论据，然后才能得出符合客观事实的结论。所谓研究的程序和方法，首先要具备某些历史学的基本常识，所谓"胸有成竹"，然后才能识竹，这样才能具有对搜集到的资料进行考证、鉴别、辑佚和辨伪的功夫。也就是说，对于史料要"去伪存真，去粗取精"，得出正确的结论，才可提供给史学界探讨。因之搜集历史资料也可以叫作史料学。至于研究学术所应做的功夫，如研究某一部历史巨著，必须考订补足原书的缺漏和书中字句的错误，然后采取综合演绎推论的方法，加以归纳，才能够恢复原作的面貌。我认为光是运用这些形式逻辑的方法还是不够的，还要采用辩证唯物论的方法进行分析研究。古人说得好："读书得间"，就是从空隙中看出它的事实来，从反面可以看出正面的问题。除读正史外，还要从稗官野史中搜集资料经事订补考证，这犹如阳光从树林中照在青苔上，斑驳的光亮可以多少反映出客观的现象，从而得出这些事实的一个侧面，然后取得内在的联系。积累了许多的专题研究，然后才能写出不是陈陈相因、抄撮成书的作品。这是我治学的一种想法。不知道说的对不对。有待于同志们和方家的指教。

我写的这篇肤浅的文字，不叫《自传》而叫《自述》的原因，是念及在刘宋时代刘孝标著有《自序》，到了清朝汪中而作《自述》，他以为自己不如汉代冯敬计者有"三同四异"。我是想学习全祖望的史学的，但我感到不如，对之增愧。

一则，谢山传浙东学派，热爱祖国，当清朝文字狱繁兴之时，不畏强御，不怕杀身之祸，于南宋和明清两代史事，存亡继绝，赖以得传，开有清一代研究历史的风气，并世人文难与抗行。余则丧志辱身，几至失去民族气节，对之汗愧。

二则，我治学粗浅，谢山学识之博大精深，实不能望其项背。后来能补苴谢山缺漏，而拾其精华的，若杨凤苞、叶廷琯诸君。继谢山之后能补证其未备，余实在是望尘莫及。若我的前辈孟森先生对于明清史学做出了颇多贡献，我也难乎为继，仅效法他早年所写的《心史丛刊》，搜集有条理有秩序的资料，敷陈其事而已。研究明清史是当前一门重要的学问，好在后继有人，方兴未艾正有待于来者。

三则，谢山先生治学的方面很广，所取得的成绩很大。我认为自有清以降及近代的学者，若全祖望、龚自珍和王国维先生皆博大精深，开辟蓁莱，启发治学的先河，实为近二百年来的朴学大师。桢虽受业于王静安先生之门，又承吴北江、梁任公师之提携，而扪心自问，甘于下流？垂老无成，实在是有愧师门。

但是我也有窃自幸喜的地方，有两个方面：

谢山先生生于清朝专制时代，文字禁锢之下，因为得罪权贵，被黜出京，一生贫困，卖了心爱的书籍，才能整饬行装，踉跄出京，著有《春明当书记》一文；桢则幸生于社会主义社会的盛世，从事于教学研究工作，得读书春明，悠游南北，文津阁、天一阁之书，资我阅读，其幸一也。

谢山先生屡遭蹭蹬，发愤读书，坚贞自学，百折不挠，卒以忧劳成疾，年未能登中寿；而桢痴愚成性，秉性乐观，遂至玩时旷日，垂老无成；然读黄宗羲先生之语，绝无"伤贫嗟老"之心，所以虽然头童齿豁，而犹虚心学习，诵读不辍，其幸二也。

1981 年 5 月 16 日草于沪，返京后又加以修改。时年八十有一。

附录：主要著述目录

1.《顾宁人学谱》，1931 年上海商务印书馆铅印本，新中国成立后再版改名为《顾亭林学谱》。

2.《黄梨洲学谱》，1932 年上海商务印书馆铅印本，新中国成立后再版。

3.《孙夏峰、李二曲学谱》，1932 年商务印书馆排印本。

4.《晚明史籍考二十卷》，1933 年北京图书馆铅印本，1964 年增订，上海中华书局铅印本。

5.《清开国史料考六卷》，1932 年北京图书版铅印本，中华书局修订后再版。

6.《明清之际党社运动考》，1934 年商务印书馆铅印本，中华书局近将再版。

7.《清初史料四种》，1935 年北京图书馆铅印本。

8. 《北平图书馆善本丛书第一辑（明代边疆之书）》，1935年商务印书馆影印本。

9. 《吴大澂尺牍》，1936年商务印书馆影印本。

10. 《清初流人开发东北史》，1948年开明书店铅印本，即将收入论文集内，改名为《清初东北流人考》。

11. 《清初农民起义资料辑录》，1956年上海人民出版社铅印本，即将修订四版。

12. 《南明历略》，1957年上海人民出版社出版，即将修改再版。

13. 《明清笔记谈丛》，1962年上海中华书局铅印本，即将再版。

14. 《明代社会经济史料选编（上、中、下三册)》，福建人民出版社铅印本。

15. 《明代农民起义史料选编（二册）》，福建人民出版社待印。
以上数种均辑录明清时代野史笔记中的资料。

16. 《两汉社会生活概述》，陕西人民出版社整理出版。

17. 《两汉碑刻砖瓦拓木集录》，北京中国人民美术出版社整理影印。

18. 《明末清初的学风（论文集）》，人民出版社出版，印刷中。

19. 《江浙访书记》，三联书店整理待印。

20. 《史料学》，北京师范大学史学研究所整理待印。

21. 《黑龙江通志稿艺文志》，黑龙江通志稿铅印本。

22. 《河南通志稿艺文志》，仅有存稿。

23. 《绥远通志（呼和浩特）民族志·河套民族变迁考》，1943年中和杂志抽印本。

24. 《明港纪事诗二卷》，在明港五七干校所著稿本。

25. 《三吴回忆录》，1943年蠹鱼编辑印本。

26. 《两粤纪游》，1936年《禹贡》杂志社单行本。

27. 《锦城游记》，1963年讲学四川大学所写（稿本）。

李霁野

李霁野自述

　　我于1904年4月在安徽霍邱县叶集出生。这个小集镇南临大别山，西濒史河，在一个土地肥沃的小平原边缘。在我的祖辈时期，史河沿绍镇旁流过，几桅的大帆船来来往往不断，所以叶集是个很繁华的地方。但到我父辈时期，史河改道西移五六公里，叶集就慢慢衰落下来了。可是居民不忘往日的繁华，在我童年时还常常听到人们以"五里路长街"自豪。实际上，除中间还有几户小康的人家之外，南北两头只有一些简陋的茅舍罢了。我的家庭在当地是有近二百年历史的老户人家，但到我记事时，已经是地无寸土、夜无存粮的破落户了。

　　在我8岁的时候，父亲送我到一家私塾附读。不多的书也买不起，我可是很高兴读父亲手抄的本子。父亲性情温和仁慈，从不对我厉声厉色，虽然听也不曾听到过儿童心理学，却很懂得爱护儿童的自尊心。但他并不是一个"老好好"，他有很强烈的正义感，偶尔也发点使人震惊的脾气。

我也很敬爱我的第一个塾师。我父亲领我去拜了孔夫子之后，塾师让我扫地。我扫完之后，他微笑着对我父亲说："这孩子可以念念书。"我父亲在很困难的情况之下总勉力使我读书，塾师的话我想是有影响的。我读私塾时还有一件事至今未曾忘怀，就是塾师很早就让我自己阅读《三国演义》，以后我读完了能弄到手的所有古典小说。

辛亥革命之后，私塾要改变了。最初有人创办蚕桑学校，似乎也种了些桑树，但是入学的人寥寥无几，失败了。接着创办了明强小学，我就从私塾转去学习，塾师也去做国文教师，为我们讲《孟子》。他把书逐句译成白话，有声有色，引人入胜。"王曰叟"——他高声说，"国王说，你这个老头子呀！"现在他的声音容貌还历历如在眼前。

在明强小学的第一场风波，是同学们纷纷互相剪辫子。大人们有的赞成，有的非议。校舍原是火神庙，里面有些泥塑像。同学们一唱十和，把它们推倒砸碎了。一群以一个女信徒为首的群众，捣毁了学校。学生们先逃散，校长教师也闻风躲到别处，总算没有伤人。学校恢复后，对群众并未追究，以后也就相安无事了。

小学毕业后，我于1919年秋考进了公费的阜阳第三师范学校。在"五四"运动之后不久，学校虽然偏远，也受到不小影响。韦素园在我之前考进三师，我去时他已离开，在准备去苏俄时，给我们寄了些宣传共产主义的书刊，其中有《共产党宣言》。比我先进校一年的陈素白，比我后进校一年的李何林、韦丛芜，几个人很相投，都爱读我们自己订买的《新青年》和《少年中国》、有副刊《学灯》的《时事新报》和有副刊《觉悟》的《民国日报》。我们也将书刊借给同学们阅读。有时也张贴一些宣传品，不过我们并无组织。三师有个毕业生苏某，那时在武昌高等师范学校读书，有时寄来些反对共产主义的宣传品，也有人为之张贴。

1921年秋开学不久，陈素白和韦丛芜都病倒了，照例住进疗养室，我为护理他们，也移住那里。我几乎很少上课，更谈不上其他活动了。一天晚饭后，突然钟声大作，有人找我去开会。我到后，一个刘某宣布，我们盘踞疗养室，搞阴谋诡计，要把"洪水猛兽"引进三师。并没有人发言响应他。我简单驳斥几句，会就结束了。会后韦丛芜和我声明退学，一二日即离开三师。

在三师时，我们同在武昌读书的几个小学同学合办了两期《新淮潮》，我写了我最初发表的一篇短文，大意是说人要诚诚实实做人，脚踏实地做事。

到家后，父亲并没有责备我，他了解我没有做什么错事。他也读点我带回的宣传品，觉得社会主义并没有什么不好。我安心靠查字典阅读三师高年级英文课本，《天方夜谭》中飞毯神灯的故事为我开辟了一个新的天地，我对之无限神往。我决心学文学，先掌握英文作为工具。我一点也没有前途茫茫的感觉，但继续读书是一个实际要解决的问题。过了春节，父亲同意我与韦丛芜转学到安庆。

因为师范学校是公费，学生有地区的限制，转学的事成为泡影。韦丛芜的大哥办商品陈列所，商务印书馆在那里设一个售书处，我为他们义务看柜台，可以成天看书，因为没有一个顾客来打扰。韦丛芜同我为《评议报》办了一个《微光周刊》，主要攻击封建主义的旧道德，特别攻击封建的婚姻制度，宣传新文化。我们亲自把周刊散发给女学生，自然要引起些议论；但落落大方的女孩很多，想来也是受"五四"运动的影响，我们发表了要求解除封建婚约的信，在故乡引起了震惊，但以后终于合理解决了。稍后，我们又在《皖报》上办了几期《微光副刊》，我在上面发表了几首日本式的短诗。此时我写过一首五言，抒写初恋的感情，但当时没有发表。这是我最初所写的一首诗。

1923年春，韦素园劝我到北京读书，台静农已经在北京大学旁听了。我在北京自修英文半年，秋季转入崇实中学。这是长老会办的学校，主要教员都是外国传教士。我们用无神论反驳宗教宣传，用中国需要革命的论点斥责他们宣传的改良主义。因需谋取生活用费和学费，我到北京后就常编译点短文换取稿酬。利用1924年的暑假，我译完了俄国安特列夫的《往星中》，托小学同学张目寒送请鲁迅先生指教，我得以结识先生。1925年夏，鲁迅先生建议成立未名社，印行我们六个社员的译作；在它存在的六七年时间中，一共印了二十多本书和两种期刊，即《莽原》半月刊、《未名》半月刊。1928年4月，未名社被查封，我同一个朋友被捕关了五十天。10月，未名社在景山东街开设门市部，李何林同王青士参加了未名社的工作。不久，何林到天津女子师范学院任教，青士在上海龙华牺牲了。

为了纪念被捕获释，我译了《不幸的一群》，由未名社印行。我在未名社工作是尽义务，1927年秋季起，虽然在孔德学院教点课，欠薪是当时的常情，所以经济十分困难，又有家累，以致欠了债。我于1930年夏译完《被侮辱与损害的》，请许季茀先生转托蔡孑民先生卖给商务印书馆，真是救了我的燃眉之急。我译这本书时，同时还在孔德学院教点课。学院藏书不少，并多精装本，校园花木很多，几个月里总有鲜花盛开，给我留下很愉快的印象。可惜五十年后花木凋零，藏书也不知道落到什么地方了。

1930年暑假中，何林和另一个朋友朱肇洛介绍我到天津河北女子师范学院英语系任教，直到抗日战争爆发止。我边教边学，同时还做翻译工作。我于1934年译完《简·爱》，经鲁迅介绍给郑振铎，作为《世界文库》的单行本印行。《我的家庭》都是利用一个暑假译完的，1936年出版。1935年秋起，我休假一年到英国，主要想去看看在国内看不到的书刊，并看看英国的风光和社会。回来经过巴黎和意大利几个名城，欣赏了不少艺术珍品。可惜我当时不知道鲁迅先生为墨狄契家藏维尼斯雕像曾费了不少事，没有为他带回一张照片。

我是在卢沟桥的隆隆炮声中结婚的，婚后到天津拜望岳家，第二天亲耳听到日寇炮轰河北火车站，亲眼见到日寇纵火焚烧南开大学。我半年前已经开始翻译《战争与和平》，我就在天津住了一年，继续译书。1938年秋，北平辅仁大学成立女生部，听说我在天津，约我去教课。我便去教课。我同以前一样，边教书边译书，120万字的《战争与和平》共用四年半时间译完，分期寄给办事处移到九龙的中华文化教育基金委员会，但书稿不幸在日寇进占香港时损失了。

辅仁大学有几个教授组织了一个秘密的文教委员会，想为尚留敌占区的北平的文化人谋求生活出路，不做汉奸。他们拉我加入了。我尽力想为周作人找出路，失败了。我想办《北方文学》维持几个能译作的人的生活，也未能实现，还因此损失了鲁迅先生一年的日记。敌人的防范是很严密的，我受到几个被捕过的人的警告。直到几个与文教委员会有关的人陆续被捕后，我才于1943年1月5日只身逃出沦陷区。

在界首听说故乡再度沦陷，我只好去洛阳，在那里滞留了五十天，过了一段地狱似的生活。从那时起，我将感触随手写成绝句，这习惯一直保留到现在。我从洛阳去重庆。在此我抄录当时在路上所写的一首绝句，概括这一期间的生活感受：

> 既伤国破群奸误，复叹家亡音信无。
> 入蜀道难惊绝眺，妖氛窒息放狂呼。

到重庆后，一时找不到工作，我寄居在一个同乡家里，找到些苏联卫国战争的故事翻译，以后结集为《卫国英雄故事集》。不久我到复旦大学教书，仍业余翻译，译成《四季随笔》，分期在一个刊物上发表。这个学校当时有些乌烟瘴气，而白沙女子师范学院有老朋友和旧学生任教，几个月后我就到白沙去了。在这里生活十分愉快，工作也很顺利，业余译成《虎皮武士》和《杰基尔大夫和海德先生》。我还随时写些诗，主要为绝句，附在信内寄给妻看看。此外也写点无题诗。《鲁拜集》实际是绝句体，为练习艺术，我用五七言绝句式译出，只有少数人看过，后来在十年浩劫中连同一些其他的诗损失了。我在女师学院做过六次课外讲演，后来集印为《给少男少女》。女师学院掀起反国民党风潮，被解散。抗日战争已胜利结束，我急于回故乡同妻稚团聚。但"蜀道难，难于上青天"，我入川时曾尝过，出川则很不愿再度品尝了。而偏偏有学生愿让出川陕公路汽车票，只好硬着头皮"上青天"了。

路上十分艰苦，有诗为证：

> 敝车度峻岭，颠簸脊头摧。
>
> 妖姬与巨贾，飞去又飞回。

但是在丢失的《记游诗》中，我还记得一二，是描写愉快经验的：

> 欲闻虎啸复登临，伫立芳丛近水滨。
>
> 黄萼蔷薇共攀折，清泉奔放六龙吟。

1946 年 5 月，我回到故乡，国民党发动的内战实际上已经开始。老问题还是不容易找工作。我计划在故乡陪父亲生活一二年，只写作、译书。在 9 月却接到许季茀先生的信和电报，约我到台湾省编译馆当编纂，编译西洋文学名著。我途经上海，拜谒了鲁迅先生墓，坐船于 10 月到达台北。在编译馆印行了《四季随笔》和妻译的《鸟与兽》，1947 年台湾全岛戒严后，编译馆被解散了，我转到台湾大学外文系教书，业余译了《在斯大林格勒战壕中》。

这时我已经是 40 岁开外的人了，最觉得遗憾的是多年为生活劳累，又经过八年战争，一直未能踏踏实实地多读点书。在光复前，台湾大学外文系只有一个日本教授、一两个学生，但所藏西洋文学书比国内任何大学都丰富。我本想安下心来，系统地多读些书，但是事与愿违，要逮捕我的传闻又迫使我深夜携家逃亡，经香港于 1949 年"五一"节前夕到达天津——我的第二故乡。

1949 年 9 月，我到南开大学外文系任教一直到现在。除教书并兼行政工作外，兼职较多，有不少社会政治活动，译书的时间就有限了。初期译了《难忘的 1919》，印行了《山灵湖》《海河集》《回忆鲁迅先生》（后改名《纪念鲁迅先生》重印）。1952 年参加赴朝慰问团，1956 年参加了中国共产党，此前参加了中国民主促进会，1957 年参加文化代表团访问意大利、瑞士和法国，写了《意大利访问记》。

几十年中我有每天散步的习惯，仅去年因气管炎第一次住了一个月医院。虽然 1960 年就发现了冠心病，按我的年龄说，身体还算健康。瞻望 80 年代，我估计还可以做几年事，为四化尽点微力。我现在编辑《未名小集》主要为纪念鲁迅先生。收入小集的作品有我写的《鲁迅先生与未名社》、陈安湖的《鲁迅论集》、陈漱渝的《鲁迅史实新探》、韦素园译的《外套》，这些已经由湖南人民出版社付印了。愿意参加《未名小集》工作的同志已有不少，这是我很感快慰的。

（1980 年 7 月 20 日）

王达津

八十自述

一、我学古典文学是环境与爱好使然

我所以学古典文学，是与家庭和学校环境有关系的。家里大人并不懂学校教育，一位叔叔一个哥哥请过家庭教师补习数学、英文等，所以一个入唐山交大，一个入清华（"一二·九"运动时担任清华学生会主席）。我 10 岁左右和一个弟弟，却在家里请一时未找到工作而投奔我家的人教"四书"及《左传》《周易》，所以不自觉的就倾向学文史。

家里藏书有数十樟木箱，我十二三岁，就偷偷一箱箱地看（看完第一箱把空箱移下，再看第二箱），其中丛书很多，有明刻

《二十四史》《通志堂经解》《皇清经解》，集部包括六朝唐宋元明清各大家诗文集及作品选本。祖父崇拜王船山，所以《船山遗书》就有两部。这些藏书，从本子来说最高似有元本，有明本殿本，从纸张说有开花纸、宣纸、竹纸本的不同，还有补贴珍本、巾帕本（送礼用）等不同。我上武大时带走一部汲古阁大字本陆放翁诗集，一部精刻《全唐诗钞》。

此外在兄姐那里看了蒋光赤、丁玲、沈从文、冰心、冰莹、谢婉莹、刘、芦、邹、郑振铎、周作人、鲁迅等作家作品，也看过张资平的小说，当然是非常崇敬鲁迅的。当时印象最深的是我亲身经历过的纪念"三·一八"惨案的文章。

在小学初一就开始读旧小说，在北京上初一时，下午三点放学就到西单图书馆借小说看，《封神榜》《东周列国志》《水浒》《红楼梦》一直到近代刘鹗、李宝嘉、吴趼人等作品。但不幸眼睛近视了，以后配上眼镜，才看清树叶一片片多层次的绿色。

高中时又博览了外国文学，大抵以法国为主，看了左拉、巴尔扎克等作家和高尔基、普希金、福楼拜、哈代的作品，还订了郑振铎编的"世界文库"。旧社会中文系是以古为主，没有近现代、当代文学等课，但我已在小学、中学以及大学初年，自己就读得很多了。所以在家庭中多读书，奠定我学习文学特别是古典文学的方向。人的读书能力是很强的，我奇怪为什么现在不让小学、中学生多读些课外书，为了考大学我觉得可以请人补习，我中学同班同学有成就的，大都在中学课外加读外语（英文小说）以及理化书，如现任北大教授的黄昆、清华教授的郑林庆等。如果身体也加强锻炼，不一定自学会增加学生的压力，我觉得反而会使他们更易于了解老师所讲，并减轻他们的学习压力。现在学文学的大学生、研究生，我觉得读的书太少了。

二、多读书与掌握研究方法的重要性

多读书，上面我已谈到了一些，当我随武汉大学迁乐山后，我经常到武大图书馆一部一部丛书地阅读，涉猎非常广泛。在北大研究所读书时，我管理图书室，把有关先秦诸子重要著作，和有关金文、甲骨的著作都通读，而清华大学所有类书也都翻阅过。但读书要注意学习研究方法。

在中学时我已注意到当时人研究方法，如顾颉刚所编《古史辨》、中央研究院研究刊物。我在中学主编校刊已发表过《诗品研究》《纪念李卓吾》等文章（现在北大图书馆藏有）。在大学时受到刘永济先生讲《文心雕龙》的影响，起决定作用的是受到梁启超、王国维的学生我的导师高亨的治学方法影响。在北大研究所时，则受到导师唐兰教授教导，从最早文字和古书学起，学金文、甲骨文和《尚书》，汤用彤教授也指导我如何整理《老子王弼注》。但自己研究方法虽受着导师的影响，也须要经过自己的实践而确立和发展。

新中国成立后深入学习历史唯物主义和辩证法，我所教的文学批评史，就不能仅就古代理论研究。从先秦到近代，都必须首先研究各代历史背景、时代与不同阶层的需要。也要了解时代思潮，还要看各时代作家的近乎全部的作品，然后才能去研究所要研究的理论。但研究总是和学术界一同不断深入，所以随时应有成果，因为"学无止境"。这也就是我认为研究要有方法，才能不断取得正确或较好成果的想法。

三、在学校学习和研究也需要参与政治社会生活

无论是在新社会还是旧社会，人都不能脱离政治、社会。

我自己的家乡大约在 1935 年大部分沦于汉奸殷汝耕手。我便在

144

1936年9月考入武汉大学中文系，因为我不愿留在危机四伏的北方。但在1936年至1937年国难当头的时候，蒋介石不抵抗的妥协政策，和我们党的抗日统一战线政策，斗争是极为激烈的。在武汉，我们就被学生救国会的高班同学迎接入校，领导人就是新中国成立后曾任科学院机械研究所党委书记的郭佩珊。入校我曾任班代表，参加了学生救国会的活动。当时学生会发动全校学生写要求抗战的大字报，于是文法理工的教学楼几乎都被大字报所贴满。我们也有过几次大游行，"七七"事变后参加游行者更多。有一次在码头，宪兵真枪实弹，不允许我们过江，很多同学痛哭流涕。在西安事变前我已参加了新中国成立后任交通部副部长的潘琪所领导的党的外围组织新生社。

当暑假到来之际，我也准备回一趟北京，但是没钱，一位在燕京大学念书的同学，寄给我二十块银元。可是"七七"事变突发，打断了我回家的念头。

以后便经历了抗战的三个阶段，第一段是由李升震（新中国成立后曾任福州大学校长）带队在湖北咸宁、汀泗桥、湖南城陵矶、湖北沔阳等地做抗日宣传工作。我们在各地街头演《放下你的鞭子》，我去那带着卖唱女儿的老头，胡子是用棉花粘上的。晚上在野台子上演剧。抗剧中的日本鬼子一次挨游击队打，眼镜都直飞台下。我们住在贫农家里时，就和猪住在一起，下起雨来，雨从瓦缝滴到口中。不久，学校暂时停课，我们返校，我和自北京逃出的兄长王达仁跑到湖南姐姐家，当时避难由汉南下的人很多，在火车上我只能用一只脚站立。

南京失守后，学校停课，我得到通知立即返校。通知我的是同社鲍君，他来找我让我立即和他一道参加闫宝航、杜重远办的训练班，当晚他就又转道参了军。新中国成立后才知道他后来在徐向前部下，在太行山一带战斗，他牺牲了，牺牲时是营长。在校中还有位女同志曹诚一留信邀我参加方毅同志领导下的训练班，我找她时，她已经走了。我和一些同学又由闫、杜领导的训练班都转入陶铸、曾志同志领导的汤池训练班。我们在天门、应城一带农村做宣传工作，我还编墙报。

第三阶段是武汉形势紧张时，训练班领导同志大部分人进入大别山。我们一些同学就回校，于是随校迁四川乐山。这时有位法律系同学，和我有联系。他是学校搞的训练班毕业的，但不得已要参加国民党军队，来问我怎么办。我跟他讲了我在汤池的情况，告诉他唯一出路就是要找共产党。我们到乐山后，不到一年，他就在山西某地来信告我他已经弃暗投明（新中国成立后及"文化大革命"时来调查两次，中文系同学找过他一次），还附有穿八路军装的照片。新中国成立后我在报上看到他的名字，军衔是少将，后来大约转了业。在乐山，毕业年份就很少活动了。当时斗争形势十分紧张，我的宿舍中两位同学失踪（被捕）。那天还有两位特务想溜进龙神祠宿舍检查两位同学住处，刚入门被我看见，我就喊出舍监和同学把他们拦住。当时地下党负责人钱同志出走了。另一地下负责人蔡心耜（工学院同学）迁到校本部这边住，来安定进步同学恐慌心理。我奉命同同学十位左右去找王星拱校长，要求他保释同学，结果使命是完成了。

我们伏案念书的日子也不算太多，但写毕业论文时，往往写到深夜，所以有一次在吃饭时昏厥不省人事。

在北大教课时，也是反对内战斗争激烈时，也由同学把我支持他们活动的意见写成大字报，我也参加过大游行。

新中国成立后，从延安回来的武大的朱九思同志，和去大别山的萧松年同志（都是原编报纸后为高校党委书记），很早就到北京看我，朱九思在我家吃饭，住了一夜。20 世纪 80 年代后原领导人原科学院机械研究所书记郭佩珊、福州大学校长李升震、南京某局局长钱闰等都先后有函信来往。可见他们都是共产党的优秀党员，是不忘故旧、不忘老友的。

四、我的专门业务与研究

没有研究方向与研究方法，就不可能做研究工作，人各有志，大学里研究人才并不多。大学中同学十余人，只有三人后来任教授。

我从小读书多，上大学时也博览群书，但方法主要还须得力于导师。我先是受刘永济讲《文心雕龙》的影响，但更重要的是受梁启超、王国维的学生高亨的影响（他是继承和发展清代朴学的），我的毕业论文就是经他指导的《荀子集解补正》一书。研究就是读、写，出研究成果。在北大研究所则受古文字学专家唐兰和哲学史家汤用彤的影响，攻金文、甲骨文、尚书和诸子。在校时完成了《尚书语词研究》也兼研究了《老子王弼注》。

毕业后到中央大学任讲师时，给同学讲《尚书》（结合金文、甲骨文），曾写出《〈尚书·盘庚〉中的众与有众》和《墨子为齐人考》等文。1946年任北大中文系讲师，便教授《尚书》《诗经》《荀子》《墨子》四门（前二课结合金文、甲骨文），《钟嵘生卒年代考》一文，也是在北大写成的。

1952年调任南开大学中文系副教授，连续开"中国散文史""汉魏六朝文学史"等课，20世纪60年代初开"中国文学批评史"和《文心雕龙》等，也写了不少与上述课有关的文章。60年代开始培养文学批评史研究生，至此由博走向专。专不经过博，是很难做到较全面和深入的，特别是文学是上层建筑最底层，我们必须首先深入熟悉各时代的时代背景，又必须了解各时代的思潮及其变化，了解各时代的作家作品，然后才能分析和概括各时代和作家文学思想、文学理论的发展，所以这门课比文学史还要难学难教，这一课同时又要通晓美学理论（包括画论等）。这就是我对如何研究和指导学生的看法，也写出来备参考。

无论是给本科生还是研究生讲课，教授五十多年总是想每一堂课留给同学些什么，是思想特点，还是学术特点，或是分析研究的方法。但这也很难做得很满意，一是自己的学力须不断提高，研究方法也须变化革新；二是同学须有理解力，可以发挥出来，可补教师之不足。有同学讲我讲课常闪火光，我想这大约由于我不想人云亦云，要讲出一点新东西，或是讲出作品中的真情趣。但过去未系统形成一种方法，重点常不突出，还是有负同学希望的。

指导研究生，因为研究生题目不同，他们必须研究的方面，读的书，我也必须去研究、去读，这是相当辛苦的，但不这样就无法正确指导，甚或导入误区。每篇毕业论文，都应是学术界的新成果，这也是要导师花力气的。我这点体会很浅薄，但也是几十年积累而成的体会。

五、我和九三

早在 1945 年在中央大学，杨晦先生就叫我至沙坪坝去活动活动，那正是九三准备成立时期。我自己也曾独自去上清寺找民盟，想参加，不巧碰到地下党员中学同学李炳泰，他在民盟总部工作，说民盟内部正在闹矛盾，你不要去了，因此没达到目的。所以迟到 1952 年院系调整前，才参加了九三。九三负责人让我到天津大学张湘琳处报到，并发展九三。

南开九三社员只有华粹深先生，原有吴廷璆，已参加民盟，所以他也让我负责，我便不断去找张湘琳，张湘琳同市委商量。1954 年市委统战部王笑一确定天大副校长刘锡瑛任主委，此外委员有虞颂庭、徐中、张天惠和我，成立筹委会。我还曾去过总社找过李毅，请总社帮助天津分社的发展。在此以后，南大九三也便发展了很多老教授，他们原来我都不认识，我总去找党委书记和各系总支，只要各系党委同意了，我就去找老教授们。但"反右"运动起来了，不少新社员因积极发言被打成"右派"。我曾同刘锡瑛主委等去东北参观，回来后报纸上正登出雷海宗是大"右派"，我不理解，曾对刘主委说他不会是"右派"，人们没有理睬我。后来我还被校内各民主党派联合斗了一次，说我发展"右派"太多了，我思想上确实不能接受。

九三市委会正式成立后，我改为市委委员，可能是一直担任到20世纪80年代后期。南开则由沈寿春、杨翼骧任正副主任，委员还有周与良、邢金铭，是他们实事求是地发展了南开九三。我没有尽多少力量，但我感到九三市委和中央应有我校理科代表人，80年代曾向市委统战部推荐周与良，统战部和市九三领导人商量，同意了我的意见。

我做市筹委会委员不久，就列席市政协大会。20世纪60年代任第四届政协委员，直到90年代任第八届委员后，才因年龄关系退出政协。"四人帮"的倒台和改革开放政策的推行与不断深化，这都是我积极参加政协会的动力，凡此都是与我任九三市委员有密切关系的。

20世纪80年代有一次政协会让政协委员填一表格，其中有一栏要求填是否名人后代，我不想借我祖父名字给自己谋什么利益，而且时代久远，人们都不知道了，所以未填。我祖父名王芝祥字铁珊，清末广西藩台，辛亥革命前曾救护了很多革命党人，如黄兴、钮永建等。辛亥革命时在同盟会推促下，首先起义，任广西都督，旋以广西都督名义，出师援武汉，任陆军上将国民革命军第三军长。他也是老同盟会会员，军政府顾问。南北议和，条件之一，就是让我祖父任直隶都督，但袁世凯背信弃义，策动兵变，还烧了祖父的家。

祖父和蔡锷在广西就是朋友，民国初建，蔡锷是统一共和党总干事，我祖父是副总干事。他还参与国民党最初的组建工作。民初蔡元培和他领衔组成法律维持会，抗议黎元洪擅杀武昌起义将领张振武的事（与袁世凯也有关）。

1916年袁世凯谋称帝，我祖父带我父母逃到天津，我祖父自己同云南李根源一同南下。我父母是留住在法租界资本家纪家。袁世凯死后约20天，旧历五月二十五日新历6月25日我就生于天津纪家。

现在既是我八十诞辰，我就理应把这段历史简略说出，因为这也是我名字叫达津的真正原因。

现在北京通县政协《文史》有人写了我祖父的传记（时代太远，难免有误），通县编《县志》也写了他的传记。他死于 1930 年，《蔡元培全集》中有《致许寿裳函》（1930 年 8 月 30 日），函中说："王铁珊于民国元年赞助革命，在北京亦时相过从，不可不有以表彰之。拟送绫对一副，请节取哀启中语代作联语，写寄平寓，费神至感。"

我属九三和政协成员，还是应该把我生时前后一段家史也附写于此。

（1996 年 9 月 11 日）

经验规津重于理论推测

陈荣悌

思维特色形成背景

我 5 岁发蒙，读的是似懂非懂的《三字经》。正是这一年，世界化学史上诞生了 Brönsted 的均相酸碱催化定律。私塾的小学童开始旧式教育的读书生涯与世界化学史上的重大发现之间，似乎很难说有什么联系。私塾先生只教"人之初，性本善"，却不做解释。这使我对旧的教育方式产生了厌烦，而老师则说我"不会念书"。1937 年我考入湖南大学化学系。正好也是在这一年，世界化学史上又诞生了一个科学发现，即 Hammett 方程。我当时绝没有想到，在我求学、治学生涯中具有纪念意义的两个人生转折点上诞生的两个科学定律，竟会与我一生科学事业的成就紧密相连，成为我的科学研究的基石。我的科学成就正是对这两个经验和半经验的科学发现进行了更大范围的科学解释、验证和理论概括，并把它推广到配位化学领域，在这一领域内建立起线性热力学函数关系。

我献身于化学事业的契机，最早产生于初中时代。上初中时，化学教师何瑞武是日本留学归来的。他的教学生动活泼，课堂表演令人眼花缭乱，就像变戏法一样，使我对化学产生了浓厚的兴趣。在重庆上高中时，学生可以自己做实验，我对化学实验兴趣更浓，下定决心学好化学，从而确定了终身从事化学教育和研究的信念。

1937 年夏，我高中毕业后考取了湖南大学化学系。1938 年，抗日战争初期，国民党在长沙实施"焦土"政策，在大火弥漫中，我转入四川大学。1939 年四川大学搬往峨眉山，无水无电，许多实验无法进行，主要学习书本知识。后来在武汉大学当研究生时也是主要学习理论。这使我对战乱给国家和人民带来的灾难，以及由此带来的科学落后和教育落后，有一种刻骨铭心的感受。为此，我研究生毕业后即考取公费留美。1947 年到美国后，美国大学先进的实验设备和丰富的图书资料强烈地激发了我的求知欲望。我醉心于化学世界的知识宝库，补上了在国内战乱年代没有学到的许多理论课程，补做了国内没有条件做的大量实验，并养成了扎实工作、注重实验，广泛涉猎新知识、新理论的良好学风，这一切为我的科学事业奠定了坚实的基础。

20 世纪 40 年代末至 50 年代初，正是国际上无机化学的"复兴"时代，特别是配位化学有了突破性的发展。50 年代初期，我在美国西北大学做博士后研究工作时，师从美国著名化学家巴索罗教授，进行配位化学的热力学和动力学研究。1954 年回国后在南开大学任教时，又继续开展了这方面的教学和科研工作，因而对配位化学及其前沿领域有较深刻的了解。

化学领域有两个著名的定律：一个是 20 世纪 20 年代丹麦物理化学家 Brönsted 发现的均相酸碱催化定律，另一个是 30 年代以美国科学家的名字命名的 Hammett 方程所表达的有机反应规律。前者讨论的是一般酸碱均相催化反应中反应速率与酸碱强度之间的线性关系；后者则涉及对位和间位取代苯基衍生物的支链反应的反应速率或平衡常数之间的线性关系。两者都是经验关系式，人们当时还不知道这种线性关系存在的原因。

20 世纪 30 年代，Eyring 等人发展了反应动力学的过渡状态理论（或称绝对反应速率理论）之后，化学家们才知道反应速率常数与活化自由能改变的定量关系，使 Brönsted 定律和 Hammett 方程这两个经验关系式得到解释，并称之为直线自由能关系。

化学世界有着广泛的分支领域，每一个分支领域都是一个广阔的科学世界。应当说，Brönsted 定律和 Hammett 方程主要适用于有机化学反应范畴，而我则是在配位化学领域中发现直线自由能关系并做出了理论解释。

一、兼收并蓄，触类旁通

作为一名合格的科学家，不仅要精通本专业的知识，而且要掌握本学科和其他专业的知识，甚至了解本学科之外的有关知识。在上大学和读硕士、博士学位阶段，我广泛学习化学各分支的课程，牢固掌握无机、有机分析和物理化学等各个专业的理论、概念和定律，特别熟知有机化学和物理化学领域的 Brönsted 定律和 Hammett 方程，以及后来在理论上得到的直线自由能关系。

我在做博士后时开始致力于配位化学的研究，在前人的实验得到的大量的、看来杂乱无章的数据中努力寻求规律，发现在配合物的稳定性与配体的酸碱强度之间存在某种线性关系，感到似曾相识。我凭借扎实的基础知识，很快联想到 Brönsted 定律、Hammett 方程和直线自由能关系，并进而推导出配合物稳定性与配体酸碱强度之间存在的直线自由能关系的定量公式。这样，我成功地把有机化学中的线性定律推广到配位化学领域，拓展了知识领域。

我的这一发现过程看似一般的类比方法，然而也具有特色。如果让我自己从头去摸索这一线性关系，或许还要走许多弯路，要付出更艰苦的劳动，正如几个世纪前开普勒发现行星运动规律一样。然而，几个世纪以来，科学已经有了巨大的发展，要在科学深入发展的年代超过前人或开拓前人没有到达的领域，就必须以前人已经取得的科学成就的制高点为起点，才能高屋建瓴，做出新的具有独创性的成就。如果离开学术前沿的制高点，靠经验与半经验的重复劳动，在陈旧的知识理论中寻找突破点，就很难取得成功。我正是把有机化学范畴的科学成果作为研究配位化学线性关系的基石，在通往未知领域时找到了一条捷径，从而登上前人建起的科学高峰，确立了配位化学领域的线性热力学函数关系。

我的这一发现过程是把处于两个不同专业的理论与实验有机结合的过程。有机化学和物理化学中的相关理论都并非由我完成，我只是将处于不同领域的双方结合起来，然而，正是这一思维方法使我取得成果，拓展了人类的知识领域。几十年前，几位通信技术专家在飞机上探测噪声，发现存在各向同性的噪声。这些技术专家凭借他们广博的知识联想，证实了这种噪声正是宇宙大爆炸至今残留的 $3°K$ 微波背景辐射，从而为宇宙热大爆炸假设找到了有力的证据。拥有广博的知识，并善于发现其中的联系，这在科学技术高度综合化的今天已越来越重要。科学家只有对学科前沿了如指掌，对自己研究领域里遇到的有意义的现象具有洞察力和捕捉力，才能架起将前人成果与新的发现相衔接的桥梁。

二、由点到面，扩展成果

配位化学中直线自由能关系的确立，为我提供了一个新的立足点。我并没有就此停步，而是在这一新的滩头阵地上迅速扩大战果。在确定配位化学领域直线自由能关系的同时，我又从理论上进一步预测，配合物的生成热与配体的质子化热（或中和热）之间也应存在线性关系即直线焓关系。经过多年的实验证明，配位化学中确实存在直线焓关系，而且相当普遍。根据热力学第二定律，我认为：一个体系如果存在直线自由能关系和直线焓关系，也应存在直线熵关系，这一线性关系也已被许多实验所证实。

接着，我进而把直线自由能关系、直线焓关系和直线熵关系归纳为线性热力学函数关系，并把这些线性关系和所有能量之间的线性关系统称为相关分析，从而由点到面地建立起"配位化学中的相关分析"这一理论体系，并于1995年出版了学术专著《配位化学中的相关分析》，受到学术界广泛好评。

三、实验贯穿研究的全过程

在科研活动中，理论思维固然重要，但比较而言，我更重视实验。

我在总结性的《配位化学中的相关分析》一书中写道："化学是一门实验科学，化学学科的发展主要依靠实验结果和经验总结。所以，化学上的经验规律和定理远重于理论推测和计算。"

我在国内上大学时没有良好条件做实验。我在美国留学时充分利用美国大学完善的实验条件和先进的仪器设备，在学习基础理论的同时把大量的时间精力投入到化学实验中。这不仅使我在具体可感的实验中更加熟练和牢固地掌握了理论知识，同时也养成了注重实验的职业素质，练就了得心应手的实验技能。的确，Brönsted定律和Hammett公式来自实验，是经验规律和定理，配位化学中的直线自由能关系的原始资料来自实验，而直线焓关系和直线熵关系，以及相关分析理论的最终确立，同样离不开实验，要让过程和结果本身来说明科学现象的规律性。

院士展望

　　化学学科在 20 世纪下半叶已发展为许多新的分支，配位化学只是其中的一个小分支，而线性热力学函数关系又是这个小分支的一个部分。可以预料，线性热力学函数关系将不只限于配位化学，必将呈现在化学学科的其他领域；而相关分析这个更广泛的课题，也不只限于化学学科，它也会在其他自然科学学科中发展起来。目前国际上在这方面的系统研究不多，随着科学技术的不断发展，这一研究在 21 世纪将有长足进展。

　　基础学科有时很难预见其应用性，但科学技术的发展一般都是来源于基础理论的研究。这在近代科学技术发展史上是屡见不鲜的。线性自由能关系在其他领域，如医药、催化、化工等方面，已有许多实际应用的例子。可以预料，整个相关分析原理，包括线性热力学函数关系这个科学定理，在不远的将来也会对工农业生产发挥重要作用。

钱荣堃　　**漫漫求索路　悠悠南开情**

　　1917 年 11 月，我出生在江苏省无锡市。父亲钱仲畏是一个纸店的店员，没有读过多少书。因为子女多，家庭开支很大，所以他希望我这个长子能够早点谋生。

　　我在初中二年级时，发生了"九·一八"日本侵华事件。各地学生纷纷上街游行，要求政府抗战。我和同学们一起到南京参加了京沪学生请愿团。我们在寒风中游行了两天，蒋介石接见了我们。他说"抗战必须要有准备，目前则要请求国际联盟主持公理，制止日本的强权侵略"。我们听了很气愤。回到无锡后，我写了一篇文章，题为《公理强权说》，寄给了《上海报》，几天后《上海报》就以社论的形式发表了这篇文章。无锡一所中学的老师把文章印发给学生作为

157

课文。后来在弄清作者是一个 14 岁的初中学生时，引起了轰动，有人认为我小小年纪就能写出这样的文章，是"天才"。

我在无锡县立初级中学毕业时，无锡庆丰纺织公司招考见习生。父亲要我去报考。投考的人很多，而只录取十多人，我居然考取了。亲友们都为我高兴。而我那时很想去升学。但是我不能去上高中，只能去当见习生了。三年之后，我当上了车间工作人员，每天工作的时间长达 12 个小时，还要上夜班。我对纺织工程毫无兴趣，很想再读书，在一个好友的资助下，我在 1936 年秋，到南京东方中学上高中。1937 年秋抗日战争爆发，我跟着学校去了重庆。1938 年夏，我高中毕业。按照我父亲的意见，我在高中毕业后应该去工作了。当时国民党政府对于战区到后方求学的大学生可以免交学费，还可发给贷金供生活之用。我遇到了这个上大学的好机会，经过充分准备，我考上了重庆大学的商学院会计系，后来又转到银行系学习。

当时重庆大学商学院院长是经济学界的权威马寅初先生，他教我们货币银行学和中国金融论。他在课堂上经常向学生提问，在发生不同意见和争论时，他就指名要我回答。马先生对我很满意，有时带我去参加学术会议，让我做记录，还鼓励我在会上发言。

1940 年春，国民党的陆军大学将官班请马先生去演讲，马先生带我去做记录。他对二百名左右的国民党将官说，全国上下理应万众一心抗日救国，有钱出钱，有力出力。但现在是"下等人"出力（上前线打仗），"中等人"出钱（负担抗日的费用），而"上等人"则既不出力又不出钱，还囤积居奇，大发国难财。还有一些"上上等人"利用手中权力大发横财。孔祥熙、宋子文就是这种人，实在可恶。蒋委员长应该大义灭亲，把孔宋手中的不义之财拿来充作抗战之用。马先生敢于在国民党的陆军大学对将官们发表反对蒋介石及其一伙的演说，实在是非常勇敢，我深受教育。

1942 年夏天，我从重庆大学银行系毕业，和今天的许多大学生一样，面临着步入社会或继续深造的两难选择，犹豫不定的我便向当时的系主任杨阴溥先生求教。杨先生认为，研究生阶段的学习不仅能让一个人在学术研究方面更上一层楼，而且它对人的思维方式、研究能力也是多有裨益的。于是，我报考了国内享有盛誉的南开大学经济研究所，并有幸被录取为硕士研究生，从此正式开始了我孜孜以求的学术生涯。而我与南开亦自此结下了一生无悔的悠悠情缘。

20 世纪 40 年代国内许多大学都不招收研究生，南开大学经济研究所是当时国内非常少的培养硕士研究生的著名研究机构。报考的学生来自各地名牌大学的本科生，只有少数成绩优异的学生才能被录取。我们那一届共有九名研究生，大多是名牌大学经济系的优等生。当时的硕士研究生学习两年，第一年学习四门专业课，第二年则主要用来写作硕士毕业论文。南开大学经济研究所拥有一批治学严谨、造诣颇深的教授，能受教于诸多名家实乃本人学途之大幸，而学风浓郁的南开校园又为我在那个动荡的年代里提供了几尺潜心研究的案台。在南开的学习的确使我在理论修养、研究能力和学习方法等方面更上了一层楼，这为我以后的学术研究奠定了坚实的基础。

1946 年我又考取了中英庚款公费留学生，并于 1947 年秋进入伦敦经济学院攻读博士学位。伦敦经济学院是英国著名学府，其师资力量非常雄厚。在英国的大学里，一个专业往往只有一位教授、几位副教授和讲师，但伦敦经济学院的专业多，所设的教授席位也多，所以教授也比较多。经济理论、国际经济、经济史、银行学、企业管理、经济计量学等都有著名的学者，再加上校外的访问教授也常来讲学，这使得我有机会在三年之内在伦敦经济学院见到过不少英美的著名学者，听他们讲课和参加他们主持的课堂讨论，让我收获很大。

初来乍到英国的时候，我立刻就发现英国的教学方法和中国很不相同。英国的大学生学制三年，比中国的短一点，每年有三个学期，每个学期只有八周，一年上课只有 24 周，而放假则长达 28 周。在放假期间，学生们阅读大量的书籍；上课时也不是全由教师授课，很多的时间用于课堂讨论。英国的大学生有专门的导师，学生经常去见导师并讨论问题，同时要多写论文请导师批改。我在中学读书时，读过英国学者培根的《论学习》。培根说学习的方法，主要是通过读书、写作和讨论，他说："读书使人充实，写作使人确切，讨论使人敏锐。"我在当时体会不深，但我到英国以后发现英国大学里的教学方法就是培根的方法。学生们认真读书，经常写作并讨论问题，所以拥有广博的知识、很强的写作能力和敏锐的思想；教师的任务是指导学生去读书、写作和讨论，而上课反而不是太重要。读书、写作和讨论都是发挥学生的主动性和创造性，上课则是比较被动的学习方法。我发现英国的大学生知识面较广，能说会写，这与他们的学习方法是分不开的，这一点很值得我们借鉴。我在伦敦经济学院学习三年，这三年不仅使我在掌握西方学习方法过程中受益匪浅，而且让我在与世界一流经济学家的接触中得以站在学科的前沿地带，切身感受国际经济学术界的最新发展，这对于我回国后从事国际金融领域的研究工作是大有裨益的。

1950 年秋我学成回国，次年春天我回到了阔别五年的南开大学，在金融系担任货币银行学方面的教学工作。当时，全国正大张旗鼓地学习苏联的经验，要实行中央集中领导的计划经济。在计划经济体制下，金融没有多大的作用。1953 年院系调整，南开大学取消了金融系，我被调到图书馆任副馆长。以后一直参加各项政治运动、下乡劳动、下放工厂和农村，正所谓不务正业。直到 70 年代末我才回到教学岗位，在经济系任教。1981 年南开大学恢复了金融学系，我又重新担任间断了 28 年之久的金融系系主任，并主持国际金融方面的教学科研工作。

在国际金融的教学科研方面，出于战略考虑，我主张先办国际金融的硕士研究生点，有了优秀的硕士毕业生，就有了国际金融本科的师资，同时招博士生也有了可靠的生源，所以我在 1979 年在南开大学开办了全国第一个国际金融硕士研究生点，后来在 1983 年又开办了全国第一个国际金融博士点，直到 1985 年才开始招收国际金融专业的大学本科生。根据这个战略，不到 10 年的时间，我们就有了本科、硕士点和博士点。1986 年国家教委经过专家评审把南开大学的国际金融专业定为这个学科的全国唯一的重点学科，这充分说明了我们的发展战略是好的。

南开大学国际金融专业作为全国唯一的重点专业，对我国国际金融专业的发展起了相当大的作用。从 20 世纪 80 年代中期到 90 年代初，受国家教委委托，南开大学先后开办了三次国际金融师资培训班，共培训了师资一百多人，他们来自全国各地院校，现已成为科研教学骨干力量。我们还为全国国际金融专业的师生编写了一些教科书和专著。80 年代初，我主编了《国际金融专题研究》，90 年代初我主编了《国际金融专论》论文集，作为国际金融专业的教师、研究生和大学生参考书。90 年代初，国家教委组织编写了 12 门财政学科核心课的教科书。南开大学负责编写《国际金融》教科书。该书由我任主编，由我的博士生马君璐、陈平编写，1992 年出版，作为全国财经专业的教科书。1993 年南开大学国际金融专业又出版了《国际金融专题研究》不定期刊物，每年出四期。这本刊物很有特色和深度，受到各方面的重视和好评。1997 年初，中国金融出版社出版了我写的专著《国际金融专题剖析》，这是我的代表性著作，在我 80 岁时出版，亦是对我在国际金融领域中数十年的孜孜以求的最好的纪念。

把南开大学国际金融专业成功发展为全国最有名的专业点的同时，我还参与了中国引进 MBA 教育的工作。1983 年春我随国家教委代表团赴加拿大考察管理教育。我们先后访问了多伦多大学、约克大学、麦克马斯特大学、拉伐尔大学等十多所大学，后来在渥太华开会，确定了中加双方合作的大学名单，南开大学和约克大学、麦克马斯特大学、拉伐尔大学三所大学合作。同年约克大学等三所大学管理学院的院长们来南开大学访问，商谈有关合作和交流的事宜；校长在四方会议上声明我即将担任经济学院的院长，现在以经济学院院长的身份参加会议，我们与加方的会谈富有成果。大家一致同意南开大学每年派出一些研究生到三校读学位或进修，并派少数教师去进修或进行研究工作。我们讨论的主要问题是加方派教授到南开来怎样发挥作用。按照一般的做法是加方派教授来讲几个专题或讲一门课，我认为这样受益面小，而且有些专题过窄能听懂的人不多。加方院长提出来可否在南开办一个 MBA 班，由加方教授来讲十多门课，包括一套完整的教程，这样中国学生可以学到整个加拿大硕士班的课程，受益大又有完整的系统。我感到这个办法很好，向校长做了汇报，他也很同意，于是大家达成协议。这种合作方式后来被称为"南开—约克模式"，受到各方面重视和好评，并得以推广。

我们从 1984 年到 1986 年共办了三届 MBA 班，除了由加拿大三校派教授讲课外，同样有政治课，外语课，我们办的 MBA 班逐渐由中国的教师任课，教材原来都是加拿大的，后来亦逐步采用一部分中国教材，这是"南开—约克模式"的进一步发展，受到了中加双方的重视和好评。1986 年在上海召开的中加管理教育合作的总结会上，我就此做了专题报告；1985 年，我荣获全国"五一"劳动奖章，以表彰我在国际金融研究及创办"南开—约克模式"方面的贡献。

20 世纪 90 年代初，国务院学位委员会决定在中国创办中国式的 MBA 学位，决定由我担任 MBA 设计委员会的主任。方案设计出来后，在 10 个院校试办，现在已经有几十个院校都开始招收 MBA 学生，MBA 学位在中国已经建立并发展起来了，这又是一个洋为中用的成功案例，有人就此开玩笑戏称我为"中国式 MBA 之父"。

1993 年秋季，加拿大 CIDA 邀请中加双方有关院校的教授一百多人在天津开会，总结了 10 年来中加管理教育的合作与交流的经验，由我担任中方的主席，并对大会做总结报告。我在向大会代表详细介绍了 10 年来合作的成绩之后，总结说："十多年来中国实行改革开放的方针，教育方面也向市场经济的国家学习和借鉴，举办了很多中外合作和交流的项目，但我们中加管理教育的合作项目，内容最丰富，时间最长，受益的人数最多，成绩最显著，在中国的管理教育史上写下了重要的一页。"我的话引起了全场的热烈喝彩，因为这正道出了为此付出辛勤劳动的中加双方专家们的心声。

1982 年初，南开大学为了适应改革开放的形势，决定要恢复经济学院。南开大学经济学院过去曾被称为财经学院，始建于 20 年代，有比较悠久的历史。在大学中设立经济学院，南开可说是首创，当时它拥有的专业比较多，特别强调理论联系实际，以研究中国经济问题为主，研究成果颇丰，其中不少成果以英文发表，在国外发行，南开编的物价指数蜚声海内外，很有影响。新中国成立以后由于 50 年代初的院系调整，经济学院停办了，只剩下一个政治经济学系，专门培养理论人才，课程单调，对实际问题很少研究，这种情况显然不适应形势的发展。80 年代初，学校决定恢复经济学院，但是困难很多，首先是办哪些专业，其次是师资缺乏，三是缺乏实际知识，教学内容空泛。1982 年，学校决定要我出面负责筹办经济学院。经过一年半的筹备，1983 年正式成立了经济学院。学校准备要我担任院长，但那时我已 67 岁高龄，国家教委让我出任经济学院顾问，我担任这个职务长达 12 年之久。

我写过一些文章分别发表在《国际金融专题讲座》（1986 年）、《加拿大金融制度》（1990 年）、《国际金融专论》（1991 年）和《国际金融》（1994 年）四本书中。还有一些论文分别刊登在《国际金融专题研究》（1993 年至 1998 年）等杂志上面。

我研究的问题主要包括：（一）国际货币体系的发展、变化和欧洲货币等国际货币体系方面的问题；（二）汇率体制和汇率变动问题，主要是对 1973 年开始实行的新的国际浮动汇率制作了评价，并对美元汇率的变动做了探讨；（三）对西方国际金融理论做了初步的归纳和评论；（四）西方国家的宏观经济政策对国际金融和汇率变化的影响很大，我对西方七国中央银行调控宏观经济的政策做了评论；（五）对 20 世纪 80 年代发生的发展中国家的国际债务问题做了剖析；（六）对加拿大和意大利的金融体系做了简要的介绍和评论，因为国内对美国、英国、日本等国家的金融体系比较熟悉，所以我对它们未加论述。

我对学生的要求比较严格。（一）要求他们打好基础（经济理论的基础和专业的基础）。（二）要求他们掌握有效的学习方法（通过读书写作和讨论来提高）。我引用培根所说的方法，即"读书使人充实，写作使人确切，讨论使人敏锐"来指导学生。（三）要求有严谨的学风（不唯书，不唯上，只唯实）。（四）写论文时选题既要有理论深度，又要有实际意义。如果在国内找不到资料，要想法到国外找资料。（五）我对研究生的教育是多方面的，在治学态度和治学方法等方面为他们做出榜样。

1997年，我已是80岁的老人了。回想往事，这80年可以分为三个阶段：（一）30岁以前是学习。（二）30岁到60岁时主要是劳动改造，把我的最好的年华白白浪费了，非常可惜。（三）60岁到80多岁是紧张工作。60岁本应退休了，但我遇到了改革开放的大好时机，因此又做了不少事。

在我80岁时，我发表了两本著作，荣获了南开大学有史以来第一次颁发的"奖教金"特等奖（1万元人民币）。这两件事正好纪念我的80岁，对此我深感欣慰。

光阴荏苒，学海无涯。我从1938年起至今已学习、工作了整整60年，回首往事，感慨万千，其中最令人扼腕叹息的莫过于从20世纪50年代到70年代近30年时间，我被迫离开教学科研岗位，白白耗费掉了无比金贵的科研时光，好在天道酬勤，拨乱反正后的我又重返熟悉的领域和岗位，取得了一些聊以自慰的成绩，也总算未辜负这段延绵一生的南开情缘。

杨志玖

杨志玖自述

　　庄子说，人生天地之间，如白驹之过隙；苏轼把人生比喻为寄蜉蝣于天地。人到老年，对这些话倍感亲切。这是自然规律，用不着伤感。但想到老而无所成就，不免惭愧。我的平凡的大半生，本来无甚可说，不过，作为一个学习历史的人，把自己的经历如实写出，保留一点史料，若干年后，也许在某些方面有点用处。因不揣谫陋，为此自述。

一、寒舍苦读

　　1915 年 10 月 1 日，我出生在山东省长山县周村（今淄博市周村区）一个回族家庭里。当时也许是一个可以过得去的中等家庭吧，但我三四岁时父亲去世，母亲和比我大 11 岁的哥哥勉强维持着家庭的生计，加之时局不靖，工商业萧条，我的家庭生活也每况愈下，我的青少年时代便是在贫困和负债的光景下度过的。

我 8 岁时入了一个半私塾半学堂的小学，课程主要是读《三字经》《百家姓》《小学韵语》《史鉴节要》《幼学须知》《古文释义》《论语》《孟子》等，也有些使用"共和国教科书"的"国文""算术""修身"等课，但不注重，主要是应付"查学"的人员而预备的。到上高小时，国文课依然讲《古文观止》和《孟子》。我现在的国学基础，主要是在这段时期奠定的；甚至我的立身处世之道或者人生观，也都和这时期所受的教育有关。

由于我记忆力好，学习专心，成绩优异，很得老师的嘉许和家庭邻里的夸奖。因此，家里虽穷，也愿供我上学，而我也最爱读书：那时，谋生很难，我哥哥也时常失业，我更找不到出路，帮不了家中的忙，也只有读书一途，想从读书中找一条路。但居然上到大学，这是我当时梦想不到的。

初中毕业后，在家乡小学教了几天书，忽然得了疟疾，家中以为我不愿教书、心情不好所致。恰巧有几位同学要上济南考高中，家中同意我陪他们一块去试试，心想考不上好回来死心塌地教书。想不到我班十几个人投考，只我一人被录取，这样，家中只好允许我再念三年。这时，家中生活更艰窘，负债更多，好在当时县教育局对考取高中的学生有"资金"，即补助费或助学金，每年六十元，这在当时是不小的数目，家中只要再给我一二十元就够用了。

1931 年至 1934 年我在济南高中读书，当时的老师都很有学识，如国文教师李俊民（守章），英文教师顾绥昌、张友松等，我从这些老师那里学到了不少东西，后二位特别是张友松老师在我上大学时给我不少资助，更使我终生感激。

1934 年夏天，我总算熬到高中毕业了。我决心找工作，也有个中学老师介绍我教书，家里更是盼我挣钱养家还债，然而命运或机会却使我走了另一条路。高中毕业时，山东省教育厅举行了全省高中（当时只有三所或四所高中）毕业会考（即统一考试）。事先同学们包括我在内是反对会考的，竟因此闹了一场反对教育厅长何思源和我校校长宋还吾先生的学潮，但没有成功，会考还是如期举行。也许是为了安抚人心吧，教育厅对会考前十名学生发给奖金。我考取了第三名，应领奖金八十元（大约是这数），同时大陆银行也颁发了奖金（大约与前数目差不多）。我从周村到济南领奖金时，我的同班好友鹿宏文要到北京考大学，邀我同行，我因领到奖金，就和他同走了。现在想来，我没和家庭商量，没有尽到赡养家庭的责任，使我的母亲多受了几年折磨，实在不应该，于心有愧。但我当时没有考虑这么多，在同学的劝说下，我抱着试试看、到北平玩一趟的心情就贸然前往了。青年人的想法太单纯、太欠考虑了，以我现在的思想感情，我绝不会置家庭于不顾，轻易远行的。

到北平，我考取了北京大学和清华大学，我在北平写信告知家庭，家里虽很失望，却不阻拦我上学，他们对我太好了，宁肯忍受一时损失和贫困，也要成全我继续深造的志愿；当然，也夹杂着念大学后可以争取较好的收入的想法，这在当时也是很正常的。第一年家里还向人借了十元钱给我，第二年就无力管我，第三年我取得了学校的奖学金后还往家寄了十元钱，第四年抗日战争爆发，我随学校南迁，和家庭的经济联系完全断绝了。

我在北平三年的生活学习费用，除了县资金（六十元）、省资金（八十元）外，主要靠张友松老师他自己以及他联系的顾绶昌和缪云辉老师的帮助，此外，我的初中校长朱骏声和高中校长宋还吾先生也曾资助过我。由于这些资助，才使我比较顺利地完成了大学的学习。当然，这还是过的穷大学生的生活。

我拉杂地谈这些，意在说明，在旧社会，虽然大学主要是为地主、资本家以及中产阶级以上家庭的子弟办的，但也有个别穷户人家，由于个人挣扎和种种机缘，跨进了大学的门槛；另外，在旧社会，确有一些好心人，肯于帮助有志上进的青年学生，而这些人，多半是知识分子、教书先生。他们收入虽然不丰，却肯慷慨解囊，救困扶危。总之，谈这些的目的还是提供一点史料或素材，供生长在新社会的青年人更全面地了解旧社会。

二、学海问津

1934 年作为新生入大学时，我选择了北京大学。这并不是深思熟虑的结果，而是听从高中同学詹锳（现任河北大学中文系教授）的劝说。当初本要入英文系，由于北大教务处管分数的人把我英文入学分数看错了，说不能入英文系，我只好改入史学系。不久，当文学院院长胡适召集新生谈话宣布入学分数时，我的成绩在文学院是第二名（第一名是高桂华），英文分数 70 分以上，完全可以入英文系。当时我完全可以向胡适提出转系，但一来我怕说话（尤其和胡适这样的大人物说话），二来事先我的英文老师张友松先生曾对我说，学英文太空，不如学历史，我也就认头了。但我还是喜欢英文（在中学时我的英文成绩最好，得到顾绥昌、张友松老师的赏识），只是自己没有勇气坚持己见，遇事迁就，听从命运的摆布，没有能从事自己喜爱的专业，这是我性格中的弱点，至今引以为憾。当然，在历史科学领域中，我也不是无所作为；不过，假如我学英文，可能更容易做出成绩。在我生命的旅程中，有多少偶然性的因素在起作用啊！

由于我出身回族家庭，我想研究回族史（当时叫回教史），尽量找些有关的论文和书籍来看，如陈垣的《回回教入中国史略》、金吉堂的《中国回教史研究》、英国传教士马歇尔（B. Marshall）的《清真教》以及张星烺的《中西交通史料汇篇》等。这些著作使我了解到一些回教在中国历史上的情况，增加了关于回教史的知识，但也止于此而已。至于如何发现问题，解决问题，从而对这门学科做点贡献，我当时既没有想，也不知道如何去做。这一方面是因为没人指导（当时大学教师是上课来，下课走，管教不管学，而我又很不主动向老师请教）；另一方面是因为，我所看的大都是些转手材料，只能人云亦云，不能有所创新。所以，虽然看了一些书，时间花费不少，却还是个门外汉。

1937年"卢沟桥事变"后，我随学校迁到长沙，第二年又转到云南。这年8月在云南蒙自县毕业后，文学院搬往昆明，学校改称西南联合大学（此前称临时大学，但北大、清华、南开三校编制仍旧）。由于学习成绩较好，学校推荐我到当时也在昆明的中央研究院历史语言研究所作为院外的研究生继续学习。这时我才选了元史作为研究对象，因为回回人和回教在元朝最兴盛，有关材料也多。首先我研读《元史》，摘录有关回回人的资料，以此作为基础，辅以其他材料，在将近一年的时间里，写出了约五万字的《元代回回考初稿》一文。虽然很粗糙，类似史料长编，但它总算是根据原始材料独立编排而成的，有些还有自己的看法。更重要的是，通过这一年的写作实践，我才逐渐摸索到一点治学的门径。

在学校时，老师开"历史研究法"课程，讲到"史源学"，强调原始的也就是第一手资料的重要性。当时因为没有实践，体会不到它的意义，因而走了弯路，没有读几本重要的史书。现在初读《元史》，才发现原始资料确实是重要的宝藏，从中可以发掘许多有用的东西，所谓"如入宝山不空归"。当然，后人以及当代人的著作也有参考价值，不可轻视。但正如人们说的，"别人嚼过的馍不甜"，单读现成的东西而不发掘原始资料，好比开百货商店，纵然货架上琳琅满目，却不是自己的产品，只能做个转手商贩。而我们做学问的，却应该开工厂，亲自开采原料，制成商品，供人使用。

1939年9月，我考进北京大学文科研究所。当时的所长由中央研究院历史语言研究所所长傅斯年先生兼任，副所长由北大史学系教授郑天挺先生担任。我继续学元史，由姚从吾和向达二先生作正副导师。研究所最初在昆明城内云南大学门外的靛花巷，不久因日机轰炸迁到城外龙头村（龙泉镇）宝台山的临时建的土房中。当时环境艰苦，书也不多，但同学们能安心学习，怡然自得。和我同时考取的，历史部有汪篯（北大历史系教授，已故）、阎文儒（北大历史系教授），文学部有逯钦立（东北师大中文系教授，已故）、阴法鲁（北大中文系教授），哲学部有王明（社会科学院哲学研究所研究员）、任继愈（社会科学院宗教研究所所长），语言部有马学良（中央民族学院中文系教授、系主任）、周法高（后去台，"中研院"院士）、刘念和（四川大学中文系教师，已故）。另外还有傅懋勋（社会科学院少数民族语言研究所所长）和陈三苏（女，赴美国，情况不详）二同学，入学后不久离去。导师除上述四先生外，还有陈寅恪、罗常培、唐兰、汤用彤、罗庸诸先生。这些前辈，都一一作古了。想起来令人悼念！

研究所学制二年。入学考试先交论文，论文审查不合格不得应考。考三门：专业课、英语和口试。入学后主要是自学，可到联大自由听课，但不参加考试。一年后导师出几道题算做学年考试。联大常举办学术报告会，研究生要听讲。这种学习方法使研究生有充分的时间读书、思考和撰写论文，平时也常和导师见面，请教、商讨问题。这种管而不死、活而不乱、充分信任和发挥学员的学习主动性的方法，到今天仍有可供参考之处。

我入学后，仍然从精读《元史》开始。我把自己买到的《四部备要》本《元史》标点一遍，并把钱大昕的《元史考异》和汪辉祖的《元史本证》抄到书眉上。我打算以入所前所写的论文《元代回回考初稿》为基础，加以补充修正，作为研究生的毕业论文。我费了不少时间把《元史》中不列传的回回人物一一做出卡片，并把《元典章》、元人文集中的有关史料录出，但在确定论文题目时，导师姚先生不同意我的计划。他认为，"纂述"和"心得"不同，我原来的论文只能说是纂述，尚不能说是确有心得。姚先生指导我应从元代回回人的特点及其得到蒙古帝王信任的原因方面选题作文。在姚先生的启迪下，我把论文题目改为《元世祖时代汉法与回回法之冲突》。主要分析元世祖时代汉人和回回人的政治斗争及其原因，归结为两种不同的文化背景（农业文化和商业文化）所致。虽然时间较紧，材料不够充实，但总算有了"心得"，有了自己的论点了。

在论文写出以前，我还搞出了一件副产品。在搜集资料时，我发现《永乐大典》残本《站赤》一书中有这样一段材料：

> （至元二十七年八月）十七日，尚书阿难答、都事别不花等奏：平章沙不丁上言："今年三月奉旨，遣兀鲁䚟、阿必失呵、火者取道马八儿，往阿鲁浑大王位下。同行一百六十人，内九十人已支分例，余七十人，闻是诸王所赠遗及买得者，乞不给分例口粮。"奉旨：勿与之！

这段材料里的沙不丁、火者都是回回人名，因而引起我的注意。尤其是沙不丁这个人，在《元史》中虽无专传，但《元史·世祖本纪》中却常提到他，他当时是江淮行省平章政事。最初我以为它可以补充《元史》中沙不丁的一点事迹，很快就发现，这段材料中的三位使臣——兀鲁䚟、阿必失呵、火者，以及阿鲁浑大王，都在《马可·波罗游记》中提到。阿鲁浑是当时波斯伊儿（利）汗的君主，伊儿汗在名义上是元朝的宗藩属国，所以称为大王。据《马可·波罗游记》记载，此前阿鲁浑的王妃病死，死前遗言要求以和她同族的妇女接续妃位，阿鲁浑执行亡妻遗愿，派三位使臣到元朝来求婚，这三位使臣的名字原文作 Oulatai，Apusca，Coja，不用费什么考证便可看出，他们的汉文译名即是《站赤》中的兀鲁䚟、阿必失呵、火者三人，而且他们名字排列次序竟也完全一样。我因此断定，《站赤》所记和《马可·波罗游记》所叙的完全一致，只是没有提及马可·波罗的名字而已。我把这情况告诉向达先生，他鼓励我写成文章。我于是写成题为"关于马可·波罗离华的一段汉文记载"的论文，寄给顾颉刚先生在重庆主编的《文史杂志》（当时学术刊物很少，顾先生这一份是大后方唯一盛行的文史刊物），发表在该刊 1941 年 1 卷 12 期中。

这篇六千来字的短文的要点是：

171

1. 《站赤》所说，足以证明《马可·波罗游记》中所述他伴随蒙古公主从泉州返波斯的事是真实的，可以证明马可·波罗确实到过中国（这一点直到最近还有人怀疑）。这是迄今为止在汉文记载中能够找到的有关马可·波罗本人事迹的唯一信息。

2. 从《站赤》此条所记年代，再结合波斯史家所述（我当时只能从《多桑蒙古史》中间接知道），可以断定马可·波罗离开中国的时间是在1291年初，而不是西方人所考订的1292年初。

这两点在当时都是新发现和新研究成果，对马可·波罗学的研究增加了新内容。因而得到了顾颉刚先生的较高评价，在他的《编辑后记》中予以推荐。汤用彤先生知道后也很高兴，还特别给顾先生写信赞扬，并建议顾先生不要因为是年轻人的文章而不给较高稿酬。文章发表后，傅斯年看后也很重视，并推荐给中央研究院学术评议会，使此文获得名誉奖。他还请何永佶（中央大学教授）先生把它译为英文，寄往美国哈佛大学《亚洲研究杂志》（*Harvard Journal of Asiatic Studies*），但发表时（1945年9月9卷1期）仅摘录了《站赤》这一段文字，使傅先生很不满意。这一缺陷，直到1976年该杂志36卷刊载哈佛大学教授柯立夫（F. W. Cleaves）论文《关于马可·波罗离华的汉文资料及其到达波斯的波斯文资料》，对拙著进行全面介绍和评价后，才算得到弥补。

《站赤》这本书，并不是稀世秘籍，《东洋文库》有影印本，北平文殿阁书庄有排印本，我当时看的是岑仲勉先生的文殿阁排印本。所以，在我之前，中外学者早已看过了。我之发现那段材料，事出偶然，好像花子拾金。但偶然之中有必然。若不是那几年我一直在搜集有关回回人的资料（包括《马可·波罗游记》中的回回人资料），我不会在发现那段材料后就敏感地和《马可·波罗游记》那段记事联系起来并做出判断。可能是等闲视之，交臂失之。当然，若没有向达先生的鼓励，我也许不会立即动手动脑，连干了一周，因为那时我还在赶写毕业论文。写到此处，不禁对关怀我的导师们涌起缅怀和感激之情。

1941 年，大概在 10 月间，研究所为我举行了毕业答辩会。参加答辩的据我的记忆有姚从吾、向达、毛子水（准）、罗常培、郑天挺、邵循正（清华大学教授）诸先生。邵先生是元史专家，又不是北大的，所以由他首先提问。我记得他拿着一本《元文类》，指着其中王恽的《义侠行》要我解释其中的意旨。其他先生的提问我记不清了。傅斯年先生当时已随同历史语言研究所迁往四川，没有参加。

我毕业后，由姚从吾先生介绍给南开大学文学院院长冯文潜先生，到南开大学的历史系当教员。南开历史系当时只有皮名举和蔡维藩两位先生，是西南联大中最小的系，也是比较年轻的系。也许因为她是新系和小系吸引了我吧，我没经过什么深思熟虑就去了。

当时我可以去的地方很多：可以留在北大当研究助教，也可以到四川李庄历史语言研究所当助理研究员，而事前在成都齐鲁大学的顾颉刚和钱穆先生也来信邀我到齐鲁大学当讲师，我也答应过，竟未成行。我偏要到南开，这未必是明智之举，不管怎样，我是到南开了，而且一直留在这里，大概不会挪窝了。

三、教学生涯

我当上教员（助教以上、讲师以下的一级，据说是清华制度，为联大采用），算是走上社会。实际上，还没有脱离学生生活。还住在学校，和老同学在一起；联大教师多，也用不着开课，可以学自己的东西，到 1943 年下学期，我才在联大师范学院教元史和中国通史宋辽金元部分。这期间，我只写了《葡萄语源试探》《定宗征拔都》和《元代回汉通婚举例》三篇短文。第一篇受到罗常培先生的赞许，但几年以后，当它发表在青岛的一个小刊物《中兴周刊》上后，却受到一位波兰汉学家的批评。第二篇写出，辗转送到历史语言研究所岑仲勉先生处，遭到岑老的驳斥（因为他曾写过同样题目的文章，我受到他的启发，却与他看法不同）。我不服，又写了答辩，却不敢给他看。直到 1979 年，这一争论才在《中华文史论丛》该年第 2 辑上公开。岑先生是史学前辈，著作等身，我也很受他的教益。但智者千虑，未必不有一失。我本着"吾爱吾师，吾尤爱真理"的态度，同他商榷，从有利于学术事业的角度看，大概不算过错。从此也看出我治学的一个特点——好与人辩。"君子无所争，必也治学乎！坚持真理，修正错误，其争也君子"。这算我学着孔夫子腔调的自我解嘲吧！

1944 年 3 月，我应傅斯年先生的邀请，到四川南溪县李庄中央研究院历史语言研究所任兼职的助理研究员，帮他编写中国边疆史清代部分。我是以借调名义去的，因为怕南开不答应离职，影响双方关系。傅是以借调为名，想把我留在研究所，因而当我在 1946 年 9 月间南开复校回天津时，向他提出回南开，他很不高兴。但我因冯文潜先生函告，并且有言在先，不能失信，还是坚持返校了。1946 年 10 月，我回到天津。

在李庄这两年半，由于工作和我原来学的衔接不上，觉得不顺手，无兴趣，虽然把清代边疆变迁情况写出交卷，但算不了研究工作。只是在写到中国和朝鲜边界问题时，从《李朝实录》上发现康熙时穆克登勘界时在图们江上立的界碑地址不是图们江正源，因而引起以后的界务纠纷，以此为根据，写出《穆克登碑与中韩界务纠纷》一文，算是有所发现。但草稿写出，未及全部誊清，我就离开李庄，原稿也找不到了。

到天津后，我先教几班的"中国通史"和本系的"宋辽金元史"，以后又开"蒙古史专题"等课。新中国成立前的天津，物价飞涨，我爱人生出第一个孩子后，又添了家累，影响了学习和研究时间。我挤时间写出了《阿保机即位考辨》（《中央研究院历史语言研究所集刊》第 17 本，1948 年 4 月）、《新元史阿剌浅传证误》（《文史杂志》6 卷 2 期，1948 年 5 月）、《寻寻法考》（南开大学《边疆人文》4 卷，1947 年 12 月）、《元代中国之阿儿浑人》（《天津民国日报》1947 年 8

月 11 日《史与地》）几篇。除了第二篇我比较满意外，其他三篇都有观点或史实上的错误，但当时并未发觉。

1949 年 1 月，天津解放，我在生活上和思想上都得到了新生。物价稳定，不必再为柴米油盐发愁了。学习了马列主义，开阔了视野，对过去模糊的认识清楚了，有些真有"觉今是而昨非"的感觉。参加了土地改革和思想改造等运动，思想觉悟与过去大不相同了。

随着教学的需要，我开的课程也越来越多。"隋唐史""中国土地制度史""中国历史文选""中西交通史""中国回族史""元史专题""隋唐史专题""史学名著选读"等课程先后开设，"隋唐史"是"中国通史"的一段，是必修课，因此先写出讲义，后印出书，由上海的新知识出版社和上海人民出版社先后出版（《隋唐五代史纲要》，1955年新知版，1957年人民版）。内容简略，还有些错误，但适合课堂讲授，又是新中国成立后较早出的隋唐史，所以当时还站得住，印了三次。现在看来，需要修改补充的地方还很多，要大大改动，才对得起读者。我虽有此念头，但实在没有时间和精力，可能是抱憾终身了。

在教"隋唐史"课程时，我先后写出了《黄巢大起义》（《历史教学》1954 年 2 期）、《一行发起测量子午线长度的问题》（《科学通报》1956 年 4 期）、《关于北魏均田制的几个问题》（《南开大学学报》1957 年 4 期）、《论均田制度的实施及其相关问题》（《历史教学》1962 年 4 期）等文。最后两文认为均田制并不是平均分配土地，而是按民间土地占有实际情况，用均田令条文将其划分为永业田（桑田）和口分田（露田），并不触动土地私有制度。这在当时算是较新的说法。

结合"土地制度史"教学，我写出《专地盗土是怎么回事?》（《光明日报》1961 年 3 月 1 日《史学》，署名"佩之"，这是我的高小教师给我取的字）、《如何体会经典作家关于东方土地制度的理论?》（《光明日报》1961 年 5 月 10 日）、《关于中国封建社会土地所有制的理论和史学的一般考察》（收入《中国封建社会土地所有制形式问题讨论集》，三联书店，1962 年 1 月）、《关于中国封建社会土地买卖的实质》（《光明日报》1965 年 10 月 6 日《史学》，署名"南文田"，是我 1964 年主持"中国土地制度史研究室"时取的集体名）。其中第三篇是在南开 1959 年 10 月校庆科学讨论会上我的发言稿基础上扩充而成的。那次讨论会上，以郑天挺先生和几位同志为一方，我和几位同志为一方，展开了中国封建社会土地制度究竟是国有制为主还是私有制为主的辩论，还请北京师大教授白寿彝和何兹全二先生以及漆侠、王树民等先生参加。郑、白二先生都主国有，我则主私有，讨论得很热烈。《历史研究》曾以"关于中国封建土地所有制问题的讨论"为题记其事（1960 年 1～2 期）。

元史方面，我只写了五篇，即《成吉思汗的历史地位》（《历史教学》1954 年 2 期）、《关于成吉思汗的历史地位》（《历史教学》1962年 12 期）、《关于元朝统治下"经济的破坏"问题》（《史学月刊》1957 年 2 期）、《海瑞是否回族》（《光明日报》1959 年 11 月 26 日《史学》，署名"佩之"）、《元代的探马赤军》（《中华文史论丛》第 6辑，1965 年 8 月）。最后这两篇的写作背景是这样的：

1959 年 9 月间，吴晗同志来南开大学做学术报告，其中谈到对海瑞的评价。会下我问他海瑞是否回族。他说，有此传说，尚未找到根据。这就引起我追究海瑞族属的兴趣。最初查了些书，没找到头绪，最后还是在我自己有的丛书集成本《海刚峰文集》上找到了。《文集》附录有梁云龙写的《海公行状》，其中有几句说：

> 洪武十六年，答儿从军海南，著姓于琼，遂为琼山人。

最初对这几句并未特别注意，在找不到其他线索再回头念它时，才恍然大悟，原来答儿就是海答儿，海瑞之得姓就是因为他的祖先有个叫海答儿的，而海答儿是元代回回人的一个名字。以祖先名的首字或末字为姓是元代色目人的著姓或定姓的习惯，其例甚多，陈垣先生在《元西域人华化考》中论之甚详。这一来，问题就解决了。真是"得来全不费功夫"。但不费功夫是表面现象，要不是我过去在元代回族

176

史上下过功夫，我不会认出答儿就是海答儿，不会知道海答儿是回回人名。我所以把这篇算作元史论文，就因为写这篇短文的功夫在明史外，在元史中。

1963年，《辞海》中国史分册征求意见，其中《历代兵制》中有"探马赤军"一条说："元代在各重镇、州、县设置。强征十五岁到七十岁的契丹、女真、汉等非蒙古族的男子为兵，称为探马赤军。"这是根据日本蒙古史学者箭内亘的说法。箭内亘在引用《元史·兵志》"蒙古军皆国人，探马赤军则诸部族也"后解释说："所谓诸部族者，无非指蒙古人以外之北族，即契丹人、女真人等故也。"我对照了《元史·兵志》及有关列传，觉得箭内亘的解释可疑，因为最初的探马赤军是由蒙古的五个部族，即弘吉剌、札剌亦儿、兀鲁、忙兀、亦乞烈思所谓"五投下"者组成，所以有时称他们为"蒙古探马赤"，甚至径称之为"蒙古军"，而契丹、女真、汉人组成的军队则称为"契丹军""女真军""汉军"。我除了为《辞海》另撰一"探马赤军"新条外（即今天《辞海》所见之条，虽大致不差，但较粗糙简单），更进一步探讨，写成《元代的探马赤军》这一论文。虽然还有待深入，但总算较箭内亘文章略胜一筹。这也是我国学者对这一问题的第一篇探索性文章。

这期间我还写过一篇短文《方腊起义提出过平等口号吗?》（《光明日报》1960年9月29日《史学》，署名"佩之"）。史学界曾流行方腊起义曾提出过平等口号，根据是南宋庄季裕所著《鸡肋编》中说摩尼教徒们也念《金刚经》，但把经中的"是法平等，无有高下"读作"是法平等无，有高下"；又因方腊是摩尼教徒，因而认为他起义时曾提出平等口号。我觉得这一解释太牵强，不符合《鸡肋编》原意，因写此文加以辨正。

从此也可以看出我的治学方法。我觉得研究历史要求真，要按历史的本来面目理解历史真相，不容主观猜测。这就是实事求是。要做到这点就要对历史资料认真钻研，了解其真义，有些还需要对史料进行鉴别审查，去伪存真。我在大学时代受当时史学界考据学家的影响，他们又继承了清代乾嘉学派朴学的学风，再加上西方近代史学方法。我认为，除了立场、观点以外，他们的某些方法还是可以吸取的。恩格斯曾说，"即使只在一个单独的历史实例上发展唯物主义的观点"，也要"靠大量的、批判地审查过的、充分地掌握了的历史资料，才能解决这样的任务"。可见，经典作家也是很重视对史料的鉴别审查的。考据即对史料的审查，也就是调查研究。在澄清历史事实方面，它是必要的手段。当然，在对历史的宏观考察即理论阐述和概括方面则无能为力。

从上面所说，又看出我治学态度的一个特点，即为追求真实，好与人辩，无所顾忌。1957 年春天，我系雷海宗教授在《人民日报》社召集的座谈会上提出马克思主义在 1895 年停止发展说，《人民日报》编者按予以驳斥。我认为《人民日报》误解了雷先生的原意。我觉得雷先生原意是说，在 1895 年恩格斯逝世后，马克思主义的史学停止了发展；他说，1895 年后，新的历史资料不断发现，但治史者仍墨守成说，不提出新看法，使马克思主义史学不能继续发展。我写信给《人民日报》为雷先生辩护。《人民日报》发表了我的信，在社会上引起了不同的反响。不久我又在《天津日报》社的座谈会上发表了为雷先生辩护的同样见解，《天津日报》也登出了。"反右"运动后雷先生为此被打成"右派"，我在单位党总支的保护下幸而"漏网"，但做了不少的检讨。"文化大革命"中，这又成了我的主要"罪状"。当初我以为这是一个可以争鸣的学术问题，哪想到竟上纲为政治问题。我真是书生气十足啊！

四、欣逢盛世

在"史无前例"的十年动乱中，我受的打击和迫害算是轻的。除了抄家和劳改外，我没有被公开批斗和隔离审查，也没挨过打。除了

178

历史清楚和坦白交代"罪行"外，和那时流行的唯成分论也有关系。要不是因"雷案"牵连和我在"神仙会"上彻底交心，我也许还会"逍遥法外"哩。

1976年10月的一声春雷，不仅使我彻底解放，也揭开我学术生命史上的新页。我中断了十年（连1965年下半年下乡"四清"算起是十一年）的学术研究逐渐恢复，而且超过了过去的成果。

第一篇试笔之作是《再论方腊起义没有提出平等口号》（《南开大学学报》1978年4、5期合刊）。1960年我写出《方腊起义提出过平等口号吗?》一文后，除个别同志提出不同意见外（见《天津日报》1961年3月9日《方腊起义和"平等"口号》），这个问题没有展开讨论。"文化大革命"期间，在撰述农民起义的文章中，方腊提出平等口号已成定论，在那时要提反对意见当然不可能。但我更坚信我的看法。现在顾虑消除，我可以申述我的看法了。在《再论》中，除了对反对派的意见阐发我的见解作为答辩外，还就"平等"这一概念的应用范围和时限做了探讨，认为"平等"是佛教术语，是指精神世界而言，它大量出现于与佛教有关的名物和文件中，而在政治和经济问题上则不见应用。王小波、钟相、邓茂七、李自成等起义都不应用这个词，连太平天国的正式文献中也不见这两个字，虽然这些起义有类似平等的思想和行动。我归纳说，一个名词在一个特定的历史时期里有其独有的含义和应用范围，不能做任意的解释，也不能用今天的理解强加于古代。对这篇文章的反响，据我所知，已有人表示"很有见解"，并且"从主要方面而言"，同意我的观点（《文史》1980年第8辑，杨渭生《关于方腊起义若干问题的再探索》）。

1977年7月我在北京编写《中国古代史》唐元部分时，遇见考古研究所所长夏鼐先生。他告诉我，《哈佛亚洲研究杂志》1976年刊载了美国哈佛大学教授、蒙古史学家柯立夫的《关于马可·波罗离华的汉文资料及其到达波斯的波斯文资料》一文，其中提到我1941年写的那篇文章。我借来看后（该志南开大学本来有，"文化大革命"

期间停订了）知道该文主要介绍了我、法国的伯希和、英国的鲍埃勒三人关于研究马可·波罗的成果，同时阐述了他个人的见解。他很重视我的发现，同意我考证的马可·波罗于 1291 年初离开中国之说。他指出，伯希和虽然因为第二次世界大战造成的隔绝状态没能得知我的发现，但他却从另一角度，以聪慧的方法，在马可·波罗离华的年代方面，得出了和我同样的结论；至于鲍埃勒，则从波斯史方面找到了有关马可·波罗到达波斯的记载，虽然记载中没提马可·波罗的名字。我看后很兴奋，因为不仅我的研究成果得到了国际学术界的正式承认，而且我得出的结论也和他们的不谋而合，真可以说"德不孤，必有邻"了。我写了《关于马可·波罗的研究》（《南开大学学报》1979 年 3 期）一文，介绍了柯立夫文章的要点，并附上我个人的看法。我中断了近四十年的对马可·波罗研究的兴趣和劲头从此激发起来了。

1982 年，我写出《关于马可·波罗在中国的几个问题》（《中国史研究》1982 年 2 期），主要讨论了两个问题：

（一）马可·波罗懂不懂汉语？欧洲学者有争论，多数认为他不懂汉语，他们的论据是从马可·波罗的书中得出的。我则从元代的社会情势，即（1）汉语在当时官场上并不是必要的交际工具，元朝的皇帝也多不懂汉文；（2）当时在中国的外国人多以波斯语为通用语。从这两点解释了马可·波罗不懂汉语的历史背景。

（二）马可·波罗是否做过扬州总管？一般《马可·波罗游记》的汉文注释家都认为他曾做过扬州总管。我根据马可·波罗书的法译本和英译本，发现"总管"的译文 Gouverneur 或 Gouverneur général（法文）、Governor，Governor-general（英文）意在马可·波罗书中本指行省长官，在元代称"平章政事"，译为总管，字面上虽可通融，但却和元代路一级的长官总管一职相混淆，而与原书意指不合。在元代，路一级长官有"达鲁花赤""总管"和"同知"三等，根据蒙古制度，属于色目人的马可·波罗假如做扬州路的官的话，应

180

是达鲁花赤或副达鲁花赤或同知，不应做总管。我认为，马可·波罗曾做扬州总管一说，是文字翻译的误会，历史记载的偶合，不是马可·波罗书的原意。

这篇文章，曾被当年的《新华文摘》转载，又获得天津市哲学社会科学优秀成果论文一等奖（1984 年）。如果它有可取之处，那就是从中国史的角度，以中国人的身份，为这一世界名著提供了可供参考的注释，解决了点问题。

近几年来，国际学术界吹起了一股否定马可·波罗到过中国或只承认他到过中国而未到过中国南部的风。他们抓住马可·波罗书中未提到的事物（中国的茶、印刷术、长城、汉字等），或说得不清楚（如地名和行程等），或与事实不符合（如攻襄阳献炮法和扬州任职）等问题而大做文章，甚至说马可·波罗是无中生有的"克里空式"的人物。我为此写过两篇文章：《马可·波罗足迹遍中国》（《南开学报》1982 年 6 期）、《马可·波罗与中国》（《环球》1982 年 10 期），用确凿的事实和合理的分析反驳了上述论点。我认为，这不仅是学术问题，也是影响到中国和意大利人民的友好关系的问题。

1982 年这一年，我一共写了三篇有关马可·波罗的文章。虽不能说是丰收，也多少可以填补我三十八年以来未写这方面的文章的空白了。

1980 年和 1981 年，我又重新对探马赤军问题进行了探讨。

1979 年至 1980 年，我看到日本学者萩原淳平教授写的《木华黎国王手下探马赤军考》（《东洋史研究》36 卷，2 号，1977 年 9 月）。萩原先生认为探马赤军是由地位低下即处于社会最底层的隶属民组成的，并从蒙古语 Tama 义为收集，Tamaga 义为印章推断说，探马赤军即被收集起来的、烙有领主的烙印的隶属民组成的军队。这是一个与以前说法大不相同的新学说。我仔细研读后，觉得作者论点周密，不失为一家之言。但把文中的论点和历史事实对照起来，却大有商榷的余地。我写了《探马赤军问题再探》（《民族研究》1981 年 1 期），对萩原先生持论诸点一一做了辨正。这就把我中断了十五年的对这一课题的研究接续下来了。

拙文发表以后，贾敬颜（民族学院）、黄时鉴（杭州大学）也撰写了同样的论著，黄先生文中还对我把弘吉刺、兀鲁等五部军全部当成探马赤军的说法加以纠正。我又涉猎了一些国外学者的有关著作，写成《探马赤军问题三探》（《南开学报》1982年2期）一文，对探马赤军的组成、五投下与五投下探马赤、探马赤军在蒙古军中的地位和作用等问题进行了论述，对旧作两篇做些补充修正。经过三探以后，我对探马赤军这一蒙古史上的难题的理解较深了，但还有些问题没搞清楚，有些还越搞越糊涂，有些则若明若暗。今后我还要继续探寻，以期把它搞得比较清楚。

我写"三探"是参加中国蒙古史学会1981年年会的论文。该会1979年在呼和浩特市成立，次年7月在海拉尔召开第一次年会。这是第二次，8月中旬在乌鲁木齐召开。这次会议的特点是邀请国外学者参加，可说是国际学术会议。到会外宾：日本有萩原淳平、村上正二、若松宽、中见立夫，美国有Fletcher（傅礼初）、陈学霖（美籍华人）、Schwartze（施瓦茨），联邦德国有Heissig（海西希）等人。我和萩原先生从此相识，但会上未及交流看法，他带来一篇答复我的文章稿（以后全文在日本刊物《蒙古研究》1982年13号上发表，题为《再论木华黎国王下的探马赤军——答杨志玖氏的批判》），散会前我们合影留念。1983年9月我到日本京都访问时又见到他，他热情接待我游览市容，顺便谈到关于印章、烙印的看法，并答应送给我他参加主编的《元史语汇集成》（以后寄来了），热情友好，令人感动。可见学术争鸣或争论不仅不会影响反而会增进双方的友情，这大概就是孔夫子说的"君子之争"吧。

如前所说，我当初学元史的主要目的是想研究元代回族史。新中国成立前十年，我发表了这方面的论文七篇，新中国成立后十七年只发表一篇，篇幅都不大。粉碎"四人帮"后，从1982年到1984年三年间已发表了六篇，其中《萨都剌的族别及其相关问题》（《南开学报》1983年6期）、《元代的阿儿浑人》（《南开史学》1983年1期）、《元代回回人的政治地位》（《历史研究》1984年3期）篇幅都较长，我比较满意。今年头三个月，我又写出《元代西域人的华化与儒学》和《关于元代回族史的几个问题》两篇与回族史有关的问题。

除最后两篇外，已将我的有关元史的论文二十五篇收为一集，以《元史三论》的书名，由人民出版社出版。所谓三论，即探马赤军、马可·波罗和元代回族史，因为书中除三篇外，其他都是与这三个课题有关的论文，这也是我今后要继续研究的方向。

从1978年开始，我又带硕士研究生，连招两期隋唐史研究生，毕业四人（何灿浩、丁柏传、张国刚、马俊民）。又招两期元史研究生，毕业二人（王晓欣、李治安）。又招一名隋唐史博士生（张国刚）。

这几年，我先后开出"隋唐史"和"元史"专题课。发表了唐史论文五篇、宋史论文两篇、其他方面杂文十四篇。其中《试论唐代藩镇割据的社会基础》（《历史教学》1980年6期）一篇较有新意。过去一般认为，藩镇割据是庄园经济的产物，藩镇代表着庄园主的利益，或者说藩镇政权是代表地方豪强大地主的政权。我考察了藩镇（节度使）和军士的关系，看出，藩镇依靠地方军士的支持而割据，而这些军士是破产农民和无业游民，他们以当兵为职业，依靠丰厚的待遇和赏赐来养活家口，节度使只有代表他们的利益，执行他们的意志，才能站得住脚。因此，我认为，藩镇割据的社会基础是均田制度破坏后破产失业的农民而不是什么地方庄园主。由于这一说法和传统说法差别太大，有些人不能接受，著文批评，我的研究生张国刚又帮我写了一篇《藩镇割据与唐代的封建大土地所有制——再论唐代藩镇割据的社会基础》（《学术月刊》1982年6期），进一步阐述我的论点。

此外，我还担任了《中国历史大辞典》编委会的主编之一（另一主编是吴泽先生），《中国历史大辞典·隋唐史分册》的主编之一（另一主编是吴枫先生），写了一百八十多条唐代法律释文。其他社会职务是《历史教学》编委会副总编、中国人民政协天津市委员会常委、中国唐史学会理事、中国蒙古史学会理事、中国海外交通史研究会顾问、中国民族史学会顾问等。

总起来看，粉碎"四人帮"以后这几年，是我学术生命力最活跃的时期。从论文数量上看，自1978年到写此文时为止，已发表了三十九篇，而自1939年到1966年"文化大革命"前，我才发表了三十六篇；七年的成果超过了过去的二十七年。以元史而论，从1939年至1966年，我一共发表了十六篇论文，而从1979年至今已发表了十八篇，还有两篇（《元代西域人的华化与儒学》和《关于元代回族史的几个问题》）已写出待发。

这些成绩的取得，主观上由于我过去努力不够，浪费了不少时间，没有多少成果，因而相形之下，今胜于昔；更重要的是，粉碎"四人帮"后，特别是党的十一届三中全会后，党中央拨乱反正，落实了知识分子政策，调动了知识分子的积极性。为了祖国的四化大业，重视文化教育和精神文明的建设，鼓励科学研究。各种历史学会纷纷成立，对外文化交流逐步展开，为学术的兴盛创造了条件，是过去从来没有的大好局面。在这个大好局面下，自己再不努力，那就不能拉客观、怨旁人了。

正像"电影是遗憾的艺术"一样，回顾自己的大半生，遗憾的地方确实不少。往者不可谏，来者犹可追，烈士暮年，壮心不已。知识分子、学术工作者的壮心就在对学术事业的研究和追求上。我愿在有生之年，为祖国的科学研究和人才培养做出贡献。

附录：主要著述目录

（一）专著

1. 《隋唐五代史纲要》，1955年新知识出版社（上海）初版，

1957 年上海人民出版社再版。

2. 《隋唐史通俗讲话》，1957 年，通俗读物出版社（北京）。

3. 《中国和阿拉伯人民的友好关系》（第一部分），1958 年，河北人民出版社（保定）。

4. 《中国古代史》（隋唐宋元部分），1979 年，人民出版社。

（二）论文

新中国成立前（十五篇）：

1. 《庄蹻王滇考》，《治史杂志》（北大），1939 年 2 期，昆明。

2. 《说元史中的回回、回纥与畏兀儿》，《益世报》，1939 年 2 月，昆明。

3. 《关于赛典赤》，《益世报》，1939 年 3 月 28 日，昆明。

4. 《关于马可·波罗离华的一段汉文记载》，《文史杂志》1 卷 12 期，1941 年 12 月，重庆。

5. 《咸阳王赛典赤赡思丁的生年问题》，《清真铎报》（杂志），1942 年 3 月，昆明。

6. A New Discovery Referring to Marco Polo's Departure from the Chinese Source. *Journal of the Royal Asiatic Society of Bengal Letters*. Volume X，1944 年，印度。

7. Marco Polo Quits China. *Harvard Journal of Asiatic Studies*. Vol. 9，No. 1，1945 年 9 月，美国。

8. 《释阿衡》，《清真铎报》，1946 年 5 月，昆明。

9. 《葡萄语源试探》，《中兴周刊》6 期，1947 年 5 月，青岛。

10. 《元代中国之阿儿浑人》，《天津民国日报》，1947 年 8 月 11 日，天津。

11. 《寻寻法考》，《边疆人文》4 卷，1947 年 12 月，天津。

12. 《阿保机即位考辨》，《中央研究院历史语言研究所集刊》第 17 本，1948 年 4 月，上海。

13.《新元史阿剌浅传证误》,《文史杂志》6卷2期,1948年5月,上海。

14.《回回一词的起源及其演变》,《中国伊斯兰史纲要参考资料》(书),1948年11月,上海。

15.《元代回汉通婚举例》,《中国伊斯兰史纲要参考资料》(书),1948年11月,上海。

新中国成立后至"文化大革命"前(二十一篇):

16.《北宋的土地兼并问题》,《历史教学》1953年2期,天津。

17.《黄巢大起义》,《历史教学》,1954年2期。

18.《成吉思汗的历史地位》,《历史教学》,1954年10期。

19.《批判胡适的反动的唯心史观》,《南开大学学报》(人文科学)1期,1955年10月。

20.《十世纪契丹社会发展的一个轮廓》,《南开大学学报》(人文科学)1期,1956年6月。

21.《一行发起测量子午线长度的问题》,《科学通报》4期,1956年4月。

22.《关于隋唐船舶的二三事》,《历史教学》,1957年4期。

23.《古代中国没有土地私有制的经典根据在哪里?》,《天津日报》,1957年6月1日。

24.《关于元朝统治下"经济的破坏"问题》,《史学月刊》,1957年6期,开封。

25.《关于北魏均田制的几个问题》,《南开大学学报》(人文科学)4期,1957年12月。

26.《海瑞是否回族?》,《光明日报》,1959年11月26日《史学》。

27.《方腊起义提出过平等口号吗?》,《光明日报》,1960年9月29日《史学》。

28. 《专地盗土是怎么回事?》,《光明日报》,1961 年 3 月 1 日《史学》。

29. 《如何体会经典作家关于东方土地制度的理论?》,《光明日报》,1961 年 5 月 10 日《史学》。

30. 《关于中国封建社会土地所有制的理论和史实问题的一般考察》,《中国封建社会土地所有制形式问题讨论集》(书),生活·读书·新知三联书店,1962 年 1 月,北京。

31. 《论均田制的实施及其相关问题》,《历史教学》,1962 年 4 期。

32. 《论秦末的六国称王问题》,《文汇报》,1962 年 10 月 14 日,上海。

33. 《关于成吉思汗的历史地位》,《历史教学》,1962 年 11 期。

34. 《〈吕览·审分篇〉所反映的战国时期生产关系》,《光明日报》,1963 年 2 月 13 日《史学》。

35. 《元代的探马赤军》,《中华文史论丛》第 6 辑,1965 年 8 月。

36. 《关于中国封建社会土地买卖的实质》,《光明日报》,1965 年 10 月 6 日《史学》。

粉碎"四人帮"后至今(三十九篇):

37. 《再论方腊起义没有提出平等口号》,《南开大学学报》,1978 年 4、5 期,1978 年 8 月。

38. 《戳穿"儒门卷舌"的谎言》,《天津日报》,1978 年 7 月 12 日。

39. 《苏轼用"八面受敌"法研究历史是怎么回事?》,《历史教学》,1979 年 2 期。

40. 《定宗征拔都》,《中华文史论丛》1979 年第 2 辑,1979 年 4 月。

41.《关于马可·波罗的研究》,《南开大学学报》,1979 年 3 期,1979 年 7 月。

42.《王安石与孟子》,《社会科学战线》,1979 年 3 期,1979 年 3 月,长春。

43.《从四郎探母说到我国历史上的民族关系》,《天津日报》,1980 年 2 月 12 日。

44.《从传统的观点解脱出来》,《天津日报》,1980 年 3 月 11 日。

45.《论唐代的藩镇割据与儒家学说》,《南开学报》,1980 年 3 期。

46.《试论唐代藩镇割据的社会基础》,《历史教学》,1980 年 6 期。

47.《探马赤军问题再探》,《民族研究》,1981 年 1 期,1981 年 1 月。

48.《探马赤军问题三探》,《南开学报》,1982 年 2 期,1982 年 3 月。

49.《关于马可·波罗在中国的几个问题》,《中国史研究》,1982 年 2 期,1982 年 6 月。

50.《马可·波罗与中国》,《环球》,1982 年 10 月号,北京。

51.《马可·波罗足迹遍中国》,《南开学报》,1982 年 6 期,1982 年 11 月。

52.《和历史系同学谈怎样写论文》,《文史知识》,1982 年 6 期,1982 年 6 月,北京。

53.《藩镇割据与唐代的封建大土地所有制》(与张国刚合写),《学术月刊》,1982 年 6 期。

54.《释"台参"并论韩愈和李绅的争论》,《社会科学战线》,1982 年 3 期,1982 年 7 月。

55.《从〈至顺镇江志〉看元代镇江的回回人》,《江海学刊》,

1983 年 1 期，南京。

56.《马可·波罗离开中国在 1291 年的根据是什么?》，《历史教学》，1983 年 2 期。

57.《娘子关与娘子军》，《历史教学》，1983 年 3 期。

58.《关于渔阳、范阳、蓟县的方位问题》，《天津社会科学》，1983 年 2 期，1983 年 4 月。

59.《元代的阿儿浑人》，《南开史学》，1983 年 1 期，1983 年 6 月。

60.《关于乌马儿任江浙平章的年代问题》，《中国历史大辞典通讯》，1983 年 1 期。

61.《元代的几个答失蛮》，《内蒙古社会科学》，1983 年 4 期，1983 年 8 月。

62.《我怎样学元史》，《文史哲》，1983 年 5 期，1983 年 9 月，济南。

63.《〈元人传记资料索引〉评介》，《蒙古学资料与情报》（内蒙古），1983 年 3 期，1983 年 9 月。

64.《萨都剌的族别及其相关问题》，《南开学报》，1983 年 6 期，1983 年 12 月。

65.《关于隋唐的"御河"》，《中国历史大辞典通讯》，1983 年 3 期。

66.《元代回回人的政治地位》，《历史研究》，1984 年 3 期，1984 年 6 月。

67.《甘露尚未建寺，何来刘备招亲》，《文史知识》，1984 年 6 期。

68.《做好书评和索引工作》，《光明日报》，1984 年 6 月 27 日《史学》。

69.《怎样选择论文写作的题目?》，《浙江日报》，1984 年 8 月 24 日《学海》。

70.《爱国主义、民族感情及其他》,《民族研究动态》,1984 年 3 期,1984 年 9 月。

71.《"考竟"和"结竟"》,《辞书研究》,1985 年 2 期,1985 年 3 月,上海。

72.《学史使人聪明》,《天津日报》,1985 年 1 月 23 日。

73.《十七史从何说起》,《天津日报》,1985 年 2 月 2 日。

74.《关于元史研究中的几个问题》,《历史教学》,1985 年 4 期。

75.《"色目"是一个民族吗?》,《文史知识》,1985 年 3 期。

杨翼骧

杨翼骧自述

　　1937 年 7 月抗日战争爆发，北平、天津相继沦陷后，北大、清华、南开三校南迁，组成长沙临时大学。我那时已在北大史学系读完一年级，本应去长沙继续就读，但因受战争影响，家庭经济困难，无力供给我到长沙求学的费用，未能如期前往。1938年 2 月，我决心克服一切困难，南下复学。到了武汉，始知学校已离开长沙，迁往昆明，成立西南联合大学。昆明路途遥远，交通不便，我无法筹措那么多的路费，遂陷入困境。后来在一些亲戚、好友的陆续帮助下，从武汉辗转长沙、衡阳、桂林、柳州、南宁、崇善等地，受过多次贫病交加的痛苦和日本飞机轰炸的惊险，历时一年半，才于1939 年 9 月取道越南，乘滇越铁路的火车到达昆明，在西南联合大学复学，读历史系二年级。

我复学之后，因毫无经济来源，首先面临的是吃饭问题。幸好学校对家在沦陷区的学生发贷金。贷金不直接发给学生手里，而是用在食堂里吃饭。开饭时八人一桌，四小碗菜，由于菜量少，很快就吃光了。米饭里有不少的稗子和沙子，没有菜就不想再吃饭了，所以每顿饭总是吃不饱，不久就又饿了。如有钱还可到外面的小饭馆里补充点食物，我没有钱，只好忍受着。在上课和自习时，常常听到腹内饥肠辘辘之声。

饭虽吃不饱，总算有饭吃，可是没有钱购买日用必需品和文具，也难以生活。幸赖一位在成都工作的亲戚，从他低微的工资中每月挤出五元钱寄给我，解救了我的燃眉之急，帮我读完了二年级，但到了三年级的时候，物价大涨，他已自顾不暇，无力再给我寄钱了，我又陷入困境。经友人介绍，才找到了一个家庭教师的工作，报酬虽然很少，却也可勉强支付购买生活必需品和文具的费用。

在我将要读完三年级的时候，日本飞机开始对昆明进行轰炸，很多家庭迁离昆明避难，我的家庭教师工作也失掉了。这时我极为忧虑、紧张，因为眼看就要读四年级了。如没有收入，就不能完成学业，我的志愿也随之付诸东流了。这个至为严重的问题，必须赶快解决。这年暑假一开始，我就到处托人寻找工作。那时找工作非常困难，因原来在昆明的各中学为了避免敌机轰炸，都早已迁离昆明，想在中学里找个兼课教师的工作已不可能；而其他机关或已疏散到外县，或已精简人员，不再增用。经过多方设法，才由一位山东同乡介绍，在铁路部门驻昆明的一个办事机构里，找到一个记账员的工作。记账员的工资虽然较低，但比当家庭教师的收入多，我省吃俭用，每月还可有些剩余，生活问题便得以解决了。

在读四年级的时候，我每天上午在校内上课和准备撰写毕业论文的材料，下午到校外工作。因那时上午常有空袭警报，午后才解除，所以昆明各机关的办公时间都集中在下午，我可以上课和工作两不误。

我刚到昆明的时候，只有一条旧棉被，没有褥子，夏天睡硬板床，冬天就铺些稻草。直到这时，才有钱买了一床褥子。

到了 1942 年 2 月，我因必须集中时间撰写毕业论文，而半年多来积蓄的钱也够维持到毕业的生活费用了，便辞去记账员的工作。这年 6 月，我写成了毕业论文，完成了学业。当我获得大学毕业证书和学士学位证书的时候，回想几年来度过的重重困难，不胜感慨：这是多么不容易啊！

昆明西南联合大学的师生，大都过着穷困的生活，但因在抗战期间，大家同仇敌忾，在艰苦的环境里勤奋地从事教学和研究，发扬民族自强的精神，取得了优异的成绩，树立了在中国教育史上的一座丰碑。著名文学家林语堂来校讲演时，一开始就对师生们发出赞叹："你们的生活不得了！你们的精神了不得！"

回忆在昆明西南联大时的情景，虽已过了五十多年，但印象还是非常深刻。在当今伟大的新时代，政治安定，社会稳定，生活条件逐渐优裕，远非那时的艰苦环境可比，但那时艰苦奋斗的精神，还应激励着我们不断前进！

黎国彬

听用教授　无心插柳

　　我是广西梧州人，1920 年 2 月出生在一个资产阶级家庭。1938 年报考了西南联大的清华大学地质地理气象学系。1942 年 6 月毕业，后受聘南开大学文学院助教。大概是由于我大学本科的毕业论文《论云南省路南县撒尼族和阿西族的体质特征和地理环境的关系》（The Characteristics of Sani and Asi Tribes in Lunan Hsien and Their Geographical Environment）用英文写作，颇得中国现代社会学和人类学奠基人之一陶云逵先生的欣赏。后又写了《麼沙摆夷之地理环境》（英文）和《车里佛海茶叶与各部族之图系》。陶先生于当年 7 月 6 日聘我为他正在筹建的"边疆人文研究室"研究室调查员。我便开始参加边疆调查工作。这件事有个特殊的历史背景。20 世纪 40 年代初，云南地方当局计划修筑一条由石屏通往佛海的省内"石佛"铁路，后改为从昆明至佛海的"昆佛"铁路，并决定从筑路经费中拨出一笔专款，委托一个单位对铁路沿线进行社会调查，为筑路提供沿线的社会经济、民情风俗、语言和地理环境等有关资料。当时客居昆明的西南联合大学中的南开大学接受了这项任务，得到 3 万元的调查专款。1942 年 6 月，南开大学"边疆人文研究室"成立，陶云逵为研究室主任。"边疆人文研究室"是南开大学历史上一件在国内有开拓性的建树。

研究室成立后不久，陶云逵先生便带领我和几名年轻的研究人员从昆明出发，经玉溪、峨山、新平、元江、金平，沿红河南下，对红河哈尼、彝族、文山苗族、傣族、纳苏等少数民族的语言、民俗、社会经济、地理环境等开展调查工作。当时去这一地区，困难和风险相当多。在与陶先生相处的两年多中，我是陶先生的助教，但在实际工作中，陶先生一直放手让我独立完成调查研究。1942 年 7 月陶云逵先生在从阳武坝写给冯文潜的信中说："现黎国彬已去元江。……仅黎国彬一人去元江调查人文地理方面。"我有时只能单枪匹马，历经艰辛，进行广泛的调查，收集了大量第一手资料。这些资料整理好后给了铁路局。在调查中，我也同时对自己关心的许多问题做了深入的调查，如地理环境、傣族的生活环境等，并测量了 160 个案的体质。我去了许多地方，也遇到不少麻烦和困难，学术调查实际上成了一场探险考察。在前往元江等地期间我染上严重的热带病，一连多日，反复发作，不能行走。病情略好之后我又让当地人抬着一个村子一个村子慢慢前行，十分艰难。当地疟疾、霍乱、斑疹伤寒和痢疾到处肆虐，不时听到和见到死人之事，的确十分危险。在调查中，我收集了摆夷鼓、饭盒、木雕小菩萨、瓷佛像、摆夷经、梭树叶摆夷经、女衣和女裙等实物。1943 年我又到十二版纳（即普恩沿边）研究茶业地理及该地摆夷族的人文地理。在这几年的调查研究之后，我写出了《摆夷（傣族）的人文地理》，于 1946 年发表。这篇论文是一本专著的缩影，我独到地概括出摆夷的生活地理范围为"北纬25度以南，海拔700公尺以下"，并将摆夷的生活地理严格化。这项研究具有开拓性。当时，我在美国威斯康星大学的老同学认为：由于我的论文资料为探险性考察获得的第一手资料，可以拿到美国去，直接申请博士学位。当然，我对此不以为然，还想继续深入下去。但是，由于种种原因，我没有能将自己喜欢的科研项目搞下去，成为终生遗憾之一。

这次调查使我"乐不思蜀"，以至于1944年至1945年间，法国驻华大使馆给张伯苓校长两个去法国深造的名额，当冯文潜先生征求我的意见时，我虽精通法语，但明确表示拒绝，想继续搞自己钟情的研究。以后，我也从没有打过出国留学的念头。当时，我在报刊上发表文章，已小有名气，加之在云南调查时曾被"抓起来"，而成为"新闻人物"，《大公报》和《时事新报》都希望聘请我到报社就职。但我依然割舍不下科研和教学，拒绝了不少当时很诱人的机会。可惜的是，由于陶云逵先生1944年英年早逝，"边疆人文研究室"没能继续发展下去，我也随抗战后的变迁而身不由己了。陶先生病故后，我受托以我在红河区及十二版纳区的研究经验及自己所受的地理学和体质人类学的知识，于短期内整理了陶先生遗稿中关于摆夷体质部分的材料，包括统计图表、照片及附加的解释，约有10万字的篇幅。

我自嘲是"听用教授"，党和国家需要干什么，自己就干什么。特别是别人干不了的事情，总有人想到让我干，我也只好"干"，没有办法搞自己想搞的科研。这听上去有点像调侃，但的确是一种无奈，有时自己心里也很不痛快，每当人们夸赞我情操和思想高尚时，我总有"哑巴吃黄连，你不知道我心中苦"的苦涩。但是，不痛快归不痛快，我对工作却从不"对付"，干一件事，就一定要干好一件事。我认真，教人认真，真想学的人也体会得出来。这是我做人的原则。

抗战结束后，南开大学回到天津，教学工作也越来越多。1952年院系调整和1953年教学计划改革之后，我就开始"听用"，相继为历史系学生开出"人类学通论""考古学通论""中国地理总论"（系每周 4 学时为期 2 学期的大课）、"人文地理""中国边疆地理""东南亚经济地理""原始社会史""马列主义经典著作选读""世界历史"等一门一门地开创开拓性的新课。这些新课耗费了我大量精力和时间，也剥夺了我进行自己科研的可能。

1958 年，我又"听用"筹建"地质地理系"，担任副系主任，指导北京大学、北京地质学院和长春地质学院三个学校的十几个毕业生。我当时负责规划教学计划，为教师和学生开设"普通地质学"和"海洋地质学"等新课，资料完全来自国外论著。我还为南开和天津的其他大学开设了"天文学""地质投影学""植物地理学""生物地理学""测量学"等课程。此外，我还领着年轻教师开课，手把手指导备课和教学。然而，1962 年地质地理系下马。我在此间培养出了一批年轻教师，有些后来成为国内知名专家和"博导"。四十多年后，这些当年"地质地理系"的师生聚会时，在他们感激我当年的指点时，我心头总有一种酸甜苦辣的感觉。

1962 年我又回到历史系，并立即在 1963 年开设了"东南亚史"，其他课程也照开。由于我所开课程庞杂，通文理博古今，一不小心，得到了"合儒墨，兼名法"之"杂家"的雅号。当时，郑天挺教授对系里的教师们说："黎先生这个'杂家'是个真正的杂家。你们有什么困难的问题，自己解决不了，你们就找黎先生。"

"马列主义经典著作选读"是我首创的理论基础课，我一反当时教条主义学马列的陋习，将理论与历史融会贯通。特别是在讲授恩格斯的《家庭、私有制和国家的起源》时，我当成一门学问来讲，深入浅出，广征博引，颇受学生欢迎，开创了学马列的新方法，这门课也成为历史系的必修课，世界通史每一段都开设。

改革开放后，我根据打开国门的需要，针对 1977 级大学生外语水平低的实际情况，于 1978 年提出了教学计划上没有的一门新课程，首创了"专业英语"（《外国史学名著选读》），不仅名声在外，而且成为历史系本科生和研究生的必修基础课，好几位教师相继效法开设。

该课影响之大波及校内外，本校其他一些系和市内外兄弟院校也相继效法，开设与本专业相应的"专业英语"。这门课我从本科生开始讲，后来又专门为硕士研究生开设，一讲就是二十多年。"专业外语"是受益学生最多的一门课程，除选材广泛之外，主要的特点是让学生实践，多做课堂练习。教学中，在两种语言和文化基础之外，我特别强调"进入原作者的境界"。例如，我在讲授莎士比亚的一首14行怀旧诗，译为："又几行新泪，滴落在旧时的恨海，为那已难再见的故人旧物，流泻几缕思愁"时，课上竟有学生不禁泣不成声。做练习、改作业是这门课的关键之一。我安排每周一次课堂练习，每份作业都一字一字精心批改，几乎全部"套红"，下一次课上发还，并有针对性地讲解。让学生能了解自己问题的所在和不足。本系和外系慕名而来旁听的学生的作业我也一视同仁，照样批改。由于我的班比较大，通常为30～50人（有旁听生），我的大部分时间都用在批改作业上了，有时为了赶在上课之前改完，不得不熬通宵。不少学生是因为这门课和我建立了友谊，无论毕业后是在国内或国外，工作多年后还常来看看，有电话、信件和贺卡给我。一个教师能得到这样的"回报"，他还企盼什么呢？

1985年开创的"外国史学史"课程是我"得意"的课程之一。该课体系独创，按照西方思想发展的脉络编排，实际上是史学思想发展的历史，与国内外通行的思路不同。我的课程选材丰富，内容庞杂，深入浅出。史学史中关于马克思主义史学发展的一章更有独到见解。"外国史学史"讲稿二十多万字，我一直想把它扩大到五十万字，成为一本专著，但苦于没有时间和精力，只好作罢。这真是"遗墨无头化青灰"的遗憾。

粗略计算，我前后开了21门涉及领域相当广泛的课程，基本上平均一年一门新课，弄得根本没有时间搞自己想搞的科研。

我"杂家"的名气也给我招来了不少"麻烦"。历史系的同人记得郑天挺先生"有解决不了的难题就找黎先生"的话，有问题自然不会"客气",也深知我的为人,有求必应。学生们更不"客气",甚至在写研究生毕业论文时"不厌其烦"地请教,使我成了实际上的指导教授。许多毕业生在工作岗位上遇到专业和语言问题时,最先想到的又是我,甚至不远千里打电话讨教。我不知道有多少次为解决"前"学生们工作和学习中的问题睡不好觉,我真的比学生本人还认真着急。我还不时在上下课的路上遇到"劫道"的陌生师生讨教。在图书馆和资料室中,"打搅"者更多,人们"逮住"就问。有时,我真不敢再去图书馆和资料室了。至于外校、外单位和外地前来讨教各种五花八门的"疑难"问题者,我自然礼待,尽力尽快圆满完成,给南开挣上一点面子。"杂家"有"杂家"的难处。我不知道自己到底做了多少没有"署名"、不算"工作量"、不算"成果"、没有"报酬"、甚至不为人所知的工作,为别人做了多少"嫁衣"。不过,反正"工作"在那里,有人受益足矣。

说真心话,我对"杂家"之誉很不领情,认为这是"江湖派"之同义语。不过,我虽是"江湖",但不卖假药。在"疑难"问题出现时,我都从第一手开始做。我自己除创新思维和精通外语之外,记忆力好,对"犄角旮旯"的东西过目不忘,也对开拓性教学科研十分重要。

1962年中印边界冲突出现之后,郑天挺先生请我一同研究中印边界问题。我在翻阅大量中外文资料并进行了深入研究的基础上为天津相当级别的人士做了专题报告,这项研究由我执笔,写了有83页稿纸的一篇2万多字论文。文章转到外交部后引起重视。不久,外交部将文章中引用的5本珍贵资料借走。后来,郑天挺对我讲,北大的周一良先生见到他时说:总理看了这篇文章,说这是"古为今用的典范",请周一良转告这边来。这篇文章之所以能够引起重视并为国家在中印边界谈判中提供重要的论据,关键在于我的研究方法与从中国单方面资料入手的传统方法不同,是从古籍和外国人的资料中找到有利于我国的证据。例如,在前后两次麦克马洪线涉及的中印传统边界问题上，我在古书中发现"北极出地高二八"的记载，即北纬28度，与第一次麦克马洪线相吻合；我还在19世纪初出版的法国百科全书中找到有关中印边界的资料，并在19世纪中叶国外出版的地图上找到关于中印传统边界的记载；此外，我更从地理和人种学的角度论证了印度不存在维吾尔民族的论据；如此等等。这项成果不能发表，但的确体现了南开学术研究为国家现实需要服务的水平。

1979年至1985年，我"听用"兼职担任学校图书馆馆长。这事不轻松。我和图书馆工作人员一起重新安排了工具书室的资料和工具书，科学合理分布上架，使南开大学图书馆的工具书室在国内独具特色，受到师生和国内外来访者的高度赞誉。我这个馆长好"事必躬亲"，圈阅订书单，整理书库，查找图书，搬书上架。当然，这也使图书馆的管理科学化。我亲自订阅了许多宝贵的书籍和刊物。当"馆长"的一大"便宜"是看书方便。我往往整日钻在书库里，以至不少次中午被锁在书库中，饭不能吃，只好等到人们下午上班后，再被"释放"。

《印度尼西亚简史》是我1952年至1953年发表在《历史教学》上的一篇很长的题为"印度尼西亚"的论文后，引起湖北人民出版社的注意，前来约稿后完成的一部专著。该书于1957年出版，在当时国内学术界和人们对印度尼西亚的历史和现状了解极少的情况下，以10万余字进行了详细的介绍，奠定了印度尼西亚历史的基本框架，研究颇具开拓性。这项研究主要是得益于外语的功力。

我在1963年开始培养东南亚史专业方向的研究生。1964年进修东南亚近代史的越南研究生来校。几十年后在河内大学当教授的这位研究生来华讲学专门拜访，十分动情。"文化大革命"后，我受教育部委托，从77级招收了全国第一批3名出国研究生，在国内培养一年后出国。学生进步很快，现在都在国外有所成就。

对我的工作大家还是认可的。1954年至1955年我的课程被评为优秀课程，出席天津市优秀教师代表大会，受到表彰。1974年、

1977 年、1989 年被评为天津市优秀教师称号。其实，我并没有什么崇高思想，只是"怕"自己没有完成任务，东西没有教够，而受到人家的批评。我更在乎的是不受"批评"。秉性如此而已。

我搞翻译也是"听用"。在我不知的情况下，我被请进了《翻译家辞典》。有学生告诉我此事时，我只有苦笑。我算得上通晓英语、法语、俄语和日语，并能笔译德语、西班牙语（开过课）、葡萄牙语、越语、马来语、拉丁文、波兰文等多种语言。所以，许多"难啃"的翻译自然"跑不了"我。于是，又是一发而不可收，我的译作（包括校译、审译）累计有 1000 余万字。其中署名的有：《朝鲜气候区域志略》（上海新地学出版社，1951 年）、《十七、十八世纪欧洲大陆诸国》（三联书店，1958 年）、《尼加拉瓜史》（天津人民出版社，1976 年）、《牙买加史》（天津人民出版社，1978 年）、《十五至十九世纪非洲的奴隶贸易》等。至于找上门来的"周邓纪念馆"英文解说词、某"博物馆文物展览解说词"、许多"公司"的广告、产品说明书、各种著作或文集的"目录"、论文"摘要"、文物上的希伯来文或拉丁文等古文字铭文等就更多了，我也只有"听用"而为。

联合国资料翻译自 20 世纪 70 年代初开始，是作为"政治任务"接受的一项业务工作。当时，商务印书馆受外交部委托物色翻译单位，请我翻译了一些资料后，十分满意，而且认为"可以展览"。于是，南开大学成为全国第一个翻译联合国资料的单位。1971 年，我担任了天津市翻译小组负责人和总校人，带领小组人员经过艰辛努力，圆满完成了外交部交予的联合国资料翻译任务。由于参加翻译的人员外语和专业水平参差不齐，我前后过手 200 多万字，一个字一个字推敲，有的译文几乎全改。天津的翻译精益求精，得到外交部的高度评价。在 1976 年全国联合国资料翻译工作经验交流总结表彰大会上，我成为唯一受到提名表彰的人员，为南开大学和天津市赢得了荣誉和声誉。1970 年以后我还参加了商务印书馆主持的外国史学名著的选译定项目和翻译任务，参加过由商务印书馆主持，各省、市分担的历史书籍选材、翻译和审校工作。

我主持的《尼加拉瓜史》编译创立了一种独特的编译体系，从众多权威的资料来源中选其精，编成体系完整的各个章节，内容与体系融会贯通，一气呵成。该书成书后，有关部门认为这是译著的创新，建议推广。商务的《出版通讯》、韦氏国际字典翻译委员会等均发表文章，对它有较高的评价。

《十五至十九世纪非洲的奴隶贸易》是联合国出版物，由于该书涉及的文化范围极广，融合非洲、欧洲和美洲文化，作者广征博引，第一手资料丰富，致使翻译难度很大。一些相当有身份的学者翻译的初稿问题很多，对非洲黑人奴隶的各种土著语言在美洲与当地的各种语言混合后形成的各种"土话"，基本上无人翻译得出来，只好大段大段"空"在那里，英文翻译中"硬伤"和其他问题也很多。无奈的出版社慕名找到我，请我担任"总校"。我逐一解决了这些"难题"。黑人的非洲土话在北美与英语和法语等欧洲殖民者的语言混合，在拉丁美洲与西班牙语和葡萄牙语融合，形成极不规范的用词和语法。我便运用自己英语、法语、西班牙语和葡萄牙语的知识，结合对这些"土话"的历史文化背景的了解和分析，将这些"天书"般的难懂"土话"，翻译得准确流畅。由于我在该书翻译中做的工作远远超出"总校"的业务职责，以至出版社在出版该书时，一反"译者"在前，"校者"在后的署名排序，将"总校黎国彬"排在"译者"之前。该书出版后得到联合国和我国有关部门的高度评价，作为"范本"展出。

《英汉辞海》的翻译校对问题上，我也是不忍见其翻译的粗劣，怕丢中国人的脸，被迫参与，校对了相当的条目。当时，已经快翻译完的这部工具书，在校对时发现许多问题，主编王同亿经人推荐找到我，请我给"看看"。我看后发现问题比他们感觉到的还要多，还要严重，于是当时在写给王同亿的信中写道："在审阅开头的 200 个字条中，全错的有 9 条，另外需要改动的达 30%～40%。"辞典中大量引用的古典名著原文和名家例句，涉及领域相当广泛，有些"译者"一窍不通，胡乱翻译一气。我只好将有问题的词条原译文和我改过的译文多条寄给他们，写信让主编了解翻译中问题的严重性并建议认真通审，"不能一掠而过"。我曾明确当面向主编表示：此书不能仓促出版，甚至最好不要出版，因为用得到《韦氏国际辞典》的人，一般可以读原文，用不着翻译，否则也用不着此书。我也曾明确要求主编不要把自己的名字写入编委名单。但"主编"还是仓促出版，并硬将我的名字写入编委。我对此书的翻译出版的确不敢恭维，交给我看的只是其中的一部分，问题那么多，我没有看过的到底有多少问题，真是很难说了。

我在难度更大的"汉译英"上也下了一些工夫，"听用"翻译了一些中国古代文献和涉及中国古代历史的高难度论文。我汉译英的《明夷待访录与清初文字狱》《历代大运河的修治情况》等多种论著，这些大都是无人"敢接"的"活"，没办法才请我帮忙的，怎么好意思拒绝？此外，《南开大学学报》哲学社会科学版目录的英文目录一直由我翻译。学报刊载的论文涉及人文社会科学各个领域，无所不包，难度极大。我翻译的英文题目有自己的特色，从而使《南开大学学报》在全国高等学校学报评比中受到高度评价。考虑到学报的规范和国际交流，我还主动提出增加英文论文摘要，承担了这个费心费力的工作，并希望借这个工作培养几位年轻人。我找了几个比较有希望的学生，他们都在国外学习研修过，现在都是博士或副教授了，组成一个翻译小组，让他们分头翻译初稿，我给他们修改，并不时有针对性地结合翻译中出现的英文和专业难点问题给他们上课，希望能在有生之年把他们带出来。

我的翻译工作基本是"活"找我，作为"听用"结果的"无心插柳"，或许我对于文字，有一种天性或悟性。

可能由于磨难多了，我对人生持一种"出世"的态度，顺其自然，尽管受到许多的不公，心中也有几口咽不下去的"气"，还有没能完成《摆夷人文地理》和《外国史学史》的整理和写作，更是终生的遗憾，但我与世无争，为数不多的愿望之一就是：我要教学60年，一天也不下讲台。因为我的确离不开教学，感情上无法割舍，能把同学带到自己的喜怒哀乐之中去，是很不容易的。能做到这一点，离开教学还有什么意思呢？又何必离开呢？当然，我没有办法留点东西在人间，但我毕竟在这里（教学中）发现了我自己，为什么离开呢？

整理者附识：

2003年8月30日黎国彬先生因病去世，实现了他执教60年的夙愿：从1942年毕业任教到2003年6月为研究生讲完最后一堂"专业英语"课，黎先生真正在教学第一线默默工作了61年。这篇《听用教授　无心插柳》是我根据黎先生近年来对我进行的口述，经整理而成。

（张伟伟整理）

刘佛丁　　　　　　　　　　　　# 刘佛丁自述

　　上大学时，一位著名的经济学家来南开讲学，他说："对初做科学研究的青年来说，最重要的是选好题目，因为课题的选择，往往决定今后的研究方向。教师的学术水平高低，就看他兜里是否总有一些题目，可以随时拿出来供学生选择。"大学毕业，我到研究所工作后，开头几年，常为科研选题苦恼。那时总想，要是有一位导师给我一个现成的题目该多好！可实际上，古今中外得到名师指点功成名就者固然不少，但多数人恐怕还是靠了自己在崎岖的道路上不断地总结经验，从而寻找到一条既符合科学自身规律，又符合本人特点的研究途径。

　　三十多年间，我一直研究中国近代经济史，工作大体上循着由典型企业、村镇——

205

行业、部门——对旧中国经济做宏观分析的途径进行。

我参加的第一个科研项目是开滦煤矿企业史的调查。那时搞什么课题不是由自己决定的，而是研究所领导分配的。初到开滦煤矿，面对浩如烟海的档案卷宗，真如坠五里雾中一般，不知什么东西有用，什么东西无用。当时我想，为什么有些名学者到了一个企业或村镇，只用了不长的时间，就收集到必要的资料，并取得相应的科研成果，而我们有些研究人员陷入浩繁的资料堆中，经年累月难以自拔？差别就在于我们的眼力不够。而所以眼力不够，是由于缺乏对某一研究领域宏观的了解和理论准备。不把开滦煤矿放在旧中国经济发展的背景下，只孤立地加以考察，怎么能看出问题呢？于是我不再满足于仅仅按照调查提纲的项目，被动、机械地收集资料，而是把注意力转移到那些通过微观的事例可以说明全局性规律的问题上来。比如，通过包工制度的变化过程看半殖民地半封建旧中国帝国主义与封建势力的相互关系，利用开滦丰富的劳工档案记录和统计数据，分析旧中国工人阶级的贫困化问题和劳动力市场的形成等，这些问题的研究后来都取得了有影响的研究成果。

20世纪70年代中期，我有机会参加许涤新、吴承明先生主编的《中国资本主义发展史》一书的写作。写作的过程对我来说也是向老一辈经济史学家学习的过程。在讨论中，他们提出的一些研究课题，初看起来似乎很一般，没有什么意思，但后来的事实证明，一些年轻学者沿着他们的思路搞下去都取得了有价值的、成系列的研究成果。有些课题虽然中途遭遇困难，但峰回路转，最后还是达到柳暗花明的境界。

由于经验的积累和注意不断更新自己的知识结构，尤其是注意跟踪经济学和其他社会科学理论的进展，视野开阔了，观察事物的层次也提高了，不再感觉没有研究的题目可供选择，而是叹息时间和精力所不及。每到这时，我总是难以忘怀过去走过的路，所以在给研究生讲课和指导学位论文时，我总有一种为他们出题目，并根据每个人的素质和条件帮助他们选择好研究方向的义务感，毫不吝啬地把我的思路和未发表的见解提供给他们。

　　一般说来，我还是主张青年人做研究工作从比较具体的题目做起，这样脚踏实地，容易驾驭，待积累了一定的经验和成果后，再选择较宏观或抽象的课题，以期在更广泛的领域中有所贡献。我走这样一条科研的路线虽然是不自觉的，但回顾起来，总认为可能对多数人来说是适合的。

魏埙

鳞鳞爪爪

从 1952 年院校调整来到南开大学经济系任教至今，我在南开园已经生活了半个世纪多了。在欣逢南开大学 85 周年校庆之际，回顾我所经历的印象较深的片片断断，是很有意思的，也是很有意义的。

一、从两个侧面看南开大学的发展

1. 经济院、系的变迁和兴旺发达

1952 年我来南开时，经济系科有 7 个系 8 个专业：经济系、政治经济学专业、会计系、会计学专业、统计系、统计学专业、财政系、财政学专业、金融系、金融学专业、企业管理系、企管学专业、贸易系、内贸和外贸两专业。原来历史悠久、国内外闻

名的南开经济研究所停办了。1954年系科进行了一次调整：只剩下经济系，除政经专业以外，会计系和统计系变成专业并入经济系，其他系和专业都取消了，其教师除去留在经济系的和当即转到外单位的以外，其余的成立了一个经济研究室，但也可以随时外调，如果有可能的话。1958年又进行了一次调整：会计、统计两专业到天津财政学院去了；部分教师和河北省（当时河北省委和省政府在天津）、天津市的一些同志一起成立了经济研究所，属河北省科学院分院，研究所在南开。后来河北省科学院分院撤消，研究所就归南开了。从此，一系（经济系）、一专业（政经专业）、一所（经济研究所）的构架一直维持到20世纪80年代初的改革开放。改革开放以来，经济类的系、专业、研究所不断增加，而且又成立了一些研究中心，呈现出一派蓬勃发展、兴旺发达的景象。现有两个学院、12个系、13个专业、6个研究所、5个研究中心。

经济学院下设：经济系、政经专业、国际经济贸易系、国际经济贸易专业、财政学专业、金融系、金融专业、风险管理与保险学系、风险管理与保险学专业，经济研究所、国际经济研究所、人口与发展研究所、城市与区域经济研究所、台湾经济研究所，政治经济学研究中心、跨国公司研究中心、APEC研究中心。

国际商学院下设：会计系、会计学专业、企业管理系、企业管理学专业、市场营销系、市场营销学专业、财政管理系、财政管理学专业、人力资源管理系、人力资源管理学专业、信息管理与信息系统系、信息管理与信息系统学专业、旅游系、旅游学专业、图书馆学系、图书馆学专业，现代管理研究所，公司治理研究中心。

学生人数大幅度增长。不过，前后不太好比。过去只有政经一个专业，每年招30~50人。现在仅政经一个专业，每年就招100人，比过去增长2倍多。如果把两个学院总起来算，13个专业每年大约招700人，比过去增加近20倍。研究生就更不好比了。过去只有老经济系主任季陶达教授在1964年招收过2人，因"文化大革命"就不了了之了。现在两院每年招收研究生（硕士加博士）与本科生持平，也约 700 人左右，与过去无法比了，等于零与 700 之比。现在仅政经一个专业每年即招收研究生几十人，等于从零到几十之比。

2. 教师住房普遍有所改善和提高

就拿我个人来说，1952 年至 1956 年我来南开初期，因家属在北京，我一人住单身宿舍，一间小屋约十几平方米。1956 年至 1979 年搬到北村五楼一个单元：2 居室，一间只容一个单人床的小屋，一个厨房，一间厕所，一个很小的平台，共约 40～50 平方米。1979 年至 2001 年搬到所谓教授 5 号楼一个单元：3 居室，一个厨房，一个厕所，2 个壁橱，2 个小平台，共约 70 平方米。2001 年至今搬到龙兴里小区一个单元：3 居室，2 厅（客厅和饭厅），2 卫生间（一大一小），一个厨房，一个贮藏间，二个大平台，共约 140 多平方米。

二、我曾住过的那间小屋

我初来南开时住的单身宿舍，是坐落在校门内左侧一栋两层小楼（东村东楼）楼上的一间小屋。屋虽小，却在我的学术生涯中起过很大的作用，是我治学长征中的起跑点。

当时，我既无家室之累，又只教课无兼职（1954 年以后兼政经教研室副主任，1958 年以后兼主任），时间比较充裕，正好是念念书思考思考问题的好时机。而我也正是利用了这四年的时间，在那个小屋里，着实地在《资本论》上花了些功夫。我通读精读了全四卷《资本论》，当然是前三卷理论部分为重点。中译本有的地方不好理解，就对照着英文本读。字字句句都要弄个明白，连脚注也不放过。我做了大量的笔记，偶有所悟，也把它记录下来，这有时也是很珍贵的。我查阅了大量文献资料，弄清了所有的历史事件和典故，并参阅了大量有关《资本论》的论著。这为我打下了坚实深厚的理论基础，好像一生都受用不尽。此外，我和谷书堂同志合写的论文《价值规律在资本主义各个阶段的作用及其表现形式》，我和李竞能同志合编的《资本论》第一卷名目索引，也都是在 1955 年至 1956 年期间在那个小屋里完成的。后来论文扩写成一本专著，名称未变。1957 年上海人民出版社出版，1959 年再版，1961 年三版。在其中，我们提出了一个新观点，即决定商品价值量的社会必要劳动是一般含义以外的第二个含义。这引起了理论界的讨论和争论。起初，大都不同意。后来，同意的人逐渐多了。现在，没争论了。我们编的那个索引，有些人来信说很好很有用，希望第二卷和第三卷都编出来，直到现在也没编成，想起来不能不是一个遗憾。

三、出于庄稼人之口的深刻理论

1958 年，全国掀起了"人民公社化"浪潮。当年冬，中央要求各省市组织工作组下到农村去整社。天津市也组织了，学校要我参加。我们工作组一行 10 人于当年 12 月奔赴霸县胜芳镇，长驻在那里开展整社工作。当时，农村人民公社实行的是三级所有（公社、生产大队、生产小队）队（生产小队）为基础的体制。公社一级所有的经济是从生产大队，大队又从生产小队平调即不是等价而硬拿上来的。这种做法完全违背了历史唯物主义原则，违背了生产关系一定要适合生产力水平和性质的客观规律。1959 年初，中央郑州会议上毛主席说，平调等于对农民进行剥夺。实际就是这样。有一天我和一位生产小队的队长交谈，谈起人民公社的现行体制，他很激动地说：问题在于我们生产小队的生产状况如何。我们能生产出 100 个窝窝头，你拿走 70 个，还剩下 30 个，我们能吃饱干活。如果我们只能生产 10 个窝窝头，你拿走 7 个，只剩下 3 个，我们吃不饱怎么干活，我们生产还要种子、农具、肥料。这是何等生动深刻的生产力和生产关系辩证关系的基本理论啊！由此想起了理论学习要结合实际这是对的，但要有一定的理论基础为前提。那年，1958 年，经济系的一年级新生入学后不上课即投入到大炼钢铁和教育革命中。转年 1959 年春，按照教育革命的要求，一二年级学生一起下到农村结合着整社学习政治经济学。结果不多久学不下去了，因为连一些基本概念都没学过，都不懂。于是，一个电报把我从胜芳叫回来从头学起。这证明，理论联系实际要有一定的理论基础为前提。

四、两位南开学人的感人情操

王赣愚王先生和杨敬年杨先生是经济系的两位老教授。1979 年我搬进北村所谓教授楼的 5 号楼，他们搬进 4 号楼，相距很近。他们都大我 10 岁，对我来说是长者，我常去看他们。有一天我去看王先生，是他在专家楼住了一些日子刚刚回到家里。事情是这样的：大概是 20 世纪 90 年代的时候（哪一年不记得了），他和他老伴王夫人去美国看他们多年未回国的儿子一家。不幸王夫人在美国病故了，他儿子和亲友们都劝王先生留在美国，年纪大了，回国后孤单一个人无人照顾不行。

而王先生出于怀念祖国、华夏子孙人老归根的情怀，还是毅然决然地回国了。当时校领导考虑，如果他直接回家，一个人触景生情会悲伤，决定请他先在专家楼住些日子再回家。

有一天我去看杨先生。在交谈中，他郑重地对我说：有几位曾同时在美国留学、现在台湾的朋友回大陆访问时来看他，看到他的住房、工资和生活情况，表示为他惋惜，说他当初不如去台湾。他毅然地对他们说："我决不后悔。"当年从美国回来时，何廉买好了机票让他去美国或台湾。他拒绝了，回到祖国大陆来了。我听了杨先生这番话之后，不禁肃然起敬。据我所知，这是他经历了一连串的坎坷之后还这么说的。历次运动他都受冲击，晚年丧失了独生子，老伴从 1976 年地震后就卧床不起。杨先生不在自己的小屋里睡，而是用单人床陪伴在老伴身边，二十多年如一日。

这是何等高尚感人的情操啊!

五、青春焕发

1957 年至 1977 年这 20 年,正是我 40~60 岁的壮年时期。虽然在 1972 年、1973 年、1974 年我连续编写出版了三本书:《美元霸权地位的垮台》 (1972 年商务出版)、《战后日本经济的畸形发展》(1973 年商务出版)、《垄断·财团·大公司》(1974 年人民出版社出版)(当时不能以个人名义而只能以编写组集体的名义出版),但是大部分时间还是流失了。

改革开放以来,焕发了青春,心想要把 1957 年至 1977 年流失的时光弥补回来。

1. 1980 年至 1984 年,我还是经济系主任。作为系主任,我主要为政治经济学专业的建设和发展做了些工作:

改革开放之初,社会上就出现了马克思主义经济学"无用论"的思潮。对此,我坚持以马克思主义为主导、吸收西方经济学中有用成分的原则。为了适应时代的需要,调整了课程结构,增添了西方经济学(原理、流派、现代名著选读导读与评论)和高等数学两门课程。

发扬传统,强调和加强基础理论的学习。为了保证和提高基础理论课的教学质量,我主编了三种教材:一是《政治经济学(资本主义部分)》,这是根据国家教委的批准,由北方 14 所高等院校合编(故称北方本),南开为主编单位,我为主编。1986 年出版,现在已经再版到第六版。这本教材 1992 年曾获优秀教材一等奖。二是《现代西方经济学教程》。现代西方经济学名著选读和评论,有给研究生讲课的讲稿,没有付印出版。三是《〈资本论〉的理解与启示》,这是在过去《资本论》选读课讲稿的基础上编写的。

为了开拓眼界,进行国际学术交流,一方面,派教师出国学习,如高峰、孟宪扬去英国,薛敬孝去日本,张仁德、薛仲璋等去南斯拉夫。另一方面，请外国学者来讲学，我邀请过的有美国耶鲁大学的雷诺兹教授和特立芬教授，日本一桥大学的松石胜彦教授、名古屋大学的大西幹弘教授、香山大学的山下隆兹教授。

1986年政经专业被推选为全国重点学科之一。

2. 招收和培养研究生。1980年以后，我基本上不再给本科生上课，主要是招收和培养研究生。从1980年到1986年前后共招以《资本论》为研究方向的硕士生14人；为培养西方经济学教师，1989年和1990年先后招收了两届西方经济学方向的硕士生12人；从1986年到2000年前后共招收现代资本主义理论的博士生29人。这些毕业研究生大都成为高等院校研究机关和实际部门的领导和骨干。

3. 大力开展科学研究。我的科研成果绝大部分都是改革开放以来完成的。我的科研都是有针对性的。主要围绕以下几个方面：

首先，对现代资本主义的研究。主编出版了2本专著：《当代资本主义经济探索》(1987，河北人民出版社)、《垄断资本主义的过去和现在》(1992，山西人民出版社)；发表的论文主要有：《经济竞争化条件下的资本主义社会再生产》(1990，《南开学报》)、《关于垄断价格问题》(1980，《南开学报》)、《再论垄断价格问题》(1986，《南开学报》)、《关于价值到生产价格的"转型"问题》(1983，《南开学报》)、《再谈关于商品价值到生产价格的"转型"问题》(1986，《南开经济研究》)、《现代资本主义国家的宏观经济调控》(2000，《现代资本主义的经济关系和运行特征》)。

垄断价格和生产价格的论文属于价值论研究体系。关于垄断价格的新意：明确了垄断价格既是市场价格，又是市场价格的价值基础。关于生产价格的新意：介绍了日本学者森岛通夫用迭代原理、马尔克夫过程说明价值到生产价格的"转型"是一个过程。

其次，针对所谓《资本论》"过时"了的社会思潮，介绍西方经济学界仍在对《资本论》进行研究，出版了大量论著，特别是20世纪70年代以后，有的著作的副标题叫作"马克思体系的复活"。参加主编了一本专著《评当代西方学者对马克思〈资本论〉的研究》（1990，中国经济出版社，曾获孙冶方经济学奖一等奖），发表的论著：《〈资本论〉在当代西方经济学界（一）》（1982，《南开学报》）、《〈资本论〉在当代西方经济学界（二）》（1983，《天津社会科学》纪念马克思逝世100周年专号）、《马克思主义经济学在西方经济学界》（2001，《南开学报》）。

再次，针对社会上对马克思主义经济学冷漠，对西方经济学热衷的倾向，主编了一本专著《现代经济学论纲》（1997，山东人民出版社），发表论文有：《马克思主义经济学与西方经济学》（1987，《南开学报》）、《关于马克思主义经济学与当代西方主流经济学的比较研究——与樊纲同志商榷》（1997，《南开学报》）、《当代一种独具特色的价格理论体系——斯拉法〈用商品生产商品〉介评》（2001，《南开学报》）。

最后一篇论文，是为了驳斥美国经济学家斯拉法出版其《用商品生产商品》一书后，西方经济学界鼓吹斯拉法的价格理论可以取代马克思的价值论和生产价格论的观点。它也属于价值论研究体系。

4. 积极参加社会学术活动。主要是参加全国《资本论》研究会，为副会长，作为编委参编《〈资本论〉辞典》。

5. 主要译著有：《帕特曼报告》（与王继祖合译，1980，商务印书馆），受全国《资本论》研究会的委托，推荐并组织翻译国外研究《资本论》的书，名为"《资本论》研究译丛"，我参译和审校的有三本：《重读〈资本论〉》《马克思〈资本论〉的形成》《资本主义的绝妙剖析》（以上均由山东人民出版社1992年出版），译校《简明不列颠百科全书》中的经济学词条（1985，中国大百科全书出版社）。

六、老骥伏枥

我现年85岁了。住龙兴里小区，环境幽静，区内有花园，区外附近有卫津河环绕，是个颐养晚年的好地方。但我还是要做些工作。去年和今年前后用了半年多的时间重译了凯恩斯的《就业、利息和货币通论》。这是根据一个新版本重译的，它是美国皇家经济学会为纪念凯恩斯而编辑出版的《凯恩斯全集》的第七卷。它有许多新内容，例如，《全集》总序，第七卷编者序，除去英文版序以外，还增加了凯恩斯为法文版、日文版和德文版写的序，列出了第一版的一些错误。这些都有参考价值，所以重译了。重译还有一个想法，就是为了更好地学习《通论》。我认为"二论"（《资本论》和《通论》）是我们经济学理论工作者应读的基础理论著作。

杨敬年　　　　　　　学术生涯五十年

一、艰苦历程

　　我于 1948 年 10 月回母校南开大学任教，到 1998 年译完亚当·斯密的《国富论》，中间虽然经历了种种政治运动，并且在 1957 年以后受到了种种不公正的对待，加之家庭也接连发生了重大的不幸，但我还是坚持了五十年的学术工作。我今年 96 岁，回首往事，深感欣慰。

　　五十年的旅程历历在目。我 1948 年 6 月在英国牛津大学接受博士学位，10 月回到南开大学就任教授，时年四十。初到时在政经学院政治系。1949 年 1 月天津解放，南开大学由军管会聘任的校务委员会管理，

217

我是校务委员，兼天津市财经委员会委员。政治系旋奉令取消，政经学院改名财经学院，我受命创办财政系，兼系主任，财政系于1949年9月成立。1951年我因想多搞点研究工作，自动辞去系主任职务，随即到广东南海县参加土改工作七个月。1952年院系调整，财经学院撤销，只保留经济系政治经济学专业。1954年我被调入财经研究室。1957年我加入九三学社，同年被错划为"右派分子"。1958年8月处理"右派"，我被法院错误地以历史反革命罪判处管制三年，同时剥夺政治权利三年，在经济系资料室改造。其后我的妻子于1974年因脑溢血而半身瘫痪，卧床23年，直至1998年1月去世；我的唯一的儿子又于1976年因急病去世。1979年3月我的错划"右派"问题得到纠正，恢复了政治名誉，撤销了因"右派"问题定为历史反革命的结论和给予管制三年和行政降级降薪的处分。我被调到经济系世界经济教研室（后独立成为国际经济贸易系）工作。我于1988年1月退休，接受返聘，继续工作到1994年。我于1987年6月6日加入中国共产党。1995年至1996年我撰写了《人性谈》一书，1997年至1998年我翻译了亚当·斯密的《国富论》。这五十年是一个艰苦的历程。

二、创办财政系

1949年，南开大学政治系取消，成立财政系，有人认为是政治系改名为财政系，师生仍旧是原班人马。我却不以为然。我认为财政系就得办成一个真正的财政系，因此采取了以下措施：

（1）新聘陶继侃、李建昌为教授，陈舜礼为副教授，他们都是财政方面的专家。在第一届毕业生中留王维型为助教。当时全国大学人员冻结，这样做是很不容易的。

（2）财政系一成立就有四个年级的学生，大都由政治系及其他各系转来。我给四年级的学生安排了经济学、财政学、会计学、统计学

218

等课程，使之能初步具备财政系毕业生的资格，其他年级较易纳入财政专业正规课程的轨道。

（3）与中央财政部订立合同共同办学，部里的司局长和苏联专家来校讲课，我带领学生去部里实习，系中教师也参加部里的一些重要会议，使理论与实践完全结合。

到1954年最后一届学生毕业，财政系为新中国培养了一批财政人才，他们都在各自的工作岗位上为祖国做出了重大的贡献。其中有的人如曾任中南财经大学财政金融系主任的梁尚敏教授至今仍活跃于财政学界，著作甚多。

三、率先开设发展经济学

我在政治系开过"各国政府"和"西洋政治思想史"两课，在财政系开过"财政学"和"国家预算"两课，在资料室时曾于1962年至1964年给政治经济学专业学生开过"资本主义国家经济基本知识"一课。

1982年我在全国大学中率先给研究生开设"发展经济学"，后来又陆续给研究生、大学四年级学生和世界银行援助的三届助教进修班讲授此课。我曾两次接待美国耶鲁大学古斯塔夫·拉尼斯教授来校讲授"发展经济学"，第二次是1985年世界银行的援助项目，先在我校设立讲习班（当时全国大学中只有南开设有发展经济学，故由我校主办），各大学派教师参加，拉尼斯自己请了林毅夫担任翻译。事后在上海开会，商定全国大学经济专业的必修课课程，将发展经济学列入。后来虽由国家教委将其改为选修，但这门课程在大学中的地位已经确立，随后得到推广。我还和拉尼斯商定，将他和费景汉合著的《劳力剩余的经济发展》一书译成中文，华夏出版社1989年出版。此书即"刘易斯－费－拉尼斯模型"（二元经济）的源头之一。

我之所以率先开设"发展经济学"，原来就是希望在中国能建立这一新的学科。第三世界有 130 个国家，人口总数占世界人口的四分之三，其中绝大多数是第二次世界大战后独立的，它们都面临着发展经济，提高人民生活水平的任务，自然应当有一门相应的研究学科。而发展经济学此时在西方已经有了三十多年的历史，成了西方经济学的一个分支，在大学中普遍设立，内容日益广泛深入，文献日益增多，好几位研究发展经济学的学者获得了诺贝尔奖。为了更好地了解发展中国家，以便加强南南合作，借鉴他们经济建设中成败两方面的经验教训，促进我国的现代化建设事业，应当有更多的人来研究发展经济学，只有这样才能为建立马列主义的发展经济学创造条件。

四、编写教材

早在 1981 年，我就出版了《科学技术、经济增长》一书（天津人民出版社）。书中首先论述科学技术进步是加速经济增长的关键，作为背景材料；接着阐明了科学技术进步对经济增长的贡献，介绍了具体的计算方法；再次分析了科学技术进步与经济增长的相互关系，这是理论探讨；最后阐述科学技术进步在未来世界经济增长中所肩负的使命，这是对未来的预测。邓小平同志在 1986 年指出，中国要发展，离不开科学；又在 1988 年指出，科学技术是第一生产力，对这个问题做出了明确的指示。我写这本书，就是为引进发展经济学做思想准备，表明在经济发展方面，国外确实有值得我们学习的东西。

开设"发展经济学"之后，我编写了两本教材：一本是《西方发展经济学概论》（天津人民出版社，1988 年），一本是《西方发展经济学文献选读》（南开大学出版社，1995 年）。这两本书原是国家教委高教司副司长季啸风来家请我写的，后来列入国家教委第二届普通高等学校文科教材编写计划。

我应邀在国家教委《文科教材建设》1986 年第 3 期发表《编写〈西方发展经济学概论〉一书的体会》一文，说明为什么要自编教材。

原来我给研究生开课用的是 G. M. 迈耶的英文《经济发展中的主要问题》，给大学生开课用的是 M. P. 托达诺的英文《第三世界经济发展》，辅之以其他材料。我看了十来本美国、英国和加拿大出版的比较有影响的教科书，深深感到有自编教材的必要。

第一，外国教科书很多，各有长短，很难说有哪一本书能完全代表这一学科的最新发展。自编教材可以集诸家大成，反映这一学科的全貌，为学者提要钩玄，节省大量阅读时间及淘沙取金之劳。

第二，外国教科书是编给他们本国学生读的，在立场上当然与我们不同。比如，托塔诺的书虽是站在第三世界的立场上来写的，也只偏重贫困化问题，设有讨论工业化的篇章，终究有它的局限性。

我编写《概论》一书历时五年，三易其稿，编书的原则是：用马列主义毛泽东思想作指导，采取实事求是的态度，辩证唯物主义的观点，去粗取精、去伪存真、由此及彼、由表及里的方法，发展中国家的立场。全书 54 万字，分为 4 编 12 章：总论——经济发展，发展经济学，经济发展理论；资金——用于发展的国内资金，用于发展的国外资金；战略——技术发展，农业发展，工业发展，贸易发展，人力发展；综合——发展计划与市场调节，国际经济新秩序。书出版后颇受好评，获国家教委第二届普通高等学校文科优秀教材奖。

《西方发展经济学文献选读》共 61 万字，与《概论》是姐妹篇，编辑体例相同，可以互相补充，但又独立成书。选录文章 60 余篇，由我自行翻译，忠实可读，内容完整。学者手此一编，对于发展经济学的主要问题和最新发展可以一目了然，获得比较全面深刻的理解。

五、培养研究生

我从 1981 年起招收发展中国家经济（后改为经济发展理论与实践）方向的研究生，三年毕业，到 1994 年共培养研究生 20 名，除一名提前去美国深造外，其余均获得硕士学位。

我曾在《学位与研究生教育》杂志（国务院学位委员会办公室和国家教委研究生司主办）1986年第2期发表《如何指导硕士研究生学习》一文，总结我在这方面的经验。

我国学位条例规定，硕士学位的授予条件是：（1）在本门学科上掌握坚实的理论基础和系统的专门知识；（2）具有从事科学研究工作的能力。实施条例进一步规定，课程方面要考马克思主义理论课（要求掌握马克思主义的基本理论）、基本理论课和专业课（一般为3～4门，要求掌握坚实的基础理论和系统的专业知识）和一门外国语（要求比较熟练地阅读专业的外文资料）；论文方面，要求对所研究的课题应当有新的见解，表明学者具有从事科学研究工作的能力。

根据上述精神，我采取了如下的措施：

（1）上基础理论课。除了马克思主义理论课之外，在一年级设西方经济学、货币银行学、国际经济学和国家财政学四门课程（此外还有一些选修课），每门采用一本原文的西方通用教材，结合公共外语及专业外语，既培养了学生的理论基础，又培养了学生的外语阅读能力。我认为每门课认真读通一本好书，可以奠定坚实的理论基础。

（2）上专业课。二年级设"西方发展经济学"和"第三世界国家经济发展专题"两课，主要是培养学生的系统的专业知识。

（3）进行社会调查。正当我国实行对外开放之际，特区和开发区的种种经验，可以启发学生的思考，提高他们的研究兴趣和能力，因此在写作论文之前，提供机会让他们到有关地区和部门进行实地考察。

（4）做论文。要求研究生在第二学年末确定论文题目，搜集资料，写出提纲，经讨论通过后在第三学年写出论文，进行答辩。指导论文写作的要点是：

（甲）郑重选题。在确定论文选题时，首先要搞清楚要解决的问题是什么，它为什么会成为问题，这个问题的重要性有多大，关于这个问题有些什么主要论争之点。事实上，不对发展经济学有比较全面的理解，不对材料做出初步的分析，论文题目是难以选定的。我的方针是做小题而不做大题，要小题大做；不做没有现实意义之题；不做没有资料之题；不做与学生特长不相适合之题。

（乙）逐步提高论文质量。初步设想，发展中国家经济研究生的毕业论文，应当努力达到下列要求：国内外有关的文献均已看过，了解问题的历史、现状、理论和实践，能结合几个国家的具体实例，对正反两方面的意见有分析、有批判，能做出符合客观实际的结论，提出自己的新见解。

总之，希望通过上述四点，培养学生的读书和思考能力，使学生养成端正严谨的治学精神，得到初步的从事科研工作能力的训练，将来能在知识的海洋中扬帆远航。

六、科研工作

我在牛津大学的博士论文为《英国中央政府各部职权的分配（与美国及英国各自治领的比较)》，达到了牛津大学博士论文必须对知识做出原始贡献和适于出版两个要求。论文通过后我就读的圣体学院院长 Sir Richard Living stone 拨出 100 英镑，由我的导师 Dr. C. H. Wilson 请人为我润色文字，准备出版。归国以后长期音讯隔绝，待到能够联系时，二位老师均已作古，此事遂无下文。

落实政策后我曾从事两项科研工作，一是承担国家教委"七五"哲学社会科学重点科研课题"第三世界国家经济发展理论与实践综合分析"，其成果为《论经济发展的十大关系》，发表在《南开经济研究》1992 年第 5 期，并刊载在《选读》一书中；另一项是我 1995 年和 1996 年完全摆脱教学科研工作后所著的《人性谈》（南开大学出版社，1998 年），对人的积极性与经济发展的关系做出了深入的分析。

1. 论经济发展的十大关系

根据第三世界国家将近半个世纪经济发展的理论和实践，分析它们在发展道路上所遇到的关系全局的普遍存在的十对矛盾及其初步解决途径，并试图结合中国的经验，总结所得到的经验教训。

这十对矛盾是：经济增长与经济发展，平衡增长与不平衡增长，农业发展与工业发展，进口替代与出口促进，物资资本与人力资本，技术引进与技术开发，外延增长与内涵增长，经济计划与市场调节，发展潜力与发展实绩，发展经济学与单一经济学。文长二万余字。

2. 人性与经济发展

1991 年苏联解体，1992 年我国宣布建立社会主义市场经济制度，其关键均在于原来的各种制度挫抑了人的积极性。而积极性之于人性，只不过是冰山的一角。

《人性谈》旨在阐明人性与经济发展的关系，对人性进行了深入的分析，提出了下面的几个基本论点：

（1）人为万物之灵。人是从一般动物进化而来的。从生物学的角度来看，在一百万种动物中，在生命的基础和特征方面，人和一般动物并无多大不同。人的灵在于他的大脑和双手。从心理学的角度看，人的灵体现在知、情、意三个方面，即认知、情感、意志这三种心理过程，即是说，人除了有感情之外，还有智力，能创造。

（2）人性就是需要，就是欲望。人一要生存，二要发展；为了生存和发展，一要求知，二要创造。为了能够活下去，并且活得越来越好，人在追求真理、创造文明的大道上不断前进，永远前进，希望进到无所不知、无所不能的神的境界，这就是人生的意义和使命。

（3）需要、欲望、情感、冲动是行为的动机，决定行为的目的；理性只是情感的奴仆，是为实现行为的目的服务的。除了求生存、求发展以及为此而产生的求知与创造这些根本欲望之外，还有作为达成这些目的的手段的次一级的欲望或情感，其中主要有两大类：一类是仁、义、礼、智所代表的恻隐之心、羞恶之心、辞让之心和是非之心；另一类是名利权势，即贪欲、竞争、虚荣心、权力欲。后一类欲望是难以满足的，是越满足越膨胀的，然而又是许多行为的动力，在

224

它们受到过分挫抑时，努力就会减少，甚至化归乌有。

（4）善是所有的人的需要和欲望的满足。为了他人的满足而牺牲自己的满足的行为，是善的行为。使他人和自己同时得到满足的行为，也不失为善的行为。为了自己的满足而妨碍甚至牺牲他人满足的行为，是恶的行为。

（5）作为人的行为动机的仁义礼智，显然会导致善的行为，而作为人的行为动机的名利权势，则可能并且常常导致恶的行为。可以说前一种情欲是善的情欲，后一种情欲是恶的或者可以致恶的情欲。

（6）由于人有这两类不同的情欲，所以人性既是善的，又可能是恶的，从其善者为善人，从其恶者为恶人。社会上既有善人，也有恶人；同一个人身上既有善根，也有恶根。因此一个人可以由善人变成恶人，也可以由恶人变成善人。这就是为什么说"人无完人"。

（7）人在征服自然界方面已经取得了辉煌的成就，而在处理人与人的合作方面则瞠乎其后。优良的社会制度应当能保证人的需要和欲望得到满足，也就是说应当能发扬人性的善的趋向，调节、抑制和转移人性的恶的趋向；在人类历史的长河中，社会制度已经有了长足的进步。但是远未达到优良的境地。

（8）人与人的关系分为政治关系、经济关系、伦理道德关系等。政治关系中的核心和两难问题是权力分配问题。世界上若没有国家权力，则不足以保证国家安全，维持社会秩序；然而国家权力又常被滥用，因此产生了维护公民权利即人权问题。经济关系中的核心和两难问题是收入分配问题，分配不公平会造成贫富悬殊，而平均分配又会挫伤人的生产积极性，阻碍经济增长。在这两个领域，既要发扬仁义礼智一类善的情欲，又要适度放松并妥为防范可能致恶的名利权势一类情欲。迄今为止，人类在解决这两个问题方面，还是不得不试试碰碰（Trial and Error），因此不免常常出现顾此失彼、畸轻畸重的局面。今后人类的求知和创造活动，既要向自然界（包括人类自身）不断深入，又要集中精力来解决这两大问题。共产主义和大同世界始终是我们所憧憬的未来。

（9）在伦理道德方面，要针对人性的现实，通过教育、公众舆论、个人修养和社会制度，发扬人性的善的趋向，抑制和转移人性的可能致恶的趋向。人人应当树立为他人、为社会、为人类的幸福而不断努力的崇高理想，"不以物喜，不以己悲"，"先天下之忧而忧，后天下之乐而乐"。

3. 其他。在我发表的论文中，有几篇与经济发展问题有关：《发展经济学的对象和方法》（《南开经济研究》1988 年第 6 期和 1989 年第 1 期）、《论教育对经济发展的贡献》（《南开教育论丛》1987 年第 1 期）、《经济发展与国家财政》（王亘坚、梁尚敏主编，《财政理论探新》，吉林人民出版社，1986 年）。

七、讲授经济专业英语

77 级大学生于 1978 年初入学，我给已有普通外语基础的部分大学生开设了经济专业英语班和经济专业俄语班。后者一学期后由外语系接替，经济专业英语则一直讲授了十多年，给研究生、大学生和青年教师都开过班。

我以为学习专业英语的人缺少的是经济方面的词汇和基本知识。开头自己编印教材，例如从英国《经济学家》等杂志选读学术性较强的文章；后来采用萨缪尔森的《经济学》（当时学校尚未开设西方经济学课）作为教材，使学生从一开始就能接触到外国通行的经济学文献的文体，迅速提高阅读外文专业文献的能力，同时也丰富了经济学的知识。根据有的后来在国外深造的学生反映，深感在一年中花费在这门课上的时间和精力获益极大。

八、翻译

由于客观情势，五十年中我在翻译工作上用去了较多的时间和精力。新中国成立初期，我自学俄语，翻译了前苏联科隆诺德的《经济核算制原理》（十月出版社，1952 年）、《苏联地方税捐》（财政部《财政》半月刊连载，1956 年）、《苏联国家预算》（由国家教委组织，与兰州大学一教授合译互校，译完后因有人抢先出版而搁置）三书。

后来我译了英国詹宁斯《英国议会》（商务印书馆，1958 年），当时我已被错划成"右派"，只能用笔名蓬勃。在经济系资料室初期，我译了《白劳德修正主义批判》（三联书店，1960 年，用杨延生笔名）。此书包括美共主席福斯特《马克思主义对修正主义》和白劳德《德黑兰：我们在战争与和平时期的道路》二书，三联后来曾将后者抽出单独出版。1962 年至 1964 年我教书期间，翻译了英国克拉潘《1815—1914 年法国和德国的经济发展》，此书原由傅筑夫约译，故用他的笔名傅梦弼由商务印书馆出版（1964 年）。

1964 年"四清"运动开始，我不能再教书，下半年又回到资料室上班，到 1966 年上半年"文化大革命"开始，整整两年我译了美国熊彼特的《经济分析史》。二十年后此书由商务印书馆分三卷出版，第二卷（1992 年）和第三卷（1995 年）头两章是我译的。

"文化大革命"后期我译了四本书，均由商务印书馆出版：美国罗克多·佩洛的《不稳定的经济》（1975 年）、美国戴维·莱茵斯多夫和唐特纳的《美国第一花旗银行》（1976 年）、美国巴兰和斯威齐的《垄断资本》（1977 年），三书均以经济系的名义出版。第四本美国马耶的《银行家》（1981 年）才用我自己的名字。

最后我在 90 岁时重译了英国亚当·斯密的《国富论》，共 74 万字，陕西人民出版社 2001 年 1 月首次发行，到 2003 年 8 月第 6 次印刷，共发行 34000 部。

此外，1974 年至 1979 年南开经济系和经济研究所承担联合国大会和安全理事会正式记录的翻译工作（由国务院组织全国 49 个高等院校进行），每年 30 万字，系所老中青教师均参加翻译，由我负责最后审核定稿。

严复提出的翻译标准是信、达、雅，联合国文件的翻译标准是准确、通顺、易懂。我以为优秀的译作需具备三个条件：译者在中文方面有精妙的文笔，在外文方面有深厚的造诣，在业务方面比较精通。译著出版需经认真审校，切忌草率从事，贻误读者。

九、资料工作

我在财经研究室时，曾和潘源来、李建昌、岳毓常三教授搞中国盐务史资料工作，这是由北京中国近代经济史资料编委会（由范文澜、陈翰笙、千家驹领导）委托的。我担任抗战期间中国沦陷区盐务部分，曾到北京、南京搜集资料。所得资料数十年后由南开经济研究所编辑，由南开大学出版社分四册出版。

到经济系资料室后，我曾参加季陶达主编的《资产阶级庸俗经济学选辑》和《帕特曼报告》的翻译工作，两书均由商务印书馆出版。

二十多年中，我在资料室负责管理外文期刊和外文书籍。曾和世界银行约定，资料室成为该行在中国的展览图书馆之一，该行免费寄送全部出版物。我还做过许多其他资料工作，如编制资料卡片、翻译俄文和英文的教学资料，等等。我觉得资料工作虽是默默无闻，却是学术工作中的重要环节，不可小视。

十、经验教训

我的治学态度和学术思想，从上述各种学术活动中已可概见。这里只总结几点个人所得的经验教训。

第一，要有宽广的学问基础。语云："为学要如金字塔，既能广大又能高。"我从政治系转到财政系，从翻译转到发展经济学，学术方向的变动不可谓不大，但我还能适应，有所作为。这要归功于我的学问基础比较宽广。我在大学读的是行政系，学习了政法财经文教各方面的几十门课程，南开经研所的研究生入学，考中文、英文、经济学、财政学、会计学、统计学六门，都是我在大学一年级就学过的。我又在大学三四年级时参加了上海文化学会举办的读书会，阅读十本名著，包括王星拱的科学概论、张东荪的哲学、冯友兰的中国哲学史、夏曾佑的中国古代史、陈恭禄的中国近代史、周鲠生的国际法、王世杰的比较宪法、G．D．H．柯尔的世界经济与政治等，都认真做了笔记，参加了考试，获得了优秀成绩。考第八届庚款公费留英，我报的是行政法，考试的普通科目是党义、国文、英文（占总分35％），专门科目是法理学、民法、行政法（占总分65％），专门著作占总分5％。我在牛津大学读的是政治学哲学经济学专业（PPE）。因此能在客观需求的风云变幻中站住脚跟。

有人说：由于你所处的时代和你个人的遭遇，你的学习道路是不足为训的。现在政治稳定，一个人可以从小学一直读到获得博士学位，前12年（小学、中学）奠定了学问的基础，后10年（学士、硕士、博士）造就了专门的本领，这才是正规的成才之路。

我说：不然。我国在20世纪50年代初期学习苏联，学科分得过细过窄，难以适应社会的需要。改革开放后才稍稍放宽。美国拉尼斯教授曾问我，一门经济学科你们为什么要设立这么多的系、所？我无法解释。最近报载北京大学将所有学科分成五大类——数学和自然科学、社会科学、哲学、历史、语言和文化艺术，按系招生，大学生须于本专业外选修17学分的其他学科。又发起网上读书计划，指定权威书目120种和选读书目30种。其目的均在拓宽学生的知识面。我希望这种做法能普及到全国各大学。

第二，要有过硬的语言功底。文字是传达思想的工具，要能写流畅的中文文章，要有一门精湛的外文，才能搞好学问，否则纵使经纶满腹，亦难表达出来。我小时随外祖父读"四书""五经"至13岁，已经文理精通。大学四年，又规定每年要读一部中文名著和一部英文名著，考试及格才能升级及毕业。后来又在英国留学三年。因此有较好的中英文基础。

第三，要有严肃认真的治学态度。不论是读书、教书、写书、翻译或办学，都必须严肃认真，一丝不苟，否则就是自欺欺人，误人子弟。

第四，要有不断追求的治学精神。永远不满足于已经取得的成绩。以牛顿那样的成就，还自认为只不过是大海之滨偶然拾得几个贝壳的小孩，更何况像我这样天资平庸的人。现在我们提倡终身学习，我也以为求知和创造是人类的天性。萧伯纳认为世间各种生物都在追求无所不知和无所不能的道路上奋勇前进，永远达不到终点，只不过人类走在最前面而已。

第五，要有健全的体魄。我虽年纪大了，还在经常学习点新的东西。身体不好，学问再好也无从发挥。俗语云，健康的精神寓于健康的身体。萧伯纳却说，健康身体是健康精神的产物。我同意萧伯纳的意见。

五十年过去了。在这些艰苦的岁月中，是什么支撑着我争取对学术做了一些事情，尽管贡献微不足道，却是竭尽了我的绵薄之力？是对祖国、对人民的无限热爱，是对祖国的光明前景的无限向往。"亦余心之所善兮，虽九死其犹未悔"。

附录：主要著述目录

（一）专著

1.《英国中央政府各部职权的分配（与美国及英国各自治领的比较）》，博士论文，英文存牛津大学图书馆。

2.《科学、技术、经济增长》，天津人民出版社，1981 年。

书评二则：储玉坤，载《世界经济导报》1982 年 8 月 30 日。

崔玉华，载《中国年鉴》，1983 年出版。

3.《西方发展经济学概论》，天津人民出版社，1983 年。

《编写西方发展经济学概论的体会》，载国家教委主编，《文科教材建设》，1986 年第 3 期。

书评：储玉坤，《一部研究发展中国家经济的教科书》，载《世界经济》月刊 1989 年第 6 期。储文由《当代世界经济大全》一书转载，作为 25 种"世界经济研究领域专著译著选萃"之一。本书获国家教委第二届普通高等学校优秀教材奖。

4.《西方发展经济学文献选读》，南开大学出版社，1995 年。

书评三则：储玉坤，《一部研究发展经济学的文献选编》，载《世界经济》月刊 1985 年。

陈宗胜、文广，《读杨敬年教授的新著——西方发展经济学文献选读》，载《南开经济研究》1995 年第 5 期。

张岩贵，《对发展中国家经济全面深刻的透视》，载《南开经济研究》1995 年第 2 期。

5.《人性谈》，南开大学出版社，1998 年。

介绍：索海军，载《南开周报》，1999 年 7 月 6 日。

王中田，载《光明日报》。

杨敬年重要论文目录

1.《发展经济学的对象和方法》，载《南开经济研究》1988 年第 6 期和 1989 年第 1 期。

2.《第三世界国家经济发展中的十大关系》，载《南开经济研究》1992 年第 5 期。

3.《经济发展与国家财政——泛论发展中国家财政》，载王亘坚、梁尚敏主编，《财政理论探新》，吉林人民出版社，1986 年。

4.《论教育对经济发展的贡献》，载《南开教育论丛》，1987 年第 4 期。

5.《亚当·斯密〈国富论〉译序》，载《国富论》，陕西人民出版社 2001 年。

（二）译著

1.〔苏〕《经济核算制原理》（俄文），十月出版社，1953 年。

2.〔苏〕《苏联地方税捐》（俄文），财政部财政半月刊连载，1956 年。

3.〔苏〕《苏联国家预算》（俄文），由中央教育部组织，与兰州大学一教授合译互校，有人抢先出版，故译成后未能刊行。

4.〔英〕詹宁斯，《英国议会》，笔名蓬勃，商务印书馆，1958 年。

5.〔美〕《白劳德修正主义批判》，包含美共主席福斯特《马克思主义对修正主义》及白劳德《德黑兰：我们在战争与和平时期的道路》二书，笔名杨延生，生活·读书·新知三联书店，1960 年。

6.〔英〕克拉潘《1815—1914 年法国和德国的经济发展》，此书原系傅筑夫约译，但他只开了个头，由杨敬年译完，以傅的笔名傅梦弼出版，商务印书馆，1964 年。

7.〔美〕维克托佩洛《不稳定的经济》，以经济系名义，商务印书馆，1975 年。

8.〔美〕戴维·茉因斯多夫、唐纳德·埃特拉，《美国第一花旗银行》，以经济系名义，商务印书馆，1976 年。

9.〔美〕巴兰·斯威齐，《垄断资本》，以经济系名义，商务印书馆，1977 年。

10.〔美〕马丁·迈耶，《银行家》，商务印书馆，1981 年。

11.〔美〕熊彼特，《经济分析史》，商务印书馆第二卷，1992 年，第三卷头两章，1995 年（2001 年台北左岸文化事业有限公司出版繁体字本）。

12.〔英〕亚当·斯密，《国富论》，陕西人民出版社，2001 年。

另：

（1）1974 年～1979 年六年间南开大学经济系和经济研究所每年承担翻译联合国大会和安全理事会正式记录的工作（汉译英，由国务院组织全国 49 个院校进行），系所老中青教师全体参加翻译，由杨敬年最后审校定稿。

（2）组织翻译费景汉、古斯塔夫·拉尼斯，《劳力剩余的经济发展》，华夏出版社，1989 年。拉尼斯于中国改革开放后两次来南开大学讲授发展经济学。第二次系世界银行援华项目，先在南开大学设立讲习班，全国各大学派教师参加，杨敬年任 Host Professor，林毅夫任翻译，后在上海开会，商定全国大学经济专业必修课程，将发展经济学列入必修课（后又改为选修课），1995 年杨敬年和拉尼斯商定将此书译成中文，拉尼斯商定组译此书，并由作者为中译本撰写中文序言。此书即发展经济学文献中常见的"刘易斯－费－拉尼斯模型"的源头之一。

王玉哲

我和中国上古史研究

大学里的历史系近年来是比较清冷的，真正愿意学历史的人不多。而且，即便学历史也多半喜欢学近现代。尤其在"文化大革命"中提出"厚今薄古"的口号后，古代史几乎没有人愿学。而我过去一直学习古史，我是如何走上了这条道路的？说起来话长，这得从我的青少年时代说起。

一、青少年时代

我是 1913 年生的，那时正是推翻清朝建立民国的第二年。我的家乡是河北省深县张邱村，地处河北省的中部。河北省的地势，从地图上看，西北山岭绵延，东南河流交错，是原野坦荡的华北大平原的中心地带。深县东有津浦，西有平汉两条南北纵贯的大铁路；河流方面则是南有滏阳、北有滹沱，深县正处在两条铁路和两条河水的中间。按理说这确是个水陆交通便利、文化开放的地区，何况清末又有桐城派古文大师吴汝纶曾在此建有"博陵书院"讲过学，文质彬彬的文风遗俗在焉，不能说是穷乡僻壤、文化闭塞之地。但事实上，这里民风朴实，安土重迁。尤其是乡下广大农民，更是各自局促在自己农村，很少与外界交往，大有古代那种"至死而不远徙"的质朴遗风，村与村之间，好像是"邻国相望，鸡犬之声相闻，民至老死不相往来"。我自小就是一直生活在这个环境中，到长大成人。

我出生于一个世代务农的封建家庭。我所在的农村约百户人家，大部分是自食其力的自耕农民。农民间的贫富差别不很大。全村没有佃户，没有地主，没有豪富人家，只有几家富农和贫下中农。我家因为平时雇有雇工帮忙，所以，新中国成立后土地改革时被划为富农。我村中的土地比较贫瘠，没有水利灌溉，完全是靠天吃饭。我从记事时起，就遇到过好几次的久旱不雨酿成的大旱灾，度过几次吃糠咽菜的饥荒生活。我8岁入小学。当时村中有两类初级小学：一类是沿袭清朝读书人自己私办的名为"私塾"的，课程是"四书""五经"；另一类是建立民国后农民集资创办的，教师是县教育局派来的，课本也由官方规定。这种官办性质的新式小学，当时村人名之为"洋学"，课程有国文、算术、修身等。我上的是这种"洋学"。这种初级小学，在偏僻农村中没有正规学制的限制，爱念几年就念几年。我有一个堂弟弟，与我同年生。他不喜欢念书，经常逃学，念四五年就停学，出外学徒做生意去了。我自幼喜欢念书，在这个初级小学念了六年，实在没有什么可读的了。听说邻村"私塾"的老师姓刘，是前清的老秀才，很博学，于是我又到邻村私塾从刘老师学习。一入学即插入高年级，讲了半部《诗经》。1928年春才由一个亲戚偕同到县城进入高等小学。

到县城中的高等小学读书后，仿佛到了一个新天地，课程有国文、英文、算术、自然、地理、历史等，思想开阔多了，知识视野也扩大，知道了我国的国土、历史，尤其是我国近百年来受到各帝国主义的欺凌、压迫。一连串的丧权辱国条约的国耻，深深刺伤了我的幼稚心灵，爱国主义思想油然而生。

我因为平时喜欢读书，不管什么书，只要能看懂的我都读。所以，在小学读书期间，我的作文成绩是较好的。老师每次在我的作文本上，遇到好的句子，往往用红笔划圈圈，还高声给同学朗读。有一次，县城高等小学全校的学生，不分年级会考作文与书法，我以一个一年级的学生，居然名列全校第一。

小学毕业后升入本县城河北省立第十中学。当时中学学制刚从四年制改为三三制（即初中三年、高中三年）。省立十中是初级中学。我在这里念书时，对文科、理科的功课都喜欢，各科成绩都很好，经常是全班之冠。

二、走上文史之路

初中毕业之后，因十中没有高级中学，若想继续考高级中学，就必须到外地去投考。像我家的经济情况，继续攻读是困难的。我家是以农业为主兼营小商业，比一般只靠农业为生的农业户，生活上略好一点，只供给我一人上本地的中、小学，已不容易，若再继续让我到外地去读书，自己也感到有点内疚。所以，我从小在农忙时，就主动下地帮家大人干农活，什么锄地、收割、拔草等都干过。艰苦生活磨炼了我刻苦学习的意志，也真实地体会到读书之不易。当时祖父、祖母是家长，下面我父亲是长子，还有两个叔父。家中一切事务，祖父、祖母说了算数。对我是否还继续到外地读书，祖父母召集我父亲、二叔、三叔和我本人，在祖父房间开了个家庭会议。祖母首先发言，略说一下商谈的内容，接着说她和祖父的意见，是支持我继续到外地去念书，问他们有什么意见。当时屋内陷入一片沉寂，无人发言。最后还是祖母说，大家没有意见，就这样定了。两个叔父虽然心中不愿意，因这是老人的决定，也不好反对。于是在 1933 年秋，我到北京考入了北京市立第四中学高中部。从这时起决定了我后来走向文史研究的道路。

我前面说过，我在中小学时，对文理两科都爱好，可是到北京上高中，开始接触大代数、解析几何、球面三角等较深的数学，渐渐感到吃力，久而久之，我对理科逐渐产生了厌烦心理。我上的北京市立第四中学，在北京是个有名的高水平的中学，教我们班数学的马文元老师是北京市有名的数学老师，教学很负责、很严格。记得当年我因读书兴趣对文科功课有所偏爱，不喜欢理科。一次期末考试，我的代数考了个不及格，马先生特地把我叫去质问，当时我支支吾吾地迸出一句："将来我考大学文科的。"先生表情立刻变得很严肃，诚恳地对我说："你考文科，数学不好也不成啊！不信你可以去问问胡适（胡适那时是北大文学院院长）。"我当时表情尴尬，窘极了。

自受到这一刺激后，一个强烈的念头激励着我，下决心非把数学拿下来不可。功夫不负有心人，1936 年高中毕业，在北京市举行高中会考，我的数学考了满分，同年投考北京大学，入学考试时，考了九十多分，使我顺利地进入北京大学历史系。

我对文史方面的爱好是怎么产生的呢？回想起来，有两个来源，都是在高中时形成的。一个是高中教我们语文的教师白希三和程金造两位老师的引导。尤其是程金造老师布置我们的课外读物是《史记》。我记得最初看的是一部影印殿版《史记》上下两函。程先生督促我们用了一年多的时间阅读和背诵（程先生现在是研究《史记》的专家）。其中有些列传直到现在我还能背得朗朗上口，这是我后来对学历史感到兴味的诱因。

再一个诱惑我走文史研究道路的是梁启超所写的读物。那时我有个本家叔父名王雨字子霖，在北京琉璃厂从事古旧书生意。他是同行业的版本鉴定专家。每当古书肆中遇到古钞秘籍或宋元旧椠，多请其寓目。所以他能很早结识了政界和学界最负盛名的梁启超。他开的书店也是由梁氏资助建立起来的。可惜在"文化大革命"中，由于康生的点名，被造反派定为"反动学术权威"，被逐回农村迫害至死。这位叔父对梁氏很崇拜。我每逢礼拜天或假期到书店去看书时，这位叔父总是对我讲述过去梁氏的趣闻逸事。他家中的日用品如折扇、砚台、墨盒等物，多存有梁氏的书法笔迹。连其书店的匾额"藻玉堂"三个大字也是梁启超书写的。我经常在这个环境中，耳濡目染，自然会受到一定影响。当年曾把梁氏的一些著作，如《中国历史研究法》《要籍解题及其读法》《古书真伪及其年代》《国学入门书目及其读法》等，翻阅过不知多少遍。对梁启超有关古典的著作及文史方面的论文，产生了无限的喜爱。有一次，在读梁氏的《要籍解题及其读法》时，发现他对司马迁开始作《史记》的年代，完全同意王国维的《太史公行年考》，定在汉武帝太初元年的说法。我当时就觉得可疑，因为我正通读《史记》，自然取出《太史公自序》与之相互对照，《自序》明明说"（其父）卒三岁而迁为太史令，绅史记石室金匮之书"，这就是说其父司马谈在元封元年卒后三岁即元封三年，他开始为太史令，当即在"石室金匮"这个国家藏书之处去编辑史书。这也就是说，司马迁是在元封三年即开始撰写《史记》，而不是又五年之后的太初元年才开始。但是，王国维、梁启超皆为当代最负盛名的学者，又是国学大师，怎么会有此疏失？细读《太史公自序》，才发现这是由于王、梁二氏误解了《自序》的一段话引起的。我们且看看原文：

　　《太史公自序》："五年而当太初元年，十一月甲子朔旦冬至，天历始改，建于明堂，诸神受纪。"

这只是说太初元年这一年"天历始改"，改行"太初历"这件改正朔的大事而已。至于下面的"太史公曰"云云，根据今天所见最古的南宋黄善夫刻本和最普通的如清代的殿版《史记》，都是另起一段，是记太史公与壶遂的问答，述说他撰《史记》之用意；最后说"于是论

238

次其文"，与其前的太初元年这一年毫无关系。并且原文说"于是论次其文，七年而太史公遭李陵之祸"。按李陵之祸在天汉二年秋，上推七年是元封五年或六年，并不是太初元年。可见王国维、梁启超的说法之未可信。我的新说认为司马迁在元封三年即开始撰写《史记》；从天汉二年上推到元封三年，也不是七年，而是十年。因而我怀疑《自序》之"七年"的"七"，可能是"十"字形近而讹。查《汉书》本传，班固全采用史公之文，唯此处作"十年而遭李陵之祸"。至此，我才肯定《史记》盖属稿于元封三年，而非太初元年也。当时我草拟了一篇《司马迁作史记的年代考》。这篇小文，根据现在残存的日记记载，是1934年在高中念书时写成的，也是我从事学术活动的第一篇论文。遗憾的是这篇小文从未发表，而原稿散佚。

三、古史研究的开始

1936年我高中毕业考入了北京大学历史系，正式学习历史科学。那时，顾颉刚先生的《古史辨》是我最喜欢读的一种读物。因而对古史的辨伪、疑古，产生了极大的兴趣。同时在北京大学历史系讲"中国上古史"课的，是当时古史名家钱穆先生。而钱先生的《先秦诸子系年》也于这时出版，成了我手不释卷的读物。钱先生讲上古史与别人不同，不是从远古讲起，而是先讲战国，再逆向讲春秋。并且也不是一章一节、面面俱到地讲，而是以学术问题为中心，发现问题，解决问题，层层剖析，讲得娓娓动听，很能启发人深入思考。我爱听他的讲课，从不缺席。钱先生的文章和教学，对我的影响颇大。这些因素都在引导着我走向古史研究之路。

在上大学一年级时，一入学我就做过一个课外读书计划，写了一个书目，打算此后按所列书目先后，依次攻读。首先通读《左传》和《国语》，并时时与《史记》中有关篇章对照。最初因受梁启超今文学派的思想影响，服膺刘逢禄、康有为之说，认为《左》《国》原为一书，《左传》解经之文为刘歆所伪窜。在阅读《左传》时，总想从中找出一些具体资料，用以证明这种说法的正确性。可是读来读去，在《左传》书中，不但一点线索也找不出来，相反的倒是对今文家这种说法逐渐产生了怀疑。而认为《左传》解经语非刘歆所能伪，《左传》自《左传》《国语》自《国语》，两书体裁不同、行文各异，绝非一书。在细读时也陆续搜集了一些例证，打算写一篇《左传》与《国语》的关系的文章。可是草创未就，一日到北大图书馆，无意中看到当时"北平研究院"出版的《史学集刊》第二期，载有杨向奎《左传之性质及与国语之关系》一文，其论点看法与我的基本相同，而且辨析之缜密，材料之丰富，远远超过我所达到的水平，在佩服赞叹之下，所要写的文章，也就因而终止了。

我在大学历史系一年级的第二学期（1937年春）半年之内，写过好几篇论文。第一篇是《评孙海波国语真伪续考》，约七千字，1937年春假完稿，当即向《文哲月刊》投稿（因孙氏文章即刊登在《文哲月刊》第一卷第十期）。未久，收到该刊主编张东荪先生来信，略谓此刊于第十期停刊，稿件奉还（后来我之此文发表在昆明1939年《益世报》的《读书周刊》）。第二篇是《晋文公重耳考》，是在1937年夏北京上空日机隆隆的威胁声中，勉强完稿，约一万五千言（后来发表于《治史杂志》第二期）。未久，"七七事变"，抗日战争全面爆发。日寇大举入侵，先京、津沦陷，继家乡不保。这时清华大学、北京大学和南开大学，为了不使教育中断，决定迁往湖南长沙，三校联合成立了"长沙临时大学"。

那时，我是北大的学生，我们两三个同学通过已是华北敌占区的家乡，历尽千辛万苦，经过一个多月的奔波流离，才辗转来到长沙，入了"临时大学"。自以为虽然日寇猖狂，国难日深一日，然而远在后方，我们这些学子，也许可以暂时安静地学习。可是不到半年，长沙也连日遭到日机的狂轰滥炸。一日数惊的校园里，师生们哪能安心上课？临时大学又不得不决定从长沙迁往昆明。

一个庞大的学校长途迁徙，而且又是交通不便的大西南，谈何容易。当时既无铁路可通，又无现代化的汽车公路，只有简陋的土公路，汽车很难通行。唯一的通道是乘粤汉路火车到广州，出香港，航海到越南，再改乘滇越路火车到昆明。一个教育单位，在国内搬迁，还要借道外国，在国际上说也太丢脸。于是学校决定：女生及年老体弱者可以走海路，男生和身体健康的教师组成"湘、黔、滇步行团"步行入滇。当时参加步行团的学生三百多人，我是其中之一个。1938年2月里，步行团从长沙启程，三千六百里的长征便从此开始了。

　　由长沙西行经贵州、云南，都是崇山峻岭，尤其是贵州境内，真是"天无三日晴，地无三尺平"，我们几乎天天处在万山环抱中。有的山岭高可参天，形势险峻，翻越一座高山，需要一整天。记得在攀越贵州的高山关索岭时，登上陡峭的山顶，向下一望，看到四围山峦起伏，绵延不断，真是气象万千。当时我曾写下"仰登飞鸟道，俯视万峰低"的诗句，记下了在抗日烽火中，我们这支学子大军长征途中，战胜险阻的胸怀和情景。

　　我们当时虽然经历了一段艰辛生活，但也领略到祖国西南的大好河山，尤其走到风光秀美的湘西，远望是青山隐隐，近听则流水潺潺，真是"无山不绿，有水皆清"，景致美极了。有时雨后初霁，更显得山明水秀。当时我有诗句为："山草才经新雨绿，夕阳红处绽桃花"，盖写实也。可是在这个风景如画的环境中，一想到我们之所以至此，实是日本帝国主义入侵造成的，我们的大好山河已成半壁，怎不令人悲愤！我曾写过《湘西行》一诗，记录了当时的心情："客路湘西界，傍山伴水行。山山鸣翠鸟，涧涧响泉声。国破花犹泪，月残猿亦惊。疾时清寇虏，也欲请长缨。"

　　经过长途跋涉，四月底我们终于到达昆明。那时"临时大学"已改名"西南联合大学"，全程三千六百里的长征，至此结束。

　　在联大期间我为了给研究中国上古史打好基础，广泛选修文史、诸子、声韵、训诂等课程。学中国哲学史于冯友兰先生，学《庄子》

于刘文典先生，学《诗经》、《楚辞》于闻一多先生，学声韵学、训诂学于罗常培、魏建功两先生，学古文字学于唐兰、陈梦家两先生。我后来在科学研究上做出些许成就，是与这几位专家学者的教导、启迪，给我打下了深厚基础分不开的。

四、一段小小的波折

在大学本科四年的学习期间，总感到自己中国史知识贫乏，根底浅薄，仅就我所喜好的上古史这个断代上说，也同样如此。有些古史问题，若想深入研究，经常感到吃力。所以，下定决心，大学毕业后要投考研究院做研究生，继续学习。

1940年从联大毕业后，立即投考北大文科研究所。根据学校规定，必须交一篇论文，经审查合格，才有资格考试。我把论文交上，在等候通知考试期间，忽从联大同学中传来流传的谣言，说北大研究所已决定，不录取刘熊祥、王玉哲等三名学生。刘熊祥是我的同班同学，他来找我商量说，学校既已有此决定，不如自觉地撤回论文改考别校，以免将来名落孙山很不光彩。我犹豫了很久，决定还是试一试（刘熊祥后来考取浙大研究生）。

无风不起浪，这个谣传怎么起的呢？

在1938年春，西南联大文法学院因校舍问题，改在云南蒙自上课。我是历史系二年级的学生，选了刘文典先生的"庄子"一课，作了一篇读书报告，题为"评傅斯年先生《谁是齐物论之作者》"一文。我对傅先生认为《齐物论》是慎到的著作，不是庄周的著作的说法，提出异议。当时颇得刘文典先生的赏识。当年秋后文法学院从蒙自又回到昆明。我这篇文章在联大教师间有所传阅。联大教师如冯友兰、闻一多等先生都读到我的原稿，极为称赞。顾颉刚先生以前同意傅先生的说法，在读了我那篇文章后，也改变过来，并主动推荐寄到《经世》杂志。因为傅先生是我最尊敬的学者之一，未经他同意我暂不发表。所以，我又请顾先生把稿子索回。罗常培先生正主编《读书周刊》需要稿件，对我说，他想把我的文章拿去请傅先生作个答辩，与我的文章同时刊出，我同意了。可是傅先生看到我那篇文章后很生气，不但不写答辩文章，而且对我的意见很大。因此，我之此文便一直庋置箱底，至少在傅先生在世时我不打算发表了。

这个事件在联大师友之间颇有流传。我在报考研究生之前，曾在昆明报刊上发表过几篇小文，在识与不识的老师和同学之间，认为我的学习成绩是较好的。中文系主任罗常培先生在讲课时就曾举例说，历史系有个学生王玉哲爱做翻案文章；又如朱自清先生在课堂上讲到《左传》时，也曾提过我讲《左传》性质的一篇文章；冯友兰先生在课堂上讲庄子时也提出我论《齐物论》的那篇文章。这都是听课的同学后来向我透露的，有的还向我借那篇文章去读。1940年暑假前，我是在这种气氛中报考北大文科研究所的。有的同学对我说，你的成绩好，考取绝对没有问题；有一个教过我日文的老师对我说，只要不是傅斯年看考试卷，就一定会考上。我也被这些称赞冲昏了头脑，也认为考试很有把握。

当时北大文科研究所所长是胡适先生，副所长是郑天挺先生，胡先生在美国未归，由傅斯年先生兼代理所长。听说傅先生在审查我的论文时，一看我的名字，就把我的报考论文提出来，对别的老师说，这类学生我们不能录取，他的城市气味太浓，不安心刻苦读书，专写批驳别人的文章。可是其他审核论文的老师，老给我说好话，并大力推荐。于是论文一关算通过。另外还有笔试，也勉强通过。最后是口试一关。面试我的老师，正是我最怕见到的傅先生。傅先生问我几个问题，记得全很难回答，其中有一问题是：《秦公簋》铭文中"十有二公"是哪十二公，是从非子算起，还是从秦仲算起？还是从襄公算起？该器是什么时代作的？这一连串问题，问得我张口结舌，汗流浃背。我完全没料到会问金文上这些问题。

当天考试下来，我自然是捏着一把汗，对我今后的去向渺茫了。

后来听说在录取会议上，傅先生本来主张不录取我，为了照顾其他先生的意见，最后把我录为"备取生"（过去学校招生，在正式录取名额以外，还录取数名，以备正取生不到时递补），并且说，他还要到四川去招生，如果招不到更好的，再把我由备取转为正式生。

这段经历对我的打击很大，使我在联大同学中抬不起头来。这时联大已放暑假，同学们都尽情地享受轻松愉快生活，而我则愁眉不展，坐立不宁。我的同班好友李埏，这次已经金榜题名，他是云南路南人，就要束装返里，对我处境很同情，对我说，备取生递补的机会很大，叫我不必过虑，他说等开学后，一有喜讯他会马上通知我。他又强挽我随他一同到路南他的老家去，顺路去游览全国闻名的"石林"名胜。

那年暑假一晃即过，学校也开学了。幸运得很，开学不久，李埏即去告诉我说，我已被正式递补。就这样，我才正式入了北大文科研究所。

五、研究生的生活

北大文科研究所原设在昆明城内靛花巷。后来因为日机经常轰炸，为了让研究生安静地读书，所以又迁到昆明北郊区龙泉镇外宝台山上，与中央研究院史语所为邻。我到靛花巷入学不久，便也搬到宝台山上，安顿完后即由两位老同学带我去拜见我们的所长傅先生。傅先生家就住在宝台山下，见面之后傅先生非常客气，对我问长问短，旧事一字未提。这时我已正式成了他的学生，变成师生关系了。

我的专业是先秦史，听说傅先生本来是做我的导师的，由于这时中日战事，昆明吃紧，傅先生专职负责的中央研究院史语所，于1940年冬从昆明迁往四川李庄。我没有随傅先生到四川，仍留在昆明，我的导师就改由唐兰先生担任。唐先生第一次同我谈话，即告诫我说："可研究的题目很多，今后还是以少写批评别人的文章为好。"

这个善意的教导给了我很深的印象。唐先生在当时已是古文字学的权威，甲骨文、金文专家，正好指导我试闯古文字关，作为我深入研究古史的基石。

入研究所的第一年，在导师的指导下，广泛接触金文、甲骨文。1940年冬唐先生教我把宋代著录的金文，仿吴大澂、容希白两氏之书例，编集起来，并于每字之下，注出其词句。未及一载而书成，名为《宋代著录金文编》（稿本上下两册），所谓继事者易为功也。接着我即以《猃狁考》为硕士学位论文选题，开始了我的学术研究生活。

当时研究所坐落的龙泉镇宝台山，距昆明城约二十里，几乎受不到日机的威胁。昆明每次被轰炸时，我们往往仰卧在山坡上，看到敌机飞临昆明上空，一阵俯冲投弹，只听轰然一声，整个昆明城，被一团翻滚的茫茫烟雾笼罩得完全看不见了。

平时我们所居的小乡镇龙头村，人口仅数十户，荒僻清冷，几不闻人声。附近风景宜人，南有"黑龙潭"，北有"金殿"诸名胜，读书之余，可以纵情游赏。当时我们的研究所与清华文科研究所在司家营，北平研究院历史研究所在洛索坡，都相距不过二三里。这一带自然形成了一个小小的文化区。我们研究所的部分导师如罗常培、汤用彤、姚从吾、郑天挺诸先生，后来也迁到这里来，除了到联大上课时进城外，一般都和我们研究生共同生活，朝夕相处。我们隔壁还有一个破落寺院"响应寺"（冯友兰先生家住在这里），仅住着一老僧，从不见他拜佛诵经，而外面香客亦复鲜过。这真是一种近乎旧式书院的清静生活。几十个同学每天除了各自读书和写作外，便促膝互相切磋或辩论，为了一学术问题，有时争得面红耳赤。当时那种切磋之乐，现在回想起来，仍令人为之憧憬不已。

我是学古史的，要深入研究，有时必须借助于古文字学与古声韵学两门学科。其中古文字学，亲炙于导师唐兰先生，受到耳提面命，获益良多；而古声韵学一门，多少带有一些口耳之学的性质，没有师友亲口指导，专靠课堂听讲或自学是困难的。我后来在这方面有一知半解，很大程度上是与一些专攻语言、音韵学的同学——马学良、周法高和殷焕先等对我不厌其烦的亲口指点分不开的。当时我们同学住的是临时建的小土屋，我住的是一间较大的房子，房子一分为二，一半是研究所的藏书，是用书箱砌成的几个书架；另一半住着汪籛、周法高、殷焕先和我四个同学。所以我们这个屋既是图书室，又是研究室和宿舍，周法高说是"三位一体"。简陋是够简陋，但对我们来说，想看什么书，随手取来，非常方便。乡下没有电灯，晚上我们是在一盏如豆的菜油灯下攻读的。我们的读书和研究很自由，导师只是宏观地指导，没有严格的作息时间，同学们学习起来都很努力。有的同学喜欢开夜车，都是夜间学习，在昏暗的油灯下，用毛笔抄写成蝇头小楷，一叠叠的学习卡片，都是夜间的产品。一干起来就是连着几个通宵。但我们也不是天天干巴巴地死读书。有时也聚在一室开玩笑取乐。比如有一次，因为当时正所长虽然是傅斯年先生，但真正关心我们生活和学习的却是副所长郑天挺先生，于是有人戏编一副对联，上联是："傅所长是正所长，郑所长是副所长，正副所长掌研所"，下联是"贾宝玉乃真宝玉，甄宝玉乃假宝玉，真假宝玉共红楼"。作者是谁，我不知道，后来听周法高说，作者是刘念和同学。可见当时我们也够调皮了。

就在这个学术环境中，经过一年多的日日夜夜的努力，到1942年10月23日，我的学位论文《猃狁考》，始底于成，参考文献一百三十多种，都十余万言。过去古史界凡谈到古代少数民族猃狁的历史，都跳不出王国维《鬼方、昆夷、猃狁考》的说法，认为猃狁与鬼方、昆夷为一族，至其出没地望，多谓在宗周之西，或谓在宗周之西、北、东三方等。这些说法皆有可议。王氏对鬼方、猃狁的历史研究有一定收获，其开创之功不可没，但时至今日，甲骨文、金文材料日富，王氏的说法，已感到有些龃龉。我的研究完全打破了过去之成说，提出猃狁一族在殷商时名"吕方，而鬼方则为另一族。至于与猃狁有关的地域，如古之"太原"、"焦、获"，"洛之阳"、"镐、方与荼京"等之地望,"嚣虘"与"余吾"的关系等,无不为之重加论证,广征博引,条分缕析,使狎狁历史的来龙去脉比过去完全改观了。

1943 年春我年满三十,研究所于三月三日为我举行了硕士学位毕业论文答辩会议。我的论文得到答辩委员们的一致肯定,顺利地通过了,我的研究生的学习生活,至此结束。

六、大学中的教读生涯

1943 年秋,我受聘为私立华中大学历史系副教授,开始进入我的科研与教学相结合的终身事业。

华中大学原来校址在湖北武昌,抗日战争爆发后,迁到云南大理。大理地处名胜苍山、洱海之间,风景优美,但僻在滇西,交通不便、文化闭塞,即便是在战争高峰期,也从来见不到日机肆虐的踪影,倒是个宁静的读书环境。可惜华中大学所藏图书贫乏,教学还勉强凑合,进行科学研究,就有点捉襟见肘、困难重重。在居留大理期间,我就写过一篇稍像样的文章《鬼方考》,是《狎狁考》的姊妹篇,曾获得当时教育部 1945 年度学术发明奖金。就在这年的 8 月份,日本无条件投降。长达八年的抗日战争结束了。翌年 1946 年 4 月随华中大学复员迁回湖北武昌原校址。我又在武昌待了一年,在华中大学任副教授已满四年。1947 年秋长沙国立湖南大学来函商聘我为正教授。于是我又南赴长沙湖南大学历史系教书。1948 年暑假前,接家书,得知我父亲在天津病危,要我回北方去照顾。这时正处在如火如荼的解放战争中,北去的火车,早已不通。我向湖大辞职时,湖大就以交通不便为由,不接受我的辞呈。后来见我北上省亲之意已决,这才允许我北上,但叫我必须接受湖大下年的聘书,说希望我北上探亲后再回湖大。如到那时实在不能回来,也就算了。当时北上的陆路不通,于是决定先到上海,改乘轮船航海北上。7 月 25 日从长沙首途，辗转至 8 月 3 日始到达天津。到津后，看看我父亲病势危殆，短期内是离不开天津的，乃于 9 月改应天津南开大学之聘。在南大历史系教学仅半年，天津就解放了。

1949 年 1 月 15 日天津解放，10 月 1 日中华人民共和国成立。

我是从旧社会过来的知识分子，受旧思想文化的影响，对这场天翻地覆的时局巨变，在很长一段时间内是抱着疑惧心理的。因为过去在旧社会里，长期面临帝国主义的猖獗、侵凌，政要当局不是励精图治，而是上下贪污，腐败无能。各党派斗争日烈，谁是谁非，令人眼花缭乱。自己于是下定决心，今后要一心一意把书读好，不谈政治，要以治学许国。可是这种想逃避政治斗争、洁身自守的想法是与新社会格格不入的。从 1952 年以来，党中央发动的大规模的"政治运动"，如"肃反""整风""反右""四清"等，"思想改造运动"如"兴无灭资""大跃进""拔白旗""大鸣大放""大辩论"等，一个接一个如狂风暴雨般地袭来，"自我批判""自我检查""交心""人人过关"等，几乎连年不断，一直到 1966 年开始的"文化大革命"的十年浩劫，极"左"思潮可以说走到了极端。

在以"阶级斗争"为纲的年代里，任何工作都是以"政治"第一，其他都应是第二位的。当然，学历史、进行科学研究，是为了政治的需要，这本来并不错。我也反对那种所谓"纯客观"的看法。那种以为学历史、进行科研仅仅为了求真实，这还是为学习而学习的"客观主义"。学习历史既与政治、与当今现实毫无关系，我们又何必吃饱饭无事干、去浪费那么多人力物力搞古代那些闲事？学"古"还应当是为了"今"，鉴往知来嘛！历史发展是有规律可循的，前车之覆，为后车之鉴。所以，我们研究历史，就是为了政治，为了当今现实，在这一点上没有错。不过，任何"真理"，说过了头，也会变成荒谬。多年以来强调搞政治学习、搞阶级斗争，长年累月不分具体时间地搞，肯定会挤占了搞其他工作的时间。记得前两年，有一次与我的朋友胡厚宣先生闲谈。我问他，为什么我们在台湾的一些老同学都是著述等身，都有成本大套的著作出现，而我们的成绩显得可怜了？他说，我们这么多年天天搞政治运动，在这方面他们又望尘莫及了。当然我们是在当笑话讲，但从中不是也多少反映出一些值得反思的问题吗？

历史发展是错综复杂、充满着矛盾的。任何问题都不是绝对的。说好就是绝对的好，说坏就是绝对的坏，这种绝对主义的看法，是错误的。历史事物都是一分为二，往往是好中有坏，坏中有好。新中国成立以来我们从事政治运动是多了一些，从时间上影响和耽误了做别的必要工作，但也正是在这个长期浓厚而严肃的政治空气中，我才能够扎扎实实、死心塌地地读了一些马克思主义的重要著作。如恩格斯的《家庭、私有制和国家的起源》、马克思《资本论》中讲地租的部分，不知翻阅了多少遍，使我多少学会运用马克思主义的立场、观点和方法处理历史问题，使我的古史研究，能站得更高些，观察问题更能深入些。这一方面在我的科研生活中不能忽视。

七、古史上的点滴耕耘

我对古史的学习和研究，新中国成立以来，可以"文化大革命"为断限划分为前后两个阶段。前期是从 1949 年到 1976 年"文化大革命"终止。这二三十年期间正是政治运动频繁，学生、教师都强调以政治为主，业务为次。所谓科研只有领导上提出与当前政治运动密切相关的题目，和为了教学编写教材，有些是集体编写。至于其他内容的科学研究，根本谈不上。在这个经常下乡"劳动一个月，胜读十年书"的年代里，我也半偷偷摸摸、半公开地写过一些论文。有关社会史方面，主要的有：(1)《试论商代"兄终弟及"的继统法与殷商前期的社会性质》（1956 年），其中较新的论点是认为商的前期还未正式进入奴隶社会，而是正处在两种社会的过渡阶段；(2)《有关西周社会性质的几个问题》（1957 年），该文仍坚持西周不是奴隶制，而是已进入初期封建制；(3)《中国上古史纲》(1959 年)，这是我的上古史课的讲稿，上海一个出版社在"反右"过后索去打算出版，这时与我要好的一位四年级同学，特别来劝告我，最好不要出版，说过不了一两年对老师的讲义还会要批的。可见那时出书是要冒风险的。

我的古史研究工作，除了上面提到的有关社会史的之外，还有民族史方面，也是我的研究重点。举两篇有代表性的：《楚族故地及其迁徙路线》(1951 年)和《论先秦的戎狄及其与华夏的关系》(1955 年)。另外，还有一些讨论孔子的、讨论土地国有制的、讨论让步政策的文章。其中关于让步政策问题，在"文化大革命"期间，一直是我的所谓"罪行"之一，受到批判。可是，我读马克思、恩格斯的著作，明明也说过"统治阶级被迫让步"一类的话，并且不止一次，但是不敢辩。一个朋友忠告我，不能辩，一辩你就会被认为是顽固不化反动分子，更不得了。

"文化大革命"以前，我正当四五十岁，精力旺盛，应当正是出学术成果的时期，可惜我却在极"左"思潮中，一大半时间白白地被耽误过去了。

自 1976 年 10 月粉碎"四人帮"，"文化大革命"结束以后，久被禁锢的思想界开始解放，我的学术生涯才从前期转入后期，在学术上可以大踏步前进了。可是我的年龄已 65 岁，要把以前浪费的时间赶回来。这时也可以说是整个学术界到了黄金时代。比如对古史分期问题，由来分歧不断，未能统一。20 世纪 50 年代开始编写全国统一的历史教材，决定采用郭沫若先生的说法，即：战国以前为奴隶社会，以后为封建社会。在课堂教学时，教师最初还可以申述自己不同的观点，到后来便只能照本宣科，不敢透露自己不同的主张了。"四人帮"被粉碎后，学术界在学术问题上，又可以自由研究、自由讨论了。1978 年《历史研究》编辑部和《社会科学战线》编辑部联合在长春召开中国古史分期问题学术讨论会，我被邀请参加，并被选为大会主席团成员。开幕当天，我曾在大会上宣读题为"西周春秋时期的民的身份问题"的论文，再一次论证我所坚持的西周为初期封建社会的说法，对多年来社会流行的西周奴隶说提出异议。又在1983年发表了《西周金文中的"贮"和土地关系》，以期解决西周初期封建制下土地制度史上一些关键性问题。

我多年所致力的另一研究项目，是中华民族早期的一些疑难问题。如对夏、商、周三族早期的居地及其迁徙活动的轨迹，从1982年到1985年先后发表《夏文化研究中的几个问题》《商族的来源地望试探》和《先周族最早来源于山西》，发表在《历史研究》和《中华文史论丛》等杂志中，引起史学界的关注。关于如商、周时期的少数民族鬼方、猃狁、犬戎等学术问题，也是我多年来研究的问题之一。其中部分成果，曾分别在《历史研究》《考古》等杂志上发表过，从事民族史的研究时，我试图尽力阐扬如何认识民族的自我价值和怎样增强民族自尊心和自信心，增强中华民族的凝聚力等问题，使这项研究具有时代意义和现实意义。现三十万字的《中华民族的早期源流》已完稿。

我曾计划写一部大型断代史《先秦史稿》，计划写一百万字，西周以前的部分写完后，交给了上海人民出版社。由于上海人民出版社多年来努力筹划出版中国断代史系列丛书，出版社建议将《先秦史稿》更名为《中华远古史》（五十五万字），已于2000年出版。此书出版后，得到了国内史学界的肯定并荣获了2001年第十五届华东地区优秀哲学社会科学图书一等奖。中央电视台新闻频道也曾拍了二十分钟的专访介绍此书，并于2003年10月15日播出。本来我打算把《先秦史稿》继续写下去，可无奈年事已高，每每伏案，总感觉力不从心，工作效率大不如前。幸而在中国断代史系列丛书中云集了一大批国内权威史学家的著作，如甲骨学家、古文字学家胡厚宣先生的《殷商史》，先秦史专家杨宽先生的《西周史》、《战国史》、先秦史专家顾德融、朱顺龙二先生的《春秋史》，等等。他们的著作都是多年研究的成果，是卓尔不凡的，于是我的上古史研究就告一段落吧。

2002年10月26日至27日，南开大学和中国先秦史学会为了庆祝我90岁生日，特地举办了"庆祝中国先秦史学会成立二十周年暨王玉哲教授九十华诞学术研讨会"，2003年，中华书局又出版了《南开大学史学家论丛》系列丛书，其中我的论文集命名为《古史集林》，里面收录了我从事古史研究以来有代表性的38篇论文，也是我学术活动的一个总结。

如果说我这几十年的治史经历还有值得肯定之处，那也是和南开这片沃土分不开的。在南开，我得到过许多师友的帮助，我也愿意把我毕生所学传授给愿意学习历史的年轻人。在南开的教学中，我先后教授过"中国通史""先秦史""秦汉史""地理沿革史""殷周史""历史文选""甲骨史料选读""史学名著选读"（《史记》选读）、"殷周史专题"等课程。我希望我的学生都能从治史的方法中胜任其他工作的方法，能秉有一技之长。1984年，我被国务院学术委员会批准为博士研究生导师，开始招收博士生。我要求学生比较严格。学治古史，难免要和古文字打交道，文献里面如《尚书》《诗经》都很难读，我要求学生对古文字学、古声韵学、甲骨学都要懂一点，研究古史、古文献，这些都是基本功，都是工具，要学会怎样利用。论文一定要有创造性，要突破旧说，哪怕只是一孔之见，也称得上是论文，否则材料再翔实、再广泛，也只是简单的堆砌，不合论文的标准。我对学生的论文往往逐字逐句地修改，提出具体的意见，就是希望他们能真正掌握治史的方法。

最令我欣慰的是我的学生都很努力，现在他们已经在自己的岗位上取得了优异的成绩。如中国国家博物馆常务副馆长朱凤瀚、南昌大学副校长邵宏、南开大学古籍所所长赵伯雄，等等。我期望我的学生能超过老师，做学问应该是一代更比一代强。

回顾自己的教学和科研，时间不为不长，也经过了兢兢业业的不懈努力，但读书与写作的计划还是百不一酬，所做成果寥寥无几，却赢得了不少社会认可。1983年作为中国高校文科教育代表团团长访问德国，兼任中国先秦史学会副理事长、中国孔子基金会副会长、中国博物馆学会理事、中华孔子研究所顾问等，列名于《二十世纪中国名人词典》《当代名人录》《中国当代文化名人小传》及《世界有成就的名人录》，还有其他一些荣誉，真是感到妄得虚名。所以总想在科研的道路上贾其余勇、继续拼搏下去。现在我有很多问题想深入研究，也有很多问题研究了一半，都因为精力不够，越往后越困难。但是，在先秦史的研究中我也并未留下什么遗憾，为学无涯，要想穷尽所有的问题是不可能的，只能是越研究越多，学问研究还得靠青年人。

我从小喜欢诗画，只是后来走上了文史之路，很少写诗作画了。我 70 岁之前就说过 70 岁之后要放下业务学学书画艺术，80 岁时也说过要纵情于书画艺术了。但无奈，工作总是停不下，现在好了，我的上古史研究告一段落，终于能如愿以偿以书画自娱了。

（王玉哲于 2004 年修订）

何炳林

我与南大高分子学科

　　1918 年 8 月我生于广东番禺县，早年就读于广州培正中学。1936 年毕业后，考入武汉华中大学。1937 年日本入侵中国，我即转入由清华大学、北京大学及南开大学合办的西南联合大学。当时此校仪器、图书设备都很缺乏；但名师云集，人才荟萃，校风良好，重视学生爱国思想教育，学生勤奋好学，教师教学严格认真。在这样的环境下求学四年，使我受到最好的教育，为我以后的事业奠定了良好的基础，令我终生受益，永世难忘。我毕业后，考上当时化学系杨石先教授的研究生，后留校当助教。杨师教学与行政管理经验丰富，做事负责认真，为人忠厚正直，令人尊敬佩服。1945 年抗战胜利后，1946 年又随南开大学来天津工作。

1947 年赴美国印第安纳大学化学系做研究生，到 1951 年底获博士学位。原想立刻回祖国工作，不料当时由于我国参加抗美援朝，美国节节败退，当时他们认为新中国成立不久，就如此强悍，所以他们就不让中国的理、工科留学生回国。为此，我不得不暂时到美国纳尔哥化学公司工作。

美国政府的禁令和当时的优越生活条件，都没能阻止我对祖国的思念，曾多次向美国政府递交回国申请书，因而受到移民局的注意和审讯，并怀疑我是共产党员。在我上班时间，到我家搜查。

1953 年我得知周恩来总理将于 1954 年率中国代表团到日内瓦参与美国和谈。于是，我与妻约十多位同学联合给周总理写了一封信，控诉美国政府的无理阻挠，强烈要求回国。因此，美国政府终于在 1955 年让我们回国。

1956 年春回国后，南开大学校长杨石先教授邀请我们回南开大学任教。我们感谢和接受了他的邀请。面对新中国的朝气蓬勃的建设事业，我以高昂的热情，加倍努力地工作。在教学方面，我指导了四名本科生的毕业论文。在论文工作开始前，我首先告诉他们做毕业论文的意义、应做的准备工作、到一定时间交实验报告，及做实验时注意实验技术等。实验工作开始后，我经常检查他们的实验记录本，并劝勉他们遇到困难时多动脑筋思考，这是搞科研必需的。在科研方面，由于我的奋力工作，用两年左右时间合成出世界上当时已有的全部主要离子交换树脂的品种，包括用于从贫铀矿提取原子弹原料铀的强碱性阴离子交换树脂，为我国国防事业做出了贡献。二机部由此资助了 400 万元建成了我国第一座专门生产离子交换树脂的南开大学化工厂，开创了我国自己的离子交换树脂工业。毛主席和周总理分别于 1958 年和 1959 年亲临南开大学视察了我们的树脂车间和我的实验室，给了我们热情的关怀，高度赞扬了我们的开拓奉献精神和取得了杰出成果。1959 年我被评为天津市劳模，1964 年当选为第三届全国人大代表。后来生产的多种型号的离子交换树脂，广泛地应用到化工、轻工业、冶金、医药、电子等各个领域，对国家的国防建设和经济建设发挥了很大作用。同时，创建化工厂后初步形成了教学、科研、生产三结合的教学体系雏形。

1960 年期间，我又发现在致孔剂线形聚苯乙烯存在下通过共聚合反应，能够制成大孔树脂。通过对大孔离子交换树脂的合成、结构与性能的深入系统研究，表明这类树脂与凝胶树脂相比，在结构和性能上有许多新的特点，大大地推动了功能高分子的发展，在许多领域取得了显著的经济效益和社会效益。大孔离子交换树脂的发现导致了另一类功能高分子材料——吸附树脂的问世，目前吸附树脂已成为一类许多工业和科学领域不可缺少的功能高分子材料。

在积极开发新的功能高分子材料的同时，我深入开展了有关大孔吸附树脂基础理论的研究。研究了烯烃和双烯烃的共聚动力学和孔结构的形成机理，发展了大孔树脂的合成方法。可以根据需要合成比表面积从几个 m^2/g 到 1300 m^2/g，孔径从几十 Å 到几万 Å 的大孔树脂。研究并建立了比较完善的孔结构测试方法，阐明了孔结构与性能的关系，证明了大孔树脂的物理结构与功能基对其性能具有同等重要的影响，从而开发出一批多功能树脂。

将某些过渡金属结合到大孔树脂上，进一步发展了聚合物负载金属络合物催化剂，用各种大孔吸附树脂作载体制备了多种高分子金属络合物，用于催化加氢、氢甲酰化等反应。对聚合物负载催化剂的载体效应、配位体效应对催化活性、选择性、稳定性的关系进行了系统的研究。发现调控配体酸碱性、空间效应、螯合强度及用一步法合成树脂催化剂能提高高分子络合物稳定性，可抑制活性金属脱落。由此提出了金属脱落机理和提高催化剂使用寿命的方法。此外尚发现稀土金属的存在可提高钯的催化活性。当钯高分子络合物用作催化剂时，有部分钯还原为零价，另一部分仍为二价，此时钯催化活性最高。

"文化大革命"开始，我的基础研究完全陷于停顿，思想上非常苦恼。1973 年华北制药厂派人向我了解关于链霉素的纯化问题。我立即开展研究，相继研究出 390 树脂及新 390 树脂。经过实验证明，这两种树脂不但能将链霉素纯化，还能免掉原来流程中所用到的剧毒试剂苯胺，使工作人员及车间人员不致中毒；同时简化了工艺流程，使产品质量达到国际先进水平。1975 年改用新 390 树脂代替原来的流程后，不仅年利润增加 300 多万元，还能出口创外汇。新 390 树脂的研制及其在生产中的应用获得国家发明三等奖。

随后，我国江西有一樟脑生产厂，多年来一直无法解决以离子交换树脂为催化剂从莰烯生产樟脑的问题，最后找到我。我不顾别人长期研究的失败及许多科学家否定的意见，毅然接受了这一课题，终于研究出了催化性能良好的 D001×7CC 树脂，樟脑生产技术跃居世界领先地位。产品达到了出口标准，经济效益显著，从而获得天津市科技成果一等奖。

"文化大革命"结束以后，可能由于我前段的工作成果较显著，同时得到群众的支持，1978 年被选为第五届全国人大代表，1979 年被通过成为正式中国共产党党员，1980 年被评为全国劳模，中国科学院院士、常委，天津市特等劳模及 1981 年特等劳模。在全校第一个试行党政分工，我被任为南开大学化学系系主任。1981 年又让我负责筹建分子生物学研究所，兼任副所长，对这一边缘学科给予指导和支持。

考虑到学科的发展和国家的需要，必须重视发现和培养人才。我对人才的培养，一般采用因材施教的方法，充分发挥学生的能力，有意识拓宽学生的学习领域，因为随着科学的发展，各学科相互渗透，单一学科知识远远满足不了近代科研和生产的需要。为了改变许多研究生基础知识面过窄的通病，高分子研究所打破了研究生招生时高分子学科只招收高分子学科的惯例，将研究生的招生面扩大到化学、化工、生化、微生物、环境科学、医学等专业。通过多学科的交叉渗透，扩展了研究生的知识面，并为国家培养出一批边缘学科的人才。一位博士生在论文写作过程中，提出了氢键吸附概念，并在银杏叶提取活性物质研究中得到应用。现该项成果已实现产业化，取得了显著的经济效益。为此，我获得了普通高校优秀教学成果国家一等奖（1989 年），天津市一等奖（1992 年）。这是教学、科研、生产三结合的成果。

20 世纪 80 年代以来，将大孔离子交换树脂及吸附树脂的研究和应用扩展到生物医用和生物技术上，促进了多学科的互相交叉渗透，发展了边缘科学技术，获得多项研究成果。例如，（1）在大孔苯乙烯—二乙烯苯共聚体上引入含不对称碳原子的基团，利用其对光学活性氨基酸对映体亲和力的差异，提出拆分 D、L 氨基酸的新方法；（2）H 系列吸附树脂用于血液灌流、净化血液，仅天津市与北京市的医院在 80 年代初用这种树脂就抢救了百余名重症安眠药中毒患者，到 90 年代初，根据出售 H 系列树脂的量估算，在全国可治疗好 1000～2000 名病人；（3）NKA 型树脂具有独特的化学结构，既能吸附水溶性的结合胆红素，又能吸附脂溶性的未结合胆红素，用于从肝损伤患者腹水中除去胆红素，已应用于临床，取得了很好的医疗效果；（4）球形碳化吸附树脂用于人工肾，从血液中吸附肌酸酐、尿酸效果很好，是活性炭无法比拟的。此种树脂还用作色谱的固定相；（5）系统性红斑狼疮系不治之症，以免疫吸附树脂对患者血液灌流，已证明能用于临床；（6）用 HA－1 及 HA－2 吸附树脂进行血液灌流，同样可治疗尿毒症；（7）用大孔树脂作载体，将酶固定化，可将氨基酸拆分等。以上的新研究，大大丰富了离子交换树脂与吸附树脂的应用内容。

开拓新的研究领域，促进交叉学科不断发展，同时注意科学研究要有战略思想，需要有高的起点。只有准确地把握本领域学科发展的动向，积极探索新的相关领域，才能保持学科长期不衰。近年来，生命科学的发展为高分子学科提出了许多崭新的课题。我结合自己的工作基础和科研特点，联合武汉大学、北京大学等有关研究单位，主持并承担了生物医用材料基础研究，争取到国家自然科学基金重大项目

（1993—1997）。该项目属于涉及化学学科、材料学科和生命科学的交叉学科研究项目，瞄准生物医用材料的国际发展趋势，着实探讨生物降解高分子材料、血液净化材料、抗凝血材料、药物控释材料、生物功能高分子材料等药用材料和医用材料的设计、合成、性能以及这些材料的介面反应和作用机制。我组织高分子化学、有机化学、生物化学和微生物学的研究人员出色地完成了科研任务，该项研究不但取得了创新性的理论成果，而且展现了良好的应用前景。得到项目结题评审专家组的较高的评语，并荣获1999年教育部科技进步一等奖、国家自然科学三等奖。专家评语中指出：该项成果为具有重大影响和有重大发现的创新成果，其先进性属国际领先水平。

我长期致力于高分子学科的教学工作，几十年来，亲临教学第一线，曾开设五门有关高分子的课程，编写并不断补充和修改"高分子化学"讲义。我亲自指导的4名学生被安排在两公里远的化工厂做毕业论文，为此我几乎天天要步行往返，到化工厂去指导他们的实验，审核他们的实验数据。1978年以后，我专心致力于研究生的培养。当时根据学科发展和国家建设需要人才，提高教育质量。在培养方法上注重理论联系实际并延伸到联系生产实际，对研究生的理论水平和实际技术能力提出了更高的要求。通过多年的教学实践，我较早地提出"跨学科培养研究生"的主张。我曾组织有丰富教学经验的教授和有成就的年轻博士有计划地讲授高分子学科和其他课程，以适应现代化科学技术和国家经济建设对高级专业人才的需要。我一直注意培养学生的创新能力和解决问题的实践技能，使之成为德才兼备、具有协作攻关精神的跨世纪人才。我曾获全国普通高等学校优秀教学成果国家一等奖（1989年）、天津市一等奖（1992年）。

早在1959年我在南大化学系就建立了高分子学科，到了1985年该学科被评为博士点，1986年被评为博士后流动站，1986年被评为国家重点学科，1989年被批准建立吸附分离高分子材料国家重点实验室。

1978 年我参加在加拿大召开的由联合国教科文组织发起的"化学化工在工业中的作用"会议,并由我代表中国代表团发了言。通过与各方面的接触,促成了加拿大麦吉尔大学、多伦多大学与南开大学的友好合作关系。1981 年我去日本参加了中日高分子学科讨论会,在会上介绍了"中国离子交换树脂的发展"。1982 年去美国参加国际"纯粹化学与应用化学"会议,恰好一名瑞士人的论文题目与我的论文题目(关于模拟酶的文章)相同,大会只让我一个人做了报告。1983 年我负责筹备和组织了在天津召开的第五届"血液灌流与人工器官"国际学术讨论会,并宣读了六篇学术论文,受到国内外与会者的好评。1986 年赴苏联参加"血液灌流"会议,1987 年赴美国参加"生物材料"会议及 1988 年赴日本参加"生物材料"会议,均在会议上提出论文报告,获得与会者的好评。我除多次参加国外组织的国际高分子科学学术讨论会外,从 80 年代初到 1990 年中期曾分别与北大冯新德院士及武汉大学卓仁禧院士多次在国内举办"高分子医用材料"等国际会议,因而我于 1996 年曾获日本高分子科学学会"国际合作"奖,美国麻省大学 Otto Vogel 教授在《高分子新闻》(*Polymer News*)2000 年,第 25 卷,第 12 期,第 405 页报道了我的简历。

我的行政管理工作有高分子教研室主任(1959 年至 1983 年),化学系正、副系主任(1962 年至 1983 年),高分子研究所所长(1983 年至 1996 年)及兼任青岛大学校长(1985 年)。我除负责行政管理工作之外,还担任些学术上及社会的职务,如中国化学会常务理事、高分子化学委员会副主任,《中国科学》《高等学校化学学报》、美国 *Reactive Polymers*、*Biomaterial*,*Artificial Cells and Artificial Organs* 等杂志编委,中国生物材料和人工器官协会副理事长,中国石油化工总公司顾问等。

我在长期工作中,十分注意培育和吸引杰出的青年人才献身于中国化学事业,形成了备受国内外所关注的高分子学科团队。从 1958年到"文化大革命"前培养了 603 名本科毕业生;近 20 多年来共培养了超过百名的硕士，约 60 名的博士及 13 名博士后。我在教学工作中，坚持高标准，严要求，毕业生都能具有正确的政治方向和较强的业务能力。在科学研究中，一直坚持一定的研究方向，不断开拓，形成特色，在学风上严谨、求实、创新、进取。我在国内外已发表科研论文 700 多篇，获得十多项专利，科研、教学奖 30 多个，其中较重要的有：（1）1987 年大孔离子交换树脂及新型吸附树脂的合成、结构与性能的研究（获国家自然科学基金二等奖）；（2）1964 年除草剂一号的研究（获国家科委一等奖，当时吴大任副校长宣布，但不发奖状）；（3）1989 年献身国防科学技术（获解放军国家科学技术工业委员会荣誉奖）；（4）1978 年离子交换树脂（获六项科学大会奖）；（5）1979 年新型大孔离子交换树脂（获天津市科技成果一等奖）；（6）1998 年国家自然科学基金重大项目"生物医用基础研究"（获教委一等奖）；（7）1997 年获何梁何利科学技术进步奖；（8）2000 年高选择性吸附分离功能高分子材料（获科技部杜邦科技创新奖）；（9）1999 年若干生物医学高分子研究（获国家自然科学三等奖）；（10）1983 年选择性吸附树脂血液灌流装置治疗安眠药中毒（获天津市科技成果二等奖）；（11）1989 年建立教学、科研与生产三结合的教学新体系（获国家教委优秀教学成果奖）。

我的科研内容可归结为五个方面：（1）大孔离子交换树脂的合成、结构、性能与应用；（2）新型吸附树脂的合成、结构、性能与应用；（3）高分子催化剂的结构与催化活性；（4）生物医用材料与性能及其在血液净化与控制释放的应用；（5）离子交换的反应动力学研究。

我这一生取得点滴成绩，都源于母校的栽培与教育，恩师杨石先教授的提携，使我终身受益。值此纪念南开学校成立百年及南开大学成立八十五周年之际，谨献上自己一份真情的祝贺，感激母校没齿难忘之恩。

陈茹玉

陈茹玉自述

1919 年 9 月 24 日我生于天津，籍贯为福建闽侯。我是一个非常好强的人，幼时就立志做一个对国家有用的人。小学毕业后冲破封建家庭的束缚，以优异的成绩考入当时的省立第一女中，依靠公费得到继续求学的机会，跨出为科学而奋斗的人生征途的第一步。抗日战争爆发，我只身南下昆明，考入西南联合大学。当时，该校图书馆设备很差，但是集合了三校的名师，人才荟萃，学生得益匪浅；校风很好，教师认真负责，学生勤俭好学；并且学校重视爱国思想。在这样优越的环境下求学四年，使我感到非常庆幸，决心毕业后努力工作，立志为祖国做贡献。1942 年我在昆明，任云南大学矿冶系助教，抗日战争胜利后，我随南开大学师生

262

返回天津，担任南开大学化学系助教。1947年在我的长子出生不久，我于1948年初赴美，与丈夫何炳林先在南加州大学化学系当研究生，然后转入印第安纳大学化学系攻读学位，1950年我获硕士学位，1952年春获博士学位。由于学习成绩优秀，我经导师推荐为西格玛赛（Sigma Xi）会员。当年2月我的第二个儿子出生。由于学校赞助，将他寄托给印第安纳大学家政系，恰巧该系正需要一个小孩做毕业班的家政实习用，因此，我一面将孩子寄托给他们管理，一面应美国西北大学化学系的聘请任博士后研究员，从事偶氮染料的合成及用于蛋白质结构分析的研究。当时我和何炳林都想立即回国，为刚刚成立的新中国贡献力量，所以，我一边工作，一边收集一些有机分析化学所需的仪器，准备回国后建立有机分析化学实验室，但当时美国下令不准中国留学生回大陆。违者罚美金5万元或坐牢五年。我们曾多次向美国移民局申请回国，但是都被他们拒绝，而且受到移民局审讯。他们还怀疑我们是共产党员，在我们上班时到我们家里搜查。我们听说1954年周总理将率代表团到日内瓦与美国杜勒斯会谈，于是约了一些愿回国的留学生共同给周总理写了一封信，控诉美国政府无理阻挠我们回国。1955年我们收到美国允许我们回国的通知，我们于是在1956年1月胜利地回到了多年思念的祖国。

回国后，我本着"科学为社会服务，为人类谋幸福"的目标，孜孜不倦地努力工作。当时，我国农业的病虫害十分严重，只有滴滴涕、六六六之类杀虫剂应付使用。一旦发生病虫害就无法消灭，从而造成极大损失。不久，以杨石先为首的南开大学教授提出研制新的高效农药用于防治病虫害。一旦发生虫灾，就有药可治。当时我带领青年教师合成了敌百虫和马拉硫磷等杀虫剂，并协助天津农药厂生产这类杀虫剂，从而挽回了极大损失。

"文化大革命"的十年动乱中，我虽身处逆境，但没有放弃工作，一心研究除草剂。1970年我试制新型除草剂"燕麦敌2号"和植物生长调节剂"矮键素"等，并派人到青海、长沙等地开展田间试验。

1979 年我任元素所副所长兼农药研究室主任，后又提升为元素所所长。1981 年我派助手到日本京都大学进修农药化学，开展前沿课题，即利用计算机辅助下研究农药的生物活性与化学结构定量关系（QSAR），由此我们在国内率先开展 QSAR 研究。应该提到的是，这位助手回国后，在研究 QSAR 方面成绩突出，在我们研究的基础上有所发展，现在她已独立搞科研，成为一名卓有成就的教授，我能为国家培养出这样成绩卓越的人才真是我毕生最快慰的事。

1982 年，在联合国教科文组织的赞助下，我带领四位青年教师赴日、美考察农药化学，回国后我向杨石先所长汇报情况，由此他提出了增加我的人员，于是我在人力、物力方面得到了加强。不久，我们便创制出植物生长调节剂"7841"，此农药可使大豆、花生等作物增产 12％到 30％，为此我们获得一项国家专利权。

1982 年以后，我不仅积极搞科研和带研究生，还参加了大量学术交流活动，例如：多次参加国内农药化学和磷化学学术讨论会，并且在 1983 年、1986 年、1989 年、1992 年和 1995 年分别赴日本、法国、德国、前苏联、韩国等国家参加国际农药会议、国际磷化学会议及国际杂原子化学会议，并在各次会议上宣读论文，得到了与会专家的好评；在开会期间还参观了美、日有关农药方面的研究所。回国后积极组织人力，补充设备，开展除草剂的研究。我用具有生物活性的有机磷基团对生命体内源物质如糖、核糖、氨基酸、磷脂等进行修饰改造，找出先导化合物，进行构－效关系的研究，确定最优化的结构，从而在很短时间内合成出高效、低毒，而且有选择性的麦田除草剂"灭阔膦"，此药现在已获得国家发明专利权。此项成果将为国家带来很好的经济效益和社会效益。

近十年来，我除了研究新型有机磷除草剂外，又进行了具有抗癌活性的新有机磷化合物的研究。抗肿瘤是当今世界上极具有吸引力的研究课题。新药的创制已是我国科研的重要内容之一。而目前临床使用的抗癌药物均存在较严重的毒副作用。因此，研制和开发新型高效低毒的抗癌药物已成为当务之急。今年我的研究室已合成出几十种含磷新化合物，并且筛选出一种效力较好的新抗癌化合物，现在正在申请专利。

至今，我已发表研究论文 330 余篇，刊登于国内外有关刊物。关于 α-氨基膦酸酯方面的研究已经取得同行研究工作者的好评，例如国际著名刊物 *Heteroatom Chemistry* 的主编 William E. McEwan曾来信告诉我说："你在 α-氨基膦酸酯的研究领域中处于世界领先水平。"

我在国内外的学术期刊上发表的论文已经受到同行专家的注意，曾收到来自德国、日本、法国等的科学家的信件索取他们感兴趣的论文。这说明我的研究已经受到多国同行的重视。

在教学方面，我曾给高年级研究生开过"农药化学"课，并指导硕士和博士生毕业论文研究。我经常亲自在实验室观察学生的实验，检查他们的科研记录本。总之，我治学严谨，教书育人，一丝不苟，诲人不倦。几十年来，我先后讲授过"半微量有机分析化学""有机磷杀虫剂""有机农药化学"等课程，并亲自参加研究生教材的编写。自"文化大革命"以后恢复招收研究生制度以后，我共培养 60 余名研究生，其中已获博士学位的 30 多名，获硕士学位的近 30 名。指导博士后出站大约 10 名。几十年来，我为祖国四化建设培养了一批又一批的优秀人才。

此外，党和国家授予我很多荣誉。1959 年我非常荣幸地被邀请参加国庆十周年大典，受到毛主席、周总理等国家领导人的接见，又被委任为第四、五、六届全国政协委员，天津市政协副主席、科协副主席和侨联副主席等职。1983 年中华全国妇女联合会授予我全国"三八红旗手"称号。1989 年国务院侨务办公室、中华全国归侨联合委员会颁发给我"全国优秀归侨、侨眷知识分子"奖状。

在学术方面，我曾经获国家自然科学二等奖、国家教委科技进步一等奖、二等奖，多次三等奖。1990 年由于我在科技事业上的特殊贡献，国家授予我"全国高等学校先进科技工作者"称号。

我对科研人员在工作上要求严格，对他们的生活也十分关心。在工作上主张教学、科研与生产三结合，大力开展应用开发，促进科研成果产业化。为此，2000年我获得何梁何利奖，2001年获天津市自然科学一等奖等。

我现在虽然年事已高，但西南联合大学给予我的深刻教育和爱国思想使我永世难忘和终身受益。我时刻鞭策自己，不断更加刻苦努力，为社会主义祖国的发展和强大贡献自己的力量。

附录：主要著述目录

1. 陈茹玉、刘纶祖、陈其杰、曾强：《国外农药进展》，石油化学工业出版社，1976年5月。

2. 陈茹玉、杨石先、刘纶祖、李正名：《国外农药进展》，化学工业出版社，1979年7月。

3. 陈茹玉、李玉桂：《有机磷化学》，高等教育出版社，1987年10月。

4. 黄润秋、刘纶祖、陈其杰、陈茹玉：《国外农药进展》，化学工业出版社，1990年8月。

5. 陈茹玉、刘纶祖：《有机磷农药化学》，上海科学技术出版社，1995年8月。

6. 陈茹玉、刘纶祖：《有机磷化学研究》，高等教育出版社，2001年7月。

7. 陈茹玉、杨华铮、徐本立：《农药化学》，清华大学出版社、暨南大学出版社，2002年9月。

学海泛舟

杨生茂

　　我所要写的不是在学习征途上应当如何走，而是如何走过来的。换言之，这不是一篇评论性的小结，只是一幅如实临摹的素描。

　　有人说，做学问是一个不断实践、不断学习的积累过程。回忆往事，益觉此语确有道理。实践泛指生活，学习多指读书。生活是直接经验，读书是间接经验，两相沟通，互为补充。滴水穿石，集腋成裘，日就月将，庶乎有所获。同时，学习历程也是一个辩证的发展过程。在学习过程中，应当不断吸收新的进步有益的观念、知识和方法，不断摈弃旧的落后的糟粕。有鉴别，有分析，有筛选，有审慎的摈弃，有批判的吸收。这样才能克服抱残守缺、故步自封的因循思想。日积月累，庶乎有所发展。

细细琢磨之后，悟出"积累"和"发展"正可作为分析自己学习历程的两把解剖刀。

1917年9月26日我生于河北省涿鹿县，字畅如。7岁时，入私塾读书，计四年。老师是个冬烘先生。他仅让学童背诵，从未"开讲"。我虽然每天上下午背书两遍，只由于对书的内容不大了了，念起来，味同嚼蜡，至今大部分印象不深。

四年间念了些旧式书馆习读的书籍。从《三字经》等一般初级读物，到《论语》《左传》《诗经》《礼记》等一般典籍。但至今仍能琅琅上口、背诵如流者都是些写人、写景、写物的比较生动的诗文。凡是讲修身、齐家、治国、平天下一类大道理的文章，则所记无几。有时自己感到封建道理记得少些，可为庆幸之事。这也许是自我陶醉的想法，因为在四年死记硬背的书斋生涯中，思想上不可能不受封建礼教的熏染。

童年记忆力强，故在古文方面多少打下一点基础。离开私塾后，集中时间去学习古文的机会就不多了。在所背诵的书中，感到《幼学琼林》《古文观止》《左传》《千家诗》这四种书，对自己写作修养帮助最大。从《幼学琼林》中学到典故和成语，从《古文观止》中学到行文气势，从《左传》中学到文章布局，从《千家诗》中学到文情画意。

由于老师不是旧学科班出身，对于文章程式的要求不严，学生在行文结构方面得以自由发挥。虽然为文并不得"体"，但无拘无束，反而易于发展文思，锻炼笔锋。

11岁时，进入高级小学。当时县城没有中学，高小就是"高等学府"了，乡人称之为"洋学堂"。从此跨入了资产阶级教育体系的门槛。这是另一个知识新天地。语文和数学是主课，课时较多。音乐、工艺和体育课是前所未见，简直令人心旷神怡。生物课引入观察的胜境。刻板的背诵取消了，只在语文课中保存一些。不知为什么学校在第四学期增添了一门英语课。英语老师似乎不大胜任，但哇啦哇啦念起来，也怪有意思的。至于学习英语的目的，老师未曾讲过，自己也无从想起。

在高小期间，正当北伐之后。关于当时政治情况学生全不知晓，老师也不多讲。只记得经常参加"提灯会"，晚间擎灯游行，高唱"打倒列强，除军阀"之类的歌曲。全年除婚丧嫁娶和节日时亲朋聚会热闹一锤外，课外很少富有趣味的活动。唯一引人入胜的事无过于听书了。当时县城来了云游四方的"说书人"，讲《七侠五义》《彭公案》《隋唐演义》等。我每场必到，风雨无阻。当"说书人"离开县城时自己久久感到怅惘。由听书转到读旧小说，读了许多诸如《封神演义》《西游记》《施公案》《绿野仙踪》等鬼怪和侠客小说。每年年终书摊商贩到家里索取赊欠的书款时，少不了受父辈们的一场痛骂。

上初中后，遇到的第一件新奇事物是学校图书馆。馆内藏书并不多，但在我心目中却是一个书的海洋。这个地方成了我课后流连忘返的处所，每晚一直坐到熄灯时刻，经工友迭次催促，才怏怏离开。

记得首先看到的是《水浒传》和创造社作家所写的小说和散文。后来也读了其他作家的作品。当时对鲁迅的小说十分欣赏，但不理解其社会意义，实际上只是文字上和情结上的欣赏。对郁达夫和冰心的诗文均感兴趣，主要也是从文字出发的。张资平、章衣萍等人的小说等而次之，读久连文字也感到腻烦乏味了。这些新文学运动早期作品的内容主要是冲击封建制度和封建思想的，所以深深吸引住我的注意力。小说中的主人公赢得我的同情或羡慕，由此也引起我对封建大家庭和封建婚姻制度的厌恶和嫌弃。

在图书馆中，另一种有趣的读物是报刊。最喜爱的是《大公报》的"小公园"和《益世报》的"文学周刊"等副刊，开明书店出版的《中学生》和商务印书馆的《东方杂志》给我的印象也很深，每期必读。通过课外阅读，增加了历史知识和文学知识，写作能力也有所提高。

课堂上最感兴趣的课程是几何、小代数、英语和语文，在这几门课上花的时间比较多，但给我影响最深的还是历史。历史老师着重讲中国近代史。近代史是中国受外国欺凌、任人宰割的历史，一连串的不平等条约接踵而至。不知不觉间产生一种憎恨外国侵略者的思想以及为中华民族图富强的愿望。

入宣化初中那年，正赶上"九一八"事变。在报上看到抗日救亡运动的发展，心情激愤。当时宣化地处偏僻，学生运动不如平津一带活跃。不过有两件事印象很深：一件是抗日同盟军方振武将军召开的军民大会，方将军慷慨陈词，怒斥蒋介石不抵抗、投降日本侵略者的政策，义正词严，声泪俱下，全场听众为之动容；另一件是北平大学生组织的救亡宣传队。一天正值早操期间，突然许多穿长衫的大学生来到操场，发表演说，阐述中华民族面临的危机以及抗日救国的道理，同学们都很激动，但当这些大学生走后，校园又恢复了死水般的平静。

整个初中三年，是在国难阴影中度过的，在自己意识中，除反封建思想外，又增添了一种厌恶"洋鬼子"的民族主义思想。幼年埋下的这两种思想后来不断增长，成为我的思想发展的主线，当时的心情是苦闷的。有时从上海邮购一些鸳鸯蝴蝶派小说，既追求风花雪月、缠绵悱恻的故事情节，又想学些矫揉造作的文字技巧。实质上这是脱离现实、精神麻醉的办法，也是初中学习历程中极其消极的一面。

1934年进入北平高级中学。学生大半来自河北省农村，都很俭朴，教师水平也高，都有学识。在这期间，我的学业增长较快，除了课堂和图书馆外，又增加了一个新的学习天地——实验室。生物实验室中的显微镜和解剖刀，化学实验室中的试管和酒精灯，都是透视客观物质的新奇的工具。当时学校正在筹建物理实验室，只因"七七"事变半途而废了。

随着日寇侵略活动逼进华北，北平的学生救亡运功更加蓬勃。学校的军事训练也很紧张。作息时间都以吹军号为准，军事教官每周带队出操几次。在操场上，练习步法和摸爬滚打，冬季寒风凛冽，但精神抖擞。

在同学中，我是属于死念书类型的学生，北平高中却是中学救亡运动的中心之一。虽然我也参加了罢课运动，也参加了"一二·九"游行示威，也挨过警察的棍棒，但基本上是随大流的，参加运动主要是由形势所推动。当时所想的还是学业上努力上进，考个著名大学，求得个人出路，并没有自觉地投入轰轰烈烈的救亡运动之中。

随着救亡运动的发展，在文化上也出现了一个传播进步思想的运动。当时上海文化界出版许多宣传抗日救国、进步思想的书刊，其中刊物如《大众生活》《世界知识》等，书籍如《大众哲学》《政治经济学讲话》等都是青年学生最喜爱的读物。每逢周六放学后，同学们赶到东安市场去买新出版的书报杂志。许多讲政治经济学、辩证唯物主义的书籍都是马克思主义知识的入门读物。

1938年进入燕京大学，当时华北已为日本侵略者占领。在北平只有教会大学尚能存身。高中毕业时，本无报考这类大学的想法。在人们的印象中，燕大是一所贵族学校，但1937年"七七"事变后，燕大学生的成分显然变了，穿蓝色长衫、土里土气的青年人多了，我是其中之一。

大学是一个更加广阔的知识天地。因为学习兴趣比较广泛，所选课程比较庞杂了。在理学院，选了普通化学、普通物理、普通数学和生物四门课。在文学院，选了语文、中国通史、世界古代史、日本史、英国史、莎士比亚、十八十九世纪英国文学、法语、新闻、心理卫生等。这些课程对于后来进一步学习历史和哲学十分有用。不过在学习上并无定向，只是任凭兴趣，杂乱无章地读书，贪婪地读书，不求甚解地读书。这是燕大时期的读书特点。

读书贵在消化，贵在综合，贵在去粗存精。多读书固然好，但盲目乱读，尤其不求甚解地读，则在学业上不仅有损，甚至会误入歧途。做一个明白的读书人，是不容易的。可惜在燕大求学时还没有悟

271

出这个道理。

由于一个偶然机会，1941年秋季到了美国，进入加利福尼亚大学（伯克利）。在加州大学期间，半工半读，再加上学习兴趣广泛的旧病复发，所以一来二往，又念了近四年才得毕业。要工作，就须走出校园，因而接触了点美国社会。当然这种"接触"是很浮浅的，但多少尝到一些资本主义制度下以我为中心的冷酷无情的味道。

当时中国人所受的歧视是很严重的，那是一种无言的社会偏见。到美国时，第一次感到种族歧视的地方是海关。入境检查时，中国人排在行列之尾。在租赁住处时，中国学生往往吃闭门羹。"珍珠港事件"后，日本人被迫迁入内地，而且中美也变成了反法西斯的盟国，但歧视中国人的陋习并未消除。当时痛感弱国无外交，因而对于国民党丧权辱国的腐败行径，益怀恶感。新中国成立后，每当读到海外侨胞对于新中国成立所受鼓舞的报道深有同感。他们的殷切期盼之情是可以想见的。

在加州大学，本科生选够120学分就可毕业，不论年限。有的人不到四年就毕业了，另有些人因为就业关系超过四年。这时，我才选定历史系作为专修科的。在历史系必须选36个学分主课，其中包括欧洲古代史、欧洲中古史、欧洲近代史、美国通史、史学方法论等。因为学习兴趣广泛，除在历史系选课外，还在政治系、经济系、国际关系系、新闻系选课。在历史系还选了美国文化史、美国社会史、美国与第一次世界大战等。

美国大学讲授的内容和方法有三个缺点：（1）内容支离零碎，各科缺乏联系，如讲经济的，不谈政治，讲历史的不结合经济，就事论事，不注重宏观分析，大有见木不见林之势；（2）有的课程过于强调实用，理论性不强，商业气味很浓，如新闻系的广告学挖空心思去招徕顾客；（3）讲授方式以灌注为主，着重考试，临时测验多，读书报告少，缺少分析综合的训练。

1983年，应美国国家科学院的邀请，我又到加州大学住了几周，观察到上述缺点有许多得到改正。突出表现是，跨学科的综合研究出现了，讲课内容中社会和经济因素增加了，课堂讨论和写作加多了。这说明训练学生的目标和方法正在改革，不过有些课程的商业性还是很重的。1982 年曾到英国几个大学的历史系访问过，所以察觉目前美国大学教学方法在英国早已行之有素了。英国重视理论，着重基础训练，着重培养独立研究能力，而美国重视实用，着重培养通才。

在海外读书，自然也经常关心国内政治，关心抗战形势。读到史沫特莱、斯诺等新闻记者的报道，读《亚美》等类杂志，对于蒋介石政权的贪污腐化感到厌恶；对于八路军艰苦抗战的事迹，深表景慕。正是基于这种心情，1945 年联合国在旧金山举行成立大会期间，我和一位华侨同学去采访董必武同志。董老是中国十人代表团的成员。当我们贸然到他下榻的饭店时，他接见了我们。他关于八路军奋勇抗战的谈话，对我们来说，确是一席政治教化。对这件事印象很深，同时也感到荣幸。

1944 年加州大学毕业后，转到斯坦福大学研究院。这是一所私立学校。一年分四个学期，学期相隔仅一两周，学习比较繁重。在斯坦福两年期间，主修美国外交史，导师是托马斯·贝莱。他的学识渊博，可算是美国有名的外交史学家之一。照美国人的说法，他是保守的。依我看，他是反动的。他引用大量报刊资料作诠释外交事件的舆论，似乎说美国每项外交政策是顺乎"舆论"的。他的文笔流利，但书的内容失于零散。他以利己主义作为估量外交活动的尺度，将强权政治、天命观、使命观熔于一炉，构成他的外交史学的体系。我钦佩他的治学的勤奋和博闻强记，但对他所持的观点表示嫌恶。1946 年底，当我离美返国时，美国报纸大力宣扬参议员阿瑟·范登堡所提出的援蒋拨款议案，我想这种宣传一定符合贝莱的想法。我给他写了一封信，说明援蒋一举是不正当的，中国人民是不会感谢的。当然我不知道他对那封信的反应。不过我认为，那封信是我交给他的作业中最好的一份。当 1983 年访美时，不料在我到达旧金山前几周，他与世长辞，真是"失之交臂"。

1947 年秋，来到南开大学历史系，开始了教书生涯，时年三十。主讲的课程是"西洋通史"。当时"西洋通史"的内容具有半殖民气息，连所使用的课本都是美国人编写的。

一年多后，天津解放。在自己的生命史和学术史上又掀开了新的一页，兼有"枯木逢春"和"梁上君子"之感。一方面感到所学皆非，一些封建的和资产阶级的观点显然是反动的；另一方面感到一切皆须从头学起，所需要学的新知识太多了。马克思主义经典著作和新民主主义革命理论一股脑涌入眼帘，大有应接不暇之势。

第一步是学习新的社会主义的道理。学习方式也跟过去不同了。在实践中学，即在思想改造中学，在社会活动中学，在讲课中学。边学边讲，边讲边学，在学习上，自己觉得有一种顺理成章之感。所以有这种感觉，主要得力于在旧社会中积累起来的两种思想：第一种是民族感情，新中国成立标志着半殖民地历史的结束，民族新生了，自我新生了；第二种是社会进步观念，历史能使人产生进步观，例如进化论就是一种讲发展和进步的学说，有了进步观，自然会意识到社会主义是人类社会最先进的思想。

新中国成立前一年，在报纸杂志上写了些国际评论性文章，当时侈谈中立外交，新中国成立后一看，觉得愚蠢无比，全都付之一炬。点把火，比较轻而易举，去掉旧的思想意识，则不那么简单了。不过，"一炬"总算弃旧图新的象征吧。

1952 年至 1953 年在高级党校学习，随后到人民教育出版社当了两年编辑。1956 年底又回到南开大学历史系，继续讲世界近代史，也开设了美国史，1964 年美国史研究室成立之后就一头扎进美国史讲授和研究工作之中。

外国史真正研究工作是在新中国成立后开始的，美国史研究也不例外。我觉得在美国史研究中，目前有一个问题很值得注意。这就是博与约、通与专的关系问题。

274

就目前实际基础和需要来看，还应着重博和通。这是基础。唯有在扎实的基础上，才能盖起高楼。目前似乎有一种过于着重约与专的倾向，这也许是由一种急于求成的思想所支配。固然在数量中可以求质量，没有一定的数量，质量也很难保证。在综合之前，应当运用马克思主义基本原理，写出大量的论文和专著，填补重要空白。只有在博与通基础上的综合，才能有创新，有深度。

我所谈的不仅是就一般状况而言，同时也是就个人状况说的。虽然米寿在望，学习美国史几十年了，但博与约、通与专的问题解决得还不好，还不满意，还不能感到心安理得。当然，一般性的综合还是必要的，例如写教材非但有必要，而且是义不容辞的。只让学生去看外国人写的历史课本，那就不妥当了。学生应先看我国学者写的外国史，然后再看外国人写的，这样才能有比较，有辨别，不致形成先入为主的某些偏见。

一个单位研究工作的好坏，主要以成果和人才为标志。我们应当多出书，多出人才，特别是多出好书，多出优秀人才。有时我想，我们这辈人只能起个桥梁和铺路作用。假如美国史研究需要几代人梯攀上峰巅的话，恐怕我这一辈子正是在人梯的最下层。能发挥好底层人梯的作用，亦于愿足矣。

（2004 年 5 月修订）

李竞能

求索心程忆语

1946 年秋我考上南开大学经济系，只身北上求学。1950 年夏我大学毕业，面临就业的选择。当时大学毕业生的工作都是由组织上安排的，绝大部分安排到新区政府部门工作。我考虑到自己的家庭成分不好，性格又不随和，社会经验差，不适合做行政工作，只有在学校或者研究机构搞教学研究，才有安身立命之地。而且，我感到前几年没认真读书，马克思主义经济学知之甚少，所以我报考南开经济研究所，决心系统阅读马克思的经济著作，走学者之路。经过一番准备终于考上了经济研究所，决定了我终身要从事经济理论的教学研究。

1950 年至 1952 年我在南开经济研究所的同班同学有 12 人，可能是人数最多的一班，也是旧南开经济研究所最后一班研究生，我们毕业时它就被停办了。当时，同学们的学习劲头很足，苦学成风，一般在零点前没有就寝的。所里师资阵容强大，所长是新归国的王赣愚教授，导师有滕维藻、钱荣堃、傅筑夫、鲍觉民、潘源来、杨曾武、杨学通等教授。我师从傅筑夫教授，他是中国经济史大师，研究《资本论》极有心得，既掌握丰富的经济史料，又精通经济理论，循循善诱，使我受益终身。他强调做学问不能急功近利，要下决心"坐冷板凳""吃冷猪头肉"，学习马克思在大英博物馆读书把地板磨出脚印的精神，长期系统收集资料；同时，要对经济规律了然于胸，高屋建瓴，善于提出关键问题进行深入研究。在中国经济史研究上，他始终围绕社会经济形态分期问题，特别是中国封建社会内资本主义萌芽为什么没有发展成熟，工业革命为什么没有出现等问题深入研讨。在他的指导下，我读遍了当时所能找到的中、英文本的马克思、恩格斯著作，并完成了毕业论文《马克思恩格斯论社会经济形态》，为后来系统研究马克思恩格斯经济理论发展史奠定了坚实的基础。

1952 年我研究所毕业，与何自强、熊性美、周丽生一起留校，在经济系工作。从 1952 年到 1982 年，虽然最后 4 年我已经转到人口研究，但名义上从事经济史、经济学说史的教学研究工作达 30 年之久。实际上，其间绝大部分时间我都是接受阶级斗争和"劳动锻炼"的教育和洗礼，真正搞教学研究的大约不到 1/4 时间。几起几落，深受教条主义和"运动"之苦，虽然在教学和研究上取得一些成绩，但是却成为"白专道路"的典型，被批判得只有"低头认罪"的份。

我在学术思想上一贯追求学术民主、学术自由，对教条主义深恶痛绝，这就成为我在政治上屡犯"错误"的根源。1955 年，在傅筑夫先生教材的基础上由我执笔，用教研室的名义在《新建设》上发表了《中国封建社会内资本主义因素的萌芽》，1956 年上海人民出版社又用傅先生和我的名义出版了小册子。我深知它实际是傅先生的研究成果，要想自己独立出成果还要加倍努力，我沉醉于科学的春天，却没有看到政治风暴的来临。

我在经济史教学研究上刚露头角，又服从组织安排于 1956 年到中国人民大学改学经济学说史。其间，我受上海人民出版社之约撰写《太平天国的经济思想和经济政策》。1957 年"整风""反右"斗争期间，我把写作这本书作为自己躲避"运动"的"象牙塔"，对内心反感的"反右"斗争采取"徐庶进曹营"的消极态度，结果差一点被打成"右派"。1958 年冬我被下放到学校农场"劳动锻炼"。我不甘心就此结束自己的研究，1959 年趁国庆节放假三天，我把原先写好的《论洪仁玕的〈资政新篇〉》修好后寄给《历史研究》，发表于该刊当年第 12 期。结果招致左派的批评，认为我在劳动改造期间还不忘记名利，是"无可救药"。我认为自己潜心研究并没有错，所以到 1960 年 4 月调回系里工作后，特别是被调到北京参加《经济学说史》教科书的编写工作时，如鱼得水，加倍努力。可惜好景不长，从 1963 年冬到 1977 年冬，长达 15 年又接受了"运动"和"革命"更严峻的洗礼。

1977 年改革开放以后，我重新恢复马克思经济学说的教学研究工作，不仅完成了《经济学说史》教科书马克思恩格斯经济学说部分的写作，而且把自己业余写的《清末欧美资产阶级经济学的传入中国》发表于《经济研究》（1979 年第 2 期），以堵某些人攻击我"近年没有成果"之口。在 1978 年改革开放之初，有一件事可以反映我的学术思想，我利用在社会科学院经济研究所短期工作之便，大量阅读近几十年的西方经济理论著作，特别是西方经济学界对马克思经济理论的最新看法，后来将研究成果撰文发表于《经济学动态》（1978），意在说明：马克思经济理论也必须发展，《资本论》完成已逾百年，如果只停留在《资本论》的章句上，它就没有生命力，不能解决现实生活的实际问题。

改革开放恢复了实事求是之风，解放了思想，也打破了对人口研究的禁锢。数以千万计的失业人口和短缺经济的存在，使人们不得不承认中国当时存在着极其严重的人口问题。这种状况使我怀着"智者欲先天下忧"的心情，把注意力转向中国人口问题研究。其实，早在1956年我已经对中国人口问题发生浓厚的兴趣，不同意当时流行的"人口越多越好"的观点，认为人口增长已经过多过快，应当节制生育、控制人口增长，曾计划写一本论中国人口问题的书。但不久身受批判，一切出版计划都成泡影。1978年我与纪明山合写了一篇论社会主义人口规律的文章，批判那种把"人口不断增长"说成是社会主义社会普遍存在的人口规律的观点。我认为：人口问题实质上是经济问题、发展问题，任何社会都存在总人口和劳动力人口、总人口和生活资料、劳动力人口和生产资料、消费与积累等四种关系，它们之间出现矛盾就会产生人口问题，计划经济势必要求计划生育，社会主义中国也必须实行计划生育，控制人口增长，目的在于最大限度满足人民的物质和文化需要，这同马尔萨斯人口论有本质的区别。

在改革开放的大好形势下，1979年冬成立了经济研究所和经济系共管的南开大学人口研究室，组织上让我负责。经过3年的努力，它的专职研究人员从无到有，开始我是"光杆司令"，其后有4～5人，最后8～9人，逐渐在中国人口研究领域显露头角。中国人口学处于初创阶段，我们又是后进，因此我的口号是："门户开放，共同繁荣"，只要是有利于人口研究事业发展的我们都积极支持。根据这种精神，我作为副主编先后参加编写当时急需的人口学教材：《人口学概论》（1982）、《人口经济学》（1983）、《人口理论教程》（1985）。1985年又作为副总主编参加编写有33分册的《中国人口》丛书，并主编《天津人口》分册。经过一系列的努力，我们终于在1984年获得联合国人口基金第二期援助项目，并经教育部批准提升为人口研究所（1986年后改称人口与发展研究所）。

在由人口研究室扩展为研究所的过程中，我深感人才是关键，必须自己培养所需要的人口研究人才。1983年我被提升为经济学教授，开始招收硕士研究生。1986年人口所被国务院学位办批准为国内第一个人口经济学博士点，我被批准为国内首位人口经济学博士研究生导师。我给研究生制定的学风格言是："勤奋，严谨，求实，创新。"这是我一贯坚持的治学态度。一向对"唯上""唯书"，脱离实际的空论十分反感，曾用诗表达此意："官房学派最堪悲，敢于创新方有为。深入调研求实际，樊笼打破任鹰飞。思而不学多疑义，只学不思泯是非。海阔天空须落地，违心高论四维危。"

1986年至1987年在我个人的发展史上是比较红火的时期，先后被任为校学术委员会委员、中国社会科学基金经济组评议员、国家计生委人口专家委员会委员。1987年又受联合国人口基金委托主持召开"城市人口问题和人口城市化国际研讨会"。同年开始主持国家社会科学基金重点项目：中国人口城市化的主要模式和发展道路研究。然而，我的学术思想的主流没有变，例如在上述经济组的一次会上，当有的学者强调马克思《资本论》的理论也应当发展，有的强调理论联系实际不是用理论去为政策辩护，有的强调要区分学术观点和政治问题时，我随后发言说："这些问题实际上是学术民主和学术自由的问题，只要有学术民主、学术自由，这些问题都不成问题。而学术民主、学术自由的前提是政治民主、政治自由。当然，我这里讲的是社会主义的民主和自由。"我这种书生气十足的言论，也许就是我在经济组换届时被"刷"的根源。

1988年9月，我受福特基金资助作为高级访问学者去美国，先后到布朗大学、斯坦福大学、夏威夷美国东西方中心从事研究。1989年10月趁到印度新德里参加IUSSP人口大会之机，受地处台北市的台湾大学人口研究中心的邀请访问该校。为避免事后麻烦，我提出了"访台三不原则"：不用台湾当局一分钱，不参加任何政治活动，不接受媒体采访。1989年12月初，我不顾在美亲友的劝阻，坚决回国。我的爱国举动，出乎某些人的意料，却得到人口学界绝大多数人的信任，1990年被选为中国人口学会常务理事，1995年又被选为中国人口学会副会长，1996年又被推选参加国际人口科学联盟1997年北京大会国际组委会，是其中三个中国学者之一。

在中国人口学会常务理事里，我分工负责对外联系，积极参加国际人口学界的活动。我和国际人口科学联盟 IUSSP 有较多联系，曾作为中国人口学者代表团成员先后参加它 1981 年马尼拉第 19 届大会、1985 年佛罗伦萨第 20 届大会、1989 年新德里第 21 届大会、1993 年蒙特利尔第 22 届大会、1997 年北京第 23 届大会，可能是唯一的连续参加 IUSSP 五届大会的中国大陆学者，还曾先后 5 次访问我国宝岛台湾。此外，我还参加了许多国际人口学术活动，例如，1992 年初到联合国总部参加人口司主办的"人口、资源、环境和发展"专家研讨会，1994 年参加亚太经社会"人口因素与可持续发展相互关系"专家研讨会等。我认为，要想使中国人口研究达到世界先进水平，必须积极参加国际学术活动，认真吸收国外先进研究成果，并将中国人口研究的优秀成果推上世界，才能屹立于世界之林。

1989 年回国后我积极投入教学研究工作，除完成所承担的人口研究项目外，还主编出版了《当代西方人口学说》(1992)，以满足研究生教学需要，此书后来成为人口学科考研必读参考书。同时，我集中精力培养博士研究生，到 1998 年为止，先后一共培养 15 名博士生。对博士学位论文，除一般要求外，我还要求：第一，要掌握充分的统计资料与第一手数据；第二，要有自己的理论模型或者理论框架；第三，在此基础上要进行实证分析，并提出相应的政策建议。立论要以天下为己任，观点明确，我曾以诗表达此意："浩气凝毫天下事，呕心沥血结奇葩。删繁就简三秋树，立异标新二月花（郑板桥语）。提笔应知肩担重，行吟莫怕脚踵麻。画龙定要点睛妙，百炼千锤方不差。"要使作文达到此境界亦颇不易。

1993 年我辞去人口所所长职务，集中精力从事教学研究。1998 年我在古稀之年退休，自感"壮心虽未已，伏枥再难起"。于是停止培养研究生的工作，而致力于写作，而且逐渐淡出人口学界的活动。我曾有诗表达自己此时的心情："淡泊无为任发皤，忧民忧国剑横磨。

春心难托鹃啼少，蝶梦易迷别恨多。对酒当歌朝露叹，闻鸡起舞老龙哦。楼空倚月诗魂在，桃李芬芳忆逝波。"

在 20 世纪末，有两篇论文比较集中反映我对现实问题的学术观点。一篇是我在 1998 年中国人口学会上的大会发言，题为"21 世纪上半叶中国人口理论研究面临的挑战"。我强调，中国人口规模在 21 世纪上半叶仍将不断扩大，对就业、经济、社会、资源、环境都会形成巨大的人口压力，中国仍将面对许多严峻的人口问题，这是对人口理论研究的严重挑战，中国在人口研究上虽然已经取得极大成就，但仍是任重道远，需要处理好四种关系：人口研究的实用性和科学性的关系，坚持以马克思主义理论为指导和人口理论创新的关系，独创具有中国特色理论和批判地吸收西方人口学说合理成分的关系，立足本国和面向世界的关系。针对忽视理论研究的倾向，认为必须使理论研究和实证研究、对策研究相结合。

另一篇是发表在《南开学报》（2000 年第 3 期）上的《对现阶段社会主义市场经济的考察与反思》。在论述了转向市场经济的必要性和市场经济的优点与问题之后，我强调：市场经济是一把双刃的刀，它的健康发展需要有必要的条件，要正视资本主义市场经济和社会主义市场经济的本质区别，要明确社会主义市场经济的基本原则。我思想深处还认为，在社会主义初级阶段发展市场经济是必要的，因此允许私有经济存在也是可以理解的，但是发展下去必然会遇到如下三个问题：在社会主义条件下，私有经济的发展有无极限？贫富分化有无极限？唯利是图的思想的合法性有无极限？在资本主义社会自然没有极限，但是在社会主义社会难道没有极限？这是个两难的问题。有两句诗表达我对世风的忧虑："硕鼠日多倾社稷，胡凤东渐撼江山。"但愿这是杞人忧天之语。

我在 2000 年前后，先后出版了《现阶段中国人口经济问题研究》（1996，1999）、《人口经济理论》（2000）、《人口理论新编》（2001），这总计近百万字的论著在人口学界颇获好评。2004 年又完成《现代西方人口理论》的编写工作，正准备出版。我虽然已年近八旬，但也并不妄自菲薄和虚度年华，仍然自励"青史精英是我师"。

附录：主要著述目录（有＊者为省部级获奖作品）

1．《中国封建社会内资本主义因素的萌芽》（与傅筑夫合写），上海人民出版社，1956 年，上海。

2．《论洪仁玕的资政新篇》，历史研究，1959 年第 12 期。

3．《略论马克思劳动价值学说的创立过程》，《光明日报·经济学》，1962 年 9 月。

4．《清末欧美资产阶级经济学的传入中国》＊，《经济研究》，1979 年第 2 期。

5．《论社会主义人口规律和中国现代化经济建设》（与纪明山合写），《南开大学学报》，1980 年第 1 期。

6．《马克思创立无产阶级政治经济学》，《经济学说史》下册，鲁友章主编，北京，人民出版社，1981 年。

7．《影响生育观的主要社会因素》，《人口研究》，1982 年增刊。

8．《论马克思的人口学说》，《南开经济研究》，1983 年第 1 期。

9．《论人口和生活资料的关系》＊（1982），《人口研究》，1984 年第 1 期。

10．《先秦人口经济思想》，载巫宝三主编，《中国经济思想史论》，北京，人民出版社，1985 年。

11．《天津市第三次人口普查资料分析论文集》（主编）＊，天津，南开大学出版社，1986 年。

12．《中国人口·天津分册》（主编）＊，北京，中国财经出版社，1987 年。

13．《经济发展对人口转变的作用——天津的实例》，刘铮主编《人口与发展》，北京，中国人民大学出版社，1987 年。

14.《中国古代人口思想》，载《中国大百科全书·经济卷》II，北京，百科全书出版社，1988年。

15.《1949年以来中国人口城市化的回顾、考察与展望》，天津，《南开经济研究》，1988年第4期。

16.《天津人口史》（主编），天津，南开大学出版社，1990年。

17.《生殖崇拜与中国人口发展》，《中国人口科学》，1991年第3期。

18.《中国城市化的发展道路》（与谢晋宇合写），《科技导报》，1991年第5期。

19.《现阶段中国人口城市化的主要模式》，载常崇煊主编《海峡两岸中国人口研讨会论文集》，北京，中国人口出版社，1992年。

20.《当代西方人口学说》（主编）＊，太原，山西人民出版社，1992年。

21.《从不同地区统计指标序数的变动看人口增长对人均国民收入的影响》，李慧京主编《人口与社会经济发展——国际专家研讨会论文集》，西安，陕西人民出版社，1993年。

22.《论社会主义市场经济下的计划生育》，《中国人口报》，1993年1月11、18日。

23.《中国家庭经济与生育研究在理论上应当注意的几个问题》，《人口与经济》，1994年第1期。

24.《向市场经济转轨时期的农业粮食保障和乡村可持续发展》（与徐斌合写），《人口与经济》，1996年第2期。

25.《从两种生产相适应到可持续发展》，《人口与计划生育》，1996年第5期。

26.《关于户籍制度改革的几点看法》，《人口研究》，1997年第3期，又见《新华文摘》1997年第10期。

27.《21世纪中国人口理论研究的展望》，《人口研究》，1998年第2期。

28.《21 世纪中国人口理论研究面临的挑战》,《中国人口科学》,1998 年第 4 期。

29.《21 世纪上半叶中国人口增长, 乡－城迁移与就业压力》,《南开学报》,1999 年第 5 期。

30.《现阶段中国人口经济问题研究》*, 北京, 中国人口出版社, 1999 年。

31.《对现阶段社会主义市场经济的考察与反思》,《南开学报》, 2000 年第 3 期。

32.《人口经济理论研究》, 天津, 南开大学出版社, 2000 年。

33.《人口理论新编》, 北京, 中国人口出版社, 2001 年。

自从教以来发表的经济与人口论著逾百, 选其中略有价值者列上。

我的学术自述

来新夏

1923年的夏天，我出生在江南名城杭州的一个读书人的大家庭里，父叔常年谋食四方，家中事无巨细都由祖父主持。祖父来裕恂是清末秀才，曾从师于晚清国学大师俞樾。20世纪初留学日本弘文书院学习教育。在日本期间，曾在同盟会主办的横滨中华学校任教务长。回国后经蔡元培介绍加盟光复会，在家乡从事新式教育的劝学工作。辛亥以后，他敝屣荣华，依然在教育部门和各类学校任职。他一生潜研学术，寄情诗词，笔耕不辍。所著有《汉文典》（有清光绪商务印书馆刊印本、1993年有南开大学出版社注释本）、《匏园诗集》《萧山县志稿》（以上二书已由天津古籍出版社出版）、《中国文学史》和《易经通论》等多种。我7岁以前，一直随侍于祖父左右，生活上备受宠爱。但祖父对我的教育却很认真，非常严格地对我进行传统文化的蒙学教育，以三、百、千、千的顺序去读，去背诵，还为我讲解《幼学琼林》和《龙文鞭影》等蒙学书，为我一生从事学术活动奠定了入门基础。祖父就是我的第一位启蒙老师。我7岁那年，因父亲供职天津，即随母北上。我依依不舍地离开了祖父，以后虽然再未和祖父生活在一起，但是他仍然不时写信来，指导我读书和修改我的习作，直到他高年辞世为止。

我从小学到大学遇到过不少良师，他们都从各个方面给我日后的学术道路以重要的影响。20世纪的三四十年代，我先在南京新菜市小学读高小时，级任老师张引才是一位刻苦自学、博览史籍的好老师，他常和学生一起，讲述有益于学生的历史故事。这些知识的灌输，无形中奠定我日后攻读历史的根基。后来我到天津一所中学读书，有一位年轻的国文老师谢国捷，曾在辅仁大学专攻哲学，是史学家谢国桢的六弟。安阳谢氏，家富藏书。谢老师又很慷慨倜傥，师生间十分契洽，因此我得以借读谢氏藏书。谢老师还常和我谈些治学方法和经验，鼓励我写文章。我的第一篇史学论文《汉唐改元释例》初稿就完成于此时。此文后来在陈垣老师的直接指导下，经过多次修改，终于成为我的大学毕业论文。

20世纪40年代初，我就读于北平辅仁大学，有幸亲受业于陈垣、俞嘉锡、张星烺、朱师辙、柴德赓和启功、赵光贤诸先生之门，他们都为我日后走上学术道路耗费心血，特别是他们谨严缜密、求实求真的学风，成为我一生努力追求的方向。可惜我资质驽钝，虽全力以赴，至今未能达到师辈的标准，而深感有负师教。当时正处于日寇侵华的沦陷区，老师们坚贞自守的爱国情操，更是一种无言的身教。

我大学毕业时，正是抗日战争胜利的第二年——1946年，人们的心情都很兴奋，以为可以报效国家，有所作为。孰知事与愿违，政府的腐败令人大失所望，我无可逃避地像许多人一样，走上一条毕业即失业的道路，虽然经过亲友的帮助，曾在一家公司谋得一个小职员的工作，但为时不久，公司倒闭。又赋闲了一段时间，才经读中学时一位老师的介绍，到一所教会中学去教书。当时，解放战争已临近全面胜利的边缘，天津的解放指日可待，我也直接或间接地接受一些革命理论和思想的灌输，热切地期望着新生活的来临。

1949年1月，天津解放给我带来了从未有过的欣悦。在革命洪流的冲击下，我积极投身于新的革命工作。不久，经民青驻校领导人的动员，我和另一位同事张公骃被保送到华北大学去接受南下工作的政治培训。于是，脱去长袍，穿上用紫花（据说是一种植物）煮染过的粗布所缝制的灰制服；不惜抛去优厚的工薪制，而去吃小米，享受大灶供给制。一股唐·吉诃德的革命热情产生着革命的冲动。为了和旧思想、旧习俗等旧的一切割断，做个新人，我们又学习那些先行者改名换姓的革命行动，偷偷地商量改名问题。张兄想今后要在革命大道上奔腾，就利用名字中骃字的马旁，改名马奔。我则用名字的最后一字"夏"与"禹"相连而改姓禹，又大胆地以列宁自期，取名一宁，暗含着彼一宁也，我一宁也，也许有一股将相宁有种乎的傲气。张兄一直沿用马奔这个革命名字，我则幸亏以后又恢复了原姓名，否则"文化大革命"中这将是一条大罪状——居然敢以列宁自期。政治培训期满后，张兄南下到河南，我则被留在华北大学的历史研究室，师从范文澜教授，做中国近代史研究生。从此我就从古代史方向转到近代史方向，并在范老和荣孟源先生指导下写出第一篇学习新观点的文章——《太平天国底商业政策》，作为太平军起义百年的纪念。

当时历史研究室的主要研究工作就是从整理北洋军阀档案入手。这批档案是入城后从一些北洋军阀人物家中和某些单位移送过来的藏档，没有做过任何清理和分类。这批档案有百余麻袋，杂乱无章，几乎无从下手，每次从库房运来几袋就往地下一倒，尘土飞扬，呛人几近窒息。当时条件很差，每人只发一身旧紫花布制服。每天工作时就带着口罩，蹲在地上，按档案形式如私人信札、公文批件、电报电稿、密报、图片和杂类等分别打捆检放到书架上。因为每件档案都有脏污之物，要抖干净就会扬起尘土，整天都在暴土扬尘中过日子，所以每天下班，不仅浑身上下都是土，就连眼镜片上都厚厚地积了一层灰尘。同事们看着对方鼻孔下面一条黑杠，往往彼此相视而笑，但从没有什么抱怨。在整理过程中，因为急于想闯过这个尘土飞扬的阶段，工作速度较快，所以除了知道不同形式的档案和记住一些军阀的名字外，几乎很难停下来看看内容，只能说这是接触北洋军阀档案的开始而已，还谈不上什么研究。

大约经过两个多月的时间，清理麻袋中档案的工作告一段落，为了进入正规的整理工作，研究室集中十来天让我们读一些有关北洋军阀的著作。我虽是历史专业出身，但在大学时除了读过一本丁文江的《民国军事近纪》外，所知甚少，就乘此阅读了一部分有关著述。下一阶段的整理工作主要是将初步整理成捆的档案，按政治、经济、文化、军事四大类分开。每个人把一捆捆档案放在面前，认真阅读后，在特制卡片上写上文件名、成件时间、编号及内容摘要，最末签上整理者的名字，然后分类归架。因为看得仔细，常常会发现一些珍贵或有趣的材料，我便随手札录下来。同事们在休息时和在宿舍里，彼此都能毫无保留地交谈心得，既增长学识，也能引起追索的兴趣，有时便在第二天去追踪原档，了解具体内容。前后历经半年多的整档工作，虽然比较艰苦，但却不知不觉地把我带进了一个从未完全涉足过的学科领域，北洋军阀史的研究成为我一生在历史学领域中的中心研究课题。

1951年春，范文澜老师应南开大学历史系主任吴廷璆教授之请，同意我到南开大学任教。从那时至今已整整越过半个世纪。我可以毫无愧色地说，我把一生的主要精力都奉献给了南开大学。我在南开大学从助教做起，历阶晋升至教授。在新的岗位上，我除了坚持科研工作外，又开始新的教学生活。我到校不久，由于吴先生奉命赴朝慰问，他承担的中国近代史教学任务便落在我的肩上，我夜以继日地突击备课，在吴先生离校时披挂上阵，未曾想到竟然一举成功，受到学生的欢迎。吴先生凯旋后，看我已能胜任，也就让我教下去。从此，中国近代史就是我教学工作中的主要项目。此外我还教过中国历史文选、中国通史、古典目录学、历史档案学、鸦片战争史专题和北洋军阀史专题等，同时我仍然坚持北洋军阀史方面的研究，继续搜集整理有关资料。到南开大学的第二年——1952年，我在《历史教学》杂志上连续发表了题为"北洋军阀统治时期"的讲课记录，虽然还不太成熟，但从此正式进入了北洋军阀史研究的程序。不久，我在荣孟源和谢国桢二先生的指派下，受命筹划《中国近代史资料丛刊·北洋军阀》的编撰工作，搜集了较多的资料，可惜由于人事变迁而中断，虽有微憾，但却意外地接触了不少有关北洋军阀的资料，为日后撰写《北洋军阀史略》作了必需的准备。1957年，我在荣孟源先生的推荐下，应湖北人民出版社之邀，撰写了新中国第一部力图用新的观点和方法系统论述北洋军阀史的专著——《北洋军阀史略》，引起了海内外学者的注意。日本学者岩崎富久男教授曾译此书，并增加随文插图，易名为《中国の军阀》，先后由日本两个出版社出版，成为日本学者案头用书。20世纪六七十年代我因接受政治审查和下放农村劳动四年，虽然正常的研究工作中辍，但我仍然悄悄地搜集资料，阅读有关书籍。直到70年代末，我的政治历史问题才解决，落实了政策，重新开始正常的研究工作。1983年，由于社会稳定，文化需求与日俱增，湖北人民出版社又邀约增订《北洋军阀史略》，我也以能重理旧业，兴奋不已。于是，出其积累，补充史料，增订内容，与人合作撰成《北洋军阀史稿》。90年代前后，有关资料较多出现，于是在上海人民出版社的邀请下，与我的学生们共同编纂了有300余万字的《中国近代史资料丛刊·北洋军阀》，从而接触了大量资料，开阔了视野，丰富了知识，终于和几位多年合作的学生，在20世纪末完成了百余万字的《北洋军阀史》。这部著作不仅得到学术界同行们的认同和肯定，还荣获教育部颁发的"第三届中国高校人文社会科学研究优秀成果"二等奖。我自认为在这一领域中已完成自己应尽的职责。我

290

也乐观地自信在这一领域内，至少在一段时间内不会重出同一题材的著述。此外，我还在中国近代史领域中的其他方面进行学术研究工作，撰写了一定数量的论文，后来大部分编入《中国近代史述丛》和《结网录》两本书中。

20世纪60年代前后，编修新方志的推动者梁寒冰先生，多次动员我参与其事，我一则被寒冰先生的盛情所感，再则我的祖父曾在极困难的条件下独立修成一部70余万字的《萧山县志稿》，我理应克承祖业，为新编地方志尽一份力。于是在寒冰先生领导下，开始全国修志的筹备工作，并以河北省丰润、霸县等地为试点，开展修志工作。正在顺利推进之际，"文化大革命"的风波陡起，我和寒冰先生在不同单位都因发起修志而被扣上"举逸民"的罪状，并从我家中抄走有关修志的文件和资料，作为罪证。但我们的修志志向并未因此而稍减，我还在被批斗之余和被监管的日子里，读了一些方志学的著作。70年代末，灾难的十年终于过去，迎来了改革开放的新时期。拨乱反正，百业俱兴。我和寒冰先生亦以极大的热情重新发动全国性的修志工作，我承担了初期培训和组织修志队伍的工作。1983年春，在华北、西北、中南、东南四个大区同时举办了四个培训班，讲授修志基本知识，并在讲课的基础上，由我主持编写了第一本修志教材——《方志学概论》。与此同时，我也对方志学进行较为深入的研究，写出了一些论文，并应邀到一些地方去演讲。1991年9月，我应日本独协大学之邀赴日，与该校齐藤博教授合作进行日本文部省科研项目《中日地方史志比较研究》。1993年夏，我承曾供职过的南开大学出版社的盛情，出版了《志域探步》，作为我七十岁的纪念。不久，我又应台北商务印书馆之约，对《志域探步》作了全面增补和修订，撰成《中国地方志》一书，成为我在方志学领域中一部有代表性的著作。

命运往往拨弄人，十年动乱终于走到了尽头，一切又归于平静、正常。我也从20世纪60年代以来那种百无是处的处境中解脱出来，问题结论了，政策落实了，我的聪明才智似乎又被重新发现，有了新的价值。80 年代前后，当我临近花甲之年，一般人已在准备退休，而我却方被起用，迎来了一生中唯一的"辉煌"瞬间。我在一两年内先后荣获了校务委员、校图书馆馆长、校出版社社长兼总编辑、图书馆学系系主任、地方文献研究室主任等诸多头衔，校墙外面的虚衔，也如落英缤纷般地洒落到头上来。但历尽坎坷的我始终保持清醒状态，视这些"荣华"如过眼烟云。一方面，兢兢业业做好各项本职工作，力求改进，以无负委托；另一方面，坚持不懈地立足于学术研究工作的基本点上。于是，我结合新的事业，又转向于图书文献学领域的研究。在这公务十分繁忙的十多年中，我主持和参与编写了《中国古代图书事业史》《中国近代图书事业史》《图书馆学情报学档案学简明辞典》和撰著了若干专门性论文，开辟了我学术研究工作的第三个领域。1993 年 10 月，我应美国俄亥俄大学图书馆馆长李华伟博士之邀担任该馆顾问，负责该馆海外华人文献研究中心资料征集工作。2002 年春，美国华人图书馆员协会根据该会每年从世界华人图书馆从业人员中，经考察其工作业绩与学术成就而提名评选一人授予"杰出贡献奖"的规定。我以对中国高校图书馆事业的发展和国际交流工作中的成绩以及优异的学术成果而被授予 2002 年度"杰出贡献奖"，为我国获此殊荣的第二人（十年前北京大学图书馆馆长庄守经教授首次获此奖项）。

综观自己的大半生，都是在笔耕舌耘的生活中度过。我从 20 世纪 40 年代开始撰写文章，并在报刊上发表。最近从旧报上发现好几篇中学时代写的文章，如《诗经的删诗问题》《桐城派的义法》《清末的谴责小说》和《邃古楼读书笔记》等，还写过一些随笔散文。这种笔墨生涯一直延续六十年而不辍，撰写了多种学术著作，代表了我致力学术研究的三个方向。历史学方面主要有：《林则徐年谱新编》《北洋军阀史》《中国近代史述丛》和《结网录》等，方志学方面有：《志域探步》《中国地方志》和《中国地方志综览》等，图书文献学方面有：《中国古代图书事业史》《中国近代图书事业史》《古典目录学》《近三百年人物年谱知见录》和《古籍整理散论》等。这些著述中有些曾遭遇过不幸的厄运。如我因为要使中国近代史的教学内容有点新意，就努力开发新史源。曾集中精力，历时十年，本着专攻一经的精神，读了八百多种近三百年的人物年谱，每读一书，辄写一提要，积稿达五十余万字，又经修改成定稿十册，不幸于"文化大革命"时被抄走，发还时仅余二册，幸草稿和部分资料尚在，乃于70年代下放务农之暇，重加整理，再一次写成定稿，题名为"近三百年人物年谱知见录"，共56万字，于1983年由上海人民出版社出版。我以十年时间读一种史料，终于对近三百年的人物、史事轮廓获得了大体了解，这或许也是一种不幸中的大幸，因为在颇为恶劣的氛围中，只有专攻一经才能修复不平的心境，并完整地掌握某一学术领域的基本内容。也许这是我在无奈中摸索到的一条治学门径。

随着时间的推移，在前一世纪的最后十几年里，我渐渐感到我自己的社会职责尚有所亏欠。我虽然在教学与科研工作上尽了一份力，但那个圈子很狭窄，忽略了更广大的民众对文化的需求。我没有尽到把知识回归民众的责任，于心有愧。于是不顾圈子里朋友们的"不要不务正业"的劝告，毅然走出象牙之塔，用随笔形式把知识化艰深为平易，还给民众，向民众谈论与之所共有的人生体验来融入民众，同时我也想用另一种文字风貌随手写点遣兴抒情之作，给新知旧雨一种求新的感觉。写来写去，积稿日多，在90年代竟然连续出版了《冷眼热心》《路与书》《依然集》《邃谷谈往》《枫林唱晚》《一苇争流》和《来新夏书话》等七种小集。而在新世纪之初我又结集出版了《且去填词》《出枥集》《只眼看人》和《学不厌集》等四种，我的一位早期学生戏称我是"衰年变法"，我亦甘愿受之而不辞。

当我日益靠近八十岁的时候，我的早期学生们倡议编撰我的全集，作为八十岁的纪念。我感谢他们的不忘师生旧情，但亦有两点个人想法。一是只能出选集不能出全集，因为世上没有绝对的"全"，

"全集"只能说大致已全，否则就无所谓"佚文""补编"，等等。如果说"全"，那就必然细大不捐，良窳并存，一个人一生所作得意成功之作应是小部分，而更多的是败笔或尚欠完善，以往已损耗了他人的精力，那么在重新审视编订时，就应尽力选取自己的代表作和有用于人的作品来补过。再则，"全集"意味着到此为止，而我则笔意尚浓，无意封笔，所以以出选集为好。二是选集不能假手于他人，而必须自选。因为陈垣老师早年间曾说过："要出个人集子，最好自选。"他老人家认为自己对自己的文字最有数，自己对自己的学术思路和脉络最清楚，自选易于去取，可以减少各篇间的重复处。于是我就在2001年初开始搜集选编，并自定了几条选编标准：（1）所选必须自己认为"尚可"者；（2）所选必须是亲手写作者，主编著述不收，合作著作选入自己亲手撰写的章节；（3）尽量避免重复内容；（4）尽量保持原发表时的文章原貌，仅改正语词错讹和表达不清处。于是我搜集了自1940年至2000年的六十年间所写的近700万字的文字，包括论文和专著，并根据我的编写原则，从中选出了160余万字，分编为四卷，前三卷是我所致力的学术方向，卷一是历史学，卷二是方志学，卷三是图书文献学，卷四则我晚年所写的随笔。编成之后，即命名曰《邃谷文录》，由南开大学出版社于2002年6月正式出版，作为我八十初度的纪念。虽然在仔细检读中，仍然发现有个别错讹和小有重复处，但《邃谷文录》终究是我一生学术工作的正式记录，也是对我的学术工作做出评价的基本依据。2002年，南开大学历史学院得校友范曾之助，有刊印《南开史学论丛》之议，第一辑收资深教授八人，我幸登签簿，乃就历史学、方志学、文献学三方面，选录论文三十余篇，成《三学集》一书，由中华书局出版。全书40余万字，或可备识者知我学术之简要焉。

目前我虽然已年逾八旬，但依然在舌耕笔耘的漫长道路上走着。最近我又完成了五十余万字的《清人笔记随录》一书。这是对清人所撰二百余种笔记所写的书录，体例一依《近三百年人物年谱知见录》。

《清人笔记随录》书稿早在20世纪五六十年代已粗具规模，不幸痛遭"文化大革命"劫火，直至90年代，我以书稿虽亡，手脑犹在的立志，重新纂写，终以十年之功完成定稿，使之与《近三百年人物年谱知见录》并成为我致力"为人"之学的证明，也为清史研究工作做出应有的贡献。国家清史编纂委员会以其书有一定学术价值并可供编纂新清史的参考而列入《清史研究丛刊》，交由中华书局正式出版。如果天假我年，尚有余力，我将在无怨无悔的恬静心态下，回顾自己的一生，实话实说，写一部图文并茂，有二十余万字的自述——《烟雨平生》，以明本志。

2004 年 4 月中旬修订于南开大学邃谷寄庐，时年 82 岁

附录：主要著述目录

1. 专著《美帝侵略台湾简纪》，天津，《历史教学》月刊社，1951 年 8 月。

2. 专著《北洋军阀统治时期》，（连载），天津，《历史教学》，第 8～10 期，1952 年 8～10 月。

3. 专著《第二次鸦片战争》，北京，通俗读物出版社，1956 年 1 月。

4. 专著《北洋军阀史略》，武汉，湖北人民出版社，1957 年 5 月（1968 年，日本明治大学教授岩琦富久男译为日文，易名为《中国の军阀》，由日本桃源社出版。1989 年，又由光风社出版）。

5. 合译《美国是武装干涉苏俄的积极组织者与参与者》（俄文原著），北京，生活·读书·新知三联书店，1958 年 3 月。

6. 点校《阅世编》，上海，上海古籍出版社，1981 年 6 月。

7. 专著《林则徐年谱》，上海，上海人民出版社，1981 年 10 月。

8. 专著《古典目录学浅说》，北京，中华书局，1981年10月。

9. 专著《近三百年人物年谱知见录》，上海，上海人民出版社出版，1983年4月。

10. 主编《方志学概论》，福州，福建人民出版社，1983年8月。

11. 专著《中国近代史述丛》，济南，齐鲁书社，1983年9月。

12. 合作《北洋军阀史稿》，武汉，湖北人民出版社，1983年11月。

13. 专著《结网录》，天津，南开大学出版社，1984年10月。

14. 专著《林则徐年谱》增订本，上海，上海人民出版社，1985年7月。

15. 点校《闽小记》《闽杂记》，福州，福建人民出版社，1985年8月。

16. 合作《社会科学文献检索与利用》，天津，南开大学出版社，1986年6月。

17. 主编《天津近代史》，天津，南开大学出版社，1987年3月。

18. 专著《中国古代图书事业史概要》，天津，天津古籍出版社，1987年10月。

19. 主编《中国近代史资料丛刊·北洋军阀》（五册），上海，上海人民出版社，1988年8月～1993年4月整套出齐。

20. 主编《中国地方志综览》，黄山书社，1988年10月。

21. 主编《史记选》，北京，中华书局，1990年2月。

22. 合作《中国古代图书事业史》，上海，上海人民出版社，1990年4月。

23. 主编《图书馆学情报学档案学简明辞典》，天津，南开大学出版社，1991年1月。

24. 专著《古典目录学》，北京，中华书局，1991年3月。

25. 合作《中国的年谱与家谱》，济南，山东教育出版社，1991年10月（1994年2月，台北商务印书馆，繁体字本）。

26. 专著《薪传篇》、《明耻篇》（《中华文化撷粹丛书》之二种），北京，中国青年出版社，1991年10月（1993年9月，台北，书泉出版社，繁体字本）。

27. 专著《志域探步》，天津，南开大学出版社，1993年9月。

28. 专著《古籍整理散论》，北京，书目文献出版社，1994年6月。

29. 合作《日中地方史志比较研究》（日文本），东京，学文社1995年6月（1996年1月，中文本《中日地方史志比较研究》由南开大学出版社出版）。

30. 主编《中华幼学文库》，天津，南开大学出版社，1995年9月。

31. 专著《中国地方志》，台北，商务印书馆，1995年9月。

32. 专著《冷眼热心》（《当代中国学者随笔》之一种，上海，东方出版中心，1997年1月。

33. 专著《清代目录提要》，济南，齐鲁书社，1997年1月。

34. 主编《古典目录学研究》，天津，天津古籍出版社，1997年3月。

35. 专著《林则徐年谱新编》，天津，南开大学出版社，1997年6月。

36. 专著《路与书》，北京，中国青年出版社，1997年7月。

37. 专著《依然集》（《当代学者文史丛谈》之一种），太原，山西古籍出版社、山西教育出版社，1998年2月。

38. 主编《史记选注》，济南，齐鲁书社，1998年4月。

39. 专著《枫林唱晚》，（《学识走笔·大学生文库》之一种），天津，南开大学出版社，1998年10月。

40. 专著《邃谷谈往》（《说文读史丛书》之一种），天津，百花文艺出版社，1999 年 3 月。

41．专著《一苇争流》（《历史学家随笔丛书》之一种），南宁，广西人民出版社，1999 年 5 月。

42．主编《天津通志·旧志点校卷》（上、中、下），天津，南开大学出版社，1999 年 10 月～2001 年 6 月。

43．专著《来新夏书话》，台北，学生书店，2000 年 10 月。

44．主编《天津大辞典》，天津，天津社会科学院出版社，2001 年 3 月。

45．主编《清文选注》，石家庄，河北教育出版社，2001 年 5 月。

46．专著《且去填词》，天津，天津古籍出版社，2002 年 1 月。

47．专著《邃谷文录》（上、下册），天津，南开大学出版社，2002 年 5 月。

48．专著《出枥集》，北京，新世界出版社，2002 年 6 月。

49．主编《林则徐全集》（十卷），福州，海峡文艺出版社，2002 年 9 月。

50．专著《三学集》（《南开史学家论丛》之一种），北京，中华书局，2002 年 9 月。

51．专著《古籍整理讲义》（《名师讲义丛书》），厦门，鹭江出版社，2003 年 10 月。

52．专著《只眼看人》（《空灵书系》之一种），北京，东方出版社，2004 年 6 月。

53．专著《学不厌集》，福州，海峡文艺出版社，2004 年 6 月。

张怀瑾　　# 遨游书海　铸造人生

1942 年暑假，我在重属联立高级中学（简称重属联中，后改四川省立重庆中学）毕业，考入国立西南联合大学（由北京大学、清华大学和南开大学组成，简称西南联大）中国文学系（简称中文系）学习。那时正值抗日战争艰苦阶段，我在重属联中学习期间，便已决定攻读古典文学。久闻联大中文系名教授云集，于是立志前往重庆参加报考。国民党卖国政府迁到重庆以后，日寇不断西进，轰炸频繁。我冒着轰炸的危险坚持考试，终于圆了联大梦，从此发奋读书，遨游在人生旅途学习生涯中最后一站的大课堂。

一、学《楚辞》的契机

我在西南联大学习期间，除了完成公共必修课，中文系的教授每学期轮流开设各种不同的选修课。当时有三位举世闻名的《楚辞》专家：罗庸（字膺中）、闻一多、游国恩（字泽承）。他们开设的课程，我都必选。给我影响最大者，是我在三年级选修罗膺中先生开设的《楚辞》（上），闻一多先生开设的《楚辞》（下），每周上课三小时，一学期三学分。这两门课程上下衔接，各擅所长，并无雷同之弊。我恰恰正是乐于选习这类课程，取长补短，互相包容，化为自己的血肉，另著新篇。

罗膺中先生讲《楚辞》，着眼于语言的结构及其变迁。《诗》三百篇四言肇自黄河流域，《离骚》七言继起于江南楚地。骚体七言又包含着四言，同时又是四言的繁衍，其间嬗变轨迹，跃然纸上。例如，《离骚》云："帝高阳之苗裔兮，朕皇考曰伯庸。摄提贞于孟陬兮，惟庚寅吾以降。"即包含着"高阳苗裔，皇考伯庸。提贞孟陬，庚寅以降"。非特《离骚》如此，其他楚辞篇章同样也是如此。罗膺中先生授课期间，他自刻讲义，将楚辞篇中四言用大号字标出，使我一目了然。文学是语言的艺术，语言的变迁，直接推动了文学的发展。

闻一多先生讲《楚辞》，更多地关注古代神话艺术，特别是《离骚》《天问》，阐释古训，受益良多。闻先生祖籍湖北浠水，世居楚地，熟悉产生楚骚的风土人情，将我的兴趣和注意力逐渐引向了社会学和民俗学研究的思路。我结合从两位老师所学，开阔了眼界，明确了方向。从这时开始，我就不懈进行探索，着手进行准备，决定撰写一篇研究古代原始文学艺术的毕业论文。遍览当时联大图书馆所藏自周秦迄于两汉古籍凡数十种，做笔记十余万言。自拟这篇毕业论文的题目，定为《古代文学与巫》，指导教师就是罗膺中和闻一多两位老师，进入具体写作过程，我也是从语言切入。古代巫觋并称，世有异说。或云：男为觋，女为巫。《国语·楚语》下："如是明神降之。在男曰觋，在女曰巫。"我则根据大量翔实史料，倡言男为巫，女为觋。我国古代进入奴隶制社会，巫是一种司神的专业神职人员，也是一种世袭的官职，常用为神职人员的通称。女性巫职是古代原始母系社会的历史遗存。进入奴隶制社会，已见式微，退居从属地位，女性也不能做官世袭，另称曰"觋"。春秋战国之际，楚地巫风盛行。《史记·屈原列传》：屈原的先世与楚同宗，世为巫职，就是一个明显的例证。我在论文中从古文献厘定出一百数十古巫名氏，鲜有女巫，从一个侧面验证了以上论证，颇受罗先生的赏识。

巫的职能是降神。神居天宫或者高山之巅，要降神就要娱神，享以乐舞。音乐的歌词就是诗，所以古巫降神，他本身就是文学艺术的直接创造者和表演者，是原始文学艺术的综合体，古代文学与巫有密切不可分割的内在联系。这就是我的毕业论文构架的整个思路。

我的毕业论文约六万余言，文言古体，毛笔小楷，按线装书的款式装订成册，送交罗膺中和闻一多两位指导老师审阅。次年又重新修订补充，约十万余言。论文手稿毁于"十年浩劫"期间"红卫兵扫四旧"。

我在完成毕业论文以后，另有三篇研究《楚辞》的论文：《离骚降字解》《招魂"篝缕绵络"风俗证》《彭铿考》，这是毕业论文的副产品。其中《离骚降字解》一篇，经罗膺中先生亲笔修改过。《离骚》云："惟庚寅吾以'降'。"汉王逸《楚辞章句》注云："下母体而'生'。"揆诸典籍，凡出"生"都是直谓之"生"，不闻曰"降"。王逸以下，历今一千八百余载，转相祖述，世无异说。我则在论文中征引大量翔实史料证明："降"为"降神"，而非"降生"。《诗·大雅·嵩高》："维岳降神，生甫及申。"这里两义俱陈，不可混淆，可证。《招魂"篝缕绵络"风俗证》一文，则是受闻一多先生讲《楚辞》神话的启示，从社会学和民俗学的观点，根据蜀东今存楚风习俗加以论证，在阐释和训诂方面别开了新路。学术思想从唯心论转到了唯物论，为后来实现学术思想的彻底转变，奠定了良好的基础。又《离骚》："吾将从彭咸之所居。"我在《彭铿考》一文中，论证了"彭咸"为两古巫名的合称。分称为巫彭、巫咸，巫为职称，彭、咸为姓氏，巫彭即是姓彭名铿。抗战胜利后三校复员，我来母校南开大学中国语言文学系任教，以上三篇论文于 1948 年在上海《国文月刊》、南京《中央日报·文史周刊》相继发表，初步涉足学术界，走上了一生从事教学和研究的"不归路"。

二、历史的大转折

1949 年 1 月 15 日天津解放，是年 3 月初，天津军管会文教委员会主任黄松龄，召集南开大学文学院四系——中国语言文学系、外国语言文学系、历史学系、哲学教育系全体师生讲话。其时文科各系集中在北院，会议在一天晚上举行，与会者四系师生共一百零八人，时称一百单八将，或称一百零八条好汉。黄松龄的开场白警语惊人：你们这些人，过去都是搞乌龟壳的，现在解放了，乌龟壳不管用了，各人自谋生路。事过五十余年，如今记忆犹新。当时我在中文系任助教，年岁最小，会后深思，我虽不搞乌龟壳，平时非三代两汉之书不敢观，离乌龟壳也相去不远。于是便当众宣告：从现在起，我决心和线装书彻底决裂，转而致力于现代文艺学的教学和研究，步入了人生旅途的第二站。

我从旧垒中来，旧大学没有也不可能有马克思主义的现代文艺学，一旦转轨，一切都要从头做起。那时，我除了完成教学任务，还要承担系里的一部分行政工作，协助系主任领导全系工作。我将其余时间，全部投入到研究现代文艺学方面，广泛涉猎图书馆所藏包括苏联在内的西方文艺理论著作和部分文学名著。又经常前往新华书店购置新出版的有关书籍。日积月累，历时三年，收获渐丰，可以开课。

1952 年秋，全国高校进行院系调整，中文系按教育部通知，一年级教学计划，基础课设有"文艺学引论"，我便承担此课，自拟教学大纲，每周授课三小时，一学年。初试锋芒，效果尚佳。

1954年暑假，7、8月之交，教育部组织召开了制定全国普通高校"文艺学引论"这门课程教学大纲的专门会议，会议在北京大学举行。我代表南开大学参加了这次盛会。会议由当时中宣部副部长周扬直接领导。早在是年5月，我先期收到了由北京大学中文系起草的"文艺学引论"教学大纲的讨论稿，即着手进行准备。会议由北京大学中国语言文学系主任杨晦主持，与会代表计二十三人。会议期间，其中一人中途退场，一人是该校系主任代理，实非任课教师正式代表。这样，实际正式代表二十一人，而且全部代表都是从其他学科转入，只我一人是旧大学中国文学系毕业。会议呈胶着状态，历时十天，这是新中国成立后对"文艺学引论"这门基础课程制定教学大纲召开的第一次，也是仅有的一次专门会议。与会代表也是新中国培养的第一批小小的专业文艺理论队伍。会议期间，代表们对讨论稿进行了热烈辩论，意见分歧颇大。提出了许多修改意见，难以统一。杨晦年龄居长，性情温和，折冲左右，颇费心力。其时北大中文系开设有"文艺理论进修班"，进修学员由全国各普通高校选派，总计约三四十人，学习一年。该班由前苏联专家毕达科夫主讲。毕达科夫是前苏联莫斯科大学文艺学专家季莫菲叶夫教授的学生，有讲授文艺学这门课程的教学大纲。毕达科夫即根据这个大纲加以修改，制定了进修班的教学大纲。杨晦感到讨论稿久争不决，便建议采用进修班所用的大纲，作为普通高校中文系这门课的教学大纲。大家一致同意通过，建议教育部颁发通知，于是年暑假后开始执行。

20世纪50年代，运动频繁，文艺学是一门新兴学科，从无到有，创业维艰。多次运动大抵都是与这门学科相关。时人为之语曰：文艺理论是一行危险的职业，经常处在风口浪尖！但是我既已改换门庭，决不回头；走自己的路，至今不悔。从那次会议以后，历史的大浪淘沙，使得二十一名代表的命运各不相同，有的很快沉沦，有的再次改行，真能坚持下来者，只是一部分人。当时与会者，我年龄最小。岁月流逝，现在依然健在者，也可能只我一人，亦已进入耄耋高龄。风烛残年，还能与时俱进，笔耕不辍。

这一时期"以俄为师"，苏联文艺理论通用的一些高尔基所倡导的多种名词术语，如批判的现实主义、消极浪漫主义和积极浪漫主义等，在学术界广泛流传，涌现出了一批"风派"人物，将外国人制定的帽子，随意扣在中国古代人和现代人的头上，随风转舵，了无定准。1958年"大跃进"的潮流中，或称：毛泽东主张我们的文学是革命现实主义和革命浪漫主义相结合。于是在古典文学研究中，连篇累牍，四部古典小说名著《水浒》《三国》《红楼梦》《西游记》等，一时成了"两结合"的"典范"。而"两结合"的文学作品，在我们的文学作品中从来没有出现过。如果数百年前的古典小说早已成了"两结合"的"典范"，这些理论家早在干什么？还要等到1958年毛泽东来提出再去追风，毛泽东岂不成了炒冷饭！在现代文学中，鲁迅则首当其冲。以上帽子不断更换，始则是批判现实，积极浪漫主义；继则是"两结合"。总之，各种帽子齐戴，强使鲁迅或者与古人同科，或者与外国人为伍，鲁迅有知，鲁迅也会战抖！迟至50年代末至60年代初，我力图摆脱苏联文学理论框架的羁绊，慎用高尔基某些文艺学术语，这是我的文艺思想开始走向觉醒的历史转变时期。这个历史转变的标志，就是我的两篇学术论文——《鲁迅前期的创作思想及其创作方法》（原载《新港》1959年第5期）、《中国文学史上关于现实主义和浪漫主义的几个理论问题》（原载《河北文学》1961年第3期）约三万余言的长篇论著，相继发表，对学术界的"风派"思潮进行了有力的抗争。历史经验表明，看来"乌龟壳"还不能丢，还应再次拾起。我的学术思想明白无误，目的是要和"风派"思潮保持距离，走自己的发展道路，标志着我的学术思想实现了从早期的唯物论到唯物辩证法的根本转变，而日臻成熟。研究方向则是现代文艺理论和古典文艺理论、古典美学的融合。凡有所论，倡言重实证，让史料说话。

1952 年秋院系调整，在教学和研究工作上"以俄为师"，对我来说，也有所收获。当时，学校领导开办了一所夜大学，讲授辩证唯物主义和历史唯物主义、中共党史等课程，对全校教师进行了系统的马克思主义基本原理的再教育，逐渐将我的注意力引向了精神生产与物质生产发展的相互关系，这是现代文艺学的一个基本命题。《文艺报》1959 年第 2 期发表了周来祥《马克思关于艺术生产与物质生产不平衡规律是否适用于社会主义文学》一文。引人注目的是：这篇文章的前面加了整页的"编者按语"。文章的作者提出：在社会主义时代，产生不平衡的条件已经不存在了，因此艺术生产与物质生产发展不平衡规律也就"过时了"，不能适用于社会主义文学。我迅速做出反应，在《文艺报》1959 年第 4 期发表了《马克思关于艺术生产与物质生产不平衡规律是"过时了"吗?》一文。力言在社会主义时代，马克思关于艺术生产与物质生产不平衡规律并没有"过时"，而是在新的历史条件下，按着自己的运动规律发展了，虽然它的性质和过去阶级社会的不平衡有所不同，从理论上捍卫了马克思主义基本原理的正确性和一贯性。这是新中国初期马克思关于艺术生产与物质生产发展不平衡规律第一次全国性的讨论，遗憾未能继续展开。

事过 20 年，十年浩劫刚告结束，我的一篇论文《艺术生产与物质生产发展不平衡是马克思主义文艺理论的基石》（原载《外国文学研究》1978 年第 1 期创刊号）发表了，从此引发了持续四年之久的马克思关于艺术生产与物质生产发展不平衡规律的讨论，也是第二次规模空前的全国性大讨论，将问题逐步引向深入，迟至 20 世纪 80 年代前期才渐趋平息。现实将我推向前台，促使我笔战群彦，随后又相继发表了《再论艺术生产与物质生产发展不平衡》（原载《学术月刊》1981 年第 4 期）、《艺术生产与物质生产发展的不平衡关系》（原载《马列文论百题》，陕西人民出版社 1982 年版）。我的基本思想是：艺术生产与物质生产作为一对矛盾范畴，所谓"平衡"是事物内部矛盾相对静止的状态;"不平衡"则是事物内部矛盾永不休止的现象。事物的发展过程,即使暂时处于平衡状态,也必然包含着某些不平衡因素。绝对的静止状态,绝对的平衡,没有也不可能存在。所以矛盾是永恒的,绝对的;统一是暂时的,相对的。不平衡是永恒的,绝对的;平衡是暂时的,相对的。所以艺术生产与物质生产发展不平衡是永恒的,绝对的;平衡是暂时的,相对的。平衡中也包含着某些不平衡因素,这就是规律。这一思想标志着我一生所坚持的唯物辩证法,我的学术思想日臻成熟。

三、教书育人　磨炼自己

我这一生,以教书为职业,主要精力和时间,都是投入到教学工作中去。开设课程,围绕着现代文艺理论和古代文艺理论,常常是知难而上,务期必成。开设的课程,即本科生的基础课和选修课;文艺学硕士研究生和进修教师的小课,先后开设者,总计凡十门课程。

以上各门课程所涉面广,容量颇大。特别是高年级课程,我认真备课,写出详尽的教学提纲和翔实的史料,娴熟于心。一般课堂教学,随口道出,自然成章,不用讲稿。但也要求学生认真听课,做好笔记。期末考试,严于要求,保证分数不要贬值。在中文系,我是出了名的严分教师。这是昔年联大传统,我已降格以求。尽管后来实施学生给教师打分制度,和奖金挂钩,我不能拿原则做交易,依然不为所动,直至退休。

对于研究生,他们已是成年人,要充分发挥他们学习的自觉性、积极性和主动性。教学方法和学习方法,也应和本科生有所区别。一般课前布置教学内容,强化自学环节,做好自学讲解准备。每双周授课一次,三小时。采用座谈方式,上课时由学生先讲,然后我再结合学生所讲及其存在的问题,进行专题讲授。这种办法实行多年,行之有效。一则检验了学生的学习效果,一则提高了学生的学术思想水平。我作为教师，也不断提高和丰富了自己的教学能力，与学生并进。至于周秦以来，迄于汉魏六朝古典文艺论著，马克思文艺论著，本科生讲授有关篇章，研究生则要求读全集。《马克思恩格斯全集》容量颇大，可多人分读，合为一体，做好摘抄，送我审阅。数年磨炼，为国家培养了八名文艺理论高级专门人才。如今有的已经步入领导岗位，依然活跃在文艺理论战线。在各自的岗位上做出了重要贡献。

20 世纪 50 年代，天津高校文艺理论教师只我一人。我除了完成本职工作以外，还先后在天津音乐学院、河北师范学院中文系、河北大学中文系等院校兼课。从 50 年代末开始，不断接受兄弟院校培养文艺理论青年教师的任务，并旁听生多人，累计达二十余人，直至退休。

四、沟通中外　消融古今

20 世纪 50 年代初期，"以俄为师"，在这种思想的指导下编写的文艺理论旧教材有两种，一直沿用到 1966 年 "文化大革命" 开始。但是没有天津自己的教材。长期借用外地出版的旧教材，十分被动。这些旧教材的一个普遍问题，就是生硬移植毕达科夫文学原理的理论体系，"左" 的思想似 "大批判"，不能适应教学需要。还是处在它的幼年期，带有 "拿来" 主义的某些特点。

20 世纪 70 年代末，十年浩劫已经结束，恢复了正常的教学秩序。我继任文艺理论教研室主任。痛定思痛，常为文艺理论教材和研究方向的发展所困扰，决心走自己的路。这一时期，我兼任天津社联系统文艺理论学会会长、天津美学会副会长、天津社会科学系列高级职称评审委员会委员等职。决定借助文艺理论学会的力量，组织全市高校部分文艺理论教师，编写出一本天津自己的文艺理论教材。教材要取得突破，求得生存和发展，一定要突破旧教材的樊篱，在内容和体系方面都要有所创新。即便是一点一滴的突破，也是创新。参加编写者计有九人，由我任主编。当时我就提出：我们的指导思想是唯物辩证法，我们的编写方针是"沟通中外，消融古今"。两次书稿由我统一修改定稿。全部工作两易寒暑，四易其稿，历时二年结束。这部书稿题曰"文学导论"（天津教育出版社，1987 年 5 月版）约三十余万言。这部教材的问世，不仅当时满足了天津高校中文系文艺理论教材的需要，而且推向全国，初版 6000 册，很快销售一空。

《文学导论》一书，取得了两点突破。一是将古典文艺理论某些美学范畴纳入现代文艺理论体系，设置专门章节："文学作品的精神气质"，对"言志""缘情""意象""神韵""风骨"等概念，重新加以阐释。是对"消融古今"这个理念的自我实现。二是文学作品的构成，自古代希腊亚里士多德《诗学》将文学作品的构成分为内容和形式两个组成部分以来，历经两千余载，西方文艺理论这个二元并列式，代相祖述，世无异说。《文学导论》则是在内容和形式的基础上，注入了文学作品的精神因素，倡导而为三维构式。二元并列是平面排列，三维构式则是纵向的立体组合，富有更为深层的含义。这一思想在随后发表的两篇论文：《论诗的三维构式》（《理论与现代化》1989年第 4 期）、《文质辩说》（《南开学报》1996 年第 6 期），有更为透彻而详尽的论述，获得了进一步发展，而日臻完善。

我对古典文艺理论和古典美学进行专门研究，立论在古，立意在今，这是"消融古今"的一个重要标志。我的研究对象止于周秦、两汉、六朝，特别是六朝。真能做到"消融古今"，达到高层境界者，当推 20 世纪末叶另一部理论撰著《钟嵘诗品评注》（天津古籍出版社 1999 年 1 月版）。这部著作的写作过程，历经十年，数易其稿，凡四十七万余言，在学术界赢得了声誉。这本书的问世，我自题封面书签，钤印当年我在西南联合大学求学时期，闻一多先生殉难前夕为我篆刻的一颗象牙印章，以资纪念。

世传《诗品》三卷，南朝梁钟嵘撰，与刘勰《文心雕龙》齐名。

两书为同时代著作。《文心雕龙》为文体通论,《诗品》为诗体专论,是古典诗论美学之集大成者,在中国文艺思想史和美学思想史上,两书享有同等重要的地位和作用。

钟嵘《诗品》自问世以来,流传至今,时逾千载,文字讹误颇多。特别是关涉诗家名氏、代系、脱简、错位等讹误,在全书比比皆是,直接影响读者对于《诗品》原著的理解和理论探索。本书根据明、清多种版本,参稽典籍,进行校注,做了较大幅度的考订和校正。世传版本较多,虽善本亦有讹误。我在校注过程中,不是囿于一端,而是比较得失,择善而从,旨在厘定一个新的注本。但重点在评,通过评说揭示《诗品》这部命世佳作的诗论美学思想。某些注文,注亦有评,评注结合,相辅并行。为了行文简洁明快,注文用浅近文言文撰写,评文用通行语体撰写。两种文体并用,并不排斥全书的整体性和统一性。

《钟嵘诗品评注》一书,和《诗品》原著三卷本稍有不同,计分六卷。第一卷叙录,对《诗品》全书做了综合性研究,其中第四节诗论美学思想部分,常为其他书刊所引用。第二卷诗品序评注,第三卷诗品上评注,第四卷诗品中评注,第五卷诗品下评注,第六卷附录。辑录自汉迄梁相关重要五言诗,历代评论家论诗品,并挚虞《文章流别论》、李充《翰林论》、张骘《文士传》相关佚文及评论三种。当时曾有《自题〈钟嵘诗品评注〉》小诗一阕。诗曰:

> 沟通中外　消融古今
>
> 文化之盾　文明之根
>
> 东方特色　亦昌以明
>
> 钟山品藻　千载遗音

在《钟嵘诗品评注》问世以前,另有一种与之并行的古典文艺理论撰著《文赋译注》(北京出版社 1984 年 1 月版)先期出版,该书也有附录,而规模较小。原中文系主任已故李何林教授来信做了如下评论:"用马列主义研究古典文艺理论,诚难得也。后有附录,尤功德无量!"

另有近期出版的论文集《穹庐文萃》（山西古籍出版社 2000 年 11 月版）一种，以上征引，重校修订，都收入这本论文集中。昔年在我这里学习的进修教师王大仁，曾赠词《水调歌头》一阕。其词云：

> 文章千古事，荣乐任西东。群芳吐秀当年，学海辨萍踪。细检烧烛恨短，穷理晨曦念长，携卷唱高峰。静观论坛逝，词苑骋豪雄。

> 问何时？胸万卷，薿虚空。《穹庐文萃》，自有流韵沐春风。典注《文赋》、《诗品》，两章同对秋月，一字穷书丛。钤印更珍宝，狂飙看青松。

我这一生，岁月流逝，撰著很少。已经出版论著，仅只以上四种，总计凡百余万字。其中某些论著在学术界有较大影响，多次获奖，成一家言。

五、中国现代派"崛起"的反思

20 世纪 70 年代末，十年浩劫刚刚结束，在东方的中华大地刚刚恢复了平静，学校也恢复了正常的教学秩序。岂料风云突变，西方现代主义思潮似潮水般不断涌进，一时恶浪滔天，使得文艺界和学术界甚至教育界，促使众多的从业者，迅速淹没在西方现代主义思潮的狂风恶浪中。这是我们这一代人在思想上曾经历过的第二次"十年浩劫"，至今没有结束，而且还有继续发展的趋势。应该引起我们的深沉反思。

早在 1997 年秋，我的一篇论文《略论现代派》（《湖南教育学院·哲学社会科学》1984 年第 1 期))曾在中文系全体师生大会做学术报告。或云："要慎重。"当时没有能够发表。事过数年，南方有同行要去发表了。这篇文章所论，还是处在现代主义发展初期，许多问题没有暴露，仅能止于"略论"。毕竟人微言轻，恰似茫茫大海中的一叶扁舟，随风漂泊，影响甚微。立言大节，我既发表，自当"慎重"。

现代主义不"现代"。19世纪末叶，西方资产阶级社会处在它的上升期，同时，各种社会矛盾也日益暴露。反映这个社会矛盾的各种文学派别，也日渐兴起。这些文学派别之间，也时有纷争。但是他们共同的世界观都是腐朽的资产阶级个人主义。文学史家则把这些文学派别总称为现代主义。20世纪初叶，第一次世界大战以后，西方现代主义文艺思潮发展到第一次高峰期。20世纪中叶，第二次世界大战以后，又发展到它的第二次高峰期。

第二次世界大战结束，以苏联为首的社会主义阵营与以美国为首的西方世界进入了冷战时期，1947年，美国中央情报局成立，一个重要的战略决策就是将西方腐朽的现代主义文艺思潮作为冷战武器，向苏联渗透。西方谚语云：没有免费的午餐。为什么中央情报局不用先进文化，而用西方腐朽的现代主义文化向苏联渗透？这是因为腐朽的文化对社会机体极具腐蚀性和破坏性，是冷战的锐利工具。文化冷战，潜移默化，没有战火硝烟，却效果显著。在苏联文艺界，首先是从小说和诗歌打开缺口，扩散开来，其势猛烈！到了20世纪70年代，苏联文艺界在文艺创作上兴起了"开放体系"。顾名思义，就是将行之多年的社会主义现实主义喻为一只敞开的口袋，一只包罗万象的百宝囊。各种西方现代主义文学派别、思潮、理论观点、文学主张，都可以装进这只口袋，社会主义现实主义名存实亡。到了20世纪80年代末，导致了"戈尔巴乔夫新思维"，进行了一系列政治上的民主改革，终于在1991年宣告了苏联的彻底覆亡。第二次世界大战期间，希特勒纳粹的百万大军，甚至动员了全欧洲的力量，没有能将苏联打垮，现在中央情报局不费一枪一弹，只四十年冷战，便促使了苏联彻底消亡，从此广大人民群众陷入了深重的灾难之中。西方一些政客惊喜若狂，要给戈尔巴乔夫发诺贝尔和平奖。所以现代主义远不只是单纯的文艺问题，而是关乎一个国家、一个民族生死存亡的重大政治问题。这一举世罕见的历史悲剧和教训，深深地刻在我的脑际，至今难忘！

苏联的彻底覆亡，当然有多方面的原因，并非只是现代主义思潮泛滥一端。美苏冷战进行军备竞赛，拖垮了经济、政治上的民主化，按照西方民主政治的价值观念进行政治改革，造成了政治上的混乱和分裂，促进和催化了苏联的覆亡。但是现代主义思潮泛滥所产生的效果，这是作为一个领导人的内因，导致了精神文化思想的自我崩溃，不能不是一个重要原因。

苏联的彻底覆亡，冷战结束，中央情报局尝到了甜头，故伎重演，便将矛头改而对准社会主义的中国。重金雇用美籍华裔特工进行文宣渗透，刺探情报，甚至武装侦察活动，亡我之心不死。促进和导演了中国现代主义思潮的"崛起"。

中国的现代主义或曰现代派，或曰"新潮"，异名而同实。西方现代主义大师凡·高是一位画家，一位批评家写道："凡·高是新潮的。"可见中国的现代派和西方现代主义是同根繁殖，源远流长。

中国的现代主义并非始于20世纪70年代末，早在30年代初，文学少年施蛰存曾与鲁迅有过一段时间交往。后来他与鲁迅分道扬镳，乘第一次世界大战后西方现代主义第一次高峰期的余波，创办了《现代》杂志，介绍西方现代主义文学作品和文艺思潮。鲁迅当年斥之为"洋场恶少"，现在则有人奉为中国现代派鼻祖。但是，那时左联是文学主潮，现代主义没有成为气候，直至20世纪70年代末至80年代初，里应外合，才真正成了气候。

中国的现代派和苏联的现代派是同根繁殖的两颗苦果，走了一条和苏联曾经走过的基本相同的道路，时差只在二十年，一步一个脚印，或者可以说二十年一轮回。中国的现代派如同苏联，都是以小说和诗开路。现代派诗人叫作"崛起的诗群"，小说则是师宗弗洛伊德精神分析学，叫作"意识流"。随后就是性文学，"爱你没商量"充斥着整个文艺园地，污染了一片蓝天。但其发展道路也有不尽相同之处。迄今为止，我们没有看到苏联现代派的风云人物产生名人效应，改而从政，或者向其他社会领域例如高等院校转移。

中国的现代派较之西方现代派一百余年的发展史，队伍更为庞大和统一。在绘画领域，西方现代派大师如凡·高和毕加索，一生创作生涯数十年，今存绘画数以百计，真能达到绝境者，只是极少数，而且有的大师也不是铁板一块，而是处在自我变化和分裂的过程之中。凡·高的"向日葵"，毕加索的"和平鸽"，世誉为命世佳作，就我所见，这类佳作，光彩照人，都是充分的现实主义，而非现代主义。特别是"和平鸽"，20世纪中叶，1951年在北京召开世界和平大会，作为大会的会徽，现在已经成为全人类争取和平的象征，具有强烈的艺术感召力，远非现代主义作品所能比肩。

中国的现代派具有强烈的排他性，颇似布什反恐划线：非我即敌，一概打倒；也似古人，成则为王，以力服人者霸。一开始就提出了霸气十足的口号：反对一切文化传统，包括"五四"以来以鲁迅为代表的革命文艺传统。天、地、人三才，地批长城，人批鲁迅，必欲置之死地而后快！某些现代的代表人物，侈言：主体、自我，个人主义膨胀到爆炸程度。但是，关乎国家民族的命运，则既不要主体，也不要自我，后来蜕化成了民主派，叫作"持不同政见者"。有的则逃亡美国，继续从事反华活动。所以文艺上的现代派和政治上的民主派，在一定条件下，实是一桩事物的两张皮，翻手为云，覆手为雨，搅乱了一片大好河山。

中国的现代派侈言反传统，看来十分"新潮"，产生了明星效应，形成了一个追星族的庞大群体，左右着和制约着几乎整个文化市场，一掷万金，还要政府和纳税人买单。日复一日，年复一年，白白消耗了国库的资财，养肥了一群"自我"！对广大读者和观众来说，则是腐蚀了人们的心灵，毒化了社会风气，这是花钱买病受。倘若不问情由，对传统一概反掉，岂不自毁文化生态环境，成了文化沙漠，或者精神生产的无花果，则"明星"们"自我"也将不复存在。

　　中国的现代派最为致命的思想是否定祖国的存在！20世纪80年代现代主义思潮泛滥初期，一位现代派的代表人物，后来移居巴黎加入了法国籍，写了一部他批判传统小说的所谓"小说"，从北京到巴黎，借以昭示作者的"自我"身价。小说中的主人公是第一人称"我"，或者以"他"为代称，拿着一纸中国作家协会会员证，当作通行证，周游西南三省四川、云南、贵州，顺长江而下，神游湖北、湖南、广西等地，游遍了将近半个中国，风雨无阻，免费接待，不可缺少的艳遇和性描写，似梦幻般的意识流文字缀合，编织了一幅"我"追求"灵山"的心路历程的路线图，寻找心灵的乐土。"小说"杂以议论、批判，或整页没有标点符号，文字错乱不断句，或一句简单的话，似神经错乱，反复颠来倒去，语法混乱，文理不通。语言污染达到如此严重程度，即在西方现代派文学中，亦属罕见。总之，现代派炮制的在文学中通行的一切构件，都是残次品，这里一应俱全。但是，小说中的"我"明白昭示："既然我亲生父母已经死了，再不就俨然代表我的祖国，我也不知道究竟何谓祖国以及我有没有祖国。"读之令人触目惊心！一个文化人对祖国如此仇恨，数典忘祖，丧心病狂，完全丧失了人性的尊严！就是这样一部"小说"草稿，没有来得及翻译，便得了诺贝尔文学奖，随后在台北出版，这就是西方评奖权威，对中国现代派作者的最大奖赏。回想鲁迅当年拒绝诺贝尔文学奖提名，两相对照，鲁迅当年的举措，昭悬日月，丹心可照。这就难怪中国的现代派批判鲁迅了。以上情况表明，中国的现代派是西方现代派腐朽文化的寄生物，似精神"非典"，非正常的文化交流，更非中国先进文化的代表，违反了宪法。不应也不能将包括文艺在内的伟大民族复兴的历史重任，寄托在中国现代派的身上。

六、余韵

回顾我这一生，在学术思想上曾经走过的道路，可以划分为三个阶段或者四个步骤，昔年在西南联大学习期间，以撰写毕业论文为契机，挑战古人，这是第一阶段，跨出了第一步。20 世纪 50 年代初，转而致力于现代文艺理论的教学和研究，"以俄为师"，跨入了第二阶段，迈出了第二步。迄至 50 年代末、60 年代初，力图摆脱"以俄为师"的枷锁，抨击学术界的"风"派学风，而宣告结束。20 世纪 70 年代末，十年浩劫宣告结束，现代主义思潮泛滥，我一方面致力于古典文艺理论和古典美学的研究，一方面评论现代派至今，而进入了第三阶段，迈出了第三和第四步，也是重要的最后两步。这一阶段持续时间较长，腹背受困，任务艰巨。但也硕果较大，收获更丰。

我的生平事迹，早在 20 世纪 1988 年《天津社联学刊·天津学者》栏（1988 年 11 月号）即有专文简介，作者阎浩岗，现为河北大学中文系教授。

1998 年秋，接南京江苏古籍出版社《古典文学知识》编辑部来函称：该刊辟有"学者列传"栏，专门介绍国内古典文学方面的知名学者，已介绍者如游国恩先生、孙楷第等。现在要为我立传。综观当前学术界，在现代文艺理论和美学与古典文艺理论和美学领域，长期存在断层现象。以上介绍，仅是止于研究古典文学，而对于古典文艺理论和古典美学则告阙如。真能兼通古今文艺理论和美学者，屈指可数。我想拾遗补缺，蜀中无大将，我自当先锋，所以给我立传。这篇文章迅速发表，题曰："书丛穷理趣，文海觅神髓"（原载江苏古籍出版社《古典文学知识·学者列传》1999 年 1 期）。文章的内容对我的学术思想和《钟嵘诗品评注》一书，做了较为全面的述评。作者王之望，天津社会科学院文学研究所所长、研究员。

我的事迹还收入《世界名人录·中国卷》（香港中国国际交流出

版社 1997 年 12 月版），以及其他多种辞典，兹不赘述。

回顾我这一生，在学术思想上坎坷峥嵘，经历了多少磨难！现在秉笔直书，目睹现代主义思潮泛滥，未有已时。我爱我所从事的理论专业，矢志不渝。我爱母校南开，坚守岗位，奋斗终生。我更爱社会主义祖国，这是一条不可逾越的红线。越过这条红线，我将发扬昔年联大传统，继续接受挑战。爱赋小诗一阕，用代结语。诗曰：

人生起奋进　创业诚维艰
文章经世路　抱德守真言

南开·穷庐阁
（2004 年 5 月 18 日）

申泮文　　　　　　　　　　# 我的翻译生涯

在 1978 年冬，改革开放时期开始，我由太原山西大学调回天津南开大学工作。翌年春夏之交，天津市文化界筹组"天津市翻译家协会"，突然有一位姜姓同志来访问我，说他是天津文化系统筹组"翻译家协会"的办事人员，因为南开大学外语系主任李霁野教授推荐我出任即将组成的"翻译家协会"理事长，故前来同我联系，希望我出来参与筹备工作。我听了非常惊讶，当时我同李霁野教授尚不熟识（后来到 1985 年才同为中国民主促进会会员同志，相交甚笃），他是文艺作品的知名翻译家，而我只是在新中国成立以来，为教学需要，翻译过不少英、俄文教科书，是个无名小卒，算不得是个什么翻译家。又不知道李霁野先生怎么会知道我做过翻译工作，他是大家，不熟识，我又自惭形秽，不敢贸然去拜访李霁野先生，只有通过姜某人与李霁野和有关单位进行联系。慢慢就知道了，在成立"天津翻译家协会"这件事中还有许多斗争，许多单位都在竞争做翻译家协会的挂靠单位。李霁野先生推荐我，有意把挂靠单位争取到南开大学来。而我是个非文学界的翻译工作者，知名度又不够，对争取并不有利。李先生为什么不亲自挂帅出马？也许是他的地位太高了，不值得去与凡夫俗子一争短长。后来经过半年多的拉锯，经过妥协，天津翻译家协会挂靠单位最后落户在天津外国语学院。我当然懂得知趣，坚决谢绝出任理事长。协会正式成立时，我没有去参加成立会，但会上给了我一个名誉理事长安慰头衔，其实后来我从来没有参加过协会的任何活动，这只是我的翻译生涯中的一小段虚幻插曲。我所感兴趣的是，专业差距那么大，为什么李霁野先生会关注到我的工作。这保持为一个秘密，我从来没有向李霁野先生讨教过。

1988 年夏初，我到山西大学给化学系研究生主持论文答辩。有一天一位外语系教师突来找我，他说："申老师，你看，这本新出版的翻译家辞典，里面有你的记录，你知道吗？"我听了又一次感到非常惊讶。迄此时为止，我一直没有想过我有没有"翻译家"的头衔。所以非常新奇地拿过书来看。这本书是"中国对外翻译出版公司"于 1988 年 1 月出版的《中国翻译家辞典》。书中按翻译家姓名汉语拼音字首排列，收列了古今翻译家 1127 人，全书共 780 页。在第 488 页刊载了我的条目如下。

申泮文（1916——　）

广东从化人，1940 年毕业于昆明西南联合大学、天津南开大学化学系后，留校任教，曾先后任助教、讲师、副教授，60年代初为支援新建山西大学化学系，赴该校任副教授、教授兼副系主任。1978 年末，调南开大学元素有机化学研究所任副所长，1979 年兼任该校化学系教授兼无机化学教研室主任。申泮文是一位有能力的集体翻译工作的组织者，他所组织的翻译工作以快

318

速和文字流畅著称。

申泮文在长期的教学和科研工作中，结合工作需要，翻译俄、英无机化学方面专著 33 卷册，约 900 多万字，均已正式出版。其中有：［俄］巴列金《无机化学实验》（高教出版社，1953）、《普通化学实习》（高教出版社，1959）、涅克拉索夫《普通化学教程》上、中、下册（与北京大学合作，高教出版社，1953）、《普通化学作业和问题》（高教出版社，1954），《普通化学习题集》（高教出版社，1957）、谢密申《普通化学实验》（高教出版社，1954）、《无机化学学习法指导书》（高教出版社，1958）、《无机合成手册》（高教出版社，1957）、格林贝克《络合物化学概要》（高教出版社，1957），［英］《无机合成》1—20 卷（科学出版社，1959—1985）、内博盖尔《普通化学》1—4 册（人民教育出版社，1978—1980）、巴索罗《配位化学》（英汉对照本，北京大学出版社，1982）、J. D. 李氏《新编简明无机化学》（人民教育出版社，1983）、《碳化合物的形状》（英汉对照本，南开大学出版社，1992）、珀塞尔《无机化学》1—4 册（高教出版社，1985—1990）。

我对这部《中国翻译家辞典》深感惊讶，因为在社会上，这类"名人传"型的传记出版物，是要预先向条目"科编者"要很多钱的，要交相当高昂的"版面费"，然后还要"入编者"预交高价购书款，至少预购一本。组编这类勒索性出版物在 20 世纪 80 年代在社会上已经形成风尚（对此我是一贯拒绝参与的）。而这部传记却出污泥而不染，将我入编，既没有事先通知我和要求提供条目入编材料，也没有向我要钱和要求购书。想来这部传记的编写组，是由一批"好人"组成的，从该著作的"序"中我看到，他们的编撰目的是纯洁的、高尚的，阐述翻译工作的重要性，并歌颂了严肃的翻译家们的勤奋和奉献精神，令我深受感动。我通过邮购买到了一部《中国翻译家辞典》，售价每部只有人民币 8.45 元。我向出版者和编写组表示衷心的敬意和深诚的感谢。这部传记将是我书架上的一部重要珍藏品。

我对我的条目的编撰人，也深感惊讶，至今我仍然不知道他是谁。惊讶的是他如何对我了解的如此精细深刻，不但对我的简历了如指掌，而且对我的翻译作品全部准确掌握，没有任何遗漏。特别是他对我的翻译工作特色（集体翻译组织者、工作快速、文字流畅）了解得如此深刻入化，他真是一位"知我者"，精细程度好像是一位在我身边的工作人员。但条目文字细腻，我身边又没有这样的人！我感谢他，是他把我真实地推荐进翻译家行列，使我感到自豪，使我今天可以沿着他的记述思路，以自述形式比较全面地回顾一下我的翻译生涯。

一、我的汉语言文字根底

我的汉语言文字修养，从幼年就得到很好的训练，其中有偶然也有必然。

我出身工人工程师家庭，幼年度过温馨的家庭生活，6 岁上小学开始识字，很巧遇的是 7 岁那年就有机会读大哥哥拥有的《水浒传》。这"浒"字不认识，就读成"水许传"。我的父亲嘲戏我说："你看书时，最好手里拿一双筷子，看到你不认识的字，你就把它拈出来就是了，看看你究竟能够认多少字。"这虽是戏言，但确实对我有鼓励作用。在约一年的时间内，终于读完了《水浒传》。在那时小学都读文言语文的时期，我接触到了通俗白话文，可以认为是文字提高的一个有利因素。

读完小学三年级，我从市办小学转学到"旅津广东小学"，这是一所办学比较优秀的知名学校，我参加了转学考试。人家要考英文，可我在市办小学还没有学英文，结果我英语考了一个零蛋。算术考试结果平平，但是国文考试给我挣来了荣誉。国文考试是作文题"论鸦片之害"。天晓得，我不知什么时候读过林文忠公（则徐）的奏请禁鸦片的疏文。在写转学考试国文作文中，把林公文章中的警句"无可征之丁，无可输之赋"改写进我的作文中。后来听说，广东小学转学考试主考人是一位满腹经纶的国文老教师赵老先生。看了我的作文，连连击节叫好，说："此子可教也！"尽管我英语没分（这造成我后来的英语先天不足），仍然把我作为转学考试第一名录取。

在广东小学入学以后，这位赵老师教我们四年级和五年级的国文课，教的都是古文。他对我特别"关照"，盯我盯得很紧，以批评促进步也批评得特别严。我永远也忘不掉他那广东腔的普通话："你吣，你申洋文吣！你是个有天分的吣，可你就是不努力吣！你应该努力好好学习吣！"他的絮烦唠叨，给我造成了逆反心理，我处处想着法去躲避他，出现了许多有趣的顽皮故事。这不在话下。在四年级他给我们讲古文章，五年级给我们讲太史公司马迁的《史记》。我不否认，赵老师的举学风范和教学内容，大大地提高了我们青年学生们的祖国传统文化修养。什么是今天要求的"素质教育"？我想这里就有丰富的素质教育。我们非常快乐地听赵老师绘声绘色地给我们讲刘邦出席"鸿门宴"的故事，理解了"项庄舞剑，意在沛公"的典故，对樊哙的草莽英雄气概也肃然起敬。

我们又读了《史记·项羽本纪》，其中最使我受感染的是项羽观看秦始皇出巡，看到仪仗之盛，毅然说："彼可取而代之也！"这句话是世界历史世代替续的规律，是我永远记得的一句口头禅。在"文化大革命"当中，在我遭受严重政治迫害最苦难的时刻，我就不忘念诵这句话"彼可取而代之也"。那一帮极"左"害人虫，伤害了全国无辜人民，注定没有好下场。人民会推出正确的领导力量，打倒、代替害人虫的统治。在历史上，在腐朽的满清覆灭前，慈禧太后搞了"戊戌政变"，杀了改革派，她能阻止历史的改革前进吗？孙中山在旁边说"彼可取而代之也"，中国人民的民族民主革命终于推翻了腐朽封建统治。我们对项羽的话有不同的理解在于：项羽是要自己取代秦始皇，而我们的理解则是正确的事物将代替错误的东西，先进的力量将代替腐朽的势力，中国不会永远停留在第三世界的贫困小圈子里面。这就是世界历史世代替续的辩证法。

在广小读到六年级，国文课教员王老师也是饱学之士，他给我们讲《孟子》。讲到"孟子见梁惠王"："孟子见梁惠王，出曰，望之不似人君。"王老师也很会讲，讲得有声有色，引得学生们哈哈笑。课下学生们就组成一条灯谜："金銮殿上坐着一个猴儿"，打《孟子》一句。大家说，这些孩子多么聪明！我写作文时也学着套用孟子语气，王老师给作文写的批语是："此子文有古风。"我又学会一招，文无优劣，看你会不会投阅卷老师之所好，你懂得这个窍门，你就可以拿到好分。

1927年秋，我考取天津南开中学，进入这所学校，我的人和思想进入了一个新的广阔领域，一片好玩的天地。首先是爱好上体育，球类如足、篮、排，田径中长跑和跳高，以及溜冰、武术等，无所不好。课后回家，家庭作业不多，仍然可以玩家中的爱好，养蟋蟀，养鸟，读小说。谈到读小说这一段，我得多说一点。

我上中学的时候，父亲早已失业，靠我的大哥哥供给我上学。我大哥申郁文南开大学商科毕业，是张伯苓校长钟爱的学生之一。在外国公司里工作，收入比较丰厚。他很开明，每个月给我4元钱的零用钱。那时钱是值钱的，1元钱可以买一袋50斤的面粉。所以每月的4元零花钱足够我花销的。就看小说来说，几乎地摊上的和书店里的那种"大字足本"的"演义""传奇"类的今古小说，几乎无不涉猎。当然这些书内容上也会有毒素，有些会有害于身心健康，我也经历过这类伤害。但是权衡利弊，我仍然认为利大于弊，因为它们主要提高了我的文字水平。人的脑子就像一台电子计算机，你向它输入许许多多文字素材，在脑子里就建成一座资源库。资料素材积累多了，也会自发形成人工智能。当你在外面看见新鲜事物、触景生情，需要发挥文思风采的时候，你脑里的文采资源库就会自发地向你输送组合好的精句文章。古人传说的所谓"七步成章""过目不忘"，也就是这么来的。多读书，开卷有益，也是这个意思。

我在中学里胡玩、胡看小说，每年学习成绩各科大都维持在 70 分线上，只有英语因为先天不足，后天失调，年年不及格、年年补考之外（下面再谈），总算学业过得去。到了高中二年级，才真正懂得勤奋学习，要争取后来居上了。

在高二，国文课有了特殊培养，第一是有名师（叶石甫、孟志荪等大师），有加选课，我们学了《诗经》《离骚》《古文观止》《文心雕龙》等古籍，也学近代文学（赖天缦老师），加上自己原有基础和班里激人奋进的氛围——我那个班上的同学个个才华横溢，我说我的那个 1935 班是南开中学首屈一指的人才大班，绝不是吹牛。

就我自己的汉语文水平来说，粗通古汉语，敢写文言文文章，甚至敢写四六排比的骈体文。写白话文文章绝对通俗流利。那时天津《大公报》还有一类特有的政论文章体裁，文言白话并用，白话文中杂着文言词汇，文言串句中带有白话风情，朗读起来娓娓动听，以社论主笔张季鸾的文笔最为脍炙人口。我对这类文章也是十分倾倒，也会模仿着写小品文。既能文、又能白，也能文白杂文，这就为做翻译家打下了"信、达、雅"的达标基础。我的汉语根底是在小学和中学就夯实了的。

二、我的外国语文基础

上节中讲到，我的外语基础差，先天不足，后天失调，以至于到了中学，年年英语不及格，年年需要补考。这样的水平，怎样能做未来的翻译家呢？这里又要讲一点辩证法：凡事不过三，穷则变，变则通。我经过一种奇异的自我调节，只一个暑假的奋斗，终于彻底改变了我的英语学习面貌。

前文也已讲过，我到了高中二年级，学习自觉性和积极性都发生了变化，不满于惰居中游的状况，特别是不满于英语学习的落后状况。在 1933 年至 1934 年的这一年间（高中二年级），由于各门课程都是由名师讲授，激发了我的学习积极性，学习成绩一下子就冒上来了，首先是数学（大代数、解析几何，名师张信鸿），继之是化学（名师郑新亭）、物理（教师赵松鹤）、国文（名师叶石甫、孟志荪）、西洋历史（名师韩叔信）。这里重点讲讲西洋史课程，教科书用的是英文原本 Hayes and Moon：*Modern History*，由于学习这部书英语词汇（历史的、政治的、社会的、经济的，等等）太多，韩叔信老师就把学生组织起来，分成小组，每组负责一定页数中的专门词汇，分头查字典，找出对应汉语词汇。然后集中成册油印，分发给每位同学，帮助大家啃这本大部头的英文历史书。这样虽然大家负担都很重，但是读下来，每人都通晓了许多有关历史、社会、政治、经济等方面的关键词汇了。对普通知识的提高大有益处。我对学习历史很感兴趣（因为我读过了太多的历史小说），读这门课很认真，爱屋及乌，也就对英语发生了新的兴趣。

1934 年暑假，我下定决心，要在这个暑假当中，改变我的英语学习面貌。由于在西洋史课上学习了许多各方面新词汇，我已经能够独立读英文报纸了。那时在天津有一家英文报纸《华北明星报》（*North China Star*），我就订了一份，每日清晨，报纸来了，我就展开找重要新闻和评论文章，逐篇快速朗读，好文章反复朗读多遍。每天上午大概如此读报 3 个小时，坚持 2 个月暑假天天雷打不动，发现这种学习方法虽然笨一些但很有效果，立竿见影。就在这一个暑假，我彻底改变了我的英语学习落后面貌。我称这次收获为"一个暑假的胜利"。

我发现，我的这种学习方法很有科学道理，它是一种个人独立的自我全面训练的外语学习方法，它训练了口语、读音，耳朵听力，训练脑子思维，并且可以从汉语翻译思维逐步转变到直接英语思维，由汉语的慢节奏习惯转变到英语的快速节奏习惯，全面熟悉英语文章语法和行文习惯，养成一种不死背单词就能自如掌握英语词汇的习惯，等等。我把我的这种学习方法总结为"以快速朗读为中心的外语自学成才法"。当然这样学习方法仍然需要继续强化和继续巩固，我的英语终归通过此种方法，全面（听、说、读、写）过关了并在英汉对译方面进一步形成了我的专长。

有事实为证，我的学习方法是高效的。20世纪80年代，我在南开大学化学系给学生连续开了3年专业英语课，100多学生大班上课，向学生传授我的学习方法，在课堂上引导学生朗读养成习惯，收到很好效果。在我教该课的几年，南开大学化学系学生英语四六级考试成绩在全校名列前茅。

我的第二外语是德文，1939年在西南联合大学修习的，学习成绩良好，但因没有实际使用机会，水平停留在可以直接阅读化学专业书刊的程度。

我的俄语技能是在1952年全面学习苏联、进行高等教育改革时期学的。全体化学教师一起突击18天，掌握基本词汇和语法，然后就组织集体力量翻译苏联教材，边翻译边提高和巩固俄语技能。在翻译苏联教材过程中，我抓住了一个窍门——不做俄-汉直接翻译，而是做俄-英翻译，因为俄语、英语同为拉丁语系，俄语中又有许多来自英语的外来语，通过英语来了解俄语可以更准确，也更方便。所以在翻译过程中，需要查字典时，我不查俄-汉字典而查俄-英字典，至于将英语词汇翻译成汉语时，我的功底基本上不需再查字典了。工作就可以进行得顺利快捷了。

三、翻译风格

按照大翻译家严复的翻译标准"信、达、雅"的要求，我在翻译工作中坚持以下原则：（1）译文必须忠实于原文；（2）译文简洁、通俗流畅，爽口易读；（3）在"直译"和"意译"当中求得妥协，要求译文汉语化、口语化；（4）不反对对译文适当艺术加工，灵活风趣；

（5）翻译工作完全服从实际工作需要，不打野鸭子。

我最反对僵硬直译，译出来的文字结结巴巴，不像中国话。既反对 English Chinese，也反对 Chinese English。多年来我养成了一个习惯，看见别人的译文不通顺，我的手就发痒，就要动手改改划划，把人家的文稿改通顺了。这种"好为人师"的毛病，坚持了一辈子，因为我一辈子的"翻译家"工作，并不是我自己直接搞翻译工作，而是组织大家搞翻译，我给大家修改译稿和做统稿工作。《中国翻译家辞典》中我的词条中的评价，说我的译文"以文字流畅著称"，这是符合实际情况的，但译文并不是我自己的，是翻译集体的、大家的，我只是集体译文的美容师。

四、组织集体翻译

《中国翻译家辞典》我的词条所列的翻译书目，除个别的译著（例如涅克拉索夫：《普通化学教程》是我们参加到北京大学组织的集体翻译工作），其余全部都是在我组织下的集体翻译。1952 年至 1959 年期间主要工作为翻译苏联教材，全部用教研室集体署名，在内容简介中注明译者，我被注明为校稿和统稿人。

1957 年至 1990 年为英语化学专著翻译时期，由于改革开放，已经可以个人署名了，所以在此期间的译著，译者以"集体代表人某某（等）译"署名，我以"申泮文校"署名，大家权益泾渭分明，谁也不占小便宜。在经济效益方面，科技翻译稿酬一向是很低廉的，加上受极"左"思潮的影响，在大跃进时期，稿酬低到每千字 5 元，连稿纸费都不够。我也一向保持守廉，每次出版物只收取 20％的校稿费。所以我和大家做了那么大量的翻译工作，所得税外微薄收入，并不需要减肥。

举一个典型例子，说明集体翻译工作是怎么做的。

1978 年，在邓小平同志加速引进外国先进教材的指示下，高教出版社组织了一次各校相关教师的会议，拿出几部英美化学新教材，征求组织翻译。其中一部美国著名教科书 Nebergall：*General Chemistry* 估计译文字数 100 万，几个兄弟院校教师认为完成翻译需要两年时间。我思忖了一下，手中有金刚钻，不怕揽瓷器活，当即提出我（当时代表山西大学化学系）可以组织翻译，4 个月完成。我大言一出，语惊四座，没有人敢于同我竞标，高教出版社当场把任务委托给我了。

我之敢于以短期接受任务，一是我有多年翻译工作经验，二是我手上握有 3 支翻译队伍，一支在山西大学，一支在南开大学，一支散在国内各地。他们都是我多年集体翻译工作带出来的，久经征战，可以招之即来，来之能战。我是胸有成竹的。

具体做法是：利用复印技术，把全书复印下来，按先后分为 4 个分册，把所有可招来的人员分成 4 个小组。然后把复印书稿均分下去。我手中掌握原文书作为将来修改译稿的依据。不设中间领导层，每位译稿人直接对我负责。以 1978 年 4 月 1 日为起始日，要求每位译者每 2 周给我交回一份译稿。我以最快速度把译稿修改好，反馈给译者，由译者完成加工整抄工作（当时大家还不知道用电子打印技术）。

全部译者的矛头都是对准我的，译稿都集中到我这里来修改，所以我最忙，日以继夜地加班加点。到外面开会，也随身带着译稿和原著，充分利用闲暇每一秒钟做改稿定稿工作。到最后，整抄完成的翻译稿全部再集中到我手上，做最后加工整理，脱稿。全部工作拖迟了半个月，以 4 个半月的时间胜利完成任务，全部译稿共 105 万字。这大概是国内第一次以集体力量最快完成的工作。遗憾的是，尽管我们的工作很快，出版工作却跟不上趟，4 个分册完成出版共用了 2 年时间。

以同样高速度完成的翻译工作还有 J．D．李氏《新编简明无机化学》（人民教育出版社，1983）和珀塞尔《无机化学》（1—4 分册，河北工业大学马维教授主持，高等教育出版社，1985—1990）。

我们的集体翻译工作贡献，在全国来说是独树一帜的，堪以自慰。

五、惨淡回顾

组织集体翻译工作，在我的工作生命期间，大概占用了约 1/3 的时间，在其间有同志间合作的欢乐，工作成功的喜悦，也有工作不被重视，特别在极"左"倾向影响下，尊重知识、尊重人才政策不得落实，也会有悲哀和惶惑。现在我垂垂老矣，一切都已是"明日黄花"，回顾往事，历历在目，同志们的合作共事、成果与贡献是主流，是伟大的，值得共同骄傲。但在我一切圆满的工作成就当中，也有一丝丝失落——有一件遭到破坏、永远也无法完成的未完工作，成为永恒的遗憾。但这不是我的罪，将来我不能带着它去见马克思，还是把它留在文字间，留待后人评说吧！

在著译出版工作中，译作者和出版社应该二位一体，紧密团结合作，以人为本，给读者出版更好更多的优秀译著出版物。在我的一生中，由于我在化学家当中，是著作翻译出版物最多的一人，同出版社的交往极为频繁，同几个国家级大出版社建立了 50 多年亲密的合作关系。

1958 年大跃进期间，千古奇闻，出现了一桩出版社批判译作者的故事，讲给大家听听。第一件事出在我的身上，我组织翻译的一部《无机合成手册》于 1957 年出版，但应得稿酬一直拖延未付，出版社说是因为经济困难，周转不开，要求延期兑付。我记得好像我还给出版社回过信，说什么作者与出版社是一个战壕里的同志，你们的困难就是我们的困难，愿意陪伴你们共度难关，我们不急于求索。回想起来，这是我们过于天真了！1958 年中，稿酬寄来了，付款清单上记录的稿酬标准，恰恰是出版合同上记载的数字减半。出版合同上记载的稿酬为 10 元/千字，此次实付稿酬却是 5 元/千字，我是经过多次政治运动考验的，比较机灵，此时恍然大悟，原来稿酬拖延兑付，不是什么经济困难，而是稿酬政策发生重大调整，拖延是等待新政策出台。从法律角度说，这是违反合同的违法侵权行为，我可以提出交涉。我不想找这个麻烦，一笑置之。只将稿酬支付清单拿给合作者们看看，按实收款分配给大家，并嘱咐大家不必呕气。以为承认吃个哑巴亏就算了，谁知后边还会有事。过了两个月，出版社突然来了一封信，对我进行"撩拨"，说两个月前已把稿酬寄付给你们了，未见回复，是不是有什么意见，请告诉我们。我还以为他们有表示歉疚之意呢，我心肠也就软了下来，回他们一封信，问他们有没有搞错，为什么稿酬比出版合同规定少了一半？这封信发出去以后，没有几天，回来了一封正式信函，打印整整齐齐（事前准备好的）一份红头文件，请同志们猜一猜，该是什么内容？

文件严肃地对著译作家展开了批判，说：自从对出版物实行稿酬制度以来，有些著译者拿到稿酬以后，忽视了自己的自我改造，生活腐化，严重脱离了劳动人民的生活水平，不利于知识分子的继续改造。为了帮助知识分子的改造工作，现决定降低稿酬标准，目的主要重视于知识分子的改造进步，希望广大著译者共同勉励，等等。请看，这不是找上门来骂人吗？令人觉得既可气又可笑。怎么办？我还是固持己见，一笑置之，不予理会。现在后悔的是，当时把这份文件扔到废纸篓里去了，没有把这份奇文保留下来"存档"，甚为可惜。

另一件同样事件出在我的老朋友王继彰教授身上。王继彰是我同教研室的同事、老学长、老朋友。1957 年教研室向科学进军，开展科学研究。在无机化学研究中，有一项物相平衡研究，在苏联研究体系中称为"物理化学分析"，需要在我们的教学和科研领域中，引入这门学科。我得到了一部苏联专著《物理化学分析》。王继彰教授是这方面的专家，又精通俄语，所以我建议王继彰翻译这部书，同时也给联系了出版社，达成了出版协议。这部书部头较大，商妥分上下册出版。

就在 1958 年这个节骨眼儿上，王继彰翻译的《物理化学分析》上册脱稿并交付出版。出版社支付的稿酬也是比出版合同克扣掉了一半，并也同样对著译人进行了无情批判。王继彰是一位敦厚长者、好好先生，但他对出版社的违约行为不予容忍，大为暴怒，跟出版社打起笔墨口舌官司。终归胳膊扭不过大腿，王继彰决定主动撕毁出版合同，断绝与出版社的关系，下册《物理化学分析》的翻译稿，虽已经完成，决定拒绝交稿了。我在王继彰和出版社之间，处于介绍人的尴尬地位，束手无策，谁的忙也帮不了。

1959 年春，我奉调去山西支援新建山西大学，离开了南开大学，离别之际，我想到了南开未了情：为《物理化学分析》这部书，王继彰伤了感情；出版社一部书出了上册，没了下册，给读者造成了损失。这叫作两败俱伤，对谁也没有好处。于是我立意设法对这个旧案进行调解。1960 年就社会整顿调整之机，给出版社写信，建议出版社对王继彰的稿酬给予补偿，对"批判"给予缓解纠正，主动向王继彰提出恢复合同继续交稿问题，完成《物理化学分析》全卷出版任务，为读者造福。同时也写信给王继彰，劝他对出版社给予谅解。但是出版社一方态度僵硬，坚决不肯对稿酬和批判问题做出让步。王继彰则最后答应到，他不对出版社做妥协，只愿意把下册书稿交给我，由我去安排出版。对老朋友来说，我是不能这样做的。调解失败，徒劳无益，我也认为是多此一举了。

王继彰教授于十年动乱末期病逝，书稿也佚失，哀哉老朋友！他的知识分子气节高尚，为维护知识分子的尊严和合法权益，做了不屈服的斗争，我自愧不如。我和王继彰面对的是两个不同的出版社，所以那种侵权行为并不是个别出版社的偶然，而是他们的统一行动，也许是他们的领导部门或领导的领导制定的政策，出版社只是个执行单位而已。我所关注的是，《物理化学分析》未能全卷出版，给我心中留下了长远的愧疚。

继彰老友，我愿馨香相告，今天的社会已经有所进步，人民已经可以为维护个人或集体的合法权益奋起求诉了，请安息吧！

魏宏运　　　　　　　# 我的"治史"道路

　　我在人生的道路上即将度过 80 个春秋，前 20 多年在西安和西安郊区，那是我的中小学时期，以后的岁月就生活在平津，1948年来到南开，到现在已半个世纪以上，应该说是老南开了。我爱南开的湖，南开的一草一木，南开的学风。

一

　　我选择南开，南开也选择了我。那是天津解放的前夕。在此以前，我在北平辅仁大学也学习了两年。

　　一个人具体走什么道路是很难预先知道和安排的，常常是由许多难以预料的因素促成的。

我于 1925 年旧历正月十八日，生于陕西长安魏家寨李家窑村，家境较为贫穷，衣不蔽体，食不果腹，饱受饥寒之苦。大约是 1934 年到 1935 年间，我父亲魏应中在西北军杨虎城部队当了机枪连长，驻扎西安，我的命运随之有了改变，到西安上了西师附小。此时中国历史正在剧变。1935 年徐海东部队到了西安附近，我第一次见到红军。1936 年西安中等以上学生举行"一二·九"周年纪念，游行队伍高呼"停止内战，一致抗日"的口号，进军临潼，向蒋介石请愿，我目睹了这一情景。接着"西安事变"爆发。1937 年卢沟桥战火燃起，我们到农村宣传抗日，唱革命歌曲。西安南院门附近开设了生活书店，吸引住了我，我不时去那里看书，也买了一部分青年自学丛书，如艾思奇《大众哲学》、潘梓年《逻辑与逻辑学》、何干之《中国的过去、现在和未来》和《中国社会性质问题论战》，以及施存统、刘若诗等著的《辩证法浅说》等。我还阅读了《学生呼声》《远东杂志》等刊物，脑子开始装进一些新思想、新知识。这对我以后的进路是很有影响的。

　　随着年龄的增长，我的求知欲也越来越旺盛。1939 年我进入兴国中学，使我在新知识领域中又前进了一步。这个学校是新建立的，校址设在长安樊川杨万坡兴国寺，在平原上挖了许多窑洞，作为学生宿舍，防备日机轰炸。使人高兴的是，学校中有许多著名的进步教师和地下党员教师，如李敷仁、武伯伦、姜自修、曹冰泉、郑竹逸等，学识渊博，为学生所崇拜。在他们的引导下，我读了许多中外名著。有的书只是浏览一下，有的则背诵下来，读书的范围很广泛。在英文方面，阅读了中英文对照本《泰西五十轶事》和《霍桑氏祖父的椅子》、郭沫若译的《茵梦湖》和《少年维特的烦恼》等。在古文方面，阅读《左传》《古文观止》《增批历代通鉴辑览》等。在外国文学方面，涉猎过高尔基《母亲》、托尔斯泰《战争与和平》、肖洛霍夫《静静的顿河》等。在中国文学方面，读过茅盾《子夜》、巴金《家》《春》《秋》，以及郭沫若、郁达夫的一些著作。在政治理论方面，读过孙中山的一些著作，毛泽东的《新民主主义论》《论联合政府》，以及邹韬奋的《萍踪寄语》等，浏览的刊物有《全民抗战》《群众》等。我还代销李敷仁的《民众导报》。因为1944年我就参加了李敷仁、武伯伦领导的地下"民青"组织，他们经常给我一些延安出版的小册子。这些书刊对我最大的教益，是令我有了进步的史观，向往革命。文史知识方面接触的较多，和数理化日益疏远。我曾梦想过将来走作家或翻译家的道路，羡慕他们在社会发展中所起的作用。但我对究竟干什么很茫然。在国民党统治年代，环境险恶，平坦的道路是青年难以奢望的。

二

我走进历史学科是1946年考上辅仁大学开始的，那一年该校在西安招生，我的中学老师多是北京大学毕业的，他们说辅仁校长陈垣是著名史学家。我慕名报考了，有幸被录取，踏上北平之路，这是我人生旅程中一大转折。北平的文化气氛甲于全国，立即可以感觉它的魅力。

在辅仁，语文课讲的是《论语》《孟子》《中庸》《大学》。历史学科本身很注重基本知识，如《书目问答》《史学要籍介绍》《中国断代史》和《西洋史》。我喜欢外文，第二年到外文系选了16个学分，听外国文学和会话课，因为很崇拜名人，在辅仁礼堂听过陈垣、胡适演讲，到北大民主广场听著名教授讲话。辅仁距北京图书馆很近，我常去北图阅览室看书。这时国民党统治区危机四伏，学生爱国运动蓬勃发展，我参加了中共冀热察城工部的工作，一面读书，一面做地下工作，生活内容极为丰富。我开始阅读摩尔根《古代社会》、恩格斯《德国农民战争》之类的书籍。

因为辅仁是私立大学，要缴学费，国立南开大学成为我的向往，1948年暑假便考取了南开。到天津不足半年，天津解放了，我期望并为之奋斗的新社会呈现在眼前。

新旧社会的课程设置不一样。在南开，我学俄文、中国近代史、政治经济学、列宁主义问题等课程，我的毕业论文为《香港的过去现在和未来》。

1951年毕业时，历史系主任让我留校任教，这是我未曾料及的。从此我开始了教学生涯，当了一辈子园丁。

20世纪50年代，教师被誉为人类灵魂的工程师，做教师首先要严格自律，注重道德修养，增进自己的"学"和"识"，和对学生的热爱。韩愈在《师说》中讲："师者，所以传道受业解惑也。"对我影响很深。我羡慕不少教授是大学问家，而自己的知识贫乏，便不断地向老先生请教，特别是向郑天挺、冯文潜等先生请教。我拼命读书，不懂的字和词，就查字典，书中难读的部分就反复思考，或请人指点。有时需要读其他的书来理解，经过推敲，也就豁然开朗。我有逛书摊的喜好，到北京时总要去琉璃厂、东安市场和隆福寺看一看，到天津天祥商场寻觅我要读的书。有时一无所获，不过，去的次数多了总是有所得的。

开始，我给中文、外文系讲"中国通史"和"中国近代史"，随后给历史系本科生讲"中国现代史"，以及"五四运动史""武汉革命政府史""八一起义史""土地革命史""抗日战争史"等课程。20世纪80年代招收博士生后，多讲近现代史研究方法、华北农村调查、抗日战争研究中的诸问题。我深感教、学是互动的，不是单方面的行动，正所谓教学相长，我深得其益。同学常常提出许多值得思考的问题，需要自己去探索。开始讲课时也是照本宣科，离不开讲义，渐渐地我只带几张卡片，记下几条提纲，脑子中酝酿着要讲的内容，也就去上课了，后来连卡片也不带了。讲课中把基本内容和现实中出现的相关学术争论结合，有了深度和广度，效果很好。

从实践中我感到没有研究，教学就提不高，教学和研究结合起来，我的一些课是在写出论文的基础上开设的。

如何认识历史，解读历史是一个严肃问题。改革开放以来，人民对过去的历史重新认识，重新评价，这是可喜的新局面，其中有的判断是正确的，也有缺乏根据的。有的为了"新"而标新立异，有的并不"新"，而是早已有之，提出了糊涂的观点。我根据自己的经验和认识，总是告诉同学，应该怎样理解才对，不能随波逐流，需要有更多的理智。

我还有一种做法，就是把自己所见到的参考书刊，展示给同学，搞图书展览，让他们见到实物，而不是空口去谈。

我常常选点英文资料，让他们阅读，我认为研究中国近现代史，不看外文资料，就限制了自己的视野。我总是希望他们从我的讲课中得到启示和智慧，茁壮成长，这是园丁的期望。

三

50 多年来，我虚度了一些年华，也撰写了一些文章和几本书，其价值如何只能由后人去评价，我难以预料它能存在多久，因为我亲眼见到，曾经是人们必读的精神食粮，而时过境迁之后，竟成为废纸。我自己希望我的著述能经历起时间的考验，但毕竟那只是希望。

我大学毕业后，研究的方向尚未确定，曾经想搞世界史，因教学任务是中国史，也就顺着这一方向走下来。新中国成立初期，研究现代史在学界好像不是学问，我的毕业论文老师戴番豫是研究佛教和魏晋南北朝的，就讲我的论文题不是论文题，这对我不能没有影响，我曾以南明史作为研究对象，恰巧当时关于史可法的评价问题引起争论，我就撰写了一篇文章《民族英雄——史可法》，发表于 1952 年《历史教学》刊物上，引起学界注目。郑天挺先生调来南开，和我第一次见面就说："你就是写史可法的魏宏运。"这的确鼓舞了我。1953年同学提出应如何认识孙中山的革命地位，我又写了一篇文章，题为"革命民主主义者"，同样发表于《历史教学》刊物上，并被其他刊物转载，从此写作热情驱使我相继发表了多篇文章。因为我担任几个系的党的工作和历史系的党政工作，我就采取挤时间的办法，写些短文。如《十月革命是怎样传到中国的?》《有关 1927 年至 1937 年我国苏维埃革命的几个问题》《关于武汉革命政府的几个问题》。那时，我想为自己的研究方向做出规划，一是研究孙中山，一是研究武汉政府和苏区革命。我尽量收集这方面资料。我喜爱逛旧书摊，买了不少有关资料。我意识到研究历史是离不开图书馆的，图书馆正副馆长冯文潜、张镜潭对我特别厚爱，星期天也让我一个人在书库中徜徉。我的知识面扩大了很多。南开经济研究所的旧书，对我启发很大。我尽情翻阅，有用的就抄录下来。这期间，我曾雇人抄卡片，每张卡片 3 角钱，我的家庭开支除吃饭用费外，全部投资于资料的收集。

在我研究中，报刊资料占有显著地位，我常在报刊的字里行间漫步。我认为报人的报道多是真实的记录，可靠性强。譬如我在撰写关于武汉革命政府的那些文章时，在天津看了《益世报》、*Peking and Tientain Times*，在北京图书馆看了《新闻报》，我还很想找到沈雁冰主编的武汉政府机关报《民国日报》，北方没有，我就到武汉去找，在武汉大学图书馆和湖北省图书馆均未发现，后来在省委党校图书馆找到了，真是喜出望外。我住在珞珈山武汉大学招待所，深得吴于廑、肖致治的照顾，每天从武大到省党校去看报，差不多一个月的时间，所获甚丰。我感到找资料也需要毅力和勇气，不能懒惰。这时学界还没有人去研究这个课题，我就成了先行者。

怎样写孙中山年谱，开始也很茫然，我买了几本年谱著作，包括极简单的孙中山年谱来学习，并动手撰写。很快发现，引用的都是第二手资料，我立即翻阅《孙中山全集》的各种版本。我想，对孙中山的人生历程不能纯粹去摆事实，我就翻阅《向导周报》，把有关对孙中山的评价也抄录下来。这本书于 1979 年出版，便成为新中国的第一本《孙中山年谱》。当时，有的剧作者赞誉该书为"空谷足音"。

"文化大革命"结束，我决心把失去的时间补回来，我的研究工作出现了新的局面。

先是东北师大的同志入关，找我及杭州大学、北京师院、湖南师大现代史教师合编《中国现代史》，大家都有编写愿望，推我为主编，金普森、郭彬蔚为副主编，在以上各校分别召开了多次会议，讨论编写计划、分工及现代史中争论的一些问题。我在几次会议多次讲到不能照抄别人的，一定要根据出现的资料去写。有的同志受到过去"左"的影响，裹足不前，我就让他重写，开阔眼界。在这部书中，我把延安励精图治和重庆的祸国政策融为一章。在讲到中美、中苏关系时，根据新出版的资料，明确提出："美苏先在牺牲中国的利益基础上达成了对日作战的一致意见，这是雅尔塔协定极不光彩的一面。"我认为只要有正确资料，就可以有新的论述。全书编好了，谁来出版呢？这也是一个问题。出现代史的书，不少出版社不敢沾手。很感谢黑龙江出版社的同志，他们参加了我们在长春东北师大开的编写会议，商议结果，他们欣然答应出版。此外，我们还编辑了《中国现代史资料选编》共五册。这套教材和资料为国内 100 多所学校所采用，也行销到国外，香港还有翻印版。

这期间，梁寒冰和我组织南开大学教师还编写了一本《中国现代史大事记》。

以上几本书错误不少，本来想重写时做更正，因各种原因没有再进行下去。

从 20 世纪 80 年代起，我的研究方向转换了，不是自觉地意识到要转换，一个偶然的机会，把我引向这一领域。1979 年厦门大学孔永松组织了一次中央根据地学术讨论会，在闽西秀溪乡召开，北方京津两市学者被邀请的不少。我和左志远均应邀参加。赴闽西途中，夜宿永安，我和财政部财政科研所所长住在一起，虽然第一次见面，但谈话却很投缘，他说财政部正组织编辑晋察冀、晋冀鲁豫根据地财政史资料，问我有无兴趣参加，我欣然同意。在财政部许毅和成子和领导下，联合有关省档案馆及南开大学、河北大学、山西大学现代史教师，开始了资料的收集和发掘工作。因为这种关系，和当年创建根据地的领导者接触不少，到太行山南北各地走访，到各地档案馆查阅资料。星光大我8岁，是一位忠厚的长者，冯田夫是科研所的实干家，他们做的工作很多，但一定让我做主编，我们先完成了晋察冀资料的选编，共四册，写了一部《晋察冀抗日根据地财政经济史稿》。随后又集中精力，编辑晋冀鲁豫根据地财经史资料，1986年成子和在太原专门召开了这一最大的根据地学术讨论会，星光、冯田夫拟出提纲，邀请当年在这区域工作的财政方面的领导者与会，他们提供了许多资料。随后赵秀山也参加进来，他是当年晋冀鲁豫边区政府主席杨秀峰的秘书，掌握许多活材料。财政部又组织我们到太行山腹地各县做了深入的调查，看到了许多档案和风物。这是很难的机会，个人的力量是难以进行的。我们对太行山社会的全貌有了了解。

使我的研究视野扩大到更广阔的华北农村，是20世纪80年代末和90年代初，中日学者联合对华北的考察。日本方面由三谷孝牵头，顾琳、笠原十九司、内山雅生、浜口允子、紫茨玲子、中生胜美参加。中国方面由我负责，左志远、张洪祥参加，共十余人，组成调查团，相继赴顺义沙井村、良乡吴杏村、静海杨家村、平原后夏家寨、栾城寺北柴村访问考察。这些村庄在日军侵华时期，满铁调查过，我们在此基础上考察那次调查以后五个村庄的变化发展，调查的内容是多方面的，包括家族家庭、村政权、农业、副业、教育、信仰、风俗习惯等。调查方式是一问一答，从其口述中，常常引发出许多思考，为什么是这样而不是那样。这样深入的调查，对一个历史工作者来讲，是获得了认识社会发展的立足点，是坐在图书馆和教室中无法得到的。日本学者已将调查记录出版，名为《中国农村变革：家族、村落、国家》，中文版正在运作，可望于明年问世。

在此期间，我先后申请了国家社科重点课题两个：一是20世纪三四十年代冀东农村社会调查，是组织我的博士生完成的；二是20世纪三四十年代太行山农村调查，是组织社会力量实现的。两次调查的研究成果都正式出版。

二十多年来，我经常下农村，汲取营养资料，撰写文章，表述农村的发展变化。我认为一个社会的进步程度，主要应看农村底层社会进展如何，纯粹谈政策，容易犯空泛毛病。

学海无涯，历史的研究是无穷的。随着时间的推移，新档案的公布，新生事物的出现，对以往论述需要反思，回顾和审视，对正在进行的历史需要记录，不应忽视，研究的空间非常广泛。我深感在研究中，不能轻率地敢作敢为，也不能退缩不前，只要尊重客观。我孜孜以求的是以自己有限的生命和能力做点事情。在 20 世纪和 21 世纪之交，我主编的《中国现代史》问世，这是普通高校教育"九五"国家级重点教材。在体例、论述和资料的运用上都有新的探索，我期望它会有更好的反响。我还主编了《民国史记事本末》和《国史记事本末》这两部工具书，如实记录了 20 世纪的大事，要了解这一百年中国的历史发展，这里提供了一个粗的线条，为后人的研究铺点路基。

对我来说，人生最美好的生活，最有趣的生活，就是能研究一些问题。

四

从 20 世纪 50 年代起，我就感觉到学历史必须攻破两座大山：一是外文，一是古代汉语。我在历史系召开的全系会上呐喊，我自己也努力去做。因为有这一点基础，改革开放后，我多次出国，到 40 多所大学研究机构和社团去讲学，发表演说，宣传中国文化。

我第一次走出国内是 1982 年，当时学校组织了 5 人访美代表团，滕维藻、吴大任任正副团长，我为成员之一。我们访问了斯坦福、明尼苏达、印第安纳、堪萨斯、密歇根、坦普尔、普林斯顿、奥本尼八所大学，了解以上各校的种种状况。在明尼苏达，我到 Berman 课上听他讲工人运动史，在密歇根到 Warren Cohen 课堂上讲中美关系史。第一次出国感到什么都是新鲜的。

我走进外国大学课堂讲课是 1983 年至 1984 年任教美国蒙他拿大学开始的。这是很难得的机遇，我作为富布赖特学者再次踏上美国国土，我的身份和使命时时提醒我要为国家和民族争光。我比国内教学更加倍地读书备课，阅读英文的有关教材，来讲述中国古代文明史、中国近代史、中国现代史、武汉革命史学课程。我的丰富的讲课内容和讲授效果为南开大学带来了巨大的荣誉。

一次访问，一次讲学，使我感到我在历史学这一领域中，选择学英文，学中国现代史是选对了。如果我没有这两方面的基础，我就不会有以上的机遇。这以后，我更加勤奋地读书，扩大自己的知识面，因为认识国外的朋友增多，出国宣传中国历史、中国文化的机会也多起来。

从 20 世纪 80 年代初到 21 世纪初，我到美国去了 5 次，除上面提到的两次，还于 1993 年应邀到洛杉矶参加 45 届亚洲学者年会，并到斯坦福、蒙大拿大学演讲。1999 年应邀到凤凰城亚利桑那大学参加 Greg Hewis 的博士论文答辩，其题目为《冀朝鼎评传》。2002 年到美国参加哈佛大学"战时中国"学术研讨会。到丹麦、美、法、德 9 国讲学一次，还有一次到德国汉堡参加学术会议，到日本讲学四次，即 1984 年、1990 年、1993 年、1999 年，到澳大利亚 3 次，时间为 1991 年、1993 年、1996 年，到韩国一次，时间为 1999 年。

我到过 40 多所学校讲课、演讲、举行座谈。在美国除前面提到的几所大学，还参加过爱达荷 Hewis Clark 州立学院举行的国际交流学术研讨会，到百灵斯外交委员会讲演，到明尼苏达大学、布兰戴斯大学、波士顿学院、威斯康星大学、韦伯大学演说，在日本以下一些大学演讲过：立命馆大学、中央大学、一桥大学、庆应大学、京都大学、金泽大学、鹿儿岛经济大学、东京专修课大学、上智大学、爱知大学，以及关西中国现代史研究会、东京辛亥革命史研究会、中国农村调查研究会。在澳大利亚参加悉尼大学、格里菲斯大学和悉尼科技大学所举行的学术研讨会。

我所讲的课题范围比较广泛，包括南京政府的战时经济政策、抗日游击战争、太行山和中国革命抗日根据地的商业贸易政策、华北农村社会的变迁，中美关系的过去和现在、今日中国、"文化大革命"、如何在农村收集历史资料等，每讲一个课题，我都花了很大精力去准备。和在国内讲课不一样，除考虑事实的准确性外，还要考虑表述方式，以使西方学人能够容易接受。

在我讲课或演讲时，他们爱提中国今日的各种政策，如人口政策、宗教政策、知识分子政策、台湾问题等，并要我谈自己的看法，不要讲官方的看法，我这些年来阅读英文《中国日报》，经常到农村考察，深入观察现实，对党的各种政策的实施情况有所了解，使我不费力地可以回答所提的问题。

俗话讲，尺有所短，寸有所长。每个国家和民族都有自己的丰富文化，我对西方社会认识和未出国门时不一样了，他们也激发了我对许多历史和现实问题的研究兴趣。作为一个教师怎样促成学生独立思考，在西方教育中是很突出的。著名的高等学府就是要培养独立思考和不受当时的偏见和成见影响的科学精神，这是非常明显的。

五

南开的声誉和学风是一代一代人铸成的。我在南开历史系生活工作了半个世纪以上，和南开结下不解之缘，南开的奋进和踏实精神深深影响着我，我也以此教育青年学子。

我的名字和南开紧紧地联系在一起，我常想不能辜负南开对我的期待，一定要为南开争光，在践履上表现出策励的实迹。从20世纪80年代初，我成为国家哲学规划组成员，整整工作了20年，从1986年起又为国务院学位委员会学科评议组成员，工作了10年，在历史领域中增添了新的思想和认识。

因为南开在国际上有很好的声望，我和国外的学者有较多的来往，抗日根据地这一课题是学术界所关注的，如能将中外学者聚集一起，交流研究成果，是件有意义的事情，于是决定召开这方面的国际学术讨论会。第一次举行于 1984 年 8 月，我的主题报告为"论华北抗日根据地发展经济的道路"。第二次举行于 1991 年 8 月，我的主题报告为"抗日游击战推动了抗日战争的历史进程"。这两次会议都很成功。南开大学是抗日根据地研究的重要阵地得到了普遍的承认。

无情的岁月把我推向老年，成为老教师。以老师身份，我于 1999 年 3 月主持了"明清以来中国社会国际学术讨论会"，讲了这次会议召开的意义，并做了总结发言。

我鞭策自己，勇往直前。人的生命是有限的，而学术研究是无限的。"天行健，君子以自强不息"，是我的座右铭。

附录：主要著述目录

（一）专著

1.《史可法》，新知识出版社，1955 年。

2.《八一起义》，湖北人民出版社，1957 年。

3.《南昌起义》，上海人民出版社，1977 年。

4.《孙中山年谱》，天津人民出版社，1979 年。

5.《中国近代历史的进程》，广东人民出版社，1993 年。

6.《抗日战争与中国社会》，辽宁人民出版社，1997 年。

7.《锲斋文录》，中华书局，2002 年。

（二）论文

1.《革命民主主义者孙中山》，《历史教学》，1953 年第 3 期。

2.《有关 1924 年到 1927 年帝国主义经济侵华的几个问题》，《历史教学》，1954 年 9 月。

3.《十月革命的消息是怎样传到中国来的》，《南开大学学报》，1957 年。

4.《关于武汉革命政府的几个问题》，《历史教学》，1958 年第 5 期。

5.《有关 1927 年至 1937 年我国苏维埃革命的几个问题》，《历史教学》，1959 年 7 月。

6.《第二次国内革命战争时期革命根据地的土地分配》，《历史教学》，1960 年 4 月。

7.《孙中山先生对于辛亥革命经验的总结——纪念孙中山先生诞生九十五周年》，《天津日报》，1961 年 11 月 11 日。

8.《1927 年武汉革命政府反经济封锁的斗争》，《历史教学》，1963 年第 9 期。

9.《1927 年武汉革命政府是怎样走向反动的》，《历史教学》，1963 年第 11 期。

10.《1927 武汉政府为什么不去镇压蒋介石的叛变》，《南开大学学报》，1964 年 7 月。

11.《1927 年武汉革命政府的北伐》，《历史教学》，1964 年第 3 期。

12.《略谈 1927 年大革命的失败》，《历史教学》，1964 年第 5 期。

13.《1927 年南昌武汉之争的实质》，《历史教学》，1964 年第 6 期。

14.《1927 年蒋介石集团对武汉革命政府的颠覆活动》，《历史教学》，1964 年 4 月。

15.《北伐时工农大军在解放两湖和江西战争中的作用》，《历史教学》，1965 年 3 月。

16.《汉浔英租界的收回》，《历史教学》，1965 年 4 月。

17.《北伐时期两湖人民夺取武装、夺取政权的斗争》，《历史教学》，1965 年 9 月。

18.《老沙皇和李鸿章》，《天津师范学报》，1976年第2期。

19.《周恩来"五四"时期革命活动纪要》，《南开大学学报》，1979年第1期。

20.《周恩来同志和"五四"新文化运动》，《光明日报》，1979年4月24日。

21.《觉悟社的光辉》，《南开大学学报》，1979年第4期。

22.《关于"五四"时期的"民主"和"科学"问题》，1978年湖南省学历会上的演讲稿，1979年改定。

23.《周恩来同志和"五四"新文化运动》，《光明日报》，1979年4月24日，收入《五四运动六十周年学术讨论会论文集》，入选时略作增补。

24.《沙俄是八国联军的元凶》，《南开大学学报》，1980年第4期。

25.《中国现代史的几个问题》，中国现代史学会秘书处，《中国现代史学会第一次学术讨论会论文选编》，1980年6月。

26.《辛亥革命前中国资产阶级革命派的根据地思考》，《历史教学》，1981年10月。

27.《第一次世界大战期间中国民族工业的发展和工人阶级的成长壮大》，《南开史学》，1982年第2期。

28.《关于新文化运动的几个问题》，《南开史学》，1982年第1期。

29.《新文化运动的新方向》，《南开史学》，1982年第2期。

30.《民初中国民族工业的发展和工人阶级的成长》，《南开史学》，1982年第2期。

31.《周恩来共产主义思想形成初探》，《光明日报》，1983年4月20日。

32.《关于"二战"时期革命根据地的几个问题》，中国现代史学会，《中国现代史论丛》，1983年6月。

33.《关于"二战"史研究中的几个问题》,《中国现代史论丛》上,1983 年 6 月。

34.《论华北抗日根据地繁荣经济的道路》,《南开学报》,1984 年第 6 期;池田诚译:《华北抗日根据地经济繁荣道路》,日本近代史研究会,《法学》,1985 年第 4 号。

35.《关于抗日战争时期敌后战场的几个问题》,《历史档案》,1985 年第 3 期。

36.《论华北抗日根据地的合理负担政策》,《历史教学》,1985 年第 11 期。

37.《第一次世界大战期间中国的工业化与日本帝国主义》,《世界史探究》,1985 年。

38.《民初中国的工业化和日资的涌入》, 《世界史探究》,1985 年。

39.《孙中山晚年的农民运动观》,《光明日报》,1986 年 11 月 29 日。

40.《孙中山民权主义研究述评》,《回顾与展望》,中华书局,1986 年。

41.《论晋察冀抗日根据地货币的统一》,《近代史研究》,1987 年第 2 期。

42.《"不抵抗主义"剖析》,《文史哲》,1988 年第 4 期。

43.《1947 年中国内战的惊人发展》, 《历史教学》,1988 年第 5 期。

44.《抗战初期国民政府的经济政策透视》,《民国档案与民国史学术讨论会论文集》,档案出版社,1988 年。

45.《中国现代史》,《中国历史学四十年》,书目文献出版社,1989 年。

46.《抗日战争档案整理与历史研究》,《北京档案史料》,1989 年第 1 期。

47.《铁肩担道义，热血洒中华》，《天津日报》，1989 年 10 月 18 日。

48.《中国现代史研究述要》，《中国历史学四十年》，书目文献出版社，1989 年。

49.《"五四"新文化运动的探索》，《中州学刊》，1990 年第 3 期。

50.《1912 年孙中山北上的追求》，《民国档案》，1990 年第 4 期。

51.《吴店村 事例 中国农村变革历史》，《日本专修大学社会研究所月报》，1991 年。

52.《抗日根据地史研究述评》，《抗日战争研究》，1991 年第 1 期。

53.《抗日游击战争推动抗日战争的历史进程》，《光明日报》，1991 年 10 月 23 日。

54.《华南出现的革命力量》，《中国通史简明教程》，高等教育出版社，1992 年版。

55.《三四十年代日本的鸦片侵略政策》，《档案史料与研究》，1993 年第 4 期。

56.《太行山和中国革命的胜利》，《光明日报》，1993 年 6 月 21 日。

57.《抗战第一年的华北农民》，《抗日战争研究》，1993 年第 1 期。

58.《孙中山晚年的农民运动观》，《中国近代历史进程》，1993 年。

59.《五十年来中国人民是怎样为民主宪法而斗争的》，《中国近代历史的进程》，广东人民出版社，1993 年。

60.《蒋介石时代的结束》，《中国近代历史的进程》，广东人民出版社，1993 年。

61.《重视抗战时期金融史的研究——读四联总处史料》，《抗日战争研究》，1994 年第 3 期。

62.《不抵抗主义的产生及其后果》，《抗日战争与中国历史》，辽宁人民出版社，1994 年。

63.《抗战初期中国人口大迁徙》，《中国史论集》，天津古籍出版社，1994 年。

64.《重视抗战时期金融史的研究》，《抗日战争研究》，1994 年第 2 期。

65.《知识分子在祖国统一事业中应起的作用》，《中国的过去、现在与未来》，国际学会讨论会论文集，珠海书院亚洲研究中心，1994 年。

66.《笔谈抗日战争时期的历史研究》，《抗日战争研究》，1995 年第 1 期。

67.《中国抗日战争是世界反法西斯战争的重要组成部分》，《人民日报》，1995 年 7 月 27 日。

68.《抗日根据地奠定了抗日战争的胜利》，《历史教学》，1995 年第 9 期。

69.《历史不会忘记——纪念抗日战争胜利五十周年》，《光明日报》，1995 年 8 月 28 日。

70.《关于三四十年代冀东农村的调查》，《光明日报》，1995 年 2 月 13 日。

71.《三十年代初出现的综合文化观》，1995 年 12 月"澳门综合创新文化观研讨会"上的学术报告。

72.《晋冀鲁豫边区的公营商业和合作事业》，《节录〈抗日战争时期晋冀鲁豫边区财政研讨会上的报告〉》，中国财政经济出版社，1995 年。

73.《悉尼科技大学"华北抗日根据地学术讨论会"》，《抗日战争研究》，1996 年 3 月。

74.《抗战初期高等学校的西迁》，《档案史料与研究》，1996 年第 4 期。

75.《关于抗日战争史研究中的若干问题》，在北京大学历史系举办的"吴相湘教授学术讲座"上的部分讲话，1996年4月29日。

76.《论抗日战争时期晋冀鲁豫的集市贸易》，《抗日战争研究》，1997年第1期（美国演讲用过，斯坦福大学）。

77.《我的历史观》，肖黎主编《中国现代史研究大有可为》，广东人民出版社，1997年6月。

78.《魏宏运谈〈清代外债史论〉》，《光明日报》，1997年6月30日。

79.《从沙井村的变化看中国农村的现代化》，《中国历史与史学》，北京图书馆出版社，1997年。

80.《南京沦陷时期日军在宁沪之间的暴行》，《历史教学》，1997年第6期。

81.《内容翔实，刻意求新——〈评孙中山与国民革命〉》，《学术研究》，1997年第5期。

82.《1939年中日赣鄂湘战争评述》，《南开大学历史系建系七十五周年文集》，南开大学出版社，1998年。

83.《反"九路围攻"和台儿庄大捷的历史思考》，《今晚报》，1998年7月7日。

84.《台儿庄战役论述》，《档案史料与研究》，1998年第2期。

85.《台湾之学派》，《历史教学》，1998年第7期。

86.《抗战时期中国西部地区的开发与进步》，《纪念'七七'抗战六十周年学术研讨会论文集》，台北国史馆印行，1998年。

87.《抗战时期孤岛的社会动态》，《学术研究》，1998年第5期。

88.《1939年华北大水灾述评》，《史学月刊》，1998年第5期。

89.《陈嘉庚笔下的延安与重庆社会》，《北京日报》，1998年7月12日。

90.《华北农民之源流及其在三十年代的群体活动》，《中国历史上的农民》，常建华主编，台北：馨园文教基金会，1998年。

91.《论晋察冀抗日根据地的社会变迁》，1996年5月在悉尼科技大学举办的《华北抗日根据地》学术讨论会上的报告，《华北抗日根据地与社会生态》，冯崇义、古德曼编，当代中国出版社，1998年。

92.《八路军和新四军反限制斗争的胜利》，《光明日报》，1999年3月26日。

93.《三四十年代太行山的农业发展》，张国刚主编，《中国社会历史评论》，1卷，天津古籍出版社，1999年。

94.《抗战初期工厂内部的剖析》，《南开学报》，1999年第5期。

95.《南京保卫战初探》，《江南学院学报》，1999年第2期。

96.《抗战时期的华侨捐输与救亡运动》，《近代史研究》，1999年第6期。

97.《抗战时期工合运动的发展》，《抗日战争与中国社会》，辽宁人民出版社，1997年。

98.《论华北抗日根据地发展经济的道路》，《中国抗日根据地史国际学术讨论会论文集》，档案出版社。

99.《抗战时期太行山区的新文化运动》，《近代中国社会政治思潮》，天津人民出版社，2000年。

100.《1938年武汉战役的探讨》，胡惠春主编，《纪念抗日战争胜利五十周年》学术讨论会论文集，香港珠海书院亚洲中心出版社。

101.《南京沦陷时日军在宁沪杭之间的暴行》，《抗日战争与中国社会》，辽宁人民出版社，1997年。

102.《中国人的日本观》，中国社会科学研究会，《东瀛探求》，第12号，东京，2001年12月。

103.《抗日时期西北地区的农业开发》，《史学月刊》，2001年第1期。

104.《1938年羊城遭燹的罪责和教训》，《广东社会科学》，2003年第4期。

105.《哈佛大学"战时中国"学术讨论会之我见》，《史学月刊》，2003年第6期。

106.《梁启超读书于日本的启示》，《历史档案》，2004年第1期。

107.《美国学者华北农村调查的一大成果》，《历史教学问题》，2004年第1期。

（三）序

1.《美国是武装干涉苏俄的积极组织者与参与者》，与他人共译，生活·读书·新知三联书店，1958年3月。

2.《百色起义与龙州起义》序，上海人民出版社，1989年11月。

3.《天津义和团调查》序，天津古籍出版社，1990年10月。

4.《中央苏区土地革命研究》序，南开大学出版社，1991年4月。

5.《中国近代爱国主义运动史略》序，中国文史出版社，1991年5月。

6.《山西抗日战争史》序，《晋阳学刊》，1992年第5期。

7.《天门会研究》序，河南人民出版社，1993年6月。

8.《农民ガ语る中国现代史》序，日本内山书店，1993年3月。

9.《罗素与中国》序，台北稻禾出版社，1993年1月。

10.《晋绥革命根据地研究》序，中国广播电视出版社，1994年1月。

11.《社会的缩影——民国时期华北农村家庭研究》序，西北大学出版社，1994年8月

12.《第三次革命战争时期的土地改革》序，杭州大学出版社，1994年9月。

13.《保卫滇缅路序》，云南人民出版社，1994年6月。

14.《20世纪三四十年代河南冀东保甲制度研究》序，中国社会科学出版社，1994年12月。

15.《罗素与中国——西方思想在中国的一次经历》序，生活·读书·新知三联书店，1994年2月。

16.《理想、历史、现实——毛泽东与中国农村经济变革》序，山西高校联合出版社，1995。

17.《中国现代史教学与研究》序，吉林大学出版社，1995年9月。

18.《20世纪三四十年代冀东农村社会调查研究》前言，天津人民出版社，1996年。

19.《近代日本在中国的殖民统治》序，天津人民出版社，1996年10月。

20.《临时大总统和他的支持者——孙中山英文藏档透视》序，中国文史出版社，1996年2月。

21.《蒋介石和他的幕僚们》序，中国社会科学出版社，1997年3月。

22.《"七七"事变的前前后后》序，天津人民出版社，1997年6月。

23.《中日民间经济外交》序，人民出版社，1997年7月。

24.《抗战时期大后方经济研究》序，中国档案出版社，1998年12月。

25.《蒋介石与国民党的腐败》序，安徽大学出版社，1998年1月。

26.《乡村集市与近代社会——20世纪前半期华北乡村集市研究》序，当代中国出版社，1998年5月。

27.《闽浙赣根据地的金融》序，上海社会科学院出版社，1998年1月。

28.《拯中原于涂炭、登亿兆于康庄》序，中国档案出版社，2000年。

29.《太行烽火纪事》序，《中共党史研究》，1999年第5期。

30.《远见卓识——周恩来知识分子思想研究》，北京出版社，2001年5月。

31.《战国策派思潮研究》序，天津人民出版社，2001年8月。

32.《中国共产党经济政策发展史》序，湖南人民出版社，2001年5月。

33.《蒋介石研究——解读蒋介石的政治理念》序，团结出版社，2001年7月。

34.《顾维钧外交思想研究》序，人民出版社，2001年12月。

35.《借贷关系与乡村变动——民国时期华北之研究》序，河北大学出版社，2002年6月。

36.《"大公报"新论——20世纪30年代"大公报"与中国现代化》序，天津人民出版社，2002年4月。

37.《抗日战争时期的文化思潮研究》序，天津社会科学院出版社，2002年7月。

38.《周恩来与大国关系的变动》序，南开大学出版社，2002年10月。

39.《巍巍中条——中条山军民八年抗战史略》序，中央文献出版社，2002年7月。

40.《二十世纪三四十年代的晋察绥地区》序，天津人民出版社，2002年5月。

41.《南开史家论丛》第二辑总序，中华书局，2003年8月29日。

以上多数论文收录于《中国近代历史的进程》，广东人民出版社，1993年；《抗日战争与中国社会》，辽宁人民出版社，1997年；《锲斋文录》，中华书局，2002年。

（四）主编

1.《第一次国内革命战争史论著》，与来新夏合编：湖北人民出版社，1957年。

2.《中国共产党历史讲义》（新民主主义部分），南开大学出版社，1977 年 8 月。

3.《中国现代史资料选编》（1－5 册），黑龙江人民出版社，1981 年。

4.《黑龙江史稿》上下册，黑龙江人民出版社，1981 年 10 月第一版，1982 年 11 月第二次印刷。

5.《抗日战争时期晋察冀边区财政经济史资料选编》（1－4 册），南开大学出版社，1984 年。

6.《中国现代史大事记》，与梁寒冰合编，黑龙江人民出版社，1984 年。

7.《中国抗日根据地论文集》，档案出版社，1986 年 7 月。

8.《华北抗日根据地纪事》，天津人民出版社，1986 年。

9.《抗日战争时期晋察冀边区财政经济史资料选编》（一），中国财政经济出版社，1990 年。

10.《抗日战争时期晋察冀边区财政经济史资料选编》（二），中国财政经济出版社，1990 年。

11.《晋察冀抗日根据地财政经济史稿》，档案出版社，1990 年。

12.《华北抗日根据地史》，与左志远主编，档案出版社，1990 年。

13.《中国通史简明教程》，高等教育出版社，1992 年。

14.《二十世纪三四十年代冀东农村社会调查与研究》，天津人民出版社，1996 年。

15.《民国史纪事本末》（共七卷），辽宁人民出版社，1999 年。

16.《中国现代史》，普通高等教育"九五"国家级重点教材，高等教育出版社，2002 年 1 月。

（五）其他

1.《毕生心血献史学——沉痛悼念郑天挺教授》，天津日报，1982 年 2 月 5 日。

2. 《怀念与回忆》，《南开周报》，1998 年 12 月 18 日。

3. 《杨校长风范永存》，《南开周报》，1999 年 1 月 22 日。

4. 《老校长滕维藻——心系南开》，《南开周报》，1999 年 9 月 30 日。

5. 《名人风采忆当年》，《回眸南开》，南开大学出版社，1999 年 10 月。

6. 《南开大学图书馆往事》，《南开大学图书馆建馆 80 周年纪念集》，南开大学出版社，1999 年。

7. 《从〈穆旦诗全集〉想起》，《南开周报》，2000 年 6 月 30 日。

8. 《忆南开的中国共产主义者同情小组》，《南开周报》，2000 年 5 月 19 日。

9. 《忆解放初期的南开文学院》，《南开周报》，2000 年 10 月 20 日。

10. 《心向井冈山》，《南开周报》，2001 年 7 月 1 日。

11. 《清新俊逸　古雅风流》，《天津日报》，2002 年 11 月 19 日。

12. 《李维格其人其事》，《广东社会科学》，2002 年第 3 期。

13. 《大师风范、泰然一生——怀念黎国彬先生》，《南开大学报》，2003 年 9 月 19 日。

14. 《风雨鉴真纯——记与吴老共同走过的岁月》，《南开大学报》，2003 年 12 月 19 日。

谷书堂 　　　　　　　　　　　　　 我 的 自 述

一、我的简历

　　我 1925 年 10 月出生于山东省威海市，
1945 年中学毕业于烟台市立一中，1946 年
考入南开大学经济学系，1950 年毕业，获
经济学学士学位，并留校任教。1951 年参
加高教部政治经济学教研室研修一年，后一
直在南开大学从事教学和科研工作。1979
年任南开大学经济研究所第一副所长并主持
工作，1983 年南开大学经济学院重建后任
首任院长并兼任经济研究所所长，直至
1994 年、1995 年先后辞去上述任职。在我
担任院长期间，经济学院根据社会发展的需
要，由原来的一系一所迅速扩展为六系五

所。1987年至1991年，曾任中国经济学团体联合会执行主席。现任南开大学经济研究所名誉所长、教授、博士生导师，校务委员会委员，并兼任中国宏观经济学会常务理事、天津市政府咨询委员会副主任、天津市哲学社会科学联合会副主席、天津市经济学会会长等职。我还兼任过南京大学、山东大学、西北大学、兰州大学、河北大学、河南大学、长春科技大学、河南财经学院、原山西财经学院、河南金融学院等十余所高等院校的兼职教授。

作为南开大学政治经济学学科的学术带头人，从事经济学教学和科研已有五十多年的历史，在推动学科发展、培养研究生、建设学术梯队与教学科研工作中做出了一定贡献。以培养博士生为例，从1986年开始招收博士研究生，迄今已招收博士生51人，其中45人已获得博士学位。他们毕业后，在社会的不同领域都做出了较好的成绩，不少人已成为专业学术带头人或已走上行政领导岗位。

作为一个研究马克思主义的经济学家，我一直奉行理论研究与客观实际相结合的原则，始终坚持深入实际、严肃认真的治学态度，并主张积极吸取西方经济理论中科学、实用的内容和方法。由于长期致力于社会主义经济理论的研究，在商品经济、价值理论、分配理论和社会主义政治经济学理论体系的构建等方面也有一定的理论建树，有些学术影响。在我国社会主义建设的初期，我就提出了"把物质利益原则作为社会主义社会的一个根本经营原则"的观点。在改革开放初期，又较早提出了"有计划的商品经济"的概念。早在1987年首次提出"按要素贡献分配"的观点，并始终倾向"以市场为取向的改革"。这些具有超前性的学术思想为我国社会主义经济理论的推进和经济体制改革理论的建设做出了自己的贡献。我的另一个重要学术贡献就是对社会主义政治经济学的对象、方法、结构的研究和理论体系的重建，在这方面撰写出不少颇具创意的文章和著作。

我的著作（含合作）包括教材共25部，文章150余篇。其中，主要著作有：《价值规律及其在资本主义各个阶段上的作用和形式》

（合著，上海人民出版社 1956 年）、《社会主义商品经济和价值规律》（合著，上海人民出版社 1985 年）、《社会主义经济学通论》（主编，上海人民出版社 1989 年）、《社会主义经济学新论》（主编，人民出版社 1995 年）、《中国市场经济的萌芽与体制转换》（合著，天津人民出版社 1993 年）、《政治经济学（社会主义部分）》（北方本，主编之一，山西人民出版社 1979 年、1982 年、1985 年、1988 年、1992 年、1995 年、1998 年、2003 年从第一版出版到第八版，印数共达一百余万册）、《谷书堂选集》（山西出版社 1996 年）、《劳动力经济研究》（合著，经济科学出版社 1998 年）、《社会主义经济学通论——中国转型期经济问题研究》（国务院学位委员会列为研究生教学用书，主编，高等教育出版社 2000 年）、《经济学在中国的发展路径之探讨》（专著，经济科学出版社 2001 年）。

我 1991 年起享受国务院"政府特殊津贴"，1995 年获全国优秀教师称号，并多次收入诸如"中国世纪专家"等国内名人传记，同时还多次被收入英国剑桥国际传记中心（IBC）和美国传记研究所（ABI）出版的名人传记。

二、我的教学工作和科研工作

1949 年 1 月天津解放了，1950 年 10 月我毕业后留南开任教，从此开始了我持续一生的教学生涯。1951 年高教部在原燕京大学（即现在北大校址），组织"政治经济学研究室"，全国各高校抽调 20 多位教师，由苏联专家阿尔马卓夫，涅姆斯基和然明等给大家讲课，为期一年。这一年的学习生活使我感到充实了许多，学到了在当时来说是先进的马克思主义理论，主要攻读了《资本论》，同时与各兄弟院校的同行切磋教学探讨理论。1957 年，高教部组织编写全国通用《政治经济学》教学大纲，从全国抽调了五个人，有中国人民大学的宋涛教授、上海复旦大学的苏绍智副教授、厦门大学的陈可琨讲师、东北大学的冯保兴讲师和我。

1959 年以后的几年中，在教学科研的实践中，我感受到需要了解中国社会实际，中国的社会经济问题不能只按苏联的理论硬套，早在 1956 年我就开始到农村搞调查，了解农业高级社及农业生产状况等，但那时的目的性还不十分明确，好像有些为调查而调查。1960年三年困难时期，我先后数次到农村人民公社调查，曾去过河北省霸县的堂二公社和武清县的王庆坨公社，调查时间较长，深感基层干部中说假话和不实事求是的浮夸风泛滥，危害社会，坑害百姓。实事求是精神的重要意义深深地印在我的脑海里。

1966 年"文化大革命"开始，而在学校里 1964 年实际上已经开始所谓的"四清"运动，当时我的工作被停止，并宣布了不准上讲台，不准演讲，不准发表文章的"三不"政策，从那时起至 1974 年，基本上处于这种状态，1974 年教委在南开举办了"干部进修班"。我才又出来主讲"社会主义经典著作"，从 1964 年到 1974 年我已被迫离开讲坛达十年之久。尽管我没有怨天尤人，却往往惋惜时光的无情流逝。重要的是使我进一步认识到了实事求是的重要，以及要坚持它是多么不容易。然而这更使我认识到处事做人要坚持"坦诚"的态度。人的认识可能有正确和错误，认识水平可能有高低，但凭良知办事这一点则是不可或缺的品质。要坚持实事求是，就应该有独立思考的精神。

改革开放的大潮为学校教学与科研迎来了又一个春天。1978 年前后，由于全社会已对"四人帮"进行了批判，客观上起到了清算过去"左"的思想政治路线的效应，社会环境开始好转，初步具备了开展教学与科研工作的基本条件。在 1979 年初，我从经济系调到经济研究所担任第一副所长，主持工作。南开经济研究所是有一定的历史而且是国内外比较知名的研究单位，我在研究所工作期间主要主持做了三件事：第一，配合学校对经济学科的调整和发展。在改革开放的形势下，社会上对各类经济专业人才的要求很迫切，一些政府部门为此主动提出了从财力上支援学校办学，修建教学楼，添置设备，而经济研究所长期以来由于储备了一批专家学者，这对支持新建专业所必需的领导和师资起到了关键的作用。第二，在我调到经济研究所后，调整了经济研究所内的研究方向，改变过去研究工作单纯跟着政治形势跑的偏向，在研究的方向上保留了在国内学术界早已有了一定影响的经济史，同时加强了社会主义基本理论和适应改革开放的国际经济研究，并开辟了数量经济这一新的研究方向。事实证明，这一调整是非常必要的。今天回头看，通过加强社会主义理论的研究，培养出了一批较高层次的人才。而对国际经济研究的加强，后来发展成为一个独立的国际经济研究所。数量经济虽因某种具体原因未能如愿地发展，但它无疑仍是一个新的应当重视的生长点。第三，恢复和扩大了经济研究所招收研究生的工作。南开经济研究所在历史上就注重培养研究生的工作，像旅居美国的经济学家杨叔进、桑恒康教授，都是20世纪40年代初期经济研究所的研究生，再如国内知名学者滕维藻、钱荣堃、宋则行等，也都是那一时期的研究生，还有至今仍坚持工作的九十五岁高龄的老专家杨敬年先生也是当年经济研究所的研究生。何自强、熊性美教授都是1952年最后一期研究生。然而这一有传统的培养人才的工作，在1952年最后一届研究生毕业后就被迫终止了。1965年经济系曾一度招收过副博士研究生，但由于高层领导的反对而夭折。从1979年开始，经济系与经研所的老师共同合作招收硕士生，1984年开始招收社会主义政治经济学博士生，使中断了近三十年培养研究生工作得以延续。从1993年开始在经济学院设立了博士后流动站。

1983年我出任南开大学经济学院恢复建院的第一任院长，1993年末卸任，十年间主要做了扩充发展和调整系、所和学科的工作。在学院全体同志努力下，南开大学经济学科不仅在规模和实力上都大大超过了过去，并与国内同类院校并驾齐驱地向前发展。

我几十年来的业务工作，主要是社会主义经济学的教学和科研工作。我在大学一二年级时开始接触经济学理论，我发现自己对理论课程更感兴趣，如马歇尔的西方经济学。而后在课外的阅读中对尤金主编的《哲学词典》、罗森塔尔的《唯物辩证法》、普列汉诺夫的《唯物论的一元史观》以及艾思奇的《大众哲学》等都感兴趣。通过阅读这些书籍，我初步树立了历史唯物主义观点，特别是关于生产力是社会发展第一因素的观点。此外，我对政治经济学的学习，最初读过列昂节夫的《政治经济学》，那时政治经济学还没有社会主义部分。我正式学习政治经济学是在大学四年级时，季陶达先生来南开，首次开设了政治经济学，以及后来高教部组织的政治经济学研究室，使我对社会主义经济学开始有了较系统的了解。后来我便是第一位在南开系统讲授政治经济学（包括社会主义部分）的专业教师，全课程为两年。

20 世纪 50 年代初，我结合教学中对某些问题的学习与体会，开始写一些普及性的文章，在当时的《大公报》、《历史教学》等报刊上发表，曾引起一些社会反响，这就激发了我对问题研究的兴趣和信心。经济系老教授傅筑夫先生，对中国经济历史积累了丰富的资料，傅先生对"中国原始积累"的看法使我颇感兴趣。因此，向傅先生学习、请教并与之讨论，从中学习他研究问题和运用资料的方法，并在帮助傅先生整理资料的过程中受到教益。1955 年在一年一度的科学讨论会上，我和魏埙教授合写题为"价值规律及其在资本主义发生发展各个阶段上的作用及形式"的论文，后来应上海人民出版社之邀，将这篇论文扩充成为一本小册子，约四万字，于 1956 年出版发行。文中提出的分析观点引起当时经济学界的重视，也引起了一些争议。我在当时正值青年时期，思想比较活跃。1979 年由我和辽宁大学宋则行教授共同主编的北方十四所兄弟院校编写的《政治经济学（社会主义部分）》出版，得到社会同行的重视和承认。回想自 1957 年以来我曾若干次参与编写政治经济学教材或教学大纲，但都因政治运动的干扰而有始无终。但在二十年后的 1979 年，由于初步具备了过去所不具备的社会环境，这本教材终于在大家共同努力下完成出版了。尽管这本教材当时还很不充分和完善，但也足以使我感到高兴和振奋。1980年以来，我又多次到农村、城市调研和考察社会经济生活中出现的许多问题，我认为这些实际的经济情况和问题，恰恰可以引导人们去进行理论的探索。

《社会主义商品经济和价值规律》的研究正是在上述社会调查中加深了认识，逐步形成和提出看法的。该书是由我与杨玉川、常修泽合作，前后历时三年，是在进行了比较深入的思考和研究的基础上编写而成的，于1985年由上海人民出版社出版。书中提出了社会主义经济是计划经济与商品经济的统一体。尽管在有些提法上显露出有不准确的地方，但书中进一步论证了价值规律的含义及社会主义制度下的价值的转化形态，提出"不完全的生产价格"的观点。按照我的思路，把商品经济与改革开放联系起来，便能为改革开放的理论找到依据和在理论的导向上做些工作。对于商品生产价值规律的理论探讨，过去我已断断续续地进行过多年，这时我的着眼点则已转移到如何把这种理论运用于社会改革实践中。

进入20世纪80年代中期，随着研究的逐步深入和西方经济学被大量介绍进来，我意识到，如果固守原来引经据典的、教条式的研究方法是很难解决现实问题的，于是我又开始做一些新的尝试。这种尝试首先需要我自己去努力转变观念，于是在1982年《经济研究》上发表了《关于两种社会必要劳动时间的再认识》一文之后，我就没有再写这类文章，而是潜心于经济学中某些观点和方法的引进，用来分析和丰富社会主义经济的研究。自1985年至1995年期间，先后有三本基本理论性的著作出版，即1985年上海人民出版社出版的《社会主义商品经济和价值规律》，1989年上海人民出版社出版的《社会主义经济学通论》，1995年人民出版社出版的《社会主义经济学新论》。这些著作的出版，虽然都是与人合作的，但都渗入了我上述的设想，即把商品经济和社会主义结合起来。当然在这三本书中我的思路既是一贯的又有所发展，与这些著作同时期出版的其他一些对现实问题研究的著作和论文，也都说明我这一时期研究思路和方法的一些转变。

对社会主义理论研究最先还是限于我和我的助手对商品经济和价值规律这一理论方面的探讨和研究。但在 1985 年前后，社会改革实践中提出了大量现实问题需要研究，而且当时经济研究所已有一些青年硕士生毕业留在所里工作，在他们身上蕴藏着活力和潜力，他们有研究问题的热情，并且个个都跃跃欲试，想踏上博士研究生这一学术的台阶。这个新的形势在我身边悄然出现，使我意识到，如果仍然按照过去那种传统的"手工业"组织方式的法子，已远远不能适应需要。一方面是 1984 年中央已正式做出经济体制改革的决议，而此时经济体制改革毕竟还缺乏理论准备，如何打开这个局面，使城市改革出现新面貌，我认为只能求助于基础经济理论的研究和指导。而建立一门适合中国实际要求的、科学的社会主义经济学已成为当时中国社会发展和改革的迫切需要，这种紧迫的客观要求，引发出我主编《社会主义经济学通论》的想法，当然这是一项大工程，光靠我一个人或几个人的力量显然是不足的。另一方面，一批青年经济学者的出现，又使我找到了可以依靠的力量。于是我开始构思《通论》，也称"大经济学"的基本思路和框架体系，并初步确定主要内容应包括经济制度和经济体制、微观经济运行、宏观经济运行、经济增长和经济发展理论，共四大块。在大家统一认识的基础上，我把这时期培养的新生力量配置到四个方面去，分头负责，进行研究，并在研究的基础上着手写作。在这过程中曾先后两次召开写作组成员全体会议，对全书的基调和重要理论观点与方法进行了深入认真的探讨。到 1988 年，这部四篇三十一章组成的 65 万字的理论著作终于完成，并于 1989 年 4 月由上海人民出版社出版。另外，我与宋则行教授共同主编《政治经济学（社会主义部分）》教科书（学界俗称"北方本"）正准备对 1985 年第三版进行修订，我将"大经济学"研究的新成果和理论进展，有选择地渗透到"北方本"的修订与再版中，这就使"北方本"的思路既保持超前又不脱离现实而可以被大家接受的程度。"大经济学"与"北方本"的先后出版，在社会上引起一定反响。然而到目前为止，我仍在考虑，政治经济学在中国的研究应当遵循一条怎样的具体道路，政治经济学的目标和对象、范围、体系、结构、方法等，都应当重新审视。我后来又发表若干篇文章，并出过这方面的论文集。但这方面还有待于进一步探索，显然这也绝不是少数人在短期内所能解决的，还需要在社会经济改革的过程中，经过学术界同人共同努力，在百家争鸣的环境中逐步实现。

三、我的主要学术研究和理论创新

以下从五个方面介绍我的理论研究的主要贡献。

（一）对社会主义政治经济学对象及理论体制的拓展与创新

十年"文化大革命"的风雨，触动和冲击着高等学校的教师。关牛棚、下放劳动，暂时放下了脑力劳动，所以也能使我在空暇时冷静思考，思考过去脑海中曾经为之日夜探索的研究过的一些问题。在当时我就曾对《经济学》的研究对象与方法问题，以及 20 世纪 50 年代与人合作的《物质利益及其在解决国家合作社和社员之间的矛盾中的作用》问题反复思考过。

粉碎"四人帮"以后，经济学界迎来了科学的春天，1978 年国家教委在武汉召开会议，决定以民办公助的形式，由中国南北两地各大学分别组织编写政治经济学教材。南开地处北方，经济学科方面尚保有一定的基础，于是就由南开的我和辽宁大学的宋则行教授担任主编，对于《政治经济学（社会主义部分）》的编写，我可以说是全力倾注，付出了很多心血。该书从 1979 年至 2003 年已经修订七次，现出了第八版，发行量逾百万册。在编写与修订过程中我都起到了主导性的影响。"北方本"与我后来出版的著作，在理论体系的拓展和创新方面都有明显的发展。

"北方本"于 1978 年 12 月出版，该书在许多方面都比过去年代流行的教材有重大的突破，如：（1）把研究范围限定在当前所处的不发达的社会主义阶段，而不是不切实际的针对整个"社会主义历史时期"；（2）较早地提出了有计划的商品经济的思想，为社会主义市场经济的提出做了铺垫；（3）把物质利益作为贯穿全书的主线，这与前苏联教科书和"文化大革命"时期各种版本教材相比是较大的突破。

我认为《政治经济学（社会主义部分）》所要揭示的经济规律不仅包括社会主义生产关系发展的规律，而且也包括社会主义生产方式发展的规律，以及生产关系和生产力相互关系的规律。也就是说，它的对象应该是研究社会主义生产方式及与其相适应的生产关系和交换关系。这里讲的生产方式，不是指的生产关系，也不是指生产力和生产关系的统一，而是像马克思曾经赋予它的含义那样指的是生产的组织形式。这样理解研究对象也符合社会主义建设发展的需要。社会主义的根本任务是发展生产力，是创造出更多的社会财富，来不断满足人民日益增长的物质和文化需要。政治经济学作为一切经济学科的理论基础，必须为促进生产力的发展做出应有的贡献。为了实现这个目的，仅仅揭示生产关系的发展规律是不够的，还应该在研究生产关系、交换关系的同时，加强对生产方式的研究，找出生产方式发展的规律，也可以说是"生产发展的规律"。

探索没有停顿，新的思路正在酝酿，框架体系也初步确定。大致内容包括经济制度、经济体制、微观、宏观经济运行、经济增长与发展。历时几年在众多学子的共同努力下，终于完成了一部经济学著作，定名为《社会主义经济学通论——社会主义经济的本质、运行与发展》，简称为"大经济学"，由上海人民出版社1989年出版。这本书是我关于社会主义政治经济学理论体系探索过程的一个重要里程碑。它的创新主要表现以下三个方面：

第一，把当代社会主义经济作为贯穿全书的研究对象，把政治经济学视同经济学。它并不局限于对社会主义经济关系的分析。我首先分析了社会主义经济制度和体制，因为这是确定社会主义经济发展方向和目标的制度前提，也是激发积极性的制度保证，进一步研究了社会主义经济的运行方式和机制。运行方式和机制不仅涉及劳动者的积极性，而且也影响甚至决定生产组织各个环节之间能否协调运转，因此它也涉及生产关系和生产方式（商品经济），以及生产力的组织形式。不论是经济制度，还是运行方式，最终都必然落到经济增长和发展上。经济增长与发展本质上是侧重于生产力的范畴，但它始终与一定的经济制度和运行方式结合在一起。在不同的社会制度下，生产的发展和变动固然会呈现出不同的特点，但其本身也有着固有的规律，这些都应纳入政治经济学的研究范畴。这是由社会主义经济发展的需要决定的，也是政治经济学本身的应有之义。当然这里的政治经济学与经济学是一个同义词。

第二，该书的体系结构是全新的、宏阔的。该书的副标题展示了全书的主要内容和逻辑框架——社会主义经济的本质，即社会主义经济制度的分析；经济运行包括微观经济运行和宏观运行的分析；经济发展即是对经济增长、经济社会发展水平、经济结构的分析。因此，全书包括四大篇：制度篇、微观篇、宏观篇、发展篇。

第三，吸收了大量西方现代经济学中有用的精华。首先，该书在框架安排上吸收了当代西方制度经济学、微观经济学、宏观经济学、发展经济学的基本思路，但绝不是这些学科的简单模仿和拼凑，而是在吸收这些理论的科学成分的基础上，根据当代社会主义经济现实概括出一个新的综合理论体系，使它成为社会主义经济理论研究的基础性著作。其次，从方法上看，是在马克思主义的历史唯物主义的指导下借鉴了现代西方经济学研究中的实证方法、计量分析、比较分析、短期和长期分析、均衡与非均衡分析等。但所有这些借鉴都是为研究中国现实生活中存在的不发达的当代社会主义经济服务的。这部书尽管还有一些不足和缺陷，但正像有的评论者说的，是较好地融合了中西方理论的一部"适合于中国实际要求的科学的社会主义经济学"。

总之，《社会主义经济学通论》（以下简称《通论》）重新确定了社会主义政治经济学的研究对象，重新表述了社会主义经济的本质，概括了计划与市场内在统一的运行机制，提出了宏观经济运行机制模式，构造了国民经济增长模型。《通论》比较严谨的体系结构，崭新的现代经济学知识，对当代社会主义经济的重大理论问题和实践问题的独特看法，这一切均使其"成为一部成功的社会主义政治经济学著作"。

从总的框架来看，它令人耳目一新。可以说《通论》的出版把我当时关于社会主义政治经济学及其理论体系的研究推向一个崭新的阶段。经济理论界的朋友大都承认这部书在 20 世纪 80 年代中后期的出版所具有的超前性。

进入 20 世纪 90 年代以后，关于政治经济学理论体系的思想仍在发展，特别是 1992 年关于社会主义市场经济的体制改革目标确定以后，我的思想又有了新的前进。1995 年出版了《社会主义政治经济学新论》（以下简称《新论》）可以说是对《通论》中阐述的思想体系进一步完善和简化。正如我在说明撰写《新论》的原因时所述：由于《通论》这部书部头太大（65 万字），执笔者较多，因而文风格调不够统一，在个别思路方面尚有不够一致之处，再加上那时社会主义的改革、目标尚未确立，因而对市场经济展开的分析也有些笼统。"正是由于这些不足，促使我萌发出再撰写一本更精练、更清晰、更符合我国社会需要的理论经济学著作的念头。""为了与以往同类著作和教科书相区别，我特把此书定名为《新论》，它的新意就在于它既反映了社会主义的特点，又以市场体制和市场运行为基础。全书分为制度、微观、宏观三篇，书中仍然保留了经济增长的主要内容，但没有把它单独分离出来，而是结合在运行中展开论述的。"

目前，我关心和研究的主要问题有三个方面：一是社会主义政治经济学与社会主义经济学的关系，二者之间是否有界限；二是社会主义经济学与西方现代经济学的关系，即多元经济学与单一经济学的关系，二者将来是否会趋同；三是社会主义政治经济学与新制度经济学和发展经济学的关系。对于第三个问题，我提出了"发展经济学"可能是中国政治经济学发展的突破口，因为我们正处在发展阶段，有许多研究的问题是相同的或相似的，从这个视角出发，用发展经济学的研究思路改革和补充中国政治经济学，使之有血有肉，更贴近实际。

（二）积极探索商品经济与市场经济的社会实践与理论

20世纪80年代的后半期，我对社会主义商品经济的探索进入一个新的阶段，即由对有计划商品经济探讨转入对市场经济的探讨。

早在1989年，我在《通论》初稿和《政治经济学（社会主义部分）》修订过程中，就试着使用过"市场经济"这一概念，但当时由于出版及其他方面的考虑，书中没有对"市场经济"这一概念展开分析。1992年后我先后应江苏人民出版社及人民出版社之约，就市场经济发表了自己的看法，前一篇文章收入《中国著名经济学家论改革》一书，后一篇文章收入《我的市场经济观》中。1993年又由天津人民出版社出版了《中国市场经济的萌发与体制转换》，此外我还发表了《对市场经济有关问题的思考》《对社会主义市场经济几点认识》《由双重体制向市场经济转轨的重点和难点》等论文，并在韩国釜山都市研究所讨论会上做了"中国和市场经济"的学术报告。

（三）按要素贡献分配观点的提出及背景

财富的分配直接涉及社会各个成员的切身利益，这是任何社会都必须面对的基本问题之一，因而历来为人们所关注。传统的社会主义经济理论中，一直把"按劳分配"当作社会主义社会的唯一分配原则和特征。然而长期的社会主义实践表明，按劳分配原则似乎从来都没有得到真正的贯彻和落实。对于当前仍处在社会主义初级阶段的中国来讲，究竟应确立怎样的收入分配原则才算是真正的科学分配方式呢？我作为见证了新中国五十年的经济建设和发展改革的一位经济学人，也经常被引入对这一问题的思考。在经过了对社会主义现实经济生活多年的实际考察和研究，在对传统的社会主义分配理论进行了反思的基础上，我逐渐形成了自己的理解和认识，概括地说，就是按要素贡献分配的思想。

20 世纪 80 年代初期改革开放以来，我国经济学界开展了"按劳分配"问题的大讨论，主要是要把"文化大革命"搞乱了的一些理论观点纠正过来，还事物本来的面目。当时讨论的焦点主要围绕着"按劳分配是不是物质刺激"，物质刺激是不是修正主义这一较为敏感的话题。通过讨论，大致澄清的观点有：一是纠正了物质刺激被诬蔑为修正主义的观点；二是重新肯定了社会主义具有物质刺激这种能够体现社会主义分配关系的激励手段；三是认为按劳分配是一种协调经济利益关系的分配制度，而不必与当时所提的"政治挂帅"相结合。这样一来，我最初所设想的基于强调物质利益原则的"按劳动贡献分配"思想也就具有了共识的依据。

1984 年中央肯定了中国经济是"有计划的商品经济"之后，特别是 1985 年全国高校第一次社会主义经济理论与实践学术研讨会在成都召开，当时会议的主要议题都是有关商品经济及计划经济的关系问题。会上我做了"按贡献分配"的发言，重点讲了在社会主义条件下对按劳分配问题的重新认识。

1988 年我又在《社会主义初级阶段的经济特征》一文中，将"按贡献分配"的思想初次见诸文字。这可能是我国经济学文献中首次出现"社会主义初级阶段要按贡献分配"观点。

1984 年以后由于体制外的各种经济形式，包括一些个体经济、私人资本主义和国家资本主义非国有经济形式，开始在我国土地上滋生发展，并逐步得到越来越多的社会承认，各种所有制形式的存在本身就决定了不可能再实行单纯清一色的按劳分配了。基于此，我又提出了"按生产要素贡献分配"的思想。1988 年我与我的博士生蔡继明合作撰写了《按贡献分配是社会主义初期阶段的分配原则》一文，这是第一次较为系统地阐述"按贡献分配"的观点。这一思想在 1989 年再版的"北方本"，及 1989 年主编出版的《社会主义经济学通论》中都得到了相应的阐述。1989 年发表在《经济学家》杂志中的《按生产要素贡献分配》的文章给出了更系统的论述。

我的关于"按贡献分配"的观点发表后，在中国经济学界引起一定的反响，有的支持，也有的反对，在反对者中，有的是当代中国经济学界颇有影响的人士，如1991年《高校理论战线》第一期有人著文《评否定按劳分配思潮中的几种观点》，就对我的文章提出过批评。在《中国社会科学》杂志1993年第六期发表《劳动价值一元论》，作者在文章发表之前把稿子寄给我，并说明这是朋友之间的学术讨论。值得提出的是这次学术的论争，引发了关于劳动价值论学术讨论的一次高潮。1995年4月，由北京经济学会、中国社会主义经济规律体系研究会和首钢研究与开发公司联合发起"劳动价值论"讨论会在北京召开。大家真正做到了以坚持和发展马克思劳动价值论为宗旨，本着百家争鸣的精神，对劳动价值论的有关理论问题进行了具有一定广度和深度的探讨，与会者畅所欲言，仁者见仁，智者见智，对推动中国经济学理论的发展起了重要的作用。

（四）关于两种含义的社会必要劳动与价值决定的关系问题

价值决定和价值规律是马克思主义政治经济学的理论基础和核心，也是每个经济学家希望努力吃透的问题。我1956年与魏埙教授合著《价值规律在资本主义各个阶段中的作用及其表现形式》在上海人民出版社出版时，这个小册子在当时的理论界曾引起相当强烈反响。1959年在上述小册子的第二版中，结合前述理论观点的讨论，对有关"社会必要劳动"部分进行了充实和改写，进一步明确了第二种含义的社会必要时间参与价值决定的观点。1961年上述小册子发行了第三版，接着在1962年至1963年间，我与中国人民大学的林兆木、厦门大学的吴宣恭先后就此问题在《光明日报》上发表了两篇观点不同的文章，围绕着两种含义的社会必要劳动与价值决定问题，又展开了新一轮的讨论。1982年我与杨玉川合写的《对价值决定和价值规律的再探讨》，发表在《经济研究》上。文章指出，决定价值的必要劳动时间，即指单个商品生产是所耗费的社会必要劳动时间，又指出从总体上看又是符合某种社会需要的商品总量所必要的劳动时间，该文的发表又一次在理论界引起强烈反响，吸引了众多学者围绕价值决定问题开展了更加深入的研究讨论。这种争论尽管未取得共识，但是不能否认它具有的重要理论意义和实践意义。

（五）改革时期的研究工作

经济体制改革是传统的社会主义行政计划体制内在的矛盾积累加剧的必然结果，是近代以来中国从自然经济为主的传统社会现代工业化和后工业化社会转变过程中的一个重要举措，也是中国经济迅速发展，实现民族振兴的一个重要契机。我作为中国经济学家，进一步思考了过去几十年社会经济发展现象背后的最实质的问题。我认识到，中国社会经济几十年的种种现象和问题决不仅仅是主观认识上的问题，而是有着更深层次的原因，也就是经济体制本身。因此，我就把对经济体制改革的跟踪研究作为自己学术活动的重心。在这方面主要有以下若干理论观点：

1979 年我是在国内较早提出社会主义经济是有计划的商品经济的学者之一，1989 年又较早地提出社会主义市场经济，这两种提法在当时都曾引起一些对立的意见。但是我对社会主义必须发展商品经济的主张却是坚定不移的，认为社会主义要发展商品经济不是某个人主观创造出来的，而是社会客观实践发展的必然结果。

此外，我早在 1979 年出版的与宋则行教授共同主编的《政治经济学（社会主义部分）》，就对政治经济学社会主义部分的研究范围做了严格界定，即限定在"不发达的社会主义阶段"，亦即社会主义初级阶段。其实质就是将社会主义政治经济学的研究对象从经典作家所设想的尚不明晰的社会主义变为现实存在的不成熟的社会主义。这一变化的意义就在于社会主义政治经济学的基础不再建立在理论推断和主观设想的基础上，而是扎根于实际的社会经济生活中，使社会主义政治经济学的发展有了科学的实证基础。这一观点与后来 1987 年中央"十三大"报告提出我国目前仍然处在社会主义初级阶段的理论观点是完全一致的。这说明我在 1979 年提出的观点是有超前性的。

在计划与市场的关系上我最初主张是不分主次的。我认为社会主义经济的计划与市场的结合是一个错综复杂、相互交织的综合体系，它不是一种形式的结合，其中从计划指导的市场调节部分看，计划指导和市场调节是"渗透式"结合，二者融为一体；在计划调节部分中，指令性计划与指令性计划外的市场调节又是"板块"结合，但又不是绝对的"板块"，因为指令性计划调节也伴随经济杠杆的作用，而指令性计划外的市场调节也要受国家计划的指导，这就是我当时设想的经济体制改革后二者结合模式的大致轮廓。

面对改革实践的矛盾和问题，我则是力求站在理论高度分析这些问题，探讨有效解决途径。例如对特区经济，我于 1981 年和 1984 年前后两次去深圳考察，于 1984 年编著了《深圳特区经济调查和经济开发区研究》。再例如，改革开放以来，新旧两种体制、两种规则对峙和矛盾，因而出现一些不容忽视的社会问题和经济问题。对于这些问题如不加以高度重视，将危及改革开放的持续发展。我主动提出承担"我国当前社会问题透视及治理方略"的研究任务。这是一个重要的研究课题，我邀集了南开人文、社会科学的多位知名学者参加，由国家教委"七五"博士点基金会予以确认。

我还主张在中国近期应选择对类似"政府主导型"的市场经济模式的研究，我在《由双轨体制向市场经济体制转变的重点和难点》一文中就分析提出"政府主导型"市场经济模式可能适应中国社会经济发展本身内在的历史背景。

我对国有企业改革的方向仍认为应坚持生产力标准的一个范例是，我认为认识股份制的正确方法，应该首先看它们的客观效果，而不是先判断它的性质。我在《坚持马克思主义基本观点的实质是什么——从股份制企业讨论引起的》一文中指出："马克思主义关于社会历史发展的最基本观点就是唯物史观，它明确指出，决定人类社会历史发展的最基本的因素是生产的发展，而在生产发展中生产力又是

372

起着首要作用的决定性因素。因此，在社会历史发展的范围，判别一个事物的基本准则不是别的，只能是看它们对生产发展起着什么作用……除了生产力发展这一决定性因素之外，其他因素的作用只能是第二位的或从属的。"

四、主要学术著作一览

（一）主要学术著作目录（1954 年至 2003 年）

1. 傅筑夫、谷书堂：《中国原始资本积累》，天津人民出版社，1956 年。

2. 魏埙、谷书堂：《价值规律及其在资本主义各个阶段上的作用》，上海人民出版社，1956 年。

3. 谷书堂：《什么是资本主义总危机》，生活·读书·新知三联书店，1957 年。

4. 石谷山（谷书堂、贾秀岩）：《什么是国民收入》，天津人民出版社，1962 年。

5. 谷书堂主编：《修编经济系政治经济学（资本主义部分）》讲义，南开大学校内铅印，1973 年。

6. 政治经济学教研室（谷书堂、蔡孝箴主编）：《经济系专业用政治经济学（社会主义部分）》，南开大学校内铅印，1977—1978 年。

7. 谷书堂、宋则行主编，章宗炎、朱光华副主编：《政治经济学（社会主义部分）》（北方本），陕西人民出版社，1979 年第一版，1982 年第二版，1985 年第三版，1988 年第四版，1992 年第五版，1995 年第六版，1998 年第七版，2003 年第八版；第一版获陕西省优秀图书奖，第三版获国家优秀教材一等奖，第四版获国家教委优秀教材一等奖。

8. 谷书堂主编，杨玉川、常修泽副主编：《天津经济概况》，天津人民出版社，1984 年；1986 年获天津市社会科学二等奖。

9. 谷书堂主编，杨玉川、常修泽副主编：《深圳经济特区调查和经济开发区研究》，南开大学出版社，1984年。

10. 谷书堂主编、常修泽副主编：《我国当前若干重要经济问题讨论概述》，南开大学出版社，1984年。

11. 谷书堂、杨玉川、常修泽：《社会主义商品经济和价值规律》，上海人民出版社，1985年；1987年获天津市社会科学一等奖。

12. 谷书堂主编、黄赞强副主编：《深圳价格管理》，中国财政经济出版社，1986年。

13. 谷书堂主编，孔敏、赵兴汉、曹振良副主编：《社会主义价格形成问题研究》，中国社会科学出版社，1986年；1987年获天津市社会科学二等奖。

14. 蔡文龙、谷书堂主编：《城市经济体制改革的理论与实践》，北京航空学院出版社，1987年。

15. 谷书堂、蔡孝箴主编：《社会主义经济理论与经济体制改革研究》，陕西人民出版社，1987年。

16. 谷书堂主编：《中国计划经济体制改革研究》，中国社会科学出版社，1987年，国家"六五"重点项目。

17. 谷书堂副主编：《中国大百科全书·经济卷·社会主义分册》，其中撰写社会主义经济制度条目4条，1988年。

18. 谷书堂：《商品经济与发展中的新体制》（论文集），陕西人民出版社，1988年。

19. 谷书堂副主编：《当代中国的天津》，中国社会科学出版社，1989年。

20. 谷书堂主编：《社会主义经济学通论》，上海人民出版社，1989年，同年获天津市社会科学优秀成果一等奖。

21. 谷书堂主编：《当前社会问题透视及其治理方略》，天津人民出版社，1991年。

22. 谷书堂、逢锦聚、刘迎秋、王光伟：《经济和谐论》，中国经济出版社，1993 年。

23. 吴树青、谷书堂、吴宣恭主编：《政治经济学（社会主义部分）》（国家教委统编教材）中国经济出版社，1993 年；获国家优秀教学成果一等奖。

24. 谷书堂、曹茉莉、曹学林：《中国市场经济的萌发与体制转换》，天津人民出版社，1993 年。

25. 谷书堂等著：《社会主义经济学新论》，人民出版社，1995 年。

26. 谷书堂：《谷书堂选集》（主要选自 1978 年改革开放以来的重要文章），山西经济出版社，1997 年。

27. 谷书堂、高明华著：《劳动力经济研究》，经济科学出版社，1998 年。

28. 谷书堂主编：《社会主义经济学通论》，高等教育出版社，2000 年，获国家优秀教学成果二等奖。

29. 谷书堂主编：《社会主义市场经济研究》，中国审计出版社，2001 年。

30. 谷书堂著：《经济学在中国发展的路程之探讨》，经济科学出版社，2001 年。

（二）《谷书堂选集》中收入 1979 年至 1994 年的论文（包括合著）目录

1. 我对改革经济运行机制的看法

2. 所有制结构、分配制度和运行机制的改革

3. 关于我国向市场经济过渡的若干思考

4. 社会主义与商品经济论纲

5. 对"按贡献分配"的再探讨

6. 双轨经济体制运行的实证分析

7. 由双重体制向市场经济体制转变的重点和难点

376

58. 在实践中发展社会主义政治经济学——纪念马克思逝世一百周年

59. 我对如何学习政治经济学的几点看法

60. 关于政治经济学（社会主义部分）研究对象的几点意见

61. 对修改和编写教材的几点看法

62. 对政治经济学（社会主义部分）体系结构问题的看法

63. 从实际出发建立较为合理的政治经济学体系

64. 政治经济学社会主义部分的根本改造——"北方本"第三次修订会述评

65. 关于社会主义经济学建设的几个问题

66. 一本现代社会主义经济学的力著——评钱伯海主编的《国民经济学》（增订版）

67. 我对政治经济学改革中一系列问题的看法

68. 《社会主义经济学通论》前言

69. 《政治经济学（社会主义部分）》（北方本）第一版前言

70. 《政治经济学（社会主义部分）》（北方本）第二版前言

71. 《政治经济学（社会主义部分）》（北方本）第三版前言

72. 《政治经济学（社会主义部分）》（北方本）第四版前言

73. 《政治经济学（社会主义部分）》（北方本）第五版前言

74. 马克思主义经济学与社会主义经济建设

75. 《经济发展中的收入分配》序

（三）1995 年至 2003 年论文

1. 《我国经济快速增长的多方筹资》，《经济纵横》，1995 年第 1 期。

2. 《国有企业机制转换：障碍及对策》，《经济纵横》，1995 年第 2 期。

3. 《中国通货膨胀得以持续存在的原因分析》，《理论前沿》，

1995 年第 4 期。

4. The New Monism of the Labor Theory of Value，*Social Sciences in China*，1995 年第 2 期。

5.《对中国经济体制改革若干问题的思考》，《山西财经大学学报》，1995 年第 4 期。

6.《转轨时期居民消费和收入关系研究——居民家庭预算数据分析》，《消费经济》，1995 年第 2 期。

7.《影响香港未来繁荣稳定的主要因素探析》，《特区经济》，1995 年引。

8.《经济学在中国的发展与发展经济学研究》，《经济学动态》，1995 年 11 期。

9.《消费函数理论研究上的可喜成果——〈中国消费函数分析〉一书评价》，《财贸经济》，1996 年第 5 期。

10.《经济发展研究与经济学在中国之发展》，《经济评论》，1996 年第 1 期。

11.《关于转轨时期经济剧烈波动的剖析及其对策》，《南开学报（哲学社会科学版）》，1996 年第 1 期。

12.《消费扩张与我国经济增长方式的转变》，《消费经济》，1996 年第 1 期。

13.《依法治价是推动经济健康发展的必要手段》，《价格理论与实践》，1997 年第 12 期。

14.《宏观经济稳定发展与微观经济改革的关系》，《经济学家》，1997 年第 5 期。

15.《面向 21 世纪的中国理论经济学之重建》，《学术季刊》，1997 年第 2 期。

16.《注重消费经济的实证研究是发展消费经济学的关键》，《消费经济》，1997 年第 6 期。

17.《理论创新与中国经济学之发展》，《经济评论》，1998 年第

2 期。

18. 《当前宏观经济稳定发展中的一个矛盾与对策》，《经济界》，1998 年第 1 期。

19. 《作为科学的经济学及其在中国的应用与发展》，《经济研究》，1998 年第 6 期。

20. 《关于规模经济的含义及估计》，《东岳论丛》，1999 年第 2 期。

21. 《中国上市公司内部治理的实证分析——中国上市公司内部治理问卷调查报告》，《管理世界》，1999 年第 6 期。

22. 《再谈面向 21 世纪的中国经济学的发展》，《经济经纬》，1999 年第 1 期。

23. 《从东亚金融危机引起的对亚洲模式的思考——以韩国经济模式为案例的分析》，《经济评论》，1999 年第 3 期。

24. 《再谈经济学在中国未来的发展问题》，《经济学动态》，1999 年第 3 期。

25. 《创建社会主义市场经济的产权理论》，《经济学家》，1999 年第 1 期。

26. 《〈经济学家〉的特色和创新》，《经济学家》，1999 年第 2 期。

27. 《从进入退出角度对重复建设的考察》，《南开学报（哲学社会科学版）》，1999 年第 5 期。

28. 《中国产业组织理论分析和实证检验的一部力作》，《南开经济研究》，2000 年第 5 期。

29. 《经济体制改革的回顾与思考》，《福建论坛（人文社会科学版)》2001 年第 1 期。

30. 《"新经济"浪潮与中国经济》，《南开经济研究》，2001 年第 4 期。

31. 《从产品分配谈到劳动价值论》，《南开经济研究》，2001 年第 5 期。

32. 《劳动价值论对话》，《中国特色社会主义研究》，2001 年第 6 期。

33. 《论中国转型期经济学》，《天津社会科学》，2001 年第 1 期。

34. 《继承发展，规范创新——评逄锦聚教授主编的《政治经济学》教材》，《经济学家》，2002 年第 6 期。

35. 《国有企业改革的回顾与思考》，《经济纵横》，2002 年第 9 期。

36. 《公司治理：寻求新的突破——评李维安博士的〈公司治理〉》，《南开管理评论》，2002 年第 5 期。

37. 《求解价值总量之"谜"两条思路的比较》，《南开学报（哲学社会科学版)》，2002 年第 1 期。

38. 《回顾与展望——2002 年天津市社联学术信息交流会发言摘要》，《理论与现代化》，2002 年第 2 期。

39. 《提高认识，增进为社科事业献身的自觉性》，《理论与现代化》，2002 年第 6 期。

40. 《价值创造、产品分配和剥削关系的嬗变》，《南开经济研究》，2002 年第 6 期。

41. 《从各国间的长波关系看中国经济发展》，《经济学动态》，2002 年第 7 期。

42. 《中国居民收入分配理论与实证研究的一部新作——推介陈宗胜、周云波著〈再论改革与发展中的收入分配〉一书》，《经济研究》，2003 年第 8 期。

罗宗强　　# 我的中国文学思想史研究

时光流逝，转眼已年过古稀。一生荒废，真正能有机会从事一点学术研究，也就是后半生的事，时间只有二十几年。短短的二十几年，能做出什么来呢！就我的研究领域来说，也就是开了个头吧！

我的研究领域是中国古代文学思想史。文学思想是研究人们对于文学的看法。文学的特质是什么？它是功利的还是非功利的？它在社会生活中应占有什么样的位置，扮演什么样的角色？它应该是个什么样的面貌（体裁的探索、风格韵味情趣的追求，等等）？应该如何构成这个面貌（方法与技巧的选择、修辞与声律的运用，等等）？它的承传关系是什么（应该接受哪些传统、摒弃或者接受哪些传统、文学传统上的是是非非，等等）？它应该如何发展？它与受众的关系怎样？如此等等。研究这些观念的发展史，就是文学思想史的任务。这是一个新的领域。我之所以选择这一研究领域，主要的原因是想更为全面、更为确切地了解我国古代文学观念、文学思想潮流的真实面貌和它的演变过程。过去我们有文学史，有文学批评史，二者是相对独立的。文学史描述文学的发展史，文学批评史研究文学批评和文学理论。它们有时也交叉，但有时也相互脱节。文学批评和理论，只研究理论形态的东西，对它做出解释。至于它与文学创作实际究竟有什么样的关系，就少有人过问。而事实上，文学发展的实际情况远为复杂。同一位作家，他的理论批评和他的创作实际有时是一致的，但有时也不一致，就是说，说的和做的不一样。有时候，某一种文学思潮有理论表述；但也有的时候，并没有理论的表述，大量的新的文学观念，是从创作实际中反映出来的。有时候，一种理论主张的提出，是当时文学创作倾向的理论概括；但也有的时候，某一位理论家的主张，在当时并无实际的影响。他的理论表述独立于当时的创作实际之外。文学思想史的研究就是为了弄清事实。从文学批评、文学理论和文学创作实际相结合的研究中，弄清一个时期、一个流派、一个作家的文学思想观念的真实面貌。

一

我的研究工作的着眼点，首先是历史还原。我努力想知道文学思潮的发展段落，了解每一个发展段落的主要特点是什么。要做到这一点实在不容易。每一个时段，都有许多的作家，这些作家的创作是不是有一个总的一致的趋向，或者是同时有几个并行的趋向，这又牵连到如何划分段落的问题，在什么时候、在何种条件下文学思潮转变了？要了解这些，就要将存世的能够找到的作家作品全部找来读，一部一部地读。看他们作品的题材取向、审美追求、技巧特色，特别注意他们在审美趣味和技巧追求上有没有新的趋势。看他们提出一些什么样的主张，这些主张在当时有没有产生影响，是自说自话，还是一种普遍的诉求。这样一个办法实在又笨又慢，但不这样做，不从自己阅读的实际感受开始，去思索、去对比、去概括，就只能用二手材料，人云亦云，不可能有自己的发现。

但只是读作品也还不够，如何解释一种新的文学思想潮流的产生，又涉及当时的政局、社会生活环境、哲学思想潮流和作家的人生遭际等问题。就是说，从事文学思想史的研究，必然是跨学科的研究。当然，我不可能进入到每一个学科里面，做深层的探讨。每一个学科，都有无数的问题，要深入是做不到的。但是，我必须知道政局的大的环境，它对于作家的影响。我必须知道社会思想潮流的总的面貌，和它对于作家的影响。我必须知道当时不同的群落的不同动向。而这些了解必须既是共时的又是历时的。在这样的基础上，再去分析某一种文学思想产生的原因、它的特点、它和前后文学思想的关系，等等。我的追求是历史实感，尽量地接近历史的本来面貌。

这里当然有几个问题是很难解决的。一个是历史还原能够做到何种程度的问题。我尽量去读所有能够找到的史料，但是存世的史料能够反映的，是否就是当年的真实面貌呢？这是一个大家都在争论的问题。就我接触的文学思想史而言，这一问题有时实在是一个很大的困扰。材料不足，或材料的真伪难定，都给历史还原带来困难。比如初盛唐之交的张若虚，他的一首《春江花月夜》，那种全新的审美追求，那种技巧所反映的文学观念，应该有更为完整的呈现。但是他留下来的诗作太少，也没有留下理论批评的片言只语，我们就无法解释当时的全貌。一篇艺术上那样成熟的作品，怎么可能是一个个别的现象呢？历史曾经发生过而给我们留下的讯息往往只是很少的一部分，据此很少的一部分材料，我们就很难说我们描述的是历史的真实面貌。而材料的真伪难明，也是历史还原遇到的不易解决的问题。例如，《诗》大序和小序的作者和作年的问题，一时难以论定，究竟是把它们当作先秦的文学观念呢，还是把它们当作汉代的文学观念？朱熹是主张废序的，但从楚竹简的孔子诗论看，序在孔子的时代又似乎存在过，而且似可进一步推测，当时流行的《诗》，是不是前后有不同本子、不同的序。但这只是推测，不能说是历史的真实还原。历史还原遇到的又一个难题，就是古今思维习惯、思维方法的差异常常妨碍我们对于古人的观念的准确理解。我们不能以古解古，而且要以古解古也是做不到的。因此我们就常常对于古人的某些文学批评不理解。有的他们当时评价很高的作家，我们今天看来并没有多高的水准；相反，他们评价不高的一些作家，我们今天有可能给予很高的评价。这当然是由于观念不同的缘故。这不同的观念，有的他们说了，有的就没有说，隐藏在片言只语评价里，有时甚至连片言只语也没有，只是评其等第的高下。对于他们何以要那样评，我们并不了然。但是，他们总有他们的道理在里面。他们的道理何在呢？追索起来是非常不易的事。我们既不可能回到古代，又不能把古人现代化，给古人穿上西装革履。难就在这里。历史还原遇到的另一难题，是如何处理主观情绪的介入和历史的客观性问题。任何作品的解读，都不可能完全的排除解读者的主观因素。主观因素的介入，有时就有可能导致作品的误读，导致文学观念、文学理论范畴的误解。这些困难说明，我们只能在现有史料的基础上，去努力还原历史，我们不可能完全回到历史的本来面貌，但我们又不能离开现有的史料，去造作历史。历史还原遇到的这些困难，常常耗费我大量的时间。我只好从史料的清理入手，尽力了解他们所处的历史环境，他们的生存状态，他们的语境，前后左右比对，去尽力的接近他们思想的实际。在探讨刘勰文学思想的主要倾向时，就在这方面下过不少的力气。

历史还原还不可避免地要遇到如何处理一个时期、一个流派、一个作家的文学思想观念的主次问题。一个时期也好，一个流派也好，一个作家也好，他们的文学思想观念常常是多方面的，那么，什么是他们的文学观念的主要方面呢？我们不可能把他们所有的思想观念都加以描述。把他们所有的文学思想观念一一列出，未必就是历史的真实。在长期的文学思想研究过程中，有一些现象处理起来常常让我感到困难。我发现，有一些批评话语、一些理论表述是在任何时候都会出现的，陈陈相因，了无新意。汉人说了，唐人也说了，宋人说了，清人还是那样说。我们当然可以理解为那是一些最基本的观念，是传统的承接。但是那些观念如果没有新的解释，我们是否还能将它作为一个时期、一个流派、一个作家特有的文学思想观念加以描述呢？我想，我们还是应该描述那些反映出文学思想观念新的进展的东西，那些多少有一点特色的东西。历史还原的目的，是更好的了解文学思想潮流的演变，是描述发展的脉络。陈陈相因的话语无助于反映这种发展变化。还有一个问题，就是如何处理一些作家、批评家的随意话语。有一些随意话语有着很有价值的理论内涵，这类话语有时与其时的文学思想发展的总趋势并无多少关系，但在理论建树上有其独特的贡献，对于这类话语，当然可以把它特别地提出来。但是多数的随意话语，并无理论的价值，我们就必得把它舍弃。不能巨细毕陈。为了更好的描述主要的东西，我往往舍弃大量已掌握的材料，把可以写八九十万字的材料，只选择最主要的，写三四十万字。我也常常对我的学生说，要竭泽而渔地收集材料，但更重要的是要学会鉴别、选择和运用材料，要善于找出主要的东西，而敢于把非主要的材料加以舍弃，即使那是一条很好的材料，如果与主要脉络无关，也要毫不吝惜地舍弃它。

二

与文学思想的历史还原有关的一个重要问题，就是士人心态研究。

在写完第一本文学思想史之后，我接着写《魏晋南北朝文学思想史》。魏晋是一个士人心态处于大变动的时代。士人的心态对于文学观念的变化影响至巨。我在写《隋唐五代文学思想史》的时候，虽多少注意到士人心态的变化对于文学思想的影响，但还没有自觉到士人心态研究在文学思想研究中的巨大意义。待到研究魏晋文学思想，就感到非了解士人心态的变化不可了。1991 年，在动手写《魏晋南北朝文学思想史》之前，我写了《玄学与魏晋士人心态》。2003 年，这本书再版时，我写了一个《再版后记》，把为什么要研究士人心态和士人心态研究可能涉及的问题，做了一些说明，现在摘引其中的一部分如下：

> 中国历史上有过许多的改朝换代，有过许多的大战乱，有过许多的株连杀戮，风云变幻，无时无之。士人或青云直致，或冤死牢狱；或坐享荣华，或转死沟；荣瘁更替，仕隐分疏，流光逝水，习以为常。就个人而言，或有惊天动地之经历；而就整个士阶层而言，则大体循传统思想而行事，未见大震撼于士林。只有魏晋和晚明，似乎是两个有些异样的时期。士（或者说是那些引领潮流的士人）的行为有些出圈，似乎是要背离习以为常的传统了。而此种异样，于文学观念的变动究有何种之关系，则黯而不明。于是产生了来探讨魏晋士人心态的想法。……

> 我之所以研究士人心态，只是为了研究文学思想。因此，我的研究对象，是士人群体。我要研究的是士人群体的普遍的人生取向、道德操守、生活情趣，他们的人性的张扬与泯灭。涉及士人个案时，目的也在于说明群体的情况。我要研究的是动向和这种动向与文学观念变化的关系。……

> 影响中国古代士人心态的很重要的一个方面，是政局的变化。在古代中国，有隐逸情怀的士人不少，但真正的隐士却不多。隐逸情怀是人生的一种调剂，而真正的隐士却要耐得住寂寞。多数的士人，出仕入仕，因之政局的变化也就与他们息息相关。……

> 影响中国古代士人心态变化的又一重要方面，是思潮。我们

通常都谈到诸如两汉的儒学一尊的思想潮流、魏晋玄学、宋明理学等对于士人的影响。这些影响是如何进行的？通过什么样的渠道？轻重深浅？如何开始？如何了结？似乎就有一连串的问题需要回答。我们可以对这些思潮做义理的细微的辨析，但是它们如何进入士人的内心，变成他们的人生取向，融入他们的感情世界，我们就所知甚少。……

影响中国古代士人心态变化的又一方面，是提供给他们什么样的生活出路。现实的生活状况是决定一个人的心境的非常实在的因素。他们有什么样的生活条件，就可能产生什么样的想法。……

当然，影响心态变化的还有其他因素，如家族的文化传统、社党的组合、交往、婚姻状况、以至个性，等等。但是如果研究一个时期士人的主要心态趋向，恐怕也就只能视其大同而舍其小异。当然，如果是为了研究不同士人群落的心态，又当别论，那就复杂得多了。……

心态研究面对的是人。面对人，就难免有是非褒贬，就难免带着感情色彩。带着感情色彩研究历史，为历史研究者所大忌，说是这种研究容易失去客观性。但是我常常怀疑，即使我们竭泽而渔，广罗材料，能否就可以完全避免主观的介入呢？我们选择和解释史料的过程，就是一种主观判断的过程。……就我自己而言，每当我面对历史之时，是是非非，实难以无动于衷。

这就是我对于士人心态研究的总的认识。我以为，社会的种种因素，比如政局、社会思潮、生活方式、文化氛围等，它们之所以能够影响文学思想，是通过士人心态来实现的。士人心态是社会历史背景影响文学思潮的中间环节。不了解士人心态的变化，就不易确切地了解一种新的文学风貌、一种新的文学思潮为什么会出现。我目前正在进行的明代文学思想史研究，这一点显得更为突出。不从士人心态入手，解释晚明文学观念的变化就很不容易。

388

在文学思想史研究中，我特别的重视审美感受问题。文学思想的对象是文学、文学理论、文学批评。它们都涉及文学的艺术特色问题。对于文学创作实际中反映出来的文学思想倾向，离开对于作品的审美感受，是很难把握的。一篇作品好，好在什么地方，如果不去细腻地体味，就很难从中分析出它所包含的文学观念。如果把艺术成就差的作品当成艺术上优秀的作品，那就有可能把文学思想的趋向弄错了。我常常对学生说，我们是搞文学研究的，审美能力的培养是一个基础，没有审美能力，就会把文学弄成非文学，把文学思想史弄成一般的思潮史，就会把反映心灵历程的这样一个鲜活的学科，弄成一个毫无生命力的学科。当然，文学思想史有相当一部分材料是理论形态的东西，在描述它的发展过程时，也离不开理论的表述。但是，理论的解释和表述，如果没有建立在准确的审美感受之上，它就有可能成为空理论，从空到空。从事文学思想史研究，如何把审美感受、理论思维能力和国学基础很好地结合起来，是一个需要努力解决的问题。我们这一代人，由于种种众所周知的原因，根基大抵较浅，我尤其如此。由于文学思想史的研究需要打通多个学科，难度很大，要在研究中真正做出成绩，最好是从年轻时开始，一步步扎扎实实的打基础，提高多方面的素养，到头来或许会有所成。我是在快到知天命之年才开始进入这一领域的，虽然年过古稀，也未敢一日懈怠，但还是深感力所不及。我是边学习、边补课、边研究的，可以说是一种夹生的研究。虽气喘吁吁赶路，精疲力竭，欲罢不能，而离目的地却还是十分遥远。

　　幸而在我后半生的这二十几年里，有一个宽松的生活环境，可以按照自己的愿望从事学术研究。南开浓厚的学术氛围，常常激励我不断地去进取；南开中文系求实的严谨的学风影响着我；南开领导的关爱，也常常激励着我。我现在还记得，20世纪80年代初，当我领到一笔培养学科骨干的津贴时的那种复杂心境。钱虽不多，只有区区的二百元，但是刚从长期抬不起头来的岁月过来，那种喜悦的心情远非钱可以买到。一种责任感油然而生，二十几年来可以说没有好好休息过，时不我待的心绪，督促着我不断努力。这些年出版了几本书，其中《隋唐五代文学思想史》获得国家教委全国高校首届人文社会学研究优秀成果一等奖，《玄学与魏晋士人心态》获得教育部全国高校第二届人文社会科学研究优秀成果二等奖。培养的博士研究生，有好几位已经成为所在高校的学科带头人，其中学生左东岭的博士论文，还获得教育部、国务院学位委员会首届全国优秀博士论文奖。这算是二十几年来未敢懈怠的一点小小的回报吧！

附录：主要著述目录

专著：

1.《隋唐五代文学思想史》，上海古籍出版社，1986 年版；中华书局，1999 年修订本。

2.《唐诗小史》，陕西人民出版社，1987 年版。

3.《玄学与魏晋士人心态》，浙江人民出版社，1991 年版；台北文史哲出版社，1992 年版；南开大学出版社，2003 年重排版。

4.《道家、道教、古文论谈片》，台北文津出版社，1994 年出版。

5.《魏晋南北朝文学思想史》，中华书局，1997 年版。

6.《罗宗强古代文学思想论集》，汕头大学出版社，1999 年版。

部分论文：

7.《非〈文心雕龙〉驳议》，《文学评论》，1978 年第 2 期。

8.《中国古代诗歌风格论的一个问题》，《文学评论丛刊》，第五辑，1980 年 3 月中国社会科学出版社出版。

9.《评〈中国文学理论批评史〉——兼论中国文学批评史研究中的一些问题》，《中国社会科学》，1982 年第 3 期。

10.《诗的实用和初期的诗歌理论》，《文学遗产》，1983 年第 4 期。

11.《唐代文学思想发展中的几个理论问题》，《中国社会科学》，1984 年第 5 期。

12.《读〈庄〉疑思录》，《南开学报》，1985 年第 2 期。

13.《从思维形式看中国古代诗论的一个特点》，《社会科学战线》1986 年第 1 期。

14.《儒学的式微与士人心态的变化》，《中国文化》创刊号，1989 年 12 月中华书局（香港）出版。

15.《论阮籍的心态》，《社会科学战线》，1990 年第 4 期。

16.《嵇康的心态及其人生悲剧》，《中国社会科学》，1991 年第 2 期。

17.《刘勰文体论识微》，《文心雕龙学刊》第六辑，齐鲁书社，1992 年出版。

18.《从〈庄子〉的坐忘到唐人的炼神服气》，《传统文化与现代化》，1993 年第 3 期。

19.《李白的神仙道教信仰》，《中国李白研究》，江苏古籍出版社，1993 年 4 月出版。

20.《刘勰文体论识微》（续篇），《魏晋南北朝文学与思想学术研讨会论文集》（第二辑），台北文史哲出版社，1993 年出版。

21.《刘勰文学思想的主要倾向》，《文心雕龙研究》第一辑，北京大学出版社，1995 年出版。

22.《唐人对〈庄子〉思想的解释》，《海上论丛》，复旦大学出版社，1996 年 6 月出版。

23.《释"惟人参之"——〈文心雕龙〉识小录之一》，《国学研究》第四卷，北京大学中国传统文化研究中心编，北京大学出版社，1997 年出版。

24.《释"五言流调"——〈文心雕龙〉识小录之二》，《魏晋南北朝文学论集》，南京大学出版社，1997 年出版。

25.《分期、评价及其相关问题——魏晋南北朝文学研究三人谈》，《文学遗产》，1999 年第 2 期。

26.《古文论研究杂识》，《文艺研究》，1999 年第 3 期。

27.《文学史编写问题随想》，《文学遗产》，1999 年第 4 期。

28.《我与中国古代文学思想史》，《学林春秋》三编，朝华出版社，1999 年 12 月。

29.《弘治、嘉靖年间吴中士风的一个侧面》，《中国文化研究》，2002 年冬之卷。

叶嘉莹　　　　　　# 我走过的诗词道路

　　近接南开大学校史研究室来函，嘱写《学人自述》，我对此颇感惶恐，因我自己一向并不敢以学人自居，我只是因为爱好诗词而终身从事于诗词之教研的一个工作者而已。我走过的只是诗词的道路。因此仍将数年前所写的一篇以此为标题的文稿略加删除，勉向校方交卷。我对诗词的兴趣是从童年养成的，因而此文乃不得不从儿时叙起，自知其殊不合于《学人自述》之体例。如不合用，即作罢论。谨致歉意。

　　谈到儿时的读书经历，首当感激的自然是我的父亲和母亲。先父讳廷元，字舜庸，幼承家学，熟读古籍，其后考入北京大学之英文系。毕业后任职于航空署。从事译介西方有关航空之著作，及至中国航空公司正式成立，先父遂进入航空公司服务，曾历任人事科长等职。先母李氏讳玉洁，字立方，自幼年接受良好之家庭教育，青年时代曾在一所女子职业学校任教。结婚后乃辞去教职。侍奉翁姑，相夫理家。我是父母的长女，大弟小我二岁，小弟则小我有八岁之多。大约在我三四岁时，父母乃开始教我读方块字。那时叫作认字号。先父工于书法，字号是以毛笔正楷书写在裁为一寸见方的黄表纸上。若有一字可读多音之破读字，父亲则以朱笔按平上去入四声，分别书小朱圈于此字的上下左右。举例而言，如"数"字作为名词"数目"的意思来用时，应读为去声如"树"字之音，就在字的右上角画一个朱圈；若作为动词"计算"的意思来用时，应读为上声如"蜀"字之音，就在字的左上角也画一个圈；另外这个字还可以作为副词"屡次"的意思来用，如此就应读入声如"朔"字之音，于是就在字的右下角也画一个圈；而这个字还可以作为形容词"繁密"的意思来用，如此就应读为另一个入声如"促"字之音，于是就在字的右下角再多画一个朱圈。而"促"音的读法与用法都并不常见。这时父亲就会把这种读法的出处也告诉我，说这是出于《孟子》的《梁惠王》篇，有"数罟不入洿池"之名，"罟"是捕鱼的网；"数罟不入洿池"是说不要把眼孔细密的网放到深洿的池水中去捕鱼，以求保存幼鱼的繁殖，也就是劝梁惠王要行仁政的意思。我当时对这些深义虽然不甚了了，但父亲教我认字号时那黄纸黑字朱圈的形象，却给我留下了深刻的记忆。古人说"读书当从识字始"，父亲教我认字号时的严格教导，对我以后的为学，无疑曾产生过深远的影响。当我以后开始学英语时，父亲又曾将这种破音字的多音读法，与英语做过一番比较。说中国字的多音读法，与英文动词可以加-ing 或-ed 而作为动名词或形容词来使用的情况是一样的。只不过因为英文是拼音字，所以当一个字的词性有了变化时，就在语尾的拼音字母方面有所变化，而中国字是独体单音，因此当词性变化时就只能在读音方面有所变化。所以如果把中国字的声音读错，就如同把英文字拼错一样，是一种不可原谅的错误。父亲的

394

教训使我一生受益匪浅。而现在我却经常听到电视与广播中的演员及播音员将中文字音读错，而却把英文的变化分别得很清楚。其实二者道理相通，若能把外国文字的变化分辨清楚，怎么会不能把本国文字的读音分辨清楚呢？而这种识字的教育，当然该从童幼年时就开始注意才对。不过父母虽严格教我识字，却并未将我送入小学去读书，因为我的父母有一种想法，他们都以为童幼年时记忆力好，应该多读些有久远价值和意义的古书，而不必浪费时间去小学里学些什么"大狗叫小狗跳"之类浅薄无聊的语文，因此遂决定为我及小我两岁的大弟嘉谋合请了一位家庭教师，这位教师也并非外人，那就是小我母亲两岁的我的一位姨母。姨母讳玉润，字树滋，幼年时曾与我母亲同承家教，其后曾在京沪各地任教职。姨母每天中午饭后到我家，教我和弟弟语文、算术和习字，当时我开蒙所读的是《论语》，弟弟读的是《三字经》。记得开蒙那天，我们不但对姨母行了拜师礼，同时还给一尊写有"大成至圣先师孔子"的牌位也行了叩首礼。目前看来，这些虽可能都已被认为是一些封建的礼节，但我现在回想起来，却觉得这些礼节对我当时幼小的心灵，却确实曾经产生了一些尊师敬道的影响。我当时所读的《论语》，用的是朱熹的《集注》，姨母的讲解则是要言不烦，并不重视文字方面繁杂的笺释，而主要以学习其中的道理为主，并且重视背诵。直到今日，《论语》也仍是我背诵得最熟的一册经书。而且年龄愈大，对书中的人生哲理也就愈有更深入的体悟。虽然因为时代的不同，孔子的思想也自不免有其局限之处，但整体说来，孔子实在是位了不起的哲人和圣者。"哲"是就其思想智慧方面而言，"圣"是就其修养品德方面而言，对于"儒学"的意义和价值，以及应如何使之更新振起，自然并不是本文所能阐述，但我在开蒙时所读的《论语》，以后曾使我受益匪浅，则是我要在此诚实地记写下来的。而且《论语》中有不少论《诗》的话，曾使我在学诗方面获得了很大的启发，直到现在，我在为文与讲课之际，还经常喜欢引用《论语》中论诗之言，这就是我在为学与为人方面都曾受到过《论语》

之影响的一个最好的证明。

　　此外，在我的启蒙教育中，另一件使我记忆深刻的事，就是我所临摹的一册小楷的字帖，那是薄薄数页不知何人所书写的一首白居易的《长恨歌》。诗中所叙写的故事既极为感人，诗歌的音调又极为谐婉，因此我临摹了不久就已经熟读成诵，而由此也就引起了我读诗的兴趣。当时我们与伯父一家合住在一所祖居的大四合院内，伯父讳廷义，字狷卿，旧学修养极深，尤喜诗歌联语。而且伯父膝前没有女儿，所以对我乃特加垂爱，又见我喜爱诗歌，伯父更感欣悦，乃常在平居无事之时对我谈讲诗歌。伯父与父亲又都喜欢吟诵。记得每当冬季北京大雪之时，父亲经常吟唱一首五言绝句"大雪满天地，胡为仗剑游。欲谈心里事，同上酒家楼"。那时我自己也常抽暇翻读《唐诗三百首》，遇有问题，就去向伯父请教。有一天，我偶然向伯父谈起父亲所吟诵的那首五言绝句，与我在《唐诗三百首》中所读到的王之涣的《登鹳雀楼》："白日依山尽，黄河入海流，欲穷千里目，更上一层楼。"一首五言绝句，似乎颇有相近之处。其一是两首诗的声调韵字颇有相近之处，其二是两首诗都是开端写景，而最后写到"上楼"，其三是第三句的开头都是一个"欲"字，表现了想要怎样的一个意思。伯父说这两首诗在外表上虽有近似之处，但情意却并不相同，"大雪"一首诗开端就表现了外在景物对内心情意的一种激发，所以后两句写的是"心里事"和"酒家楼"，而"白日"一首诗开端所写的则是广阔的视野，所以后两句接的是"千里目"和"更上一层楼"。伯父这些偶然的谈话，当然也都曾使我在学诗的兴趣和领悟方面得到了很大的启发。

　　除去每天下午跟姨母学习语文、数学和书法外，每天上午是我和弟弟的自修时间，我们要自己背书、写字和做算术，此外，父亲认为也应从小就学习点英语，有时就教我们几个英文单词，学一些英文短歌，如"one, two, tie my shoe, three, four, close the door"之类。及至我长大到 9 岁之时，父亲就决定要我插班五年级考入了我家附近一所私立的笃志小学。这主要就因为笃志是从小学五年级开始就有了英文课程的缘故。不过，我却只在笃志小学读了一年，就又以同等学力考入了我家附近的一所市立女中。那时父亲工作的单位在上海，父亲要求我经常要以文言写信报告我学习的情况。于是每当我写了信，就先拿给伯父看，修改后再抄寄给父亲。而就在我学习写文言文的同时，伯父就也经常鼓励我试写一些绝句小诗。因为我从小就已习惯于背书和吟诵，所以诗歌的声律可以说对我并未造成任何困难，而且我不仅在初识字时就已习惯了字的四声的读法，更在随伯父吟诵诗歌时，辨识了一些入声字的特别读法，例如王维的《九月九日忆山东兄弟》一首诗："独在异乡为异客，每逢佳节倍思亲，遥知兄弟登高处，遍插茱萸少一人。"在这首诗中的"独""节""插"等字，原来就都是入声字，在诗歌的声律中应是仄声字，但在北京人的口中，这些字却都被读成了平声字。若依北京的口语读音来念，就与诗歌的平仄声律完全不相合了。因此从我小时候，伯父就教我把这些字读成短促的近于去声字的读音，如此在吟诵时才能传达出一种声律的美感。我既然已在幼年的吟诵中熟悉了诗歌的声律，所以当伯父要我试写一些绝句小诗时，我对于声律的限制几乎已不感到约束，可以说一句诗出口就自然合乎平仄了。记得伯父给我出的第一个诗题是"咏月"，要我用十四寒的韵写一首七言绝句。现在我只记得最后一句是"未知能有几人看"，大意是说月色清寒照在阑干上，但在深夜中无人欣赏的意思。那时我大概只有 11 岁左右，伯父以为从我的诗看来，尚属可教之才。所以自此而后，伯父就常鼓励我写诗，至今我还保留有一些十三四岁时的作品，像我在《迦陵存稿》中所收录的《阶前紫菊》《窗前雪竹》等诗，就都是我这一时期的作品。而且当我以同等学力考入初中时，母亲曾为我买了一套《词学小丛书》，还买了所谓"洁本"的《红楼梦》《水浒传》《三国演义》等一套古典小说。我当时最喜欢读的是《红楼梦》，对大观园中诸姊妹吟诗填词的故事极感兴趣。对《词学小丛书》中所收录的李后主和纳兰性德的短小的令词也极感兴趣。而令词的声律又大抵与诗相近，所以在吟诗之余，我就也无师自通地填起词来。

及至进入高中一年级后，有一位名叫锺一峰的老教师来担任我们的国文课，他有时也鼓励学生们学写文言文，于是我遂得以把我过去给父亲写文言信时所受到的一些训练，用到了在课堂的写作之中。而且我当时不仅喜爱诵读唐宋诸家的一些古文，同时也还喜爱诵读六朝时的一些骈赋，所以曾在课堂中试写过一篇《秋柳赋》，得到了老师很高的赞赏。另外，我还在西单附近一所教读古书的夜校中，学习《诗经》和《左传》。记得教《诗经》的是一位姓邹的老先生，我曾把平日写的一些诗拿给他看，他在批语中曾称赞我说"诗有天才，故皆神韵"。那时北平被日寇占领已有将近四年之久。父亲自"七七"事变后，就已从上海随国民政府逐步南迁，与家中断绝音信也已有将近四年之久。北平的几所国立大学也已经都在日本人的控制之中。我在高中读书时虽然成绩很好，而且文理科平均发展，每年都获得第一名的奖状，但在报考大学时，却颇费了一番考虑。因为我当时不能决定我是报考北京大学的医学系，还是报考辅仁大学的国文系。报考医学系是从实用方面着想，报考国文系则是从兴趣方面着想。最后读了辅大的国文系则是由于两点原因：其一是由于辅大为一所教会大学，不受当时日寇及敌伪之控制，一些不肯在敌伪学校任教的有风骨的教师都在辅大任教，这对我自然具有强大的吸引力；其二则是由于辅大的招考及放榜在先，而北大的招考则在后，我既已考上了辅大的国文系，所以就根本没有再报考北大的医学系。而这自然就决定了我今后要一直行走在诗词之道路上的终生命运。虽然在现实生活中，我也曾经历过不少挫折和苦难，但一生得与诗词为伍，则始终是我最大的幸运和乐趣。

进入大学以后，在大二那一年，有一位顾随先生来担任我们"唐宋诗"的课程。顾先生，字羡季，号苦水。他对诗歌的讲授，真是使我眼界大开，因为顾先生不仅有极为深厚的旧诗词的修养，而且是北京大学英语系的毕业生，更兼之他对诗歌的感受有一种天生极为敏锐的禀赋。因之他的讲诗乃能一方面既有着融贯中西的襟怀和识见，但另一方面却又能不受任何中西方的学说知识所局限，而全以其诗人之锐感独运神行，一空依傍，而直探诗歌之本质。那时先生除了在辅仁担任"唐宋诗"的课程以外，还在中国大学担任词选和曲选的课程，于是我就经常也骑了车赶到中大去听课。在这期间，我遂于诗词之写作外，更开始了对令曲、套数，甚至单折剧曲的习作。记得我第一次把各体韵文习作呈交给先生后，先生在发还时曾写有评语说："作诗是诗，填词是词，谱曲是曲，青年有清才若此，当善自护持。"其后我又有一次写了题为"晚秋杂诗"的五首七律，还有题为"摇落"的另一首七律，呈交给先生，先生发还时，竟然附有六首和诗，题为"晚秋杂诗六首用叶子嘉莹韵"，这真使我感到意外的惊喜和感动。不久后，气候已入严冬，我就又写了《冬日杂诗六首仍叠前韵》，而先生竟然也又和了我六首诗。所以我在那一段时间写的作品特别多，这与先生给我的勉励是决然分不开的。更有一次，先生竟然要把我的作品交给报刊上去发表，问我是否有笔名或别号，我那时一向未发表过任何作品，当然没有什么笔名别号，先生要我想一个，于是我就想到了当日偶读佛书所见到的一个唤做"迦陵"的鸟名，其发音与我的名字颇为相近，遂取了"迦陵"为别号。而这当然也是受了先生在讲课时常引佛书为说的影响。先生往往以禅说诗，先生教学的态度也与禅宗大师颇有相似之处。他所期望的乃是弟子的自我开悟，而并不是墨守成规。他在课室上经常鼓励学生说"见过于师，方堪传授，见与师齐，灭师半德"。我想我后来教学时之喜欢跑野马，以及为文时之一定要写出自己真诚的感受，而不敢人云亦云地掇拾陈言而敷衍成篇，大概就都是由于受先生之鞭策教导所养成的习惯。而先生在课堂讲授中，所展示出来的诗词之意境的深微高远和璀璨光华，则更是使我终生热爱诗词虽至老而此心不改的一个主要原因。

　　1945 年夏天大学毕业后，我开始了中学教师的生活，大概由于我自己对古典文学的热爱，遂使得听讲的学生们也同样产生了对国文课热爱的感情，于是遂陆续有友人邀我去兼课，最后乃在另请人批改作文的条件下，我竟然同时教了三个中学的五班国文课，每周授课共三十个小时之多，而由于师生们对国文课的共同热爱，遂使得我对如此沉重的工作量也居然丝毫未感到劳苦。那时中学的国文课每周都要有一定的进度，而且还有时要举行同年级的联合考试。因此遂使我在讲课之际，除培养同学的兴趣外，对知识方面的讲解也极为认真而不敢掉以轻心。而认真的结果，当然使我自己也获得了不少的教学相长之益，只不过这段教学生活为时并不久。1948年的春天，我就因为要赴南方结婚，而离开了我的故乡北平。谁知此一去之后，等待我的乃是一段极为艰苦的遭遇。

我于1948年3月底结婚，当时外子在南京海军士官学校任职。同年11月就因国内情势变化，随外子工作的调动去了台湾。1949年夏，长女言言出生，同年12月外子就因白色恐怖被捕。次年夏，我所任教的彰化女中，自校长以下有六位教师也一同因白色恐怖被捕，我也在其中，于是我遂带着吃奶的女儿一同被关起来了。其后不久，我虽幸获释出，但却既失去了教职，也失去了宿舍，而外子则仍被关在海军左营附近的一个山区。为了营救被关的外子，我遂携怀中幼女往投左营军区外子的一位亲戚。白天怀抱幼女为营救外子而在南台湾左营军区的炎阳下各处奔走，晚间要等亲戚全家安睡后才能在走廊上打一个地铺带着孩子休息。直到三个月后暑假结束了，才经由一位堂兄的介绍，在台南一所私立女中找到了一个教书的工作。

三年后，外子幸被释出。次年，幼女言慧出生。一年后，经友人介绍，我就与外子一同转到台北二女中去教书了。到台北后，见到了以前在北平辅仁大学任教的两位老师，一位是曾教过我大学国文的戴君仁先生，另一位虽未教过我，却是曾住过我家外院作为紧邻的许世瑛先生。他们对我不幸的遭遇，都极为惋惜同情，遂介绍我进入台湾大学兼任了一班侨生的大一国文。次年，台大改为专任，教两班大一国文，而二女中不肯放我离开，一定要我把当时所教的两班高中生送到毕业。于是我遂同时教了四班国文课，再加上作业的批改，每天都极为疲累。而这时我的身体已远非当年大学初毕业时可比。再加之又染上了气喘病，我那时只是为了生活，所以不得不努力工作，至于所谓学问事业，则在我当时实未尝对之抱有任何期望。不过我对古典文学之热爱的感情，则始终未改。因此无论我的身体如何瘦弱，我在讲课时也依然能保持精神方面的饱满飞扬。只是在写作方面则辍笔已久。直到1956年夏天，当局的教育主管部门举办了一个文艺讲座，我被邀去讲了几次五代和北宋的词，其后他们又来函邀稿，我才逼不得已写了《说静安词〈浣溪沙〉一首》一篇文稿。这可以说是我在诗词道路中由创作而转入了评赏的一个开始。而自从这一篇文稿发表后，遂有一些友人来向我索稿，于是我遂继之又写了《从义山〈嫦娥〉诗谈起》一篇文稿。前者是我所写的关于词之评赏的第一篇文稿，后者则是我所写的关于诗之评赏的第一篇文稿。读者从这两篇文稿自不难看出，我对诗词的评赏，原是从颇为主观的欣赏态度开始的。这种评赏之作，就今日衡量学术性著作之标准而言，很可能是要被视为一种不入流之作品的。我以为这其实应是受了西方衡量标准影响之故。因为中国古代所重视的原来本该是一种"兴于诗"的传统。而我自己就恰好是从旧传统中所培养出来的一个诗词爱好者。何况我的老师顾羡季先生在讲课时，他所采取的也就正是这种如同天马行空一般的纯任感发的说诗方式。如此则我在早期所写的评说诗词之文字，其所以会形成此一种纯任主观的以感发为主的说诗方式，自然也就无怪其然了。

我还记得当这两篇文稿发表后，有一天在台大中文系第四研究室见到了郑骞教授，郑先生对我说："你所走的是顾羡季先生的路子。"郑先生是顾先生的好友，对顾先生了解极深。郑先生认为这条路子并不好走，因为这条路子乃是无可依傍的。首先就作者而言，如果一个人对于诗词若没有足够的素养，则在一空依傍之下，必将会落入一种茫然无措,不知从何下手写起的境地。而如果大胆模仿此种写法,则将是不失之浮浅,则失之谬妄。作者要想做到自己能对诗歌不仅有正确而深刻的感受,而且还能透过自己的感受,传达和表现一种属于诗歌的既普遍又真实的感发之本质,这实在不是一件容易的事。不过郑先生对我这两篇文稿却颇为赞赏,说:"你可以说是传了顾先生的衣钵,得其神髓了。"其实我当时正是忧患余生,内心并未敢抱有什么"传衣钵、得神髓"的奢望。我只是因了友人索稿的机缘,把自己因读静安词和义山诗所引起的某种共鸣的感动一加发抒而已。但也许就正因我自己的寂寞悲苦之心情与静安词和义山诗有某种暗合之处,因此反而探触到了他们诗词中的一些真正的感发之本质,也未可知。在此而后,我又陆续写了《几首咏花的诗和一些有关诗歌的话》,与《从"豪华落尽见真淳"论陶渊明之任真与固穷》,以及《说杜甫赠李白诗一首——谈李杜之交谊与天才之寂寞》等文稿,这一批作品,可以说就都是我的属于以一己之感发为主,所写的早期诗词评赏之作,此一类作品,虽或者并不符合今日受西方学术界之影响的对于学术论文之要求,然而在旧诗词方面修养极深的前辈学人缪钺教授,却对这些文字颇为欣赏。缪先生在其所写的《〈迦陵论诗丛稿〉题记》一文中,曾特别指出我的《论陶渊明》一文,以为能"独探陶渊明为人及其诗作之精微",又以为我对陶的评述"不仅欣赏诗作",且能"进而收兴发感动陶冶人品之功"。又曾指出我的《谈李杜之交谊》一文,谓其能"探索诗人之用心","并寄托自己尚友古人之远慕遐思"。缪先生对我的溢美之言,虽使我极感惭愧,但缪先生所提出来的我的文稿中所传达出之感发作用,则确实是我评赏诗词的一个重要基础。而这应该也正是中国诗歌中源远流长的一个"兴于诗"的重要传统。不过,当我在那时撰写这些文稿时,则并没有这种反思的认知。至于其竟而自然形成了如此之结果,则如我在前文所言,应该乃是由于两点因素:其一盖由于我早期在家庭中所受到的吟诵和创作之训练,使我对诗歌养成了一种颇为直接

402

的感受之能力；其二则由于我在大学读书时所受到的顾先生之启蒙和教导，使我于直感之外，又培养出了一种兴发和联想之能力。此后我在诗词之研读与教学的道路上，虽然又经过了多次的转变，但我在早年教育中所获得的培育和启发，则是我在诗词之道路上所奠下的根本基石，这是我对于教导我的尊长和老师们，所终生感激不忘的原因，也是使我终生受用不尽的。

记得我在《王国维及其文学批评》的"后叙"中，曾经谈到我所写的第一篇评赏诗词的文稿——《说静安词〈浣溪沙〉一首》，以为其"多多少少带有一点自己的投影"。其实此种情况并不仅此一篇作品为然，基本上说来，我早期所写的那些评赏文字，大概多数都带有自己心灵的投影。因为那时我才从创作转入到评赏的写作为时不久，所以在评赏中也仍然有一种创作的心态和情趣，对于行文造句也仍然有一点美的追求，我曾使用近于王国维的浅易雅洁的文言体来写作《说静安词》一篇文稿，又曾使用富含诗之情调的白话文来写作论李商隐的《嫦娥》及《燕台》等诗的文稿，这些文稿可以说就都是既带有创作之情趣也带有个人心灵之投影的作品。至于我所写的第一篇纯客观的评赏之作，则当是我于1958年为《淡江学报》所写的《温庭筠词概说》一文。这种转变之形成，一则固然由于向我邀稿的《学报》之性质，与以前向我邀稿的一些文学性的杂志之性质，二者间有很大的不同；再则很可能也因为我在那些文学性的文稿中，已经将自己内心中的一些情绪发抒得差不多了，所以遂有了从主观转入客观的一种倾向。不过纵然如此，除了极少数的纯理论或纯考证的作品以外，直到现在我之评说或讲述诗词作品，其经常带有一种心灵与感情的感发之力量，也仍然是我的一种特色。其次我应该一提的是我在诗词道路上的另一转变，那就是我由为一己之赏心自娱的评赏，逐渐有了一种为他人的对传承之责任的反思，这类作品大抵都是因为我有见于诗词评赏界中的某些困惑和危机，由于一种不能自己的关怀之情而写作的。即如20世纪60年代我所写作的《杜甫〈秋兴八首〉集说》

一书，以及书前所附的《论杜甫七律之演进及其承先启后之成就》的一篇"代序"的长文，就是因为有见于当日台湾岛内现代诗之兴起，所造成的反传统与反现代的争执和困惑而写作的。再如70年代我所写作的《漫谈中国旧诗的传统——关于评说中国旧诗的几个问题》一篇长文，则是因为有见于当时台湾岛内及岛外的一些青年学者，在西方文论的冲击下，因尝试使用新理论与新方法来诠释和评说中国旧诗，所产生的一些荒谬的错误而写作的。从表面看来，这些论说和辨误的文字，自然不似以前所写的主观评赏之文字之易于获得一般读者的喜爱，但若就一些真正有志于学习如何评赏旧诗的读者而言，则如《杜甫〈秋兴八首〉集说》中，我对历代评说这八首诗的各种纷纭之诠释与评说的逐字逐句的比较和论定，以及在《旧诗传统》一文中，我对各种误谬的说明和辨正，也许这一类文字才是更有参考价值的作品，也才更能反映出我个人在这条道路上摸索探寻时，一些亲身体验的甘苦之经历。而当我经历了由主观而客观，由为己而为人的种种转变之后，我遂更走上了由对作品之评赏，而转入了对文学理论之研讨的另一段路程。

说到对文学理论的研讨，我就不得不翻回头来再谈一段我早期学习诗词的经历。如我在前文所曾叙及，当我以同等学力考入初中时，母亲曾为我买了一套《词学小丛书》，其中所收录的，除了历代的各家词作以外，还有王国维的一卷《人间词话》，当时我对诗词的欣赏，可以说是仍处于蒙昧的状态之中，虽有主观直觉之爱赏，但却因为说不出一个所以然的道理来，所以丝毫也不敢自信。直到读了这一卷《人间词话》以后，才恍如在暗室中的人得到了一线光照，往往因为《词话》中的某些言语，与我自己的感受有一点暗合之处，而为之怦然心动，欣喜无已。不过我对《词话》中所提出的"境界"一词，却始终仍感到模糊影响，不能为之找到一种明白的界说，而这种困惑遂成为了我要想对《人间词话》这本著作做出一种理论之探寻的最大的动力，所以我所写的最早的一篇对文学理论加以研讨的论文，实在应该乃是早在 20 世纪 50 年代末期我所写的《由〈人间词话〉谈到诗歌的欣赏》一篇文稿，不过我当时对于《人间词话》中"境界"一词之理解，实在仍极为粗浅，而且对于纯理论性文字之撰写，也仍然缺少练习，所以就理论言，这篇文稿诚属无足称述，但这篇文稿却确实为我以后所写的一系列探讨《人间词话》的论著奠下了起步的基石。至于真正使我写下了纯学术性的对文学理论加以研讨之文字的，则是我于 1970 年为参加一个国际性的会议而撰写的《常州词派比兴寄托之说的新检讨》一篇论文。继之我在撰写《王国维及其文学批评》一书时，又在书中对于《人间词话》之批评理论与实践做了一系列专章的探讨。而由此遂引起了我对文学理论之研讨的兴趣，并且阅读了不少西方文论的著作。在诗论方面，我曾先后撰写了《锺嵘〈诗品〉评诗之理论标准及其实践》，与《中国古典诗歌中形象与情意之关系例说》等文稿，在词论方面我曾先后撰写了用西方文论中之阐释学、符号学和接受美学等理论来探讨中国词学的一系列题名《迦陵随笔》的短文，又撰写了《论王国维词——从我对王氏境界说的一点新理解谈王词之评赏》，以及《对传统词学与王国维词论在西方理论之观照中的反思》两篇长文。在对中国词学的不断反思之后，我乃大胆地将词分成了歌辞之词、诗化之词与赋化之词三大类别，以为张惠言与王国维之失误，就在于传统词学未能对此三类不同性质之词做出精微的分辨，所以张惠言乃欲以评赏赋化之词的观点来评赏歌辞之词，因之乃不免有牵强比附之失，而王国维则欲以评赏歌辞之词的态度来评赏赋化之词，所以对南宋长调之慢词，乃全然不得其门径之妙。可是这三类不同风格的词，却又同样含有一种属于词体之美感特质，王国维所提出的"境界"之说，与张惠言所提出的比兴寄托之说，对此种美感特质都曾经有所体会，但却都未能做出透彻的说明。于是我遂更进一步撰写了《论词学中之困惑与〈花间〉词之女性叙写及其影响》一篇长文，借用西方女性主义文学理论，对《花间》词中之女性叙写所引起的中国词学方面的困惑，以及由此而形成的词体之美学特质和这种美学特质在词体之演进中，对于歌辞之词、诗化之词及赋化之词等各不同体式之词作中的影响和作用，都做了一次推源溯流的根本的说明。而且引用一位法国女学者茱丽亚·克利斯特娃（Julia Kristeva）之"解析符号学"（semanalyze）的理论，对这种使人困惑的词之美感的微妙的作用，做了颇为细致的思辨的分析。我原以为我的这种尝试，可能不会被国内旧学前辈所接受，谁知缪钺先生读了这些文稿后，竟然写信来对之颇加赞许，以为所论"能融会古今中外，对词之特质做出了根本的探讨，体大思精，发前人所未发，是继《人间词话》后，对中国词学之又一次值得重视的开拓"。缪先生之所言虽使我愧不敢当，但对于这条新探索的途径，则我确实极感兴趣。本来早在 20 世纪 70 年代中，当我撰写《王国维及其文学批评》一书时，对于"中国文学批评之传统及其需要外来之刺激为拓展的必然性"，已曾有专节之讨论，此外在《漫谈中国旧诗的传统》一文中，对中国传统的"诗话""词话"等性质的文学批评作品之优点及缺点也曾经有所论述，一般说来，由于我自幼所接受的乃是传统教育，因此我对于传统的妙悟心通式的评说，原有一种偏爱。但多年来在海外教学的结果，却使我深感到此种妙悟心通式的评说之难于使西方的学生接受和理解。这些年来，随着我英语阅读能力之逐渐进步，偶然涉猎一些西方批评理论的著作，竟然时时发现他们的理论，原来也与中国的传统文论有不少暗合之处，这种发现常使我感到一种意外的惊喜，而借用他们思辨式的分析和说明，如果能使西方的同学对中国诗词的妙境也能有所体悟，对我而言，当然更是一种极大的欣愉。直到现在，我仍然在这条途径上不断地探索着。

不过，在向西方理论去探索之余，我却始终并未忘怀中国诗歌中的兴发感动之生命的重要性。我对西方理论之探索，主要也还是为了想把中国诗词之美感特质以及传统的诗学与词学，都能放在现代时空之世界文化的大坐标中，为之找到一个适当的位置，并对之做出更具逻辑思辨性的理论之说明。但我个人知道自己的学识及能力有限，因之我对于达成上述理想的此一愿望，乃是寄托在继起者的青年人之身上的。只是要想达成此一愿望，却必须先具有对传统诗词的深厚修养，如果缺少了此种修养，而只想向西方理论中去追求新异，那就必然会产生出如我在《漫谈中国旧诗的传统》一文中所举示的那些荒谬的错误了。至于如何方能培养出对传统诗词的深厚修养，我以为最为简单易行的一项基本工夫，就是从一个人的童幼年时代，就培养出一种熟读吟诵的习惯。于是相继于20世纪70年代初我在《漫谈中国旧诗的传统》一文中所提出的"熟读吟诵"之训练的重要性以后，在90年代初期我就又撰写了《谈古典诗歌中兴发感动之特质与吟诵之传统》一篇长文，对吟诵的历史传统，以及吟诵在诗歌之形式方面所造成的特色，与在诗歌之本质方面所造成的影响和吟诵在教学方面的重要性，与吟诵教学所应采取的培养和训练的方式，都做了相当的探讨和说明。而最近一年，我更与友人合作编印了一册题名为《与古诗交朋友》的幼学古诗的读本，并且亲自为所选编的一百首诗歌做了读诵和吟唱的音带。还在书前写了两篇前言，一篇是《写给老师和家长们的一些话》，另一篇是《写给小朋友的话》。在这两篇文稿中，我不仅极为恳切地向老师和家长们说明了教小朋友吟诵古诗，对孩子们之心灵和品质之培养的重要性，而且提出了不要增加孩子们学习之负担的一种以唱游来进行的教学方式，更亲自为天津电视台做了一次教小朋友吟诵古诗的实践的尝试。我如今已年逾古稀，有些朋友和我开玩笑，常说我是"好为人师"，而且"不知老之已至"。其实他们殊不知我却正是由于自知"老之已至"，方如此急于想把自己所得之于古诗词的一些宝贵的体会要传给后来的年轻人的。四年多以前，我在为《诗馨篇》一书所写的"序说"中，曾经提出说"在中国的诗词中，确实存在有一条绵延不已的、感发之生命的长流"。我们一定要有青少年的不断加入，"来一同沐泳和享受这条活泼的生命之流"，"才能使这条生命之流永不枯竭"。一个人的道路总有走完的一日，但作为中华文化之珍贵宝藏的诗词之道路，则正有待于继起者的不断开发和拓展。至于我自己则只不过是在这条道路上，曾经辛勤劳动过的一个渺小的工作者而已。

写到这里，再一回顾我所走过的诗词道路，这其间可以说已经历了不少的转折，每一次转折虽说总有新的获得，但也因此而造成了不少旧的失落。我从一个童稚而天真的对诗词的爱好者，首先步入的乃是创作的道路，其后为了谋生的需要，乃又步入了教学的道路，而为了教学的需要，遂又步入了撰写论文的研究的道路。我对于创作、教学和科研，本来都有着浓厚的兴趣，但一个人的时间、精力毕竟有限，首先是为了教学与科研的工作，而荒疏了诗词的创作，继之又为了教学的工作过重，而未能专心致力于科研的撰著。我在北京刚从大学一毕业，就同时担任了三个中学的五班国文课，在台湾又同时担任了三个大学的诗选、文选、词选、曲选、杜甫诗等多科的教学，还曾担任过大学国文的广播教学，及教育电视台的古诗教学。及至定居加拿大后，虽然不再有兼课的情况，但我却又开始了每年利用假期回国教学的忙碌生涯。近年从加拿大退休后，本可以安心从事于创作和研究了，但我却又答应了南开大学的邀请，成立了中国文学比较研究所（现已改名为"中华古典文化研究所"），并有志于倡导以吟诵为主的，对儿童的古诗教学。目前研究所尚在艰苦的创业阶段，对儿童的吟诵教学更不知何日方能在神州大地上真正的开花结果。不过我个人做事原有一个态度，那就是愿望与尽力在我，而成功却不必在我。我只希望在传承的长流中，尽到我自己应尽的一份力量，庶几不辜负当年我的尊亲和师长们对我的一片教诲和期望的心意。在创作的道路上，我未能成为一个很好的诗人，在研究的道路上，我也未能成为一个很好的学者，那是因为我在这两条道路上，也都并未能做出全心的投入。至于在教学的道路上，则我纵然也未能成为一个很好的教师，但我却确实为教学的工作，投注了我大部分的生命。我现在所关心的并不是我个人的诗词道路，更不是我在这条道路上有什么成功与获得，我所关心的乃是后起的年轻人如何在这条道路上更开拓出一片高远广阔的

408

天地，并且能借之而使我们民族的文化和国民的品质，都因此而更绽放出璀璨的光华。

1996 年 3 月 26 日写毕此文于天津南开大学

附录：主要著述目录

（一）台湾岛内出版：

1.《杜甫〈秋兴八首〉集说》，台北中华丛书，1966 年，450 页。

2.《迦陵存稿》，台北商务印书馆，1969 年，74 页。

3.《迦陵谈诗》（上下），台北三民书局，1970 年，326 页。

4.《迦陵谈词》，台北纯文学出版社，1970 年，252 页。

5.《迦陵谈诗二集》，台北东大图书公司，1985 年，216 页。

6.《唐宋词名家论集》，台北国文天地，1987 年，464 页。

7.《中国词学的现代观》，台北大安出版社，1988 年，136 页。

8.《唐宋名家词赏析》，台北大安出版社，1988 年，4 册。

    温庭筠、韦庄、冯延巳、李煜，177 页。

    柳永、周邦彦，192 页。

    晏殊、欧阳修、秦观，148 页。

    苏轼，143 页。

9.《中国古典诗词评论集》，台北桂冠出版社，1992 年，594 页。

10.《唐宋词十七讲》，台北桂冠出版社，1992 年，662 页。

11.《王国维及其文学批评》（增订本），台北桂冠出版社，1992 年，594 页。

12.《词学古今谈》，台北万卷楼图书公司，1992 年，546 页。

13.《清词选讲》，台北三民书局，1996 年，261 页。

14.《迦陵谈词》（重印），台北三民书局，1997 年，271 页。

15.《清词名家论集》（与陈邦炎合著），中研院文学哲学研究所，

1996 年，372 页。

16.《好诗共欣赏》，台北三民书局，1998 年。

17.《叶嘉莹作品集》（共 24 册），台北桂冠出版社，2000 年
2 月。

（二）香港出版：

1.《王国维及其文学批评》，香港中华书局，1980 年，491 页。

2.《中国古典诗歌评论集》，香港中华书局，1977 年，285 页。

3.《诗词的美感》，新视界文库，2003 年。

（三）大陆出版：

1.《迦陵论词丛稿》，上海古籍出版社，1980 年，376 页。

2.《中国古典诗歌评论集》，广东人民出版社，1982 年，235 页。

3.《王国维及其文学批评》，广东人民出版社，1982 年，490 页。

4.《迦陵论诗丛稿》，中华书局，1984 年，285 页。

5.《秋兴八首集说》（增订本），上海古籍出版社，1988 年，
575 页。

6.《灵谿词说》（与缪钺合著），上海古籍出版社，1987 年，
589 页。

7.《唐宋词十七讲》，岳麓书社，1988 年，515 页。

8.《杜甫秋兴八首集说》，上海古籍出版社，1988 年，575 页。

9.《唐宋词十七讲》（录音带及录像带），北京师范大学出版社音
像部，1988 年。

10.《中国词学的现代观》，岳麓书社，1990 年，118 页。

11.《诗馨篇》（上下），中国青年出版社，1991 年，544 页。

12.《中国词学的现代观》（增订本），岳麓书社，1992 年，
248 页。

13.《词学古今谈》（与缪钺合著），岳麓书社，1993 年。

14.《与古诗交朋友》（与田师善合著附吟诵音带），天津人民出版社，1996 年，214 页。

15.《阮籍咏怀诗讲录》，天津教育出版社，1997 年，202 页。

16.《迦陵文集》（共十册），河北教育出版社，1997 年。

17.《叶嘉莹说词》，上海古籍出版社，1999 年，254 页。

18.《迦陵诗词稿》，河北教育出版社，2000 年，195 页。

美国出版：

Studies in Chinese Poetry（Co-Author），Harvard University Press，1998 年，607 页。

李正名　　　　　　**百年南开　永葆青春**

　　我在南开园已经有半个世纪了，回忆
1953 年作为刚回国的热血青年到现今已步
入老年阶段的老南开人而感慨万分，亲身经
历了我国经过五十年艰苦创业阶段到今日进
入历史上发展最快的时期，南开大学也进入
日新月异、与日俱进的快车轨道。在当今世
界上诸多国家和地区尚处在战争、动乱、贫
穷、饥荒和社会动荡不安的处境时，我们这
边风景独好。我们能在一个政治稳定、经济
繁荣、科教进步、国泰民安的社会中工作和
生活，每一个人都应感到庆幸和珍惜这来之
不易的大好形势。

　　回忆家祖李维格，当年曾参与创办时务
学堂（湖南大学前身之一）和南洋公学（上
海交通大学前身），父母亲 20 世纪 30 年代留美回来后分别在东吴大学、复旦大学执教，因此我家庭和教育界有不少联系，虽受西学的影响，但从小受到父辈的爱国教育。50 年代初，当我在美国 ErsKine 大学化学系毕业后，朝鲜战争爆发，中国的抗美援朝开始了。当时美国麦卡锡主义盛行，我当时不得不放弃深造的机会，和一批留学生坚持回国的道路，经过种种阻挠和困难，终于回到了北京向教育部报到。记得当时部军管会的一名代表对我十分关心，经征求我的意见后安排我到有机化学基础很好的南开大学来，师从杨石先教授，并于 1956 年从南开大学化学系研究生毕业。进入学校的那一刻，我便开始了与南开大学的缘分。当时决定回国，不少人认为是"太天真了"，是一个"错误的决定"。经过长期的社会实践和事实考验，证明了只有将自己的工作和祖国命运结合在一起，才是正确的决定。

1962 年开始，我到杨石先校长创建的南开大学元素有机化学研究所从事有机化学、农药化学领域的科研与教学工作，能在杨石先先生身边学习工作，亲聆杨先生教诲。他经常以旧社会知识分子在国内生活无着，在国外深受欺凌的亲身经历告诫我们，一定要珍惜党对知识分子的信任和关怀，只有在新中国，知识分子才能受到重视，才有用武之地。杨先生一生光明磊落，谦虚谨慎，办事公正，淡泊名利，他的人格精神和学术品质都深深地影响了我，也使我终身受益。

1964 年我参与研制杀虫剂 32 及磷 47 的工作，这两项新产品曾获得国家科委新产品二等奖。1978 年，我率领的课题组完成"新杀菌剂叶枯净"课题，并获得了全国科学大会奖。1980 年，我受邀作为美国联邦政府农业研究中心访问学者赴美研究访问，并对澳大利亚原始小蜂的昆虫信息素超微量活性物质进行研究。1982 年回国后，先后承担了国家"六五""七五""八五""九五"和"十五"科技攻关项目及多次国家自然科学基金委资助项目，在有机磷化学和具有生物活性物质的立体化学基础研究方面取得了一些进展，首次鉴定了槐、茶尺蠖超微量活性物质的结构，对悉尼酮类、哒嗪酮类、吡喃酮类、咪唑酮类和异噻类等新型杂环进行了研究，发表了系列论文。1983年后，又两次主持国家自然科学基金重点资助项目"农药基础研究"，被专家们评为优和特优。作为一名科研工作者，我参与杨老主持的"有机磷生物活性物质与有机磷化学"研究成果曾获得1987年国家自然科学二等奖，我参与主持的"粉锈宁"技术开发获得1993年国家科技进步一等奖，同时获得化工部科技进步一等奖。我负责实施的"创制新农药研究"获得国家"七五"科技攻关重大成果奖，"农药化学基础研究"和"磺酰脲类除草剂的构效关系"曾两次获国家教育部科技进步二等奖。

从1982年起，我开始担任元素有机化学研究所所长。1986年被教育部任命为元素有机化学国家重点实验室主任兼学术委员会主任。十几年来，与所里的同事们合力同心，共同从事科学研究。1995年国家计委批准在南开大学建立了农药国家工程研究中心，我被任命为中心主任。为了贯彻老一辈化学家杨石先教授"化学应为发展学科繁荣经济做出贡献"的教导，我和同事们努力为创制出中国自己拥有知识产权的新农药产品而努力着。经过长期的努力，我们课题组在新农药创制理论上修改了国际上有关磺酰脲类除草剂构效关系的部分理论，我们研究的具有自主知识产权的新超高效除草剂"单嘧磺隆"通过了国家"十五"攻关产业技术鉴定和验收，另一个超高效除草剂NK94827也通过了中试成果的鉴定和验收。"单嘧磺隆"还首次取得了国家新农药"三证"，进行了麦田、谷子田28万亩的除草示范推广。这期间，在我们课题组全体人员的共同努力下，先后发表学术论文240篇，发明专利7项，编著5部，取得了一定的成绩。

改革开放以来，我深深感到国家对于知识和知识分子的重视，可以说80年代是我学术事业的发展时期。1995年我当选中国工程院院士，这是国家和人民对我科技工作的认可，也是对我巨大的鼓励。在从事科研之余，我还担任了一些管理职务，曾担任国家自然科学基金委员会第二、三、四及八、九届化学部评审组成员，中国科学技术协会第四、五届全国代表大会代表，中国化学会常务理事兼副秘书长，国务院学位委员会评审组成员，国家自然科学基金委员会化学部有机化学评审组组长，中国工程院化工、冶金与材料学部常务委员，中国科学院上海有机化学所、北京医科大学等国家重点实验室学术委员会委员。现在还担任中国化工学会理事，国际纯粹与应用化学联合会会员，国家自然科学基金委员会专家咨询委员会委员，天津市科学技术协会副主席，英国 *Pest Management Science* 编委，《有机化学》《应用化学》《农药学报》编委等职。

在南开园度过了大半生，有幸聆听各位领导的谆谆教导，深为南开的光荣历史而自豪。自己感触最深的有以下几点。

1. 爱国主义的光荣传统

爱国主义始终是贯穿在南开学校不同历史阶段的主题曲。从创建南开初期，严修、张伯苓等看到晚清政府丧权辱国，国难当头立志办学起，到 20 世纪 30 年代日本帝国主义将南开的抗日运动视为眼中钉决定轰炸毁校，再到新中国成立前夕南开师生参加"反饥饿，反内战"的进步运动，南开师生始终高举爱国大旗，为处在患难危急中的中华民族摇旗呐喊，冲锋陷阵，站在斗争的最前列。回忆在新中国成立前亲身经历旧政府腐朽破落，国贫民穷，饥寒交迫的悲惨情景犹历历在目。当时中国受到列强欺凌，我在国外曾亲耳听到中国人被称呼为"支那人""清克"等贬词，一个稍有血性的中国人岂能对此忍气吞声，无动于衷呢？50 年来日月换新天，在党和政府的领导下全国人民艰苦建设，使今日的中国已成为国际舞台上的政治大国和经济大国，国际地位日益提高，科技大国指日可待，每一个中国人都为此扬眉吐气，无比自豪。但台湾尚未回归，中华复兴大业仍需我们共同努力。南开学校历史上坚持用爱国主义育人的光荣传统，培养出一批批的杰出爱国人才，其中最有代表性的有周恩来和温家宝这两位深受全国人民爱戴的国家总理，这绝不是偶然的现象，是南开爱国主义教育的最集中的反映。

2. 重视人才的战略

南开重视人才是有其悠久历史的。南开历史上涌现了周光召、朱光亚、曹禺、吴大猷、范文澜、杨石先、陈省身等大师，正说明南开聚集人才、重视人才的优良传统所取得的杰出成绩。杨石先在新中国成立初期千方百计地引进陈天池、何炳林、陈茹玉、陈荣悌等一批海外学子的情景记忆犹新。在改革开放的 80 年代初，杨老费尽苦心地联系一批中年教师出国进修，是我校的一项十分有远见的战略措施，至今影响深远，我自己也是当年一名受益者。

南开对人才的求贤若渴保证了她的教育和科研事业处在我国教育战线的最前列，一个大学培养出这么多的著名学者和学术带头人，在国内外都有深远的影响，作为一个南开人也为此感到无比自豪。

3. 朴素务实的作风

曾在国内外遇见很多的南开毕业生，他们在各自岗位上勤奋工作，不尚空谈，继承先辈的教导，老老实实做人、踏踏实实地做事，积极地参加当地的社会实践，成绩斐然。他们的朴素无华、求真务实的作风有口皆碑。20 世纪 30 年代南开大学的化学化工研究所积极参与天津市化学工业的建设，堪称典范；40 年代南开经济研究所制定了当时全国的生活指数，被各界视为最具权威性的经济核算依据；杨石先曾明确提出"化学学科要为发展学科繁荣经济做出贡献"等例子均说明南开师生积极参加社会实践，充分发挥自己的聪明才智，崇尚科学，谦虚谨慎，赢得社会各界的称赞。

回忆过去，自己在南开大熔炉中锻炼成长，深受南开学风的熏陶。自己在工作中有过挫折和沮丧，也有过收获和喜悦。在不同历史时期，和同志们一起多次下厂下乡，参加社会实践，在基层得到磨炼和锻炼。在组织的培养下，从一个普通老师成为一名干部，这里凝聚着许多领导和良师益友的关怀和帮助。我的经历说明能在南开这一所国内外著名的高等学校里工作是十分幸运的。我决心在有生之年，更加努力工作，为中华民族的崛起，为中国早日成为世界一流强国，为南开早日成为世界一流大学做出自己微薄的贡献。

敬祝百年南开，永葆青春！